复旦卓越·21世纪物流管理系列教材

物流企业会计与财务管理

Wuliu Qiye Kuaiji Yu Caiwu Guanli

张 川
肖康元 编 著
金丽玉

復旦大學 出版社

内容简介

本书涵盖内容十分丰富，包括物流企业财务会计、物流企业管理会计、物流企业财务管理三篇共二十三章。物流企业财务会计着重于具有物流行业特色的会计核算内容，特别是物流各个环节的具体会计核算方法。物流企业管理会计篇通过对物流成本的分类、物流企业的保本点分析，将物流企业的预算和成本控制、作业成本管理以及绩效评估和内部会计控制联系起来。物流企业财务管理，对物流企业的融资管理、投资管理、融资租赁、财务风险、资本预算管理、收益分配管理等逐一剖析。理论和方法并重，穿插案例。适用于高校物流管理专业和财会专业，以及物流企业各级管理人员培训。

物流是一种物的实体流通活动的行为,在流通过程中,通过管理程序有效结合运输、仓储、装卸、包装、流通加工、资讯等相关物流机能性活动,以创造价值、满足顾客及社会需求。近几年来,现代物流作为一种先进的组织方式和管理技术,被广泛认为是企业在降低物资消耗、提高生产率之后的第三利润源泉,在国民经济和社会发展中发挥着重要的作用。我国的物流企业发展很快,物流行业发展空间很大,物流市场呈现多样化与复杂化。加快我国现代物流的发展,对于优化资源配置,提高经济运行质量,促进企业改革发展具有十分重要的意义。

我国的物流企业目前正处于生命周期的起步期,要实现物流企业在现代经济中的功能,就必须通过一系列有效的管理工作来完成,物流企业的会计和财务管理就是其中一种重要的管理活动。物流企业的会计核算及财务管理作为对物流企业管理的手段,也凸显其必要性和重要性。但是,由于物流企业典型的行业特色,我们不能简单借用其他行业的会计和财务管理模式。因此,急需一本能专门针对物流企业会计和财务管理的书籍给予指导。我们正是基于这样的要求,依托上海海事大学的行业背景,结合多年的教学和实践经验,编撰了这本《物流企业会计及财务管理》。

本书内容全面,涵盖了物流企业具有突出特点的会计核算和财务管理内容。本书分为物流财务会计、物流管理会计、物流企业财务管理三部分。

第一篇:物流企业财务会计篇。本篇着重于物流企业财务会计的核算,期望能有益于物流企业的财会人员以及有志于从事该方面工作的人员。为了方便读者尽快掌握物流企业的会计核算,我们按照物流企业的业务进行编排。本书以《企业会计准则(2006年)》为指导,突出了具有物流行业特色的会计核算内容,对通用会计核算内容进行了略写。本篇包括第一章至第八章,分别为物流企业会计概述、物流企业重点项目及业务的核算、物流企业运输环节的核算、物流企业仓储与装卸环节的收入与成本核算、物流企业包装与流通加工环节的核算、物流企业配送环节的核算、货代业务核算、物流企业其他相关内容会计的核算。

第二篇:物流企业管理会计篇。本篇以物流企业在管理会计层面上的主要内容进行分析,通过物流成本的分类、物流企业的保本点分析、物流企业的细分(重点分为运输和仓储两大类)分析,把物流企业预算及成本控制、物流企业的责任会计与业绩评价等有机联系起来。本篇包括第九章至第十六章,分别为物流管理会计概述、物流管理会计的成本概念、物流企业成本核算、物流企业运输成本核算与管理、物流企业仓储成本核算与管理、物流企业的预算管理及成本控制、物流企业的作业成本管理、物流企业责任会计、绩效评估与内部会计控制。

第三篇：物流企业财务管理篇。本篇主要以物流企业为对象，就财务管理层面上，通过物流企业资金保值增值基本理论与方法，对物流企业的融资管理、投资管理与收益分配管理等方面进行阐述，并进一步论述相关的财务风险管理内容。本篇包括第十七章至第二十一章，分别为物流企业理财概述、物流企业融资管理、物流企业融资租赁、物流金融财务与风险、物流企业资本预算管理、物流企业收益与分配管理、物流企业风险分析与防范。

本书在编撰中，力求适应物流管理专业与财会专业的特点，满足物流企业的财会人员和管理人员的需要。既有必要的理论分析，又包含适量的例题与课后习题。本书既可作为高等院校本科和MBA教材使用，也可以作为物流企业各级管理人员进修和自修用书。

中化国际陈蕾、中外运长航黄丽琴、国金证券何章汉以及我们指导的研究生黄土金、黄星、王岩、虞芸、张景可、陈琳、于晓丹、陈建鹏、吴文双、王春桃、李雪辉、陈尚军参加了本书的编撰工作。另外，中化物流李超总经理、宋为财务总监为我们调研提供了大力支持。编撰过程中，我们参考了大量同行专家的有关著作、教材以及教案，在此表示感谢！由于作者水平所限，加上本书内容涵盖甚广，书中难免有不当之处，请读者提出宝贵意见，我们不胜感激。（联系方式：zhangch@shmtu.edu.cn）

编著者：张　川
肖康元
金丽玉
2010年7月

第一篇　物流企业财务会计篇

第一章　物流企业会计概述 ······ 3
第一节　物流及物流企业 ······ 3
第二节　物流企业业务流程 ······ 5
第三节　物流企业会计核算及特点 ······ 8
复习思考题 ······ 11
附录1：物流企业常用会计科目表 ······ 11
附录2：物流企业财务报表（样表） ······ 15

第二章　物流企业重点项目及业务的核算 ······ 21
第一节　物流企业存货的核算 ······ 21
第二节　物流企业固定资产的核算 ······ 27
第三节　融资租赁业务的会计核算 ······ 37
第四节　物流企业相关税费及其会计核算 ······ 44
复习思考题 ······ 52

第三章　物流企业运输环节的核算 ······ 54
第一节　运输环节的成本核算 ······ 54
第二节　运输环节的收入核算 ······ 77
复习思考题 ······ 81

第四章　物流企业仓储与装卸环节的收入与成本核算 ······ 82
第一节　仓储业务的成本核算 ······ 82
第二节　仓储业务的收入核算 ······ 84
第三节　装卸搬运收入 ······ 85
第四节　装卸搬运成本 ······ 89
复习思考题 ······ 92

第五章　物流企业包装与流通加工环节的核算 ········ 94
第一节　物流企业包装业务的成本费用核算 ········ 95
第二节　物流企业包装业务的收入核算 ········ 97
第三节　物流企业流通加工业务的成本费用核算 ········ 98
第四节　物流企业流通加工业务的收入核算 ········ 100
复习思考题 ········ 101

第六章　物流企业配送环节的核算 ········ 102
第一节　配送环节的成本核算 ········ 102
第二节　配送环节的收入核算 ········ 106
复习思考题 ········ 107

第七章　货代业务核算 ········ 108
第一节　水运货代业务 ········ 108
第二节　航空货代业务 ········ 112
第三节　公路货代业务 ········ 115
第四节　铁路货代业务 ········ 118
复习思考题 ········ 121

第八章　物流企业其他相关内容会计的核算 ········ 122
第一节　物流企业所有者权益和利润分配 ········ 122
第二节　物流企业外币业务的核算 ········ 132
第三节　物流企业财务报告 ········ 144
复习思考题 ········ 148

第二篇　物流企业管理会计篇

第九章　物流管理会计概述 ········ 153
第一节　物流管理会计内容 ········ 153
第二节　物流管理会计的产生与发展 ········ 154
第三节　物流管理会计理论 ········ 156
复习思考题 ········ 158

第十章　物流管理会计的成本概念 ········ 159
第一节　成本与物流成本 ········ 159
第二节　物流成本的分类 ········ 161
第三节　物流企业的成本习性及保本分析 ········ 166

复习思考题 ··· 174

第十一章　物流企业成本核算 ·· 175
　　第一节　物流企业的成本核算原则 ··· 175
　　第二节　物流企业成本核算的要求 ··· 177
　　第三节　物流企业的成本核算方法 ··· 180
　　复习思考题 ··· 192

第十二章　物流企业运输成本核算与管理 ·· 193
　　第一节　运输业务及运输成本分类 ··· 193
　　第二节　水运成本的核算与管理 ··· 197
　　第三节　汽车运输成本核算与管理 ··· 202
　　第四节　航空、铁路运输的核算与管理 ··· 210
　　复习思考题 ··· 213

第十三章　物流企业仓储成本核算与管理 ·· 214
　　第一节　仓储成本构成及分类 ··· 214
　　第二节　仓储成本核算方式与管理 ··· 218
　　第三节　与仓储活动相关联的其他成本 ··· 223
　　第四节　包装成本的概念与核算 ··· 231
　　复习思考题 ··· 235

第十四章　物流企业的预算管理及成本控制 ······································ 236
　　第一节　预算管理概述 ··· 236
　　第二节　物流企业物流成本特殊预算方法 ······································· 239
　　第三节　物流企业的标准成本概述 ··· 244
　　第四节　标准成本的制定 ··· 245
　　第五节　物流成本日常控制 ··· 251
　　复习思考题 ··· 255

第十五章　物流企业的作业成本管理 ·· 256
　　第一节　物流作业成本法概念 ··· 256
　　第二节　物流作业成本法的核算及应用 ··· 260
　　第三节　物流作业成本管理 ··· 265
　　复习思考题 ··· 270

第十六章　物流企业责任会计、绩效评估与内部会计控制 ························· 271
　　第一节　物流企业的责任中心 ··· 271

第二节　物流企业绩效评价 ………………………………………… 279
  第三节　物流企业内部会计控制 …………………………………… 288
  复习思考题 …………………………………………………………… 294

第三篇　物流企业财务管理篇

第十七章　物流企业理财概述 ………………………………………… 297
  第一节　物流企业财务管理的目标 ………………………………… 297
  第二节　理财价值计量方法 ………………………………………… 301
  第三节　物流企业财务分析 ………………………………………… 306
  复习思考题 …………………………………………………………… 312

第十八章　物流企业融资管理 ………………………………………… 313
  第一节　物流与资本市场 …………………………………………… 313
  第二节　物流企业融资方式 ………………………………………… 316
  第三节　资金成本与融资方式选择 ………………………………… 323
  第四节　物流企业筹资决策 ………………………………………… 327
  复习思考题 …………………………………………………………… 335

第十九章　物流企业融资租赁 ………………………………………… 336
  第一节　融资租赁的基本知识 ……………………………………… 336
  第二节　物流企业(运输船舶)融资租赁 …………………………… 341
  第三节　运输船舶融资租赁财务决策 ……………………………… 349
  复习思考题 …………………………………………………………… 353

第二十章　物流金融财务与风险 ……………………………………… 354
  第一节　物流金融概述 ……………………………………………… 354
  第二节　物流金融主要业务模式财务解析与风险分析 …………… 356
  第三节　物流企业开展物流金融服务的风险之对策 ……………… 369
  复习思考题 …………………………………………………………… 371

第二十一章　物流企业资本预算管理 ………………………………… 372
  第一节　资本预算概述 ……………………………………………… 372
  第二节　现金流量的估计 …………………………………………… 374
  第三节　投资计划评价 ……………………………………………… 378
  第四节　资本预算风险管理 ………………………………………… 387
  复习思考题 …………………………………………………………… 392

第二十二章　物流企业收益与分配管理 ································· 393
　　第一节　收入管理 ··· 393
　　第二节　收益分配 ··· 398
　　复习思考题 ··· 407

第二十三章　物流企业风险分析与防范 ································· 408
　　第一节　物流企业财务风险概述 ······································· 408
　　第二节　资金回收风险管理 ··· 412
　　第三节　利率风险及防范 ··· 422
　　第四节　汇率风险及防范 ··· 426
　　复习思考题 ··· 431

参考文献 ··· 432

第一篇 物流企业财务会计篇

物流企业会计与财务管理

第一篇

第一章 物流企业会计概述

■ **学习目标** ■

学习完本章,你应该能够:
1. 掌握物流的概念
2. 了解物流企业的类型
3. 阐述物流企业业务流程
4. 掌握物流企业财务会计的概念
5. 说明物流企业会计核算的内容以及特点

■ **基本概念** ■

物流 运输 仓储 流通加工 配送

第一节 物流及物流企业

一、物流概念及其发展

物流是指为了满足客户的需要,以最低的成本,通过运输、保管、配送等方式,实现原材料、半成品、成品及相关信息由商品的产地到商品的消费地所进行的计划、实施和管理的全过程。当物流活动从生产过程和交易过程中独立出来后,物流就不再是一个简单的成本因素,而成为一个为生产、交易与消费提供服务的价值增值因素。随着物流业的发展,物流对国民经济的重要性越来越强。我国社会物流增加值的增幅高于国民经济增长水平。物流产业增加值由交通运输业物流增加值、仓储物流业增加值、批发物流业增加值、配送加工包装物流业加工值和邮政业增加值构成。数据显示,2008 年,我国社会物流总额高达 89.89 万亿元,每单位 GDP 的物流需求系数从 1991 年的 1.4 增加到 3.0,国民经济的发展对物流业发展的依赖程度明显提高;2008 年,我国物流业增加值完成近 2 万亿元,占服务业全部增加值的 16.5%,占 GDP 增加值的 6.6%。经过初步统计,2009 年 1—6 月,我国物流总规模约 42.9 万亿元,剔除价格因素,同比增长 16%。1—6 月我国物流行业增加值约 9 000 亿元,同比增长 21%。

物流产业增加值的增幅高于国民经济增长水平，说明我国物流社会化、专业化水平在不断提高。物流已成为国民经济的重要产业，必然成为一个新的经济增长点。物流业直接创造了时间与空间价值，是产品价值的重要组成部分。2009年2月25日，国务院常务会议审议并原则通过了十大产业振兴规划，物流业跻身其中，这表明了物流业的重要性越发显现出来，得到国家政策的倾斜，这是对物流业重要地位的肯定也是给物流业发展带来的机遇。物流业的发展要靠行业中精英们的支持和推动，要靠物流企业的有效经营及其经济作用的有效发挥。

随着物流业的发展，物流企业的概念也在不断的发展之中，并且也随着物流的概念而不断变化、扩大。在物流的不同发展阶段有不同的定义，如美国物流管理协会（1985）侧重从实物的管理方面，认为物流是以满足客户需求为目的，为提高原材料、在产品、产成品以及相关信息从供应到消费的流动和储存的效率和效益而进行的计划、执行和控制的过程。我国公布的国家标准物流术语（2001）从物流具有的功能角度，把物流定义为"物品从供应地向接收地的实体流动过程，根据实际需要，将运输、存储、装卸、包装、流通加工、配送、信息处理等基本功能有机结合"。

物流的本意是物体的移动和储藏，也是最早的物流概念，相对于物流的中心功能运输而言，也曾经有过交通、运送的叫法，本书所说的物流企业所涵盖的以货物为对象的运输活动包括运输、配送、航运、空运等内容，也包括移送和持有。随着业务范围的扩大和完善，其"持有"的概念就成为现在的仓储保管，因此运输和保管就是最基本的物流，也就是字面上的"物的流通"，是一种传统的物流概念，与现代意义上的物流还有着功能和范围上的区别。现代意义上的物流已扩展为后勤（综合物流）的概念，其英语的原意也从PD（physical distribution）延伸到了logistics，因此物流概念的扩大使得为之提供后勤服务的物流企业及其成本范围也相应的有所扩大。现代物流不仅考虑从生产者到消费者的货物配送问题，而且还考虑从供应商到生产者对原材料的采购，以及生产者本身在产品制造过程中的运输、保管和信息等各个方面，以及全面地、综合性地提高经济效益和效率的问题。因此，现代物流是以满足消费者的需求为目标，把制造、运输、销售等市场情况统一起来考虑的一种战略措施。这与传统物流把它仅看作是"后勤保障系统"和"销售活动中起桥梁作用"的概念相比，在深度和广度上又有了进一步的含义。因此，对现代物流业的理解应更为宽泛，现代物流业应涵盖从事各个环节的物流经济活动的各种企业形态和物流组织业态，并可以从服务业态和服务类型方面进行界定。基于以上理解，现代物流业可以定义为：是一种包含各种业态和类型的物流服务形式，具有现代技术和管理组织特征，涵盖交通运输、仓储、信息、流通加工、包装、搬运装卸、区域分拨和配送等行业在内的新的服务业形态。

二、物流企业的类型

我国目前从事物流业务的物流业企业一般可分为如下几种。

（一）从事简单专一物流业务的企业

习惯称为传统物流企业。比如仅仅从事运输、仓储、配送、装卸、货代、船代等传统单一企业转型而来的物流企业。这类企业的特点是拥有传统业务时保留下来的客户,通过发展和创新,逐步演变成现代物流企业。这类企业较多,还可细分为如下三种:

(1) 以传统运输业务为主的物流企业。这类企业往往以原有的运输资源为基础,向现代综合物流的全方位功能进行扩展,但物流业务依然侧重于以运输为主。

(2) 以传统仓储或港口业务为主的物流企业。这类企业往往通过已有的仓储、码头资源为基础,增加相应的配送业务,向现代综合物流的全方位功能进行扩展,但业务依然偏重仓储、港口与配送业务。

(3) 以船代、货代为基础的物流企业。这类企业同上述两种企业有很大的区别,本身并不拥有某类具体的物流设施、设备等固定资产,而是利用其掌握的信息资源,通过其传统业务路径向综合物流业务型企业转变。

(二) 传统企业的业务延伸

这里的传统企业主要是指传统制造企业和商贸流通企业,这些企业将原有的运输、仓储等下属部门分拆或剥离,使其独立运行,而后演变成独立承接企业内、外物流业务的综合物流公司,这样不仅整合了本企业的内部资源,还可利用建成的网络资源发展成综合物流公司。

(三) 综合物流公司

这也就是现在通常所说的第三方物流公司,这些公司分为内资和外资,以独资或合资等各种形式存在于中国市场。如中国的广东宝供,外资的 UPS、DHL、宅急送等都是现在名噪一时的物流企业。另外还有中国邮政,其快递业务也是比较有竞争力的。

第二节 物流企业业务流程

物流企业的业务种类繁多,业务较复杂。一般而言,比较大型的物流公司拥有比较完整的业务流程,业务环节相对完善,业务配备相对齐全;而目前市场上存在的物流公司多数是小型物流公司,可能只经营某一个业务环节,从事某一项业务,通过小企业之间的联合来实现整个物流的业务流程。对于大型物流公司来说,基本的业务流程包括运输、仓储、装卸搬运、流通加工和配送等环节,如图1-1所示。

一、运输环节

运输是物流的中心环节之一,也是现代物流活动最重要的一个功能。物流从其诞生之日起,就与交通运输结下了不解之缘。物流与交通运输的基本内涵都是物质空间位移。无论是传统意义上的以物资配送为核心的早期物流活动,还是当今社会以信息技术为基础、以供应链服务为特征的现代物流服务,都把交通运输作为实现物流服务的基本手段。通过这种位移创造商品的空间效益,实现其使用价值,满足社会的不同需要。

运输是物流企业的主体,在现行物流企业中占有主体地位。根据运输方式的不同,运输

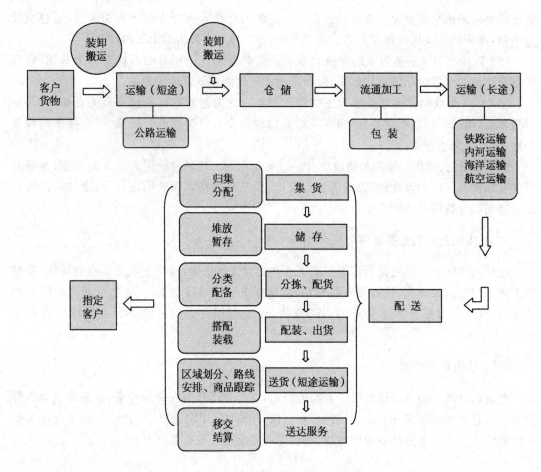

图 1-1 物流企业基本业务流程图

环节可分为铁路运输、公路运输、水上运输、航空运输和管道运输,各种运输方式分别有不同的特点,各自发挥着不同的作用。

运输的作用表现在以下三个方面[①]。

(一) 保值作用

货物在各物流据点之间进行流动的过程中,可能会遇到淋雨、受潮、水浸、生锈、破损、丢失等状况的发生,而运输就是尽力避免上述情况,保证货物从生产者到消费者移动过程中的质量和数量,起到货物的保值作用,即保护货物的存在价值,使货物在到达消费者时使用价值不变。

(二) 缩短距离、提高效率

货物运输可以克服时间间隔、距离间隔和人的间隔,实现更为高效的标的物品在生产者和客户之间的转移。现代化货物运输的发展不仅拉近了生产者和消费者之间的距离,而且

---

① 丁元霖.物流企业会计.立信会计出版社,2006

还减少了时滞成本,提供了更多便利,提高了生产与生活的效率。

(三)加快商品流通、促进经济发展

运输的发展有利于加快商品流通的速度,从而降低商品的零售价格,提高消费者的购买欲望,拉动消费需求,最终刺激和促进经济的增长。

二、仓储环节

仓储是物流活动的另一重要环节,它具有物资保护、调节供需、调配运能、实现配送、节约物资等功能。仓储是指利用仓库等保护、管理、储藏物品的物流活动。仓储是包含库存和储备在内的一种广泛的经济现象,也是一切社会形态都存在的经济现象。在任何社会形态中,对于不论什么原因形成停滞的物资,也不论是什么种类的物资,在没有生产加工、消费、运输等活动之前,或在这些活动结束之后,总是要存放起来,这就是仓储。与运输概念相对应,仓储是以改变物的时间状态为目的的活动,是从克服产、需之间的时间差异而获得更好的效用和效益。

仓储活动是衔接生产和再生产、生产和消费的必需环节,为客户的货物创造了时间效用,同时它以其储存、分类和整合等功能为后续环节做准备和铺陈,为后续环节效率的提升打下一定的基础。没有合理、有序且规范的仓储,装卸、运输等活动的效果必然受到影响[①]。

三、装卸搬运环节

装卸是物品在指定地点以人力或机械装入运输设备或卸下的活动。搬运是指在同一场所,对物品进行水平移动为主的物流作业。在实际操作中,装卸和搬运是密不可分的,两者是伴随在一起发生的。在物流过程中,装卸活动是不断出现和反复进行的,它出现的频率高于其他各项物流活动,每次装卸活动都要花费很长时间,所以往往成为决定物流速度的关键。装卸活动所消耗的人力也很多,所以装卸费用在物流成本中所占的比重也较高。以我国为例,铁路运输的始发和到达的装卸作业费大致占运费的 20% 左右,而船运在 40% 左右。所以说,从降低物流费用考虑,装卸是个重要的环节。而且,进行装卸操作时往往需要接触货物,因此,这是在物流过程中造成货物破损、散失、损耗、混合等损失的主要环节。虽然装卸搬运是一种附属性、伴生性的活动,但是却很大程度上影响物流效率、决定物流技术经济效果。它对整个物流活动具有支持性和保障性的作用。

四、流通加工环节

流通加工是指物品在从生产地到使用地的过程中,根据需要施加包装、切割、计量、分拣、刷标志、拴标签、组装等简单作业的总称。流通加工是流通中的一种特殊形式,它是在物

---

① 赵涛.物流企业规范化管理全书.电子工业出版社,2008

品从生产领域向消费领域流动的过程中,为了促进销售、维护产品质量和提高物流效率,对物品进行的加工,使物品发生物理、化学或形状的变化。

包装是流通加工环节的一个重要组成部分,包装可以保护货物,使其避免日晒、风吹、雨淋、灰尘沾染等自然因素的侵袭,防止挥发、渗漏、溶化、碰撞、挤压、散失以及盗窃等而造成损失;同时可以实现货物价值和使用价值,增加货物的附加价值;也为物流其他环节如贮、运、调、销等提供便利。

在商品流转过程中进行简单的、必要的加工能够有效地完善流通,创造附加价值,这一环节是现代物流中的重要利润来源[1]。

五、配送环节

配送是指物流企业按照用户订单或配送协议进行配货,通过科学统筹规划,选择经济合理的运输路线与运输方式,在用户指定的时间内,将符合要求的货物送达指定地点的一种方式。配送是物流中一种特殊的、综合的活动形式,是商流与物流的紧密结合,包含了商流活动和物流活动,也包含了物流中若干功能要素的一种形式。

配送是一种送货形式,但它是一种有确定组织、确定渠道,有一套装备和管理力量、技术力量给予支持,有一套制度给予规范的高水平送货形式。

配送是"配"和"送"有机结合的形式。配送利用有效的分拣、配货等理货工作,使送货达到一定的规模,以利用规模优势取得较低的送货成本。"配"是指在送货活动之前必须依据顾客需求对其进行合理的组织与计划。只有"有组织、有计划"地"配"才能实现现代物流管理中所谓的"低成本、快速度"地"送",进而有效满足顾客的需求。

由于在买方市场条件下,顾客的需求是灵活多变的,消费特点是多品种、小批量的,因此配送活动绝不是简单的送货活动,而应该是建立在市场营销策划基础上的企业经营活动。只有适当计划,才能以合理的方式进行配送活动。

从物流来讲,配送几乎包括了所有的物流功能要素,是物流的一个缩影或在某小范围中物流全部活动的体现。一般的配送集装卸、包装、保管、运输于一身,通过这一系列活动完成将货物送达的目的。特殊的配送则以加工活动为支撑,包括的方面更广泛[2]。

第三节　物流企业会计核算及特点

一、物流企业会计核算的内容

物流企业财务会计是应用于物流企业的一门专业会计,它以货币为主要计量单位,对物流企业的经营活动进行连续、系统、全面的反映和监督,并在此基础上对经济活动进行控制,

---

[1] 周建亚.物流基础.中国物资出版社,2007
[2] 赵涛.物流企业规范化管理全书.电子工业出版社,2008

为投资者、债权人、政府管理部门以及与企业有经济利益的各方提供有用信息的一种经济管理信息系统。

按照现代经济管理的理论,物流企业的一切活动最终体现为经济活动,所有经济活动必然要求进行经济核算、成本计算、费用控制和经济效益业绩考核。这些工作都需要由物流企业会计工作来完成,会计核算贯穿于企业整个物流活动的全过程。由于企业的物流活动包括运输、仓储、装卸搬运、流通加工和配送等多个环节,决定了物流企业会计核算的主体部分按照各环节来进行。

（一）运输环节的核算

本书中对运输环节会计核算的说明包括运输收入的确认和计量,运输费用的计算和确定,运输成本的汇集、分配和结转,运输营运收入应交税费的结算和交纳,以及运输利润的计算等内容。

（二）仓储环节的核算

本书中对仓储环节会计核算的说明包括仓储收入的确认和计量,仓储成本和费用的汇集和结转,仓储物资损耗的处理与分摊,以及仓储业务利润的计算。

（三）装卸搬运环节的核算

本书中对装卸搬运环节会计核算的说明包括该环节收入的确认和计量,装卸搬运成本的确认、计量和结转,相关税金的计算,以及该环节的营业利润计算。

（四）流通加工环节的核算

本书中对流通加工环节的会计核算,包括确认和记录流通加工中的业务收入,归集、计算和结转加工成本,计算和缴纳相关税金,核算加工环节的营业利润。其中重点介绍包装工作的收入和成本的确认和计量,以及相关的增值税计算。

（五）配送环节的核算

本书中配送环节的会计核算内容包括配送营业收入的核算,配送过程中运输费用、分拣费用、配装费用、加工费用的归集、分配和结转,配送环节营业利润的核算。

（六）货物代理的核算

本书中货物代理的会计核算内容包括水运、航空、公路和铁路货代业务收入的核算,以及货代业务中出口、进口和国内业务的核算。

当然,本书还详细阐述了物流企业特有的及较重要的资产、负债具体项目的确认和计量,并适当介绍了与一般工商业企业并无太多差异的物流企业的资产、负债及权益等项目,而对于权益的确认和计量、财务报表编制等内容,本书只作了简要介绍。

通过以上运作环节对现代物流企业的分析,剖析了现代物流企业运作过程中各个环节的特点与财务会计核算的要求,便于后续各章节物流企业财务会计核算的阐述。为了便于读者学习,本书假定存在一个业务流程完整、业务环节完备的大型物流公司——海大物流公司。该公司具有以下特点:(1)公司拥有多个分支机构,分支机构间存在往来;(2)公司经营业务涵盖运输、装卸、仓储、流通加工和配送等基本物流业务;(3)公司拥有完整的运输部门,包括陆运(公路、铁路)、水运(内河、海洋)和空运部门;(4)公司拥有自己独立的仓库和配送中心;(5)公司存在外币交易,涉及外币核算。

二、物流企业会计核算的特点

由于物流行业和业务的特殊性,物流企业会计核算也呈现出独有的特点,具体表现在以下六个方面。

(一) 外币核算

物流企业要在经营范围内进行拓展,很多是向国外延伸,尽管小型物流公司在实力上可能无法支撑国外经营,但或多或少会承接一定的海外业务,而大型的物流公司基本上会在全球范围内进行经营的拓宽,因而存在大量的外币交易和外币结算,于是外币核算便成为物流企业会计核算中不可或缺的部分。

物流企业的外币核算包括外币交易的确认、计量与核算,汇兑损益的计算,外币报表折算差额核算以及外币会计报表的折算和编制。

(二) 分支机构和内部往来

物流企业要实现大范围的经营,需要在足够多的区域、城市拥有分支机构,需要构建起物流企业固有的网络。分支机构的独立存在,是物流企业有效完成整个业务流程的重要保证,分支机构的数量和分布决定了物流企业经营网络的覆盖面。比如说,物流企业在一地集货然后运往其他地方的分支机构进行配送,由各地方的分支机构负责将货物运送到各自服务区域内的具体地点。没有分支机构,物流企业经营的效率会大打折扣。物流企业存在分支机构,必然在分支机构与总公司间存在内部往来,包括总公司对分支机构的投资、内部交易和结算等,因而内部往来是物流企业会计核算中比较突出的部分。

(三) 税金

物流企业所缴纳的流转税以营业税为主,因为物流企业主要提供劳务服务,而不是出售商品,物流企业营业税率为3‰—5‰,各个环节所取得的收入都应该计缴营业税;而在物流企业中,增值税只占整个流转税的一小部分,由流通加工环节的包装工序产生,其他环节很少产生增值项目。

(四) 收入形式

物流企业的业务多以提供劳务服务为主,因而物流企业的主营业务收入为提供劳务所获得的收入,物流企业偶尔会通过出售轮胎、机件等存货来取得部分收入,出售商品的收入只是收入的一小部分,作为其他业务收入进行核算。

(五) 成本费用的构成

物流企业的成本费用构成并不像制造企业的产品成本那样,具有构成产品实体并占相当高比重的原材料和主要材料;它主要由与各环节的运行经营以及配备设施相关的成本费用所构成,比如运输的燃油费、交通工具和装卸搬运工具的折旧费用、各环节工作人员的人工费用等。

(六) 代理业务

代理业务是物流企业业务的重要组成部分,比如货运代理业务,因而在物流企业的会计核算中,代付代收项目是较为常见的。物流企业的代理业务比较繁杂,在不同的环节、不同的运输方式下都会有不同的代理业务内容,这就给物流企业的会计核算带来了一定的难度。

复习思考题

1. 简述物流企业的业务流程。
2. 简述物流企业会计核算的内容。
3. 简述物流企业的会计核算与其他工商企业的不同之处。

附录1:物流企业常用会计科目表

顺序号	编号		名称
			一、资产类
1	1001		库存现金
	100101		人民币
	100102		外币(按币种分设)
2	1002		银行存款
	100201		人民币
	10020101		开户银行(人民币)
	100202		外币(按币种分设)
	10020201		开户银行(外币)
3	1012		其他货币资金
4	1101		交易性金融资产
5	1121		应收票据
6	1122		应收账款

续表

顺序号	编号	名 称
7	1123	预付账款
8	1131	应收股利
9	1132	应收利息
10	1221	其他应收款
11	1231	坏账准备
12	1401	物资采购
13	1403	原材料
14	1404	材料成本差异
15	1405	库存商品
16	1412	包装物
17	1413	低值易耗品
18	1471	存货跌价准备
19	1501	持有至到期投资
20	1503	可供出售金融资产
21	1511	长期股权投资
22	1512	长期股权投资减值准备
23	1521	投资性房地产
24	1531	长期应收款
25	1532	未实现融资收益
26	1601	固定资产
27	1602	累计折旧
28	1603	固定资产减值准备
29	1604	在建工程
30	1605	工程物资
31	1606	固定资产清理
32	1607	在建工程减值准备
33	1701	无形资产
34	1702	累计摊销
35	1703	无形资产减值准备
36	1711	商誉
37	1801	长期待摊费用

续表

顺序号	编号	名　　称
38	1811	递延所得税资产
39	1901	待处理财产损溢
	190101	待处理流动资产损溢
	190102	待处理固定资产损溢
二、负债类		
40	2001	短期借款
41	2101	交易性金融负债
42	2111	应付票据
43	2121	应付账款
44	2131	预收账款
45	2151	应付职工薪酬
	215101	工资
	215102	福利费
	215103	其他
46	2161	应付股利
47	2171	应交税费
	217101	应交营业税
	212102	应交增值税
	217104	应交消费税
	217105	应交资源税
	217106	应交所得税
	217107	应交土地增值税
	217108	应交城市维护建设税
	217109	应交房产税
	217110	应交土地使用税
	217111	应交车船使用税
	217112	应交个人所得税
	217113	应交教育费附加
	217199	其他
48	2181	其他应付款
49	2191	应付利息

续表

顺序号	编号	名称
50	2201	未确认融资费用
51	2211	预计负债
52	2301	长期借款
53	2311	应付债券
54	2321	长期应付款
55	2331	递延所得税负债
	三、共同类	
56	3341	内部往来
	四、所有者权益类	
57	4101	股本(或股本)
58	4111	资本公积
	411101	资本(或股本)溢价
	411102	接受捐赠非现金资产准备
	411103	股权投资准备
	411104	外币资本折算差额
	411105	其他资本公积
59	4121	盈余公积
	412101	法定盈余公积
	412102	任意盈余公积
60	4131	本年利润
61	4141	利润分配
	414101	提取法定盈余公积
	414102	提取任意盈余公积
	414103	应付普通股股利
	414104	未分配利润
	五、损益类	
62	5101	主营业务收入
	510101	各环节收入(按环节分设)
	51010101	子部门收入(按子部门分设)
63	5102	其他业务收入
64	5201	公允价值变动损益

续表

顺序号	编号		名　称
65	5211		投资收益
66	5221		汇兑损益
67	5301		营业外收入
68	5401		主营业务成本
	540101		各环节成本（按环节分设）
	54010101		子部门成本（按子部门分设）
69	5402		其他业务成本
70	5403		营业税金及附加
71	5501		销售费用
72	5502		管理费用
73	5503		财务费用
74	5601		营业外支出
75	5701		所得税费用
76	5801		以前年度损益调整

附录2：物流企业财务报表（样表）

资产负债表

编制单位：海大物流公司　　　　　201×年12月31日　　　　　　　　　　单位：元

资　产	期末余额	年初余额	负债和所有者权益	期末余额	年初余额
流动资产			流动负债		
货币资金			短期借款		
交易性金融资产			交易性金融负债		
应收票据			应付票据		
应收账款			应付账款		
预付账款			预收账款		
应收股利			应付职工薪酬		
应收利息			应交税费		
其他应收款			应付利息		
坏账准备			应付股利		
物资采购			其他应付款		

续表

资　产	期末余额	年初余额	负债和所有者权益	期末余额	年初余额
原材料			流动负债合计		
材料成本差异					
库存商品					
包装物					
低值易耗品					
存货跌价准备					
其他流动资产					
流动资产合计					
非流动资产			非流动负债		
持有至到期投资			长期借款		
可供出售金融资产			应付债券		
长期股权投资			长期应付款		
长期应收款			未确认融资费用		
投资性房地产			预计负债		
未实现融资收益			递延所得税负债		
固定资产			非流动负债合计		
累计折旧			负债合计		
固定资产减值准备					
固定资产清理					
在建工程					
工程物资					
在建工程减值准备					
无形资产					
累计摊销					
无形资产减值准备			所有者权益		
商誉			股本		
长期待摊费用			资本公积		
递延所得税资产			盈余公积		
其他非流动资产			未分配利润		
非流动资产合计			所有者权益合计		
资产合计			负债和所有者权益合计		

利 润 表

编制单位:海大物流公司　　　　　　　201×年度　　　　　　　　　　　单位:元

项　　目	上期金额	本期金额
一、营业收入		
主营业务收入		
其他业务收入		
减:营业成本		
主营业务成本		
其他业务支出		
营业税金及附加		
营业费用		
管理费用		
财务费用		
资产减值损失		
加:公允价值变动收益		
投资收益		
二、营业利润		
加:营业外收入		
减:营业外支出		
三、利润总额		
减:所得税费用		
四、净利润		
五、每股收益		
（一）基本每股收益		
（二）稀释每股利益		

现 金 流 量 表

编制单位:海大物流公司　　　　　　　201×年度　　　　　　　　　　　单位:元

项　　目	本期金额	上期金额
一、经营活动产生的现金流量		
销售商品、提供劳务收到的现金		
收到的税费返还		
收到其他与经营活动有关的现金		

第一章　物流企业会计概述

续表

项　　目	本期金额	上期金额
经营活动现金流入小计		
购买商品、接受劳务支付的现金		
支付给职工以及为职工支付的现金		
支付的各项税费		
支付其他与经营活动有关的现金		
经营活动现金流出小计		
经营活动产生的现金流量净额		
二、投资活动产生的现金流量		
收回投资收到的现金		
取得投资收益收到的现金		
处置固定资产、无形资产和其他长期资产收回的现金净额		
处置子公司及其他营业单位收到的现金净额		
收到其他与投资活动有关的现金		
投资活动现金流入小计		
购建固定资产、无形资产和其他长期资产支付的现金		
投资支付的现金		
取得子公司及其他营业单位支付的现金净额		
支付其他与投资活动有关的现金		
投资活动现金流出小计		
投资活动产生的现金流量净额		
三、筹资活动产生的现金流量		
吸收投资收到的现金		
取得借款收到的现金		
收到其他与筹资活动有关的现金		
筹资活动现金流入小计		
偿还债务支付的现金		
分配股利、利润或偿付利息支付的现金		
支付其他与筹资活动有关的现金		
筹资活动现金流出小计		
筹资活动产生的现金流量净额		
四、汇率变动对现金及现金等价物的影响		

续表

项　　目	本期金额	上期金额
五、现金及现金等价物净增加额		
加:期初现金及现金等价物余额		
六、期末现金及现金等价物余额		

补 充 资 料

编制单位:海大物流公司　　　　　　　　201×年度　　　　　　　　　　　单位:元

项　　目	本期金额	上期金额
1.将净利润调节为经营活动现金流量		
净利润		
加:计提的资产减值准备		
固定资产折旧		
无形资产摊销		
长期待摊费用摊销		
处置固定资产、无形资产和其他长期资产的损失(减:收益)		
固定资产报废损失(减:收益)		
公允价值变动损失(减:收益)		
财务费用(减:收益)		
投资损失(减:收益)		
递延所得税资产减少(减:增加)		
递延所得税负债增加(减:减少)		
存货的减少(减:增加)		
经营性应收项目的减少(减:增加)		
经营性应付项目的增加(减:减少)		
其他		
经营活动产生的现金流量净额		
2.不涉及现金收支的投资和筹资活动		
债务转为资本		
一年内到期的可转换公司债券		
融资租入固定资产		
3.现金及现金等价物净增加情况		
现金的期末余额		

续表

项 目	本期金额	上期金额
减:现金的期初余额		
加:现金等价物的期末余额		
减:现金等价物的期初余额		
现金及现金等价物净增加额		

第二章 物流企业重点项目及业务的核算

■ 学习目标 ■

学习完本章,你应该能够:
1. 掌握物流企业存货的定义以及会计核算
2. 掌握固定资产的定义及其会计核算
3. 掌握在建工程的定义以及间接费用分配方法
4. 阐述固定资产的处置、清理与减值准备
5. 掌握融资租赁的概念
6. 阐述物流企业相关税费及其会计核算

■ 基本概念 ■

存货　低值易耗品　存货跌价准备　固定资产　在建工程　融资租赁

第一节　物流企业存货的核算

存货是物流企业在正常生产经营过程中持有以备周转使用的材料、低值易耗品,或者在提供劳务过程中耗用的燃料、备品配件等。由于它们经常处于不断耗用和重置之中,是物流企业资产中具有较强流动性的资产。存货在同时满足以下两个条件时,才能加以确认:(1)该存货包含的经济利益很可能流入企业;(2)该存货的成本能够可靠地计量。

本节从原材料、燃料、低值易耗品、备品配件和存货跌价准备五个方面分别阐述物流企业的存货。

一、原材料

"原材料"科目下设"材料"和"燃料"两个二级科目。

(一) 材料

"材料"科目核算物流企业的各种材料,主要是指车辆、装卸设备、机械在维护、保养和修理过程中所耗用的材料。包括船用物料、润料、各种消耗性材料等实际成本。

物流企业购入的燃料、低值易耗品,在"燃料"、"低值易耗品"科目核算,不在"材料"科目核算。"材料"科目应按照材料的保管地点(仓库)、类别、品种和规格设置明细账(或材料卡片),并根据入库单、发料凭证逐笔登记。

物流企业购入并已验收入库的材料,借记"材料",贷记"材料采购"、"应付账款"、"应付票据"、"预付账款"、"银行存款"等科目。采用计划成本核算的企业,还应同时计算材料成本差异,借记或贷记"材料采购"科目,贷记或借记"材料成本差异"科目。发交各部门、工程项目、其他业务领用或销售材料,借记"运输支出"、"船舶固定费用"、"船舶共同费用"、"管理费用"、"在建工程"、"其他业务支出"等科目(企业所属独立核算的供应公司、供应站可借记"应收账款"或"内部往来"科目),贷记"材料"。采用计划成本核算的企业,在材料领用或销售时,除按计划成本借记以上有关科目、贷记"材料"外,月份终了,还应按照发出的各种材料,计算分摊成本差异,借记以上有关科目,贷记"材料成本差异"科目(如实际成本小于计划成本,用红字作此分录)。

企业所属独立核算的供应公司、供应站,向企业所属船舶、单位发送材料或对外销售材料,按规定需要开出专用发票时,在按上述分录贷记本科目的同时,还应贷记"应交税费——应交增值额(销项税款)"科目。内部转账(无须使用专用发票的),不需贷记"应交增值税"科目,企业所属船舶、单位,按专用发票所列材料价值和增值税之和列入有关成本费用科目。

特殊情况下,材料在采购后直接送上船时,借记"船舶固定费用"等科目,贷记"代理往来"、"应付账款"等科目,不在"材料"科目核算。

清查盘点时,发现盘盈、盘亏、毁损的材料,按照实际成本(或估计价值)或计划成本,先列入"待处理财产损溢"科目,待查明原因后处理。

"材料"科目期末借方余额,反映物流企业库存材料的实际成本。

(二)燃料

燃料科目核算物流企业库存和车(船)的各种燃料。验收入库的燃料比照"材料"科目的有关规定,分别保管地点(仓库)核算,并按燃料种类设置明细科目。

物流企业营运燃料领用、发出的核算包括车(船)存燃料的核算和车(船)耗燃料的核算。应通过"原材料——燃料"账户进行核算,并在该账户下分别设置"库存"和"车(船)存"两个明细账户。验收入库的燃料,在"原材料——燃料(库存)"账户中核算。车(船)领用燃料时,借记"原材料——燃料[车(船)存]",贷记"原材料——燃料(库存)";月末根据实际耗用,借记"主营业务成本——运输支出"等账户,贷记"原材料——燃料车[(船)存]"。其他业务和管理部门等单位领用燃料时,借记"其他业务支出"、"管理费用"等账户,贷记"原材料——燃料(库存)"。月末,采用计划成本核算的物流企业,应结转材料成本差异,实际成本大于计划成本的差异,借记"主营业务成本——运输支出"、"其他业务支出"、"管理费用"等账户,贷记"材料成本差异"账户(实际成本小于计划成本的差异用红字表示)。

[例2-1] 海大物流公司车队的车存燃料实行满油箱制,201×年5月的燃料发出汇总表如表2-1所示。

表 2-1　燃料发出汇总表　　　　　　　　　20×9 年 5 月　单位:元

领用单位或用途	计划成本
货运一队	40 000
货运三队	45 000
职工班车	3 000
对外销售	7 000
合　计	95 000

根据上述燃料发出汇总表,应作会计分录如下:
借:主营业务成本——运输支出　　　　　　　　　　　　　85 000
　　管理费用　　　　　　　　　　　　　　　　　　　　　3 000
　　其他业务支出　　　　　　　　　　　　　　　　　　　7 000
　　贷:原材料——燃料　　　　　　　　　　　　　　　　　　95 000

同时,结转支出燃料应负担的成本差异,假设当月燃料成本差异率为 3%,应作会计分录如下:
借:主营业务成本——运输支出　　　　　　　　　　　　　2 550
　　管理费用　　　　　　　　　　　　　　　　　　　　　90
　　其他业务支出　　　　　　　　　　　　　　　　　　　210
　　贷:材料成本差异——燃料　　　　　　　　　　　　　　2 850

如果物流企业车队的车存燃料实行永续盘存制,则根据上述燃料发出汇总表的资料,应作会计分录如下:
借:原材料——燃料(车存)　　　　　　　　　　　　　　85 000
　　管理费用　　　　　　　　　　　　　　　　　　　　　3 000
　　其他业务支出　　　　　　　　　　　　　　　　　　　7 000
　　贷:原材料——燃料(库存)　　　　　　　　　　　　　　95 000

二、备品配件

备品配件核算企业库存的船用备品配件,包括通讯导航器材、船舶修理用大型零部件等。

非船用的各项机器的零星备品、配件,在"材料"科目核算,不在"备品配件"科目核算。"备品配件"科目按照备品配件的类别、品种、规格作明细核算。

备品配件采购和入库的核算方法,参照"材料"科目的有关规定。领用时,借记"船舶固定费用"、"预提船舶修理费"等科目,贷记"备品配件"。

采购后直接上船的备品配件,借记"船舶固定费用"、"预提船舶修理费"等科目,贷记"代理往来"、"应付账款"等科目,不通过"备品配件"核算。

清查盘点时,发现盘盈、盘亏、毁损的备品配件,应按实际成本(或估计成本)先列入"待处理财产损溢"科目,查明原因后处理。

船舶退下或修船拆下的备品配件,一般不作价入账,另设备查簿登记。委托船厂保管的,应取得保管单后在备查簿登记。调给他船使用时,在备查簿上注销。如作价处理时,借记"银行存款"、"应收账款"等科目,贷记"营业外收入"科目,或冲减原船的"船舶固定费用——修理费"科目。

"备品配件"科目期末借方余额,反映企业库存的船用备品配件。

三、营运轮胎

轮胎是物流企业营运车辆的重要组成部分,是关系车辆安全行驶、节约能源、降低运输成本的重要因素。物流企业的轮胎分为自用轮胎和车用轮胎两种,其中自用轮胎在"低值易耗品"科目中核算,本小节专指车用轮胎。为了提高轮胎使用维修的技术水平,延长轮胎使用寿命,我们可以从以下几个方面对物流企业营运轮胎进行管理。

物流企业的轮胎包括车用外胎、内胎和垫带等,由于车辆内胎和垫带价值相对较低,可归入"原材料——辅助材料"账户核算,领用时直接记入"主营业务成本——运输支出"账户。对于汽车外胎,由于价值较高,价值周转方式也较特殊,因而要专设"原材料——轮胎"账户进行核算。本账户用于核算物流企业存库和在用(营运)轮胎的收发和结存情况。在库轮胎的收入和支出及在用轮胎的收入核算的程序和方法,与材料核算的程序和方法相同,这里只介绍物流企业营运(在用)轮胎发出的核算方法。物流企业营运轮胎领用、发出时,可以采用一次摊销法计入运输成本核算。

这种核算方法实际上对在用原装轮胎不进行财务处理,只在更换轮胎领用出库和报废退库,以及发生翻新费用时进行必要的核算。

具体做法是:

(1) 从材料(轮胎)库领用轮胎,按实际成本,借记"主营业务成本——运输支出"账户,贷记"原材料——轮胎"账户;

(2) 报废轮胎退库,按残值,借记"原材料"账户,贷记"主营业务成本——运输支出"账户;

(3) 发生的轮胎翻新费用,借记"主营业务成本——运输支出"账户,贷记"银行存款"账户。

实行这种方法,在集中领用换季胎或一次领出周转轮胎数量较大时,可以采用分期摊销法,将领用轮胎的价值,借记"待摊费用"账户,然后按月转入"主营业务成本——运输支出"账户。摊销期限一般不应该超过 12 个月。如果摊销期超过 12 个月,应按长期待摊费用处理,即借记"长期待摊费用"账户,贷记"原材料——轮胎"账户;每月摊销时,借记"主营业务成本——运输支出"账户,贷记"长期待摊费用"账户。发生轮胎翻新数额较大时,也可采取这种分期摊销的方法。

[例 2-2] 海大物流公司本月领用新轮胎,计划成本为 5 000 元,对该项业务应作会计分录如下:

借:主营业务成本——运输支出　　　　　　　　　　　5 000
　　贷:原材料——轮胎　　　　　　　　　　　　　　　　　　5 000

假如一次性领用轮胎的数量很大,可以将轮胎成本记入"待摊费用"账户进行核算,然后再分期摊入运输成本中。

当轮胎报废时,轮胎摊提费的累计数与实际成本将产生差异。为确保物流企业运输成本计算的正确性,这时必须对差异进行适当的调整,差异的调整内容具体如下:

(1) 领用轮胎外胎的实际成本与计划成本的差异调整。轮胎计划成本与实际成本不一致所产生的差异,即外胎计划成本、每次翻新计划费用与外胎实际价格、每次翻新实际费用的差异。领用轮胎的成本差异的计算方法同其他材料相同。对于成本差异的处理应直接调整运输成本。

(2) 使用里程超亏时,对轮胎费用差异的调整。轮胎实际使用里程超(超过)亏(未达到)轮胎定额使用里程所产生的差异,这主要是由于轮胎费用摊提率是根据外胎平均使用里程定额作为分母计算,而轮胎摊提费则由轮胎实际使用里程乘以轮胎费用摊提率求得,所以当轮胎报废时如实际使用里程超过定额使用里程,轮胎摊提费就将大于轮胎计划成本,反之则将小于轮胎计划成本。

因此,为确保运输成本计算的正确性,必须对这种差异进行调整。差异的计算公式如下:

$$轮胎超亏使用差异 = 外胎超亏使用里程 \times 轮胎费用摊提率$$

式中,外胎超亏使用里程应按月根据报废轮胎的胎卡记录汇总后减去定额使用里程求得。报废轮胎应逐条计算其超亏使用里程以及差异额。

按行驶公里预提轮胎费用摊入物流企业的运输成本,必须在"预提费用"账户下设置"轮胎预提费用"明细账户进行核算。该账户贷方核算按实际行驶公里数预提的轮胎摊销费、轮胎报废时调整的预提摊销费,借方核算领用轮胎的计划成本及计划翻新费。

四、低值易耗品

"低值易耗品"科目核算企业库存低值易耗品的实际成本,是指不作为固定资产核算的各种用具、物品,如工具、管理用具、自用轮胎、玻璃器皿,以及在营运过程中周转使用的包装物、容器等。

各部门领用时,按照低值易耗品账面价值,会计处理如下:

借:其他业务支出、管理费用等

  贷:低值易耗品

在用低值易耗品,以及使用部门退回仓库的低值易耗品,应加强实物管理,并在备查簿上登记。

清查盘点时,发现库存低值易耗品盈、亏、毁损时,先记入"待处理财产损溢"科目,查明原因处理。在用低值易耗品发生盈、亏、毁损时,在备查簿上登记。残存在用低值易耗品的处理残值,列入"营业外收入"科目。

"低值易耗品"科目期末借方余额,反映企业库存低值易耗品的实际成本。

《企业基本会计准则》(2006)规定:"企业应当采用一次转销法或者五五摊销法对低值易

耗品和包装物进行摊销,计入相关资产的成本或者当期损益。"将低值易耗品和包装物的摊销方法明确规定为一次转销法或者五五摊销法两种方法。

(一) 一次转销法

一次转销法是指低值易耗品或包装物在领用时就将其全部账面价值计入有关成本费用的方法。作为一种价值分摊方法,在选择与运用上,低值易耗品和包装物是有区别的。

对于低值易耗品而言,在一次转销法的选择和运用上,应当注意以下几个方面的问题。

通常而言,一次转销法适用于价值较低或极易损坏的低值易耗品。注意,这里的"价值较低或极易损坏"不是一个概念,前者强调的是价值,其核心是"低";后者强调的是耐用程度和发生意外的概率,其核心是"极易损坏"。会计主体在其职业判断上应当注意避免混淆这两个不同的概念。

在一次转销法下,由于低值易耗品领用时其价值就立即从账上一次性注销,因此,在低值易耗品总价值较高时不利于均衡各期成本费用;与此同时,会出现大量账外资产,不便于进行实物控制。前者应当通过待摊费用尽可能均衡各期成本费用;后者则应当加强辅助账簿的备查登记工作,以确保企业财产的安全与完整。

对于包装物,在一次转销法的选择和运用上则相对简单:(1)生产领用的包装物和随同商品产品出售的包装物应当采用一次转销法转销其价值,这与其价值高低和耐用程度无关;(2)对于数量不多、金额较小,且业务不频繁的出租或出借包装物,采用一次转销法是一个不错的选择,只是在以后收回使用过的出租或出借包装物时,应当加强实物管理,并在辅助账簿上进行备查登记。

(二) 五五摊销法

五五摊销法是指低值易耗品或包装物在领用时先摊销其账面价值的一半,在报废时再摊销其账面价值的另一半。五五摊销法的最大优点是领用的低值易耗品或包装物均保留在会计账簿上,便于通过账簿进行实物控制,有利于确保低值易耗品的安全与完整。但由于五五摊销法分别于领用和报废时摊销其50%的价值,企业成本费用负担不均衡的问题依然存在。另外,低值易耗品的价值是随着实物损失逐渐转移至成本费用中去的,等到报废时,早已没有50%的价值。这样会造成虚增企业资产,也将导致账实不符。

五、存货跌价准备

资产负债表日,存货应当按照成本与可变现净值孰低计量。当存货成本低于可变现净值时,存货按成本计量;当存货成本高于可变现净值时,存货按可变现净值计量,同时按照成本高于可变现净值的差额计提存货跌价准备,计入当期损益。

(一) 计提存货跌价准备的方法

(1) 物流企业通常应当按照单个存货项目计提存货跌价准备。
(2) 对于数量繁多、单价较低的存货,可以按照存货类别计提存货跌价准备。

(3)与在同一地区生产和销售的产品系列相关、具有相同或类似最终用途或目的,且难以与其他项目分开计量的存货,可以合并计提存货跌价准备。

具体会计分录处理如下:

借:资产减值损失——计提的存货跌价准备
  贷:存货跌价准备

需要注意的是,资产负债表日,同一项存货中一部分有合同价格约定、其他部分不存在合同价格的,应当分别确定其可变现净值,并与其相对应的成本进行比较,分别确定存货跌价准备的计提或转回的金额,由此计提的存货跌价准备不得相互抵消。

(二)存货跌价准备转回的处理

(1)资产负债表日,物流企业应当确定存货的可变现净值。物流企业确定存货的可变现净值应当以资产负债表日的状况为基础确定,既不能提前确定存货的可变现净值,也不能延后确定存货的可变现净值,并且在每一个资产负债表日都应当重新确定存货的可变现净值。

(2)如果以前减记存货价值的影响因素已经消失,则减记的金额应当予以恢复,并在原已计提的存货跌价准备的金额内转回,转回的金额计入当期损益。

物流企业的存货在符合条件的情况下,可以转回计提的存货跌价准备。存货跌价准备转回的条件是以前减记存货价值的影响因素已经消失,而不是在当期造成存货可变现净值高于成本的其他影响因素。

当符合存货跌价准备转回的条件时,应在原已计提的存货跌价准备的金额内转回。即在对该项存货、该类存货或该合并存货已计提的存货跌价准备的金额内转回。转回的存货跌价准备与计提该准备的存货项目或类别应当存在直接对应关系,但转回的金额以将存货跌价准备余额冲减至零为限。

具体会计分录处理如下:

借:存货跌价准备
  贷:资产减值损失——计提的存货跌价准备

第二节 物流企业固定资产的核算

物流企业为了进行正常的经营活动,除了需要具有必备的流动资金外,还必须具有一定数量的固定资产。固定资产是物流企业经营活动不可缺少的物质技术基础。固定资产占物流企业的比重相当大,投资也相当大。正确核算物流企业的固定资产是资产管理的前提。本小节分别从固定资产、在建工程、累计折旧、固定资产处置、固定资产清查和固定资产减值六个方面阐述物流企业固定资产的财务会计核算。

一、固定资产及其会计核算

固定资产是指同时具备为营运、出租或经营管理而持有的,使用年限超过1年,单位价值较高这三个特征的有形资产。包括物流企业使用期限超过1年的船舶、集装箱、港务与库场设施、装卸机械、车辆、通讯设备、房屋与建筑物和飞机等。

由独立部件系统构成的大型固定资产,在能够对独立部件进行辨认与计价的情况下,可以采用按部件计价法进行计价。例如对于大型运输船舶,可以将船舶的船体、靠泊系统、主辅机系统、螺旋桨与轴系、空调系统、电气设备、电信设备、起货系统、救生系统等作为主要部件进行计价;对于飞机,可以将机身、机身替换件、发动机、发动机替换件等作为主要部件进行计价。

固定资产在取得时,应按取得时的成本入账。取得时的成本包括买价、进口关税、运输和保险等相关费用,以及为使固定资产达到预定可使用状态前所必要的支出。固定资产取得时的成本应当根据具体情况分别确定:

(1) 购置的不需要经过建造过程即可使用的固定资产,按实际支付的买价、包装费、运输费、安装成本、交纳的有关税金等,作为入账价值。如从国外购入的船舶,按照实际支付的买价,加上进口关税及其他交纳的有关税金等记账。

(2) 自行建造的固定资产,按建造该项资产达到预定可使用状态前所发生的全部支出,作为入账价值。如向船厂订造船舶,建造过程中实际发生的包括监造人员费用、试航费用等在内的支出均应计入船价。

(3) 投资者投入的固定资产,按投资各方确认的价值,作为入账价值。

(4) 融资租入的固定资产,按租赁开始日租赁资产的公允价值与最低租赁付款额的现值两者中较低者,作为入账价值。

(5) 在原有固定资产的基础上进行改建、换置的,按原固定资产的账面价值,加上新增加部件以及其他使该项资产达到预定可使用状态前发生的支出,减去改建、换置过程中拆除部件的折余价值,作为入账价值。扩建、增置的,按原固定资产的账面价值,加上由于扩建、增置而使该项资产达到预定可使用状态前发生的支出。如:船舶进行接长、更换主机等改建工程的支出,增加船舶原价,其替换拆下的部件的变价收入(或估计残值)冲减船舶原价。随同改建而进行的修理工程,其支出仍应作为修理费用记账,不作为改建工程支出。

(6) 企业接受的债务人以非现金资产抵偿债务方式取得的固定资产,或以应收债权换入固定资产的,按受让固定资产的公允价值作为入账价值。

(7) 以非货币性交易换入的固定资产。

① 按照公允价值和应支付的相关税费作为换入固定资产的成本(具商业实质且公允价值能可靠计量)。支付补价的,换入固定资产成本与换出资产账面价值加支付的补价、应支付的相关税费之和的差额计入当期损益。收到补价的,换入固定资产成本加收到的补价之和与换出资产账面价值加应支付的相关税费之和的差额,计入当期损益。

② 按照换出资产的账面价值和应支付的相关税费作为换入固定资产成本(不具商业实质或具有商业实质但换入固定资产的公允价值不能可靠计量)。支付补价的和收到补价的,都不确认损益。

(8) 盘盈的固定资产,按以下规定确定其入账价值:

① 同类或类似固定资产存在活跃市场的,按同类或类似固定资产的市场价格,减去按该项资产的新旧程度估计的价值损耗后的余额,作为入账价值;

② 同类或类似固定资产不存在活跃市场的,按该项固定资产的预计未来现金流量现值,作为入账价值。

(9) 接受捐赠的固定资产,按以下规定确定其入账价值:

① 捐赠方提供了有关凭据的,按凭据上标明的金额加上应当支付的相关税费,作为入账价值;

② 捐赠方没有提供有关凭据的,按以下顺序确定其入账价值:

A. 同类或类似固定资产存在活跃市场的,按同类或类似固定资产的市场价格估计的金额,加上应当支付的相关税费,作为入账价值;

B. 同类或类似固定资产不存在活跃市场的,按接受捐赠的固定资产的预计未来现金流量现值,作为入账价值。

③ 如受赠的是旧的固定资产,按依据上述方法确定的新固定资产价值,减去按该项资产的新旧程度估计的价值损耗后的余额,作为入账价值。

(10) 经批准无偿调入的固定资产,按调出单位的账面价值加上发生的运输费、安装费等相关费用,作为入账价值。

针对固定资产的不同取得方式,应当分情况进行财务会计核算。

购入不需要安装的固定资产,借记"固定资产",贷记"银行存款"科目;购入需要安装的固定资产,先记入"在建工程"科目,安装完毕交付使用时,再转入"固定资产"。

购入需要分期分批付款的固定资产,先借记"预付账款"科目,待支付末期款时,冲转"预付账款"科目,借记"固定资产"。

自行建造或订造完成的固定资产,借记"固定资产",贷记"在建工程"科目。

其他单位投资转入的固定资产,按评估确认或者合同协议约定的固定资产原值,借记"固定资产",按评估确认的净值,贷记"实收资本"("股本")科目,按其差额,贷记"累计折旧"科目。

融资租入的固定资产,应单设明细科目核算。交付使用入账时,借记"固定资产",贷记"长期应付款"等科目。租赁期满,如合同规定将固定资产所有权转归承租企业,应进行转账,将固定资产从"融资租入固定资产"明细科目转入有关明细科目。

接受捐赠的固定资产,按同类资产的市场价格或者有关凭证确定的价值以及发生的相关费用,借记"固定资产",按估计折旧,贷记"累计折旧"科目,按支付的相关费用的金额,贷记"银行存款"科目,按其差额计算未来应交的所得税,贷记"递延所得税负债"科目,扣除未来应交所得税后的余额,贷记"资本公积——接受资产捐赠准备"科目。

按有关规定对固定资产进行评估增值,按增值额借记"固定资产"科目,按增值部分未来应交的所得税,贷记"递延所得税负债"科目,扣除未来应交所得税后的余额,贷记"资本公积——资产评估增值准备"科目。

盘盈的固定资产,按重置完全价值,借记"固定资产",按估计折旧,贷记"累计折旧"科目,按其差额,贷记"待处理财产损溢"科目。

二、在建工程

在建工程是指正在建设尚未竣工投入使用的建设项目。

在建工程包括从合同签订开始至合同完成止所发生的、与执行合同有关的直接费用和间接费用。

在建工程的直接费用包括耗用的人工费用、耗用的材料费用、耗用的机械使用费以及其他直接费用。直接费用在发生时应直接计入相关的在建工程成本。

在建工程的间接费用是物流企业下属的施工单位或生产单位为组织和管理施工生产活动所发生的费用。间接费用应在期末按照合理的方法分摊计入相关的在建工程成本。

间接费用的分配方法采用直接费用比例法。直接费用比例法是以各合同实际发生的直接费用为基数分配间接费用的一种方法。计算公式如下：

间接费用分配率＝当期实际发生的全部间接费用÷当期各在建工程(合同)实际发生的直接之和

$$\text{某在建工程(合同)当期应负担的间接费用} = \text{该在建工程(合同)当期实际发生的直接费用} \times \text{间接费用分配率}$$

在建工程转入固定资产的初始计量时间为该项资产达到预定可使用的状态。在建工程达到预定可使用状态具体可以从以下几个方面进行判断：

(1) 固定资产的实体建造(包括安装)工作已经全部完成或者实质上已经完成；

(2) 所建造的固定资产与设计要求或合同要求相符或基本相符，即使有极个别与设计或合同要求不相符的地方，也不影响其正常使用；

(3) 继续发生在在建工程上的支出金额很少或几乎不再发生。

由在建工程转入的固定资产，按建造该项资产达到预定可使用状态前所发生的必要支出，作为入账价值。借记"固定资产"科目，贷记"在建工程"科目。

如果该资产需要试运行的，则在试运行结果表明能够正常运转时，就应当认为资产已经达到预定可使用状态。工程在达到预定可使用状态前，因必须进行试运行而发生的成本，计入在建工程成本。

因安排专门借款而发生的借款费用，属于在建工程达到预定可使用状态之前发生的，应当在发生时资本化，以后发生的应当于发生当期确认为费用。

在建工程发生单项或单位工程报废或毁损，减去残料价值和过失人或保险公司等赔款后的净损失，计入继续施工的工程成本；如为非常原因造成的报废或毁损，或在建工程项目全部报废或毁损，应将其净损失直接计入当期营业外支出。

物流企业的在建工程如发生如下情况，应当计算在建工程的可收回金额，以确定在建工程是否已经发生减值：

(1) 长期停建并且预计在未来 3 年内不会重新开工的在建工程；

(2) 所建项目无论在性能上，还是在技术上都已经落后，并且给企业带来的经济利益具有很大的不确定性；

(3) 其他足以证明在建工程已经发生减值的情形。

物流企业的在建工程发生减值时，应当计提在建工程减值准备。具体会计分录处理如下：

借：营业外支出——计提的在建工程减值准备

　　贷：在建工程减值准备

三、累计折旧

折旧，指在固定资产的使用寿命内，按照确定的方法对应计折旧额进行的系统分摊。其中，应计折旧额，是指应当计提折旧的固定资产的原价扣除其预计净残值后的余额；如果已对固定资产计提减值准备，还应当扣除已计提的固定资产减值准备累计金额。预计净残值，是指预计固定资产使用寿命结束时，固定资产处置过程中所发生的处置收入扣除处置费用后余额。

除以下情况外，物流企业的所有固定资产应计提折旧：
（1）未提足折旧提前报废的固定资产；
（2）以经营租赁方式租入的固定资产；
（3）已提足折旧继续使用的固定资产；
（4）按规定单独估价作为固定资产入账的土地。

物流企业一般应按月提取折旧，当月增加的固定资产，当月不提折旧，从下月起计提折旧；当月减少的固定资产，当月照提折旧，从下月起不提折旧。

固定资产提足折旧后，不论能否继续使用，均不再提取折旧；提前报废的固定资产，也不再补提折旧。所谓提足折旧，是指已经提够该项固定资产应提的折旧总额。应提的折旧总额为固定资产原价减去预计残值加上预计清理费用。

已达到预定可使用状态但尚未办理竣工决算的固定资产，应当按照估计价值确定其成本，并计提折旧；待办理竣工结算后，再按实际成本调整原来的暂估价值，但不需要调整原已计提的折旧额。

对于有冬季封冻和季节性枯水等非通航期的物流企业，其全年应计折旧应在通航期内计提。

固定资产的各组成部分，如果各自具有不同的使用寿命或者以不同的方式为公司提供经济利益，从而适用不同的折旧率或折旧方法的，应将各组成部分确认为单项固定资产。

例如：飞机、发动机的拆分方式如下。

公司对整体购入的飞机（价款包括发动机）应按照每种机型计算"综合折扣率"分拆为飞机和发动机两部分：

$$综合折扣率 = 整机最终支付价格 / 整机目录价 \times 100\%$$

其中："整机最终支付价格"为实际支付的金额，"整机目录价"为从制造商官方网站获得的机身及发动机报价之和。

$$飞机入账价值 = 机身目录价 \times 综合折扣率$$
$$发动机入账价值 = 发动机目录价 \times 综合折扣率$$

飞机、发动机拆分完毕后再将飞机拆分为机身、机身替换件，将发动机拆分为发动机、发动机替换件。

表2-2列举了物流企业部分固定资产项目的折旧年限供参考。

表 2-2 物流企业部分固定资产项目的折旧年限

固定资产项目	折旧年限(年)
营运车辆	6—12
公务车、助动车	5—6
空调机	7—8
计算机	5
电视机、复印机、冰箱、音响、摄录像机、照相机	5—8
建筑物	15—25
机械设备	10—14
动力设备	11—18
船舶	25
飞机	10
工具及其他生产设备	9—14

物流企业应根据固定资产所含经济利益的预期实现方式选择折旧方法。可供选择的折旧方法主要包括年限平均法、工作量法、双倍余额递减法、年数总和法等。折旧方法一经确定，不得随意变更。如需变更，应在会计报表附注中予以说明。

（一）年限平均法

年限平均法是指按固定资产的使用年限平均计提折旧的一种方法。它是最简单、最普遍的折旧方法，又称"直线法"。年限平均法适用于各个时期使用情况大致相同的固定资产折旧。固定资产在一定时间计提折旧额的大小，主要取决于下列因素：固定资产的原值、预计使用年限、固定资产报废清理时所取得的残余价值收入和支付的各项清理费用。

在实际工作中，为了反映固定资产在一定时间内的损耗程度便于计算折旧，每月计提的折旧额一般根据固定资产的原值乘以月折旧率计算。其计算公式如下：

$$固定资产年折旧额 = \frac{固定资产原值 - (预计残值收入 - 预计清理费用)}{预计使用年限}$$

$$或 = \frac{固定资产原值 - 预计净残值}{预计使用年限}$$

$$固定资产年折旧率 = \frac{固定资产年折旧额}{固定资产原值} \times 100\%$$

$$或 = 1 - \frac{净残值率}{预计使用年限}$$

其中，净残值率为净残值与固定资产原值之比。

（二）工作量法

工作量法，是根据实际工作量计算每期应提折旧额的一种方法。计算公式如下：

$$单位工作量折旧额 = \frac{固定资产原价 \times (1 - 预计净残值率)}{预计总工作量}$$

某项固定资产月折旧额＝该项固定资产当月工作量×单位工作量折旧额

（三）双倍余额递减折旧法

双倍余额递减折旧法是根据固定资产净值（原值减累计折旧）乘以折旧率来计算折旧额的折旧计算方法。采用双倍余额递减法计算固定资产折旧率和折旧额，按照下列公式计算：

年折旧额＝固定资产期初账面净值×双倍直线年折旧率

$$双倍直线年折旧率 = \frac{2}{预计使用年限} \times 100\%$$

$$月折旧率 = \frac{年折旧率}{12}$$

月折旧额＝固定资产净值×月折旧率

随着固定资产净值的逐年减少，各年计提的折旧额也逐年递减。也就是使用前期的折旧额多，以后逐渐递减。在应用双倍余额递减法时，由于每年的折旧额是递减的，到某一年度时，可能出现按双倍余额递减法所计提的折旧额小于按直线法计提的折旧额，这时，通常应转换为按直线法折旧。

为了简化计算，《企业会计准则（2006）》规定：采用双倍余额递减法计算折旧的固定资产，应在其固定资产折旧年限到期两年内，将固定资产净值扣除预计净残值后的净额平均摊销。

[**例 2-3**]　海大物流公司的一台设备原价为 120 万元，预计使用寿命为 5 年，预计净残值为 4%。现假设海大物流公司没有对该设备计提减值准备。

海大物流公司采用双倍余额递减法计算折旧，每年折旧额计算如下：

年折旧率＝2/5×100%＝40%

第一年应提的折旧额＝120×40%＝48（万元）

第二年应提的折旧额＝（120－48）×40%＝28.8（万元）

第三年应提的折旧额＝（120－48－28.8）×40%＝17.28（万元）

从第四年起改按年限平均法计提折旧：

第四、第五年应提的折旧额＝（120－48－28.8－17.28－120×40%）÷2＝10.56（万元）

（四）年数总和折旧法

年数总和折旧法，它是以固定资产折旧年限的各年可使用年限相加之和为分母，以各年可使用年限为分子来计算各年折旧额的折算计算方法。采用年数总和折旧法计算固定资产折旧时的折旧率和折旧额，按照下列公式计算：

$$年折旧率 = \frac{折旧年限 - 已使用年限}{折旧年限 \times (折旧年限 + 1) \div 2} \times 100\%$$

$$月折旧率 = \frac{年折旧率}{12}$$

月折旧额＝（固定资产原值－预计净残值）×月折旧率

双倍余额递减折旧法和年数总和折旧法都属递减折旧法。采用这两种折旧方法，主要是考虑到固定资产在使用过程中，一方面，它的效率或收益能力逐年下降，另一方面，它的修理费用要逐年增加。为了均衡固定资产在折旧年限内各年的使用费，固定资产在早期所提的折旧额应大于后期所提的折旧额。

物流企业计提的固定资产折旧，应根据固定资产用途，分别计入相关资产的成本或当期损益。物流企业自行建造固定资产过程中所使用的固定资产，其计提的折旧应计入在建工程成本；管理部门所使用的固定资产，其计提的折旧应计入管理费用；经营租出的固定资产，其计提的折旧应计入其他业务成本。

物流企业计提固定资产折旧时，借记"在建工程"、"管理费用"、"制造费用"、"销售费用"、"其他业务成本"等科目，贷记"累计折旧"科目。

与固定资产有关的更新改造等后续支出，符合固定资产确认条件的，应当计入固定资产成本，同时将被替换部分的账面价值扣除。固定资产发生的可资本化的后续支出，通过"在建工程"科目核算。待固定资产发生的后续支出完工并达到预定可使用状态时，再从在建工程转为固定资产，并按重新确定的使用寿命、预计净残值和折旧方法计提折旧。

与固定资产有关的修理费用等后续支出，不符合固定资产确认条件的，应当根据不同情况分别在发生时计入当期管理费用或销售费用。

四、固定资产的处置

物流企业因出售、转让、报废和毁损、对外投资、融资租赁、非货币性资产交换、债务重组等处置固定资产，按该项固定资产账面净额，借记"固定资产清理"，按已计提的累计折旧，借记"累计折旧"科目，原已计提减值准备的，借记"固定资产减值准备"科目，按其账面余额，贷记"固定资产"科目。

物流企业清理过程中发生的费用及应交纳的税金，借记"固定资产清理"科目，贷记"银行存款"、"应交税费"等科目；收回出售固定资产的价款、残料价值和变价收入等，借记"银行存款"、"材料"等科目，贷记"固定资产清理"科目；应由保险公司或过失人赔偿的损失，借记"其他应收款"、"银行存款"等科目，贷记"固定资产清理"科目。例如，物流企业在运输过程中发生船舶全损（包括推断全损）的情况下，办理共同海损时，其净值转入"固定资产清理"核算。办理共同海损的全损船舶，本单位向理算师提出索偿的费用和支出，如施救费用、船存燃料等损失、偿付船员个人损失的各项支出等，借记"固定资产清理"科目，贷记"现金"、"银行存款"、"燃料"等有关科目；按照理算师通知垫付的款项，借记"固定资产清理"，贷记"银行存款"等科目。对保险公司付来的赔款、理算师通知代收的残损货物处理收入及其他代收款项，借记"银行存款"科目，贷记"固定资产清理"。

固定资产清理后的净损失，也区别情况处理。属于筹建期间的，计入开办费，借记"递延资产——开办费"科目，贷记"固定资产清理"科目；属于营运期间由于自然灾害等非正常原因造成的损失，借记"营业外支出——非常损失"科目，贷记"固定资产清理"科目；属于营运期间正常的处理损失，借记"营业外支出——处理固定资产净损失"科目，贷记"固定资产清理"科目。例如，共同海损理算结束，根据海损理算书，发生净损失，按净损失数，借记"营业外支出——处理固定资产净损失"科目，贷记"固定资产清理"科目。

固定资产清理完成后，"固定资产清理"的贷方余额，属于筹建期间的，借记"固定资产清理"科目，贷记"管理费用"科目；属于生产经营期间的，借记"固定资产清理"科目，贷记"营业外收入——处置非流动资产利得"科目。

五、固定资产清查

物流企业应定期或者至少每年年末对固定资产进行清查盘点,以保证固定资产核算的真实性,充分挖掘企业现有固定资产的潜力。在固定资产清查的过程中,如果发现盘盈和盘亏的固定资产,应填制固定资产盘盈盘亏报告表。清查固定资产的损溢,应及时查明原因,并按照规定程序报批处理。

(1) 物流企业在财产清查中盘盈的固定资产,在报经批准处理前应先通过"待处理财产损溢"科目核算,按盘盈固定资产的重置完全价值,借记"固定资产"科目,按估计折旧,贷记"累计折旧"科目,按其差额,贷记"待处理财产损溢"科目。盘盈的固定资产报经批准后转入"营业外收入"科目,借记"待处理财产损溢"科目,贷记"营业外收入"科目。

[例2-4] 海大物流公司在固定资产清查过程中,发现未入账的设备一台,其重置完全价值为70 000元,估计折旧额为20 000元。经批准,该盘盈固定资产作为营业外收入处理。应作会计分录如下。

① 盘盈固定资产时:
借:固定资产　　　　　　　　　　　　　　　　　　　　70 000
　　贷:累计折旧　　　　　　　　　　　　　　　　　　　　20 000
　　　　待处理财产损溢——待处理固定资产损溢　　　　　　50 000

② 盘盈的固定资产经批准转销时:
借:待处理财产损溢——待处理固定资产损溢　　　　　　　50 000
　　贷:营业外收入——固定资产盘盈　　　　　　　　　　　50 000

(2) 物流企业盘亏的固定资产应先通过"待处理财产损溢"科目核算,报经批准转销时,再转入"营业外支出"科目。物流企业发生固定资产盘亏时,按盘亏固定资产的净值,借记"待处理财产损溢"科目,按已计提折旧,借记"累计折旧"科目,按固定资产的原价,贷记"固定资产"科目。盘亏的固定资产报经批准转销时,借记"营业外支出——固定资产盘亏"科目,贷记"待处理财产损溢"科目。

[例2-5] 海大物流公司在财产清查中盘亏设备一台,账面原始价值为60 000元,已提折旧25 000元,已提减值准备8 000元。

① 上报有关机构批准:
借:待处理财产损溢——待处理固定资产损溢　　　　　　　27 000
　　累计折旧　　　　　　　　　　　　　　　　　　　　　25 000
　　固定资产减值准备　　　　　　　　　　　　　　　　　8 000
　　贷:固定资产　　　　　　　　　　　　　　　　　　　　60 000

② 批准后转账:
借:营业外支出——固定资产盘亏　　　　　　　　　　　　27 000
　　贷:待处理财产损溢——待处理固定资产损溢　　　　　　27 000

六、固定资产减值准备

物流企业的固定资产应当在期末时按照账面价值与可收回金额孰低计量,对可收回金额低于账面价值的差额,应当计提固定资产减值准备。企业应当将固定资产的账面价值减记至可收回金额,减记的金额确认为减值损失,计入当期损益,同时计提相应的减值准备,借记"资产减值损失——计提的固定资产减值准备"科目,贷记"固定资产减值准备"科目。采用部件计价的固定资产应对其各主要部件分别计提固定资产减值准备。

可收回金额,是指资产的销售净价与预期从该资产的持续使用和使用寿命结束时的处置中形成的现金流量的现值两者之中的较高者。其中,销售净价是指资产的销售价格减去处置资产所发生的相关税费后的余额。

在资产负债表中,固定资产减值准备应当作为固定资产净值的减项反映。

企业应当于期末对固定资产进行检查,如发现存在下列情况,应当计算固定资产的可收回金额,以确定资产是否已经发生减值:

(1) 固定资产市价大幅度下跌,其跌幅大大高于因时间推移或正常使用而预计的下跌,并且预计在近期内不可能恢复;

(2) 企业所处经营环境,如技术、市场、经济或法律环境,或者产品营销市场在当期发生或在近期发生重大变化,并对企业产生负面影响;

(3) 同期市场利率等大幅度提高,进而很可能影响企业计算固定资产可收回金额的折现率,并导致固定资产可收回金额大幅度降低;

(4) 固定资产陈旧过时或发生实体损坏等;

(5) 固定资产预计使用方式发生重大不利变化,如企业计划终止或重组该资产所属的经营业务、提前处置资产等情形,从而对企业产生负面影响;

(6) 其他有可能表明资产已发生减值的情况。

已计提减值准备的固定资产,应当按照该固定资产的账面价值以及尚可使用寿命重新计算确定折旧率和折旧额;如果已计提减值准备的固定资产价值又得以恢复,应当按照固定资产价值恢复后的账面价值,以及尚可使用寿命重新计算确定折旧率和折旧额。因固定资产减值准备而调整固定资产折旧额时,对此前已计提的累计折旧不作调整。

如果有迹象表明以前期间据以计提固定资产减值的各种因素发生变化,使得固定资产的可收回金额大于其账面价值,则以前期间已计提的减值损失应当转回,但转回的金额不应超过原已计提的固定资产减值准备。

对存在下列情况之一的固定资产,应当全额计提减值准备:

(1) 长期闲置不用,在可预见的未来不会再使用,且已无转让价值的固定资产;

(2) 由于技术进步等原因,已不可使用的固定资产;

(3) 虽然固定资产尚可使用,但使用后会产生安全隐患或大量亏损的固定资产;

(4) 已遭毁损,以至于不再具有使用价值和转让价值的固定资产;

(5) 其他实质上已经不能再给企业带来经济利益的固定资产。

已全额计提减值准备的固定资产,不再计提折旧。

第三节　融资租赁业务的会计核算

融资租赁,是指出租人对承租人所选定的租赁物件,进行以融资为目的购买,然后再以收取租金为条件,将该租赁物件长期出租给该承租人使用。

目前,我国物流企业多采用融资租赁方式取得大型船舶、飞机等高价值物件的使用权。

一、融资租赁中的基本术语解释

(1) 租金的协议。转移资产的使用权,而不是转移资产的所有权,并且这种转移是有偿的,取得使用权以支付租金为代价,从而使租赁有别于资产购置和不把资产的使用权从合同的一方转移给另一方的服务性合同,如劳务合同、运输合同、保管合同、仓储合同等以及无偿提供使用权的借用合同。

(2) 租赁期,是指租赁协议规定的不可撤销的租赁期间。如果承租人有权选择继续租赁该资产,而且在租赁开始日就可以合理确定承租人将会行使这种选择权(续租租金≤正常租金×70%),则不论是否再支付租金,续租期应当包括在租赁期内;如果租赁合同规定承租人享有优惠购买选择权,而且在租赁开始日就可以合理确定承租人将会行使这种选择权(购买价格≤公允价值×5%),则租赁期最长不得超过自租赁开始日起至优惠购买选择权行使之日止的期间。

(3) 租赁开始日,是指租赁协议日与租赁各方就主要条款作出承诺日中的较早者。但是,在售后租回交易下,租赁开始日是指买主(即出租人)向卖主(即承租人)支付第一笔款项之日。在租赁开始日,承租人和出租人应当将租赁认定为融资租赁或经营租赁,并确定在租赁期开始日应确认的金额。

(4) 租赁期开始日,是指承租人有权行使其使用租赁资产权利的日期,表明租赁行为的开始。在租赁期开始日,承租人应当对租入资产、最低租赁付款额和未确认融资费用进行初始确认;出租人应当对应收融资租赁款和未实现融资收益进行初始确认。

(5) 担保余值。为了促使承租人谨慎地使用租赁资产,尽量减少出租人自身的风险和损失,租赁协议有时要求承租人或与其有关的第三方对租赁资产的余值进行担保,此时的担保余值是针对承租人而言的。除此以外,担保人还可能是与承租人和出租人均无关、但在财务上有能力担保的第三方,如担保公司,此时的担保余值是针对出租人而言的。

(6) 未担保余值,是指租赁资产余值中扣除就出租人而言的担保余值以后的资产余值。对出租人而言,如果租赁资产余值中包含未担保余值,表明这部分余值的风险和报酬并没有转移,其风险应由出租人承担,因此,未担保余值不能作为应收融资租赁款的一部分。

(7) 资产余值,是指在租赁开始日估计的租赁期届满时租赁资产的公允价值。为了促使承租人谨慎地使用租赁资产,尽量减少出租人自身的风险和损失,租赁合同有时要求承租人或与其有关的第三方对租赁资产的余值进行担保,此时的担保余值是就承租人而言的。这里"与其有关的第三方"是指在业务经营或财务上与承租人有关的各方,如母公司、子公司、联营公司、合营公司、主要供应商、主要承销商等等。

(8) 最低租赁付款额,是指在租赁期内,承租人应支付或可能被要求支付的款项(不包括或有租金和履约成本),加上由承租人或与其有关的第三方担保的资产余值。承租人有购买租赁资产选择权,所订立的购买价款预计将远低于行使选择权时租赁资产的公允价值,因而在租赁开始日就可以合理确定承租人将会行使这种选择权,购买价款应当计入最低租赁付款额。

(9) 或有租金,是指金额不固定、以时间长短以外的其他因素(如销售量、使用量、物价指数等)为依据计算的租金。

(10) 履约成本,是指租赁期内为租赁资产支付的各种使用费,如技术咨询和服务费、人员培训费、维修费、保险费等。

(11) 最低租赁收款额,是指最低租赁付款额加上独立于承租人和出租人的第三方对出租人担保的资产余值。

二、融资租赁的确认

满足下列标准之一的,应认定为融资租赁:

(1) 在租赁期届满时,租赁资产的所有权转移给承租人。即,如果在租赁协议中已经约定,或者根据其他条件在租赁开始日就可以合理地判断,租赁期届满时出租人会将资产的所有权转移给承租人,那么该项租赁应当认定为融资租赁。

(2) 承租人有购买租赁资产的选择权,所订立的购价预计远低于行使选择权时租赁资产的公允价值,因而在租赁开始日就可合理地确定承租人将会行使这种选择权。

例如:出租人和承租人签订了一项租赁协议,租赁期限为4年,租赁期届满时承租人有权以10 000元的价格购买租赁资产,在签订租赁协议时估计该租赁资产租赁期届满时的公允价值为50 000元,由于购买价格仅为公允价值的20%(远低于公允价值50 000元),如果没有特别的情况,承租人在租赁期届满时将会购买该项资产。在这种情况下,在租赁开始日即可判断该项租赁应当认定为融资租赁。

(3) 租赁期占租赁资产使用寿命的大部分。这里的"大部分"掌握在租赁期占租赁开始日租赁资产使用寿命的75%以上。需要注意的是,这条标准强调的是租赁期占租赁资产使用寿命的比例,而非租赁期占该项资产全部可使用年限的比例。如果租赁资产是旧资产,在租赁前已使用年限超过资产自全新时起算可使用年限的75%以上时,则这条判断标准不适用,不能使用这条标准确定租赁的分类。

(4) 就承租人而言,租赁开始日最低租赁付款额的现值几乎相当于租赁开始日租赁资产公允价值;就出租人而言,租赁开始日最低租赁收款额的现值几乎相当于租赁开始日租赁资产公允价值。这里的"几乎相当于"掌握在90%(含90%)以上。

(5) 租赁资产性质特殊,如果不作重新改制,只有承租人才能使用。这条标准是指租赁资产是出租人根据承租人对资产型号、规格等方面的特殊要求专门购买或建造的,具有专购、专用性质。这些租赁资产如果不作较大的重新改制,其他物流企业通常难以使用。这种情况下,该项租赁也应当认定为融资租赁。

三、承租人对融资租赁的会计处理

（一）租赁期开始日的会计处理

国际会计准则、美国、英国、中国、中国台湾、中国香港等国家和地区的会计准则均要求承租人将融资租赁资产予以资本化。

在租赁期开始日，承租人应当将租赁开始日租赁资产公允价值与最低租赁付款额现值两者中较低者作为租入资产的入账价值，将最低租赁付款额作为长期应付款的入账价值，其差额作为未确认融资费用。

承租人在租赁期内支付的最低租赁付款额包括两部分：一部分是由于使用租赁资产并享有与租赁资产有关的报酬而支付的代价，属于租赁开始日的资本性支出；另一部分是由于占有出租人的资金而支付的利息费用，属于各期的收益性支出。

国际会计准则规定，在计算最低租赁付款的现值时，如租赁内含利率能够确定，则将其作为折现率，否则应采用承租人的增量借款利率，首选是租赁内含利率。中国《企业会计准则（2006）》依循国际会计准则的规定。

（二）初始直接费用

国际会计准则规定：可直接归属于承租人为获得融资租赁所进行的活动而发生的费用，应确认为租赁资产金额的一部分。

我国会计准则规定：在租赁谈判和签订租赁合同过程中承租人发生的、可直接归属于租赁项目的初始直接费用，如印花税、佣金、律师费、差旅费等，应当计入资产价值。

（三）未确认融资费用的分摊

在融资租赁下，承租人向出租人支付的租金中，包含了本金和利息两部分。承租人支付租金时，一方面应减少长期应付款，另一方面应同时将未确认的融资费用按一定的方法确认为当期融资费用。在先付租金（即每期期初等额支付租金）的情况下，租赁期第一期支付的租金不含利息，只需减少长期应付欺，不必确认当期融资费用。

未确认融资费用的分摊，是承租人会计核算的核心内容之一。国际会计准则、美国、英国、中国台湾和中国香港都规定承租人支付的租金包括本金和利息两部分，支付的利息部分应计为融资费用。融资费用一般应采用实际利率法在租赁期内各个会计期间进行分摊。

我国会计准则规定：未确认融资费用应当在租赁期内各个期间进行分摊。承租人分摊未确认融资费用时，采用实际利率法。

在分摊未确认的融资费用时，按照租赁准则的规定，承租人应当采用实际利率法。在采用实际利率法的情况下，根据租赁开始日租赁资产和负债的入账价值基础不同，融资费用分摊率的选择也不同。未确认融资费用的分摊率的确定具体分为下列几种情况：

（1）以出租人的租赁内含利率为折现率将最低租赁付款额折现，且以该现值作为租赁资产入账价值的，应当将租赁内含利率作为未确认融资费用的分摊率；

(2) 以合同规定利率为折现率将最低租赁付款额折现,且以该现值作为租赁资产入账价值的,应当将合同规定利率作为未确认融资费用的分摊率;

(3) 以银行同期贷款利率为折现率将最低租赁付款额折现,且以该现值作为租赁资产入账价值的,应当将银行同期贷款利率作为未确认融资费用的分摊率;

(4) 以租赁资产公允价值为入账价值,应当重新计算分摊率。该分摊率是使最低租赁付款额的现值等于租赁资产公允价值的折现率。

存在优惠购买选择权时,在租赁期届满时,未确认融资费用应全部摊销完毕,并且租赁负债也应当减少为优惠购买金额。在承租人或与其有关的第三方对租赁资产提供了担保或由于在租赁期届满时没有续租而支付违约金的情况下,在租赁期届满时,未确认融资费用应当全部摊销完毕,并且租赁负债应减少至担保余值或该日应支付的违约金。

(四) 租赁资产折旧的计提

承租人应对融资租入的固定资产计提折旧,主要涉及两个问题:一是折旧政策;二是折旧期间。

对于融资租入资产,计提租赁资产折旧时,承租人应采用与自有应折旧资产相一致的折旧政策。同自有应折旧资产一样,租赁资产的折旧方法一般有年限平均法、工作量法、双倍余额递减法、年数总和法等。如果承租人或与其有关的第三方对租赁资产余值提供了担保,则应计折旧总额为租赁开始日固定资产的入账价值扣除担保余值后的余额;如果承租人或与其有关的第三方未对租赁资产余值提供担保,则应计折旧总额为租赁开始日固定资产的入账价值。

确定租赁资产的折旧期间时,应视租赁协议的规定而论。如果能够合理确定租赁期届满时承租人将会取得租赁资产所有权,即可认为承租人拥有该项资产的全部使用寿命,因此应以租赁开始日租赁资产的寿命作为折旧期间;如果无法合理确定租赁期届满后承租人是否能够取得租赁资产的所有权,则应以租赁期与租赁资产寿命两者中较短者作为折旧期间。

(五) 履约成本的会计处理

履约成本名目较多,承租人在实际中可根据其内容进行处理。例如,对于融资租入固定资产的改良支出、技术咨询和服务费、人员培训费等应予递延分摊计入各期费用或直接计入当期费用,借记"长期待摊费用"、"预提费用"、"制造费用"、"管理费用"等科目,贷记"银行存款"等科目。对于固定资产的经常性修理费、保险费等可直接计入当期费用,借记"制造费用"、"管理费用"等科目,贷记"银行存款"等科目。

(六) 或有租金的会计处理

由于或有租金的金额不固定,无法采用系统合理的方法对其进行分摊,因此,我国会计准则第14条规定,或有租金在实际发生时,确认为当期费用。其账务处理为:借记"财务费用"、"营业费用"等科目,贷记"银行存款"等科目。

(七) 租赁期届满时的会计处理

租赁期届满时,承租人通常对租赁资产的处理有三种情况:返还、优惠续租和留购。

第一种情况:返还租赁资产。租赁期届满,承租人向出租人返还租赁资产时,通常借记"长期应付款——应付融资租赁款"、"累计折旧"科目,贷记"固定资产——融资租入固定资产"科目。

第二种情况:优惠续租租赁资产。如果承租人行使优惠续租选择权,则应视同该项租赁一直存在而作出相应的账务处理。如果租赁期届满时没有续租,根据租赁协议规定须向出租人支付违约金时,借记"营业外支出"科目,贷记"银行存款"等科目。

第三种情况:留购租赁资产。在承租人享有优惠购买选择权的情况下,支付购买价款时,借记"长期应付款——应付融资租赁款"科目,贷记"银行存款"等科目;同时,将固定资产从"融资租入固定资产"明细科目转入有关明细科目。

[例2-6] 海大物流公司于20×7年12月10日与租赁公司签订了一份装卸设备租赁合同。合同主要条款如下:

(1) 租赁标的物:装卸设备。
(2) 起租日:20×7年12月31日。
(3) 租赁期:20×7年12月31日至20×9年12月31日。
(4) 租金支付方式:20×8年和20×9年每年年末支付租金1 000万元。
(5) 租赁期满时,装卸设备的估计余值为100万元,其中租赁公司担保的余值为100万元。
(6) 装卸设备为全新设备,20×7年12月31日的公允价值为1 922.40万元,预计使用年限为3年。
(7) 租赁年内含利率为6%。
(8) 20×9年12月31日,海大物流公司将装卸设备归还给租赁公司。

装卸生产设备于20×7年12月31日运抵海大物流公司,当日投入使用。其固定资产均采用平均年限法计提折旧,与租赁有关的未确认融资费用均采用实际利率法摊销,并假定未确认融资费用在相关资产的折旧期限内摊销。

要求:
(1) 判断该租赁的类型,并说明理由。
(2) 编制海大物流公司起租日的有关会计分录。
(3) 编制海大物流公司在20×8年年末和20×9年年末与租金支付以及其他与租赁事项有关的会计分录(金额用万元表示)。

相关会计业务处理如下。

(1) 本租赁属于融资租赁。

理由:该最低租赁付款额的现值 $=1\,000/(1+6\%)+1\,000/(1+6\%)^2+1\,000/(1+6\%)^3=1\,922.40$ 万元,占租赁资产公允价值的90%以上,因此符合融资租赁的判断标准,该项租赁应当认定为融资租赁。

(2) 起租日的会计分录:

最低租赁付款额 $=1\,000\times2+100=2\,100$(万元)

租赁资产的入账价值 $=1\,922.40$(万元)

未确认的融资费用 $=2\,100-1\,922.40=177.60$(万元)

借：固定资产——融资租入固定资产　　　　　　　　　　　　1 922.40
　　未确认的融资费用　　　　　　　　　　　　　　　　　　177.60
　　　贷：长期应付款——应付融资租赁款　　　　　　　　　　　　2 100

(3) ① 20×8年12月31日

支付租金：

借：长期应付款——应付融资租赁款　　　　　　　　　　　　1 000
　　　贷：银行存款　　　　　　　　　　　　　　　　　　　　　　1 000

确认当年应分摊的融资费用：

当年应分摊的融资费用＝1 922.40×6%＝115.34（万元）

借：财务费用　　　　　　　　　　　　　　　　　　　　　　115.34
　　　贷：未确认融资费用　　　　　　　　　　　　　　　　　　　115.34

计提折旧：

计提折旧＝(1 922.4－100)/2＝911.20（万元）

借：制造费用——折旧费　　　　　　　　　　　　　　　　　911.20
　　　贷：未确认融资费用　　　　　　　　　　　　　　　　　　　911.20

② 20×9年12月31日

支付租金：

借：长期应付款——应付融资租赁款　　　　　　　　　　　　1 000
　　　贷：银行存款　　　　　　　　　　　　　　　　　　　　　　1 000

确认当年应分摊的融资费用：

当年应分摊的融资费用＝[1 922.40－(1 000－115.34)]×6%＝62.26（万元）

借：财务费用　　　　　　　　　　　　　　　　　　　　　　62.26
　　　贷：未确认融资费用　　　　　　　　　　　　　　　　　　　62.26

计提折旧：

计提折旧＝(1 922.4－100)/2＝911.20（万元）

借：制造费用——折旧费　　　　　　　　　　　　　　　　　911.20
　　　贷：未确认融资费用　　　　　　　　　　　　　　　　　　　911.20

归还设备：

借：长期应付款——应付融资租赁款　　　　　　　　　　　　100
　　累计折旧　　　　　　　　　　　　　　　　　　　　　　1 822.40
　　　贷：固定资产——融资租入固定资产　　　　　　　　　　　　1 922.40

四、出租人对融资租赁的会计处理

(一) 租赁债权的确认

我国会计准则规定：在租赁开始日，出租人应当将租赁开始日最低租赁收款额与初始直接费用之和作为应收融资租赁款的入账价值，并同时记录未担保余值，将最低租赁收款额、初始直接费用及未担保余值之和与其现值之和的差额记录为未实现融资收益。

(二) 未实现融资收益分配的会计处理

我国会计准则规定：在分配未实现融资收益时，出租人应当采用实际利率法计算当期应确认的融资收入。

其会计处理为：出租人每期收到租金时，按收到的租金，借记"银行存款"科目，贷记"长期应收款——应收融资租赁款"科目。每期采用合理方法分配未实现融资收益时，按当期应确认的融资收入金额，借记"未实现融资收益"科目，贷记"租赁收入"科目。

(三) 应收融资租赁款坏账准备的计提

为了更加真实、客观地反映出租人在融资租赁中的债权，出租人应当定期根据承租人的财务及经营管理情况，以及租金的逾期期限等因素，分析应收融资租赁款的风险程度和回收的可能性，对应收融资租赁款合理计提坏账准备。出租人应对应收融资租赁款减去未实现融资收益的差额部分（在金额上等于本金的部分）合理计提坏账准备，而不是对应收融资租赁款全额计提坏账准备。计提坏账准备的方法由出租人根据有关规定自行确定。坏账准备的计提方法一经确定，不得随意变更。其会计处理为：

根据有关规定合理计提坏账准备时，借记"资产减值损失"科目，贷记"坏账准备"科目。

对于确实无法收回的应收融资租赁款，经批准作为坏账损失，冲销计提的坏账准备，借记"坏账准备"科目，贷记"长期应收款——应收融资租赁款"科目。

已确认并转销的坏账损失，如果以后又收回，按实际收回的金额，借记"长期应收款——应收融资租赁款"科目，贷记"坏账准备"科目；同时，借记"银行存款"科目，贷记"长期应收款——应收融资租赁款"科目。

(四) 未担保余值发生变动的会计处理

由于未担保余值金额的确定对于租赁的分类、租赁内含利率的计算、未实现融资收益的分配都具有直接的、重要的影响，因此国际会计准则和美国均对未担保余值发生减值的情况作了规定。

在我国，出租人应定期对未担保余值进行检查，至少于每年年末检查一次。如果有证据表明未担保余值已经发生减少，应重新计算租赁内含利率，并将由此而引起的租赁投资净额（租赁投资净额是指最低租赁收款额及未担保余值之和与未实现融资收益之间的差额）的减少确认为当期损失，以后各期根据修正后的租赁投资净额和重新计算的租赁内含利率确定应确认的租赁收入。如已确认损失的未担保余值得以恢复，应在原先已确认的损失金额内转回，并重新计算租赁内含利率，以后各期根据修正后的租赁投资净额和重新计算的租赁内含利率确定应确认的融资收入。未担保余值增加时，则不作任何调整。

在未担保余值发生减少时，对前期已确认的融资收入不作追溯调整，只对未担保余值发生减少的当期和以后各期，根据修正后的租赁投资净额和重新计算的租赁内含利率计算应确认的融资收入。其会计处理为：

期末，出租人的未担保余值的预计可收回金额低于其账面价值的差额，借记"资产减值损失"科目,贷记"未担保余值减值准备"科目。同时,将上述减值金额与由此所产生的租赁投资净额的减少额之间的差额,借记"未实现融资收益"科目,贷记"资产减值损失"科目。

如果已确认损失的未担保余值得以恢复,应按未担保余值恢复的金额,借记"未担保余值减值准备"科目,贷记"资产减值损失"科目。同时,按原减值额与由此所产生的租赁投资净额的增加额之间的差额,借记"资产减值损失"科目,贷记"未实现融资收益"科目。

(五)或有租金的会计处理

出租人在融资租赁下发生的或有租金,应在实际发生时确认为当期收入。其会计处理为:借记"应收账款"等科目,贷记"租赁收入"科目。

(六)租赁期届满时的会计处理

租赁期届满时,出租人应区别以下情况进行会计处理:

收回租赁资产,通常有可能出现以下四种情况:

第一,存在担保余值,不存在未担保余值。出租人收到承租人返还的租赁资产时,借记"融资租赁资产"科目,贷记"长期应收款——应收融资租赁款"科目。

如果收回租赁资产的价值低于担保余值,则应向承租人收取价值损失补偿金,借记"其他应收款"科目,贷记"营业外收入"科目。

第二,存在担保余值,同时存在未担保余值。出租人收到承租人返还的租赁资产时,借记"融资租赁资产"科目,贷记"长期应收款——应收融资租赁款"、"未担保余值"等科目。

如果收回租赁资产的价值扣除未担保余值后的余额低于担保余值则应向承租人收取价值损失补偿金,借记"其他应收款"科目,贷记"营业外收入"科目。

第三,存在未担保余值,不存在担保余值。出租人收到承租人返还的租赁资产时,借记"融资租赁资产"科目,贷记"未担保余值"科目。

第四,担保余值和未担保余值均不存在。此时,出租人无需作会计处理,只需作相应的备查登记。

第五,如果租赁期届满时承租人没有续租,承租人向出租人返还租赁资产时,其会计处理同上述收回租赁资产的会计处理。

第六,租赁期届满时,承租人行使了优惠购买选择权。出租人按收到的承租人支付的购买资产的价款,借记"银行存款"等科目,贷记"长期应收款——应收融资租赁款"科目。如果还存在未担保余值,还应借记"营业外支出——处置固定资产净损失"科目,贷记"未担保余值"科目。

第四节 物流企业相关税费及其会计核算

物流企业在一定时期内取得的营业收入和实现的利润,要按照规定向国家交纳各种税费。这些应交的税费,应按照权责发生制的原则预提计入有关科目。这些应交的税费在尚未交纳之前暂时停留在物流企业,形成一项负债。

物流企业应交纳的税费主要有:营业税、增值税、城市建设维护税、教育费附加、企业所得税、个人所得税、车船使用税、房产税、土地使用税和印花税等。其中,营业税和所得税是物流企业所要缴纳的主要税种。

一、营业税及会计核算

由于物流企业是综合服务性的企业,涉及的营业税税目可以分为交通运输业和服务业。按照我国税法的规定:交通运输业的税率为3%,服务业的税率为5%。

(一)物流企业营业税的征收范围

1. 交通运输业

交通运输业包括陆路运输、水路运输、航空运输、管道运输和装卸搬运五大类。

陆路运输是指通过陆路(地上或地下)运送货物或旅客的运输业务,包括铁路运输、公路运输、缆车运输、索道运输及其他陆路运输。

水路运输是指通过江、河、湖、川等天然、人工水道或海洋航道运送货物或旅客的运输业务。

航空运输是指通过空中航线运送货物或旅客的运输业务。与航空直接有关的通用航空业务、航空地面服务也按照航空运输业务征税。

管道运输是指通过管道设施输送气体、液体、固体物资的运输业务。

装卸搬运是指使用装卸搬运工具或人力、畜力将货物在运输工具之间、装卸现场之间或运输工具与装卸现场之间进行装卸和搬运的业务。

凡与运营业务有关的各项劳务活动,均属交通运输业的税目征收范围。包括:通用航空业务,航空地面服务,打捞,理货,港务局提供的引航、系解缆、停泊、移泊等劳务及引水员交通费、过闸费、货物港务费等。

对远洋运输物流企业从事程租、期租业务和航空运输物流企业从事湿租业务取得的收入,按"交通运输业"税目征收营业税。

程租业务,是指远洋运输物流企业为租船人完成某一特定航次的运输任务并收取租赁费的业务。

期租业务,是指远洋运输物流企业将配备有操作人员的船舶承租给他人使用一定期限,承租期内听候承租方调遣,不论是否经营,均按天向承租方收取租赁费,发生的固定费用(如人员工资、维修费用等)均由船东负担的业务。

湿租业务,是指航空运输物流企业将配备有机组人员的飞机承租给他人使用一定期限,承租期内听候承租方调遣,不论是否经营,均按天向承租方收取租赁费,发生的固定费用(如人员工资、维修费用等)均由机主负担的业务。

2. 服务业

服务业是指利用设备、工具、场所、信息或技能为社会提供服务的业务,物流企业涉及服务业的包括代理业、仓储业、租赁业等。

对远洋运输物流企业从事光租业务和航空运输物流企业从事干租业务取得的收入,按"服务业"税目中的"租赁业"项目征收营业税。

光租业务，是指远洋运输物流企业将船舶在约定的时间内出租给他人使用，不配备操作人员，不承担运输过程中发生的各种费用，只收取固定租赁费的业务。

干租业务，是指航空运输物流企业将飞机在约定的时间内出租给他人使用，不配备机组人员，不承担运输过程中发生的各种费用，只收取固定租赁费业务。

无船承运业务是指无船承运业务经营者以承运人身份接受托运人的货载，签发自己的提单或其他运输单证，向托运人收取运费，通过国际船舶运输经营者完成国际海上货物运输，承担承运人责任的国际海上运输经营活动。无船承运业务应按照"服务业——代理业"税目征收营业税。

对港口设施经营人收取的港口设施保安费，应按照"服务业"税目全额征收营业税，同时并入其应纳税所得额中计征物流企业所得税；缴纳港口设施保安费的外贸进出口货物（含集装箱）的托运人（或其代理人）或收货人（或其代理人）等单位不得在其计税时作税前扣除。

(二) 物流企业营业税的计税依据

1. 交通运输业

运输物流企业将承揽的运输业务分给其他单位或者个人的，以其取得的全部价款和价外费用扣除其支付给其他单位或者个人的运费后的余额为营业额。

运输物流企业自中华人民共和国境内运输旅客或者货物出境，在境外改由其他运输物流企业承运旅客或者货物，以全程运费减去付给该承运物流企业的运费后的余额为营业额。

运输物流企业从事联运业务，以实际取得的营业额为计税依据。联运业务是指两个以上运输物流企业完成旅客或货物从发送地点至到达地点所进行的运输业务，联运的特点是一次购买、一次收费、一票到底。例如，中国国际航空股份有限公司与中国国际货运航空有限公司开展客运飞机腹舱联运业务时，国航以收到的腹舱收入为营业额。货航以其收到的货运收入扣除支付给国航的腹舱收入的余额为营业额，营业额扣除凭证为国航开具的"航空货运单"。

2. 服务业

代理业以纳税人从事代理业务向委托方实际收取的报酬为营业额。

纳税人从事无船承运业务，以其向委托人收取的全部价款和价外费用扣除其支付的海运费以及报关、港杂、装卸费用后的余额为计税营业额申报缴纳营业税。

纳税人从事无船承运业务，应按照其从事无船承运业务取得的全部价款和价外费用向委托人开具发票，同时应凭其取得的开具给本纳税人的发票或其他合法有效凭证作为差额缴纳营业税的扣除凭证。

3. 应纳税额的计算

营业税税款的计算比较简单。按照营业额和规定的适用税率计算应纳税额。计算公式为

$$应纳税额 = 营业额 \times 税率$$

[例2-7] 海大物流公司运输部门某月运营售票收入总额为600万元，从中支付联运业务的金额为100万元。计算该运输公司应缴纳的营业税税额。

应纳税额 = (售票收入总额 - 联运业务支出) × 适用税率 = (600-100) × 3%
= 15(万元)

(三) 几种特殊经营行为的处理

尽管我国税法已经明确划分了营业税和增值税的征收范围,但是,在实际经营活动中是很难分清的。物流运输企业可以同时从事多项应税活动。

1. 兼营不同税目的应税行为

税法规定,纳税人兼营不同税目应税行为的,应当分别核算不同税目的营业额,然后按各自的适用税率计算应纳税额;未分别核算的,将从高适用税率计算应纳税额。

2. 混合销售行为

一项销售行为如果既涉及应税劳务又涉及货物的,为混合销售行为。从事货物的生产、批发或零售的企业、企业性单位及个体经营者的混合销售行为,视为销售货物,不征收营业税;其他单位和个人的混合销售行为,视为提供应税劳务,应当征收营业税。

纳税人的销售行为是否属于混合销售行为,由国家税务总局所属征收机关确定。

3. 兼营应税劳务与货物或非应税劳务行为

纳税人兼营应税劳务与货物或非应税劳务行为的,应分别核算应税劳务的营业额与货物或非应税劳务的销售额。不分别核算或者不能准确核算的,其应税劳务与货物或非应税劳务一并征收增值税,不征收营业税。

纳税人兼营的应税劳务是否应当一并征收增值税,由国家税务总局所属征收机关确定。纳税人兼营免税、减税项目的,应当单独核算免税、减税项目的营业额;未单独核算营业额的,不得免税、减税。

(四) 科目设置

物流企业按规定应交的营业税,在"应交税费"科目下设置"应交营业税"明细科目,"应交营业税"明细科目的借方发生额,反映物流企业已缴纳的营业税;其贷方发生额,反映物流企业应交的营业税;期末借方余额,反映物流企业多交的营业税;期末贷方余额,反映尚未交纳的营业税。

[例 2-8] 海大物流公司对外提供运输服务,收入 50 万元,营业税税率 3%。当期用银行存款上交营业税 1.3 万元。根据该项经济业务,物流企业应作如下账务处理:

应交营业税 = 50 × 3% = 1.5(万元)

借:营业税金及附加　　　　　　　　　　　　　　15 000
　　贷:应交税费——应交营业税　　　　　　　　　　　15 000
借:应交税费——应交营业税　　　　　　　　　　13 000
　　贷:银行存款　　　　　　　　　　　　　　　　　　13 000

二、增值税及会计核算

(一) 增值税纳税人及纳税范围

根据《增值税暂行条例》的规定,凡在中华人民共和国境内销售货物或者提供加工、修理修配劳务,以及进口货物的单位和个人,为增值税的纳税义务人。

大中型物流企业可以提供加工服务,在公司服务范围内一般划作增值服务内容。加工是指受托加工货物,即委托方提供原料及主要材料,受托方按照委托方的要求制造货物并收取加工费的业务。

《增值税暂行条例》将纳税人按其经营规模大小及会计核算健全与否划分为一般纳税人和小规模纳税人。小规模纳税人的认定标准是:(1)从事货物生产或提供应税劳务的纳税人,以及以从事货物生产或提供应税劳务为主,并兼营货物批发或零售的纳税人,年应税销售额在50万元以下的;(2)从事货物批发或零售的纳税人,年应税销售额在80万元以下的。年应税销售额超过小规模纳税人标准的个人、非企业性单位、不经常发生应税行为的企业,视同小规模纳税人纳税。

(二) 应纳税额的计算

增值税一般纳税人适用的基本税率为17%。小规模纳税人适用的征收率为3%[①]。

增值税一般纳税人,应纳税额等于当期销项税额减当期进项税额。

1. 销项、进项税额的计算

销项税额是指纳税人提供应税劳务,按照应税劳务收入和规定的税率计算并向对方收取的增值税税额。接受应税劳务所负担的增值税额为进项税额。销项、进项税额的计算公式为

$$销项税额 = 销售额 \times 适用税率$$
$$准予抵扣的进项税额 = 买价 \times 扣除率$$

2. 实际应纳税额的计算

在计算出销项税额和进项税额后就可以得出实际应纳税额。纳税人提供应税劳务,其应纳税额为当期销项税额抵扣当期进项税额后的余额。基本计算公式为

$$应纳税额 = 当期销项税额 - 当期进项税额$$

出现当期销项税额小于当期进项税额不足抵扣的情况,根据税法规定,当期进项税额不足抵扣的部分可以结转下期继续抵扣。

小规模纳税人销售货物或者应税劳务,按照销售额和《增值税暂行条例》规定的3%的征收率计算应纳税额,不得抵扣进项税额。应纳税额计算公式为

$$应纳税额 = 销售额 \times 征收率$$

(三) 特殊情况的处理

1. 包装物的处理

包装物是指纳税人包装本单位货物的各种物品。纳税人销售货物时另收取包装物押金,目的是促使购货方及早退回包装物以便周转使用。包装物的押金是否计入货物销售额呢?根据税法规定,纳税人为销售货物而出租出借包装物收取的押金,单独记账核算的,时间在一年以内,又未过期的,不并入销售额征税,但对因逾期未收回包装物不再退还的押金,

---

① 《中华人民共和国增值税暂行条例》,中华人民共和国国务院令第528号颁布实施,2008年11月10日。

应按所包装货物的适用税率计算销项税额。其中,"逾期"是指按合同约定实际逾期或以一年为期限,对收取一年以上的押金,无论是否退还均并入销售额征税。当然,在将包装物押金并入销售额征税时,需要先将该押金换算为不含税价,再并入销售额征税。对于个别包装物周转使用期限较长的,报经税务机关确定后,可适当放宽逾期期限。另外,包装物押金不应混同于包装物租金,包装物租金在销货时作为价外费用并入销售额计算销项税额。

2. 兼营不同税率的应税劳务

所谓兼营不同税率的货物或应税劳务,是指纳税人既销售货物又提供应税劳务。对这种兼营行为,条例规定的税务处理方法是:纳税人兼营不同税率的货物或者应税劳务,应当分别核算不同税率货物或者应税劳务的销售额。未分别核算销售额的,从高适用税率。

3. 兼营非应税劳务

兼营非应税劳务是指增值税纳税人在从事应税货物销售或提供应税劳务的同时,还从事非应税劳务(即营业税规定的各项劳务),且从事的非应税劳务与其提供应税劳务并无直接的联系和从属关系。纳税人兼营非应税劳务的,应分别核算应税劳务和非应税劳务的销售额,对应税劳务的销售额按适用的税率征收增值税,对非应税劳务的销售额(即营业额)按适用的税率征收营业税。如果不分别核算或者不能准确核算应税劳务和非应税劳务销售额的,其非应税劳务应与应税劳务一并征收增值税。

(四)科目设置

企业应交的增值税,在"应交税费"科目下设置"应交增值税"明细科目进行核算。"应交增值税"明细科目的借方发生额,反映企业接受应税劳务支付的进项税额、实际已交纳的增值税等;贷方发生额,反映提供应税劳务应交纳的增值税额、转出已支付或应分担的增值税等;期末借方余额,反映企业尚未抵扣的增值税。"应交税费——应交增值税"科目分别设置"进项税额"、"已交税金"、"销项税额"、"出口退税"、"进项税额转出"、"转出未交增值税"、"转出多交增值税"、"减免税款"等专栏。

[例2-9] 海大物流公司为增值税一般纳税人,本期购入一批原材料,增值税专用发票上注明的原材料价款为600万元,增值税额为102万元。货款已经支付,材料已经到达并验收入库。该企业当期销售产品收入为1 200万元(不含应向购买者收取的增值税),符合收入确认条件,货款尚未收到。假如该产品的增值税率为17%,不缴纳消费税。根据上述经济业务,企业应作如下账务处理(该企业采用计划成本进行日常材料核算,原材料入库分录略):

(1)借:材料采购   6 000 000
    应交税费——应交增值税(进项税额)   1 020 000
    贷:银行存款   7 020 000

(2)销项税额=1 200×17%=204(万元)
借:应收账款   14 040 000
    贷:主营业务收入   12 000 000
    应交税费——应交增值税(销项税额)   2 040 000

三、城市维护建设税和教育费附加

物流企业缴纳营业税和增值税的同时,也要缴纳城市维护建设税和教育费附加。

城市维护建设税的开征是为了加强城市的维护建设,扩大和稳定城市维护建设资金的来源。在会计核算时,物流企业应按以下公式计算出城市维护建设税:

$$应纳城市维护建设税 = 实际缴纳的营业税税额和增值税税额 \times 适用税率$$

纳税人所在地在市区的,税率为7%;纳税人所在地在县城、镇的,税率为5%;纳税人所在地不在市区、县城或镇的,税率为1%。

财务会计核算时,借记"营业税金及附加"科目,贷记"应交税费——应交城市维护建设税"科目;实际上交时,借记"应交税费——应交城市维护建设税"科目,贷记"银行存款"科目。

教育费附加的作用是为了发展地方性教育事业,扩大地方教育经费的资金来源。在会计核算时,物流企业应按以下公式计算出教育费附加:

$$应纳教育费附加 = 实际缴纳的营业税税额和增值税税额 \times 适用税率$$

教育费附加的适用税率为3%。

财务会计核算时,借记"营业税金及附加"账户,贷记"其他应交款——应交教育费附加"账户;实际上缴时,借记"其他应交款——应交教育费附加"账户,贷记"银行存款"账户。

四、企业所得税

在中华人民共和国境内,企业和其他取得收入的组织(以下统称企业)为企业所得税的纳税人,依照《中华人民共和国企业所得税法》的规定缴纳企业所得税。

在《企业所得税法》(2008)的规定中,内、外资企业统一征收企业所得税,两税合一。

$$企业所得税 = 企业应纳税所得 \times 适用税率$$
$$应纳税所得额 = 利润总额 + 扣除项目调增项 - 扣除项目调减项$$

(一)税率分析

1. 微利物流企业适用税率

新税法规定,微利企业所得税率为20%。其中工业企业年度应纳税所得额不超过30万元,从业人数不超过100人,资产总额不超过3 000万元;其他企业,年度应纳税所得额不超过30万元,从业人数不超过80人,资产总额不超过1 000万元。在我国,真正具有实力的综合物流巨头屈指可数,大量物流企业停留在单一的运输或仓储阶段,普遍起点低、起步晚、规模小、整体实力弱。新规定提高到30万元,30万元以内按20%的税率计税,超过30万元才按25%的税率缴纳企业所得税。这样会使更多的企业享受微利企业的所得税率。

2. 一般物流企业税率

2008年1月1日起正式实施的《企业所得税法》中,统一了税率,统一规定所得税率为25%。税率的统一使企业能够充分公平的竞争,有利于挖掘企业发展的积极性,同时也从一定程度上杜绝了内资企业采取将资金转到境外再投资境内的"返程投资"方式,以享受外资企业所得税优惠政策的企业扭曲行为。

(二)物流企业相关的税前项目扣除标准

1. 工资支出

新税法规定按企业和单位实际发放的工资据实扣除,避免了重复征税的问题。物流企业属于人才密集型企业,新税法的规定有利于物流公司降低人力成本,为物流行业引进高级管理、技术人才打下了坚实的基础,促进了物流行业尽快摆脱低层次徘徊状态。

2. 研发费用

新税法规定,企业开发新技术、新产品、新工艺时发生的研究开发费用,可按实际发生额的150%抵扣当年度的应纳税所得额。新税法同时规定,国家需要重点扶持的高新技术企业,减按15%的税率征收企业所得税。

3. 广告支出

新企业所得税中将广告费用的扣除规定在按年度实际发生的符合条件的广告支出,不超过当年销售(营业)收入15%(含)的部分准予扣除,超过部分准予在以后年度结转扣除。

4. 基础设施折旧

新税法对企业足额提取折旧的、租入的固定资产的改建支出、大修理支出准予扣除,同时规定由于技术进步等原因,确需加速折旧的,可以缩短固定资产的折旧年限或者采取加速折旧的方法。

5. 企业兼并亏损弥补

新企业所得税法:当年可由合并后企业弥补的被合并方企业亏损限额=被合并企业净资产公允价值×国家当年发行的最长期限的国债利率。

物流企业应交纳的所得税,在"应交税费"科目下设置"应交所得税"明细科目核算;当期应计入损益的所得税,作为一项费用,在净收益前扣除。物流企业按照一定方法计算,计入损益的所得税,借记"所得税费用"等科目,贷记"应交税费——应交所得税"科目。实际缴纳时,借记"应交税费——应交所得税"科目,贷记"银行存款"科目。

五、其他应交税费

(一)车船税

车船税指对在我国境内应依法到公安、交通、农业、渔业、军事等管理部门办理登记的车辆、船舶,根据其种类,按照规定的计税依据和年税额标准计算征收的一种财产税。

购置的新车船,购置当年的应纳税额自纳税义务发生的当月起按月计算。计算公式为

$$应纳税额=(年应纳税额/12)×应纳税月份数$$

车船税由拥有并且使用车船的单位和个人交纳。车船税按照适用税额计算交纳。物流企业按规定计算车船税时,借记"管理费用"科目,贷记"应交税费——应交车船税"科目;上交时,借记"应交税费——应交车船税"科目,贷记"银行存款"科目。

(二) 土地使用税

土地使用税是指在城市、县城、建制镇、工矿区范围内使用土地的单位和个人,以实际占用的土地面积为计税依据,依照规定由土地所在地的税务机关征收的一种税赋。

土地使用税以土地面积为课税对象,向土地使用人课征,属于以有偿占用为特点的行为税类型。土地使用税只在县以上城市开征,非开征地区城镇使用土地则不征税。土地使用税采用有幅度的差别税额,列入大、中、小城市和县城每平方米土地年税额多少不同。

物流企业按规定计算应交的土地使用税时,借记"管理费用"科目,贷记"应交税费——应交土地使用税"科目;上交时,借记"应交税费——应交土地使用税"科目,贷记"银行存款"科目。

(三) 房产税

房产税是以房屋为征税对象,按房屋的计税余值或租金收入为计税依据,向产权所有人征收的一种财产税。征税范围是城市、县城、建制镇、工矿区,不包括农村的房屋。

房产税有从价计征和从租计征两种形式。

(1) 从价计征,房产税依照房产原值一次减除10%—30%后的余值计算缴纳;

(2) 从租计征,按房产余值计征的1.2%计算缴纳。

物流企业按规定计算应交的房产税时,借记"管理费用"科目,贷记"应交税费——应交房产税"科目;上交时,借记"应交税费——应交房产税"科目,贷记"银行存款"科目。

(四) 印花税

印花税是对书立、领受购销合同等凭证行为征收的税款,实行由纳税人根据规定自行计算应纳税额,购买并一次贴足印花税票的交纳方法。应纳税凭证包括:购销、加工承揽、建设工程承包、财产租赁、货物运输、仓储保管、借款、财产保险、技术合同或者具有合同性质的凭证;产权转移书据;营业账簿;权利、许可证照等。纳税人根据应纳税凭证的性质,分别按比例税率或者按件定额计算应纳税额。

由于企业交纳的印花税,是由纳税人根据规定自行计算应纳税额以购买并一次贴足印花税票的方法交纳的税款。即一般情况下,企业需要预先购买印花税票,待发生应税行为时,再根据凭证的性质和规定的比例税率或者按件计算应纳税额,将已购买的印花税票粘贴在应纳税凭证上,并在每枚税票的骑缝处盖戳注销或者划销,办理完税手续。企业交纳的印花税,不会发生应付未付税款的情况,不需要预计应纳税金额,同时也不存在与税务机关结算或清算的问题,因此,企业交纳的印花税不需要通过"应交税费"科目核算,于购买印花税票时,直接借记"管理费用"科目,贷记"银行存款"科目。

复习思考题

1. 海大物流公司在固定资产清查过程中,发现未入账的设备一台,其重置完全价值为

800 000 元,估计折旧额为 10 000 元。经批准,该盘盈固定资产作为营业外收入处理。作相应会计处理。

2. 海大物流公司在财产清查中盘亏设备一台,账面原始价值为 770 000 元,已提折旧 22 000 元,已提减值准备 79 000 元。作相应会计处理。

3. 海大物流公司对外提供运输服务,收入 800 万元,营业税税率 3%。当期用银行存款上交营业税 1.7 万元。作相应会计分录。

第三章 物流企业运输环节的核算

■ 学习目标 ■

学习完本章,你应该能够:
1. 掌握汽车运输业务的成本项目以及核算
2. 掌握海洋运输业务的成本项目以及核算
3. 掌握内河运输业务的成本项目以及核算
4. 了解铁路火车运输成本的特点
5. 掌握铁路火车运输业务的成本项目以及核算
6. 掌握航空飞机运输业务的成本项目以及核算

■ 基本概念 ■

满油箱制　实地盘存制　工作量法　运输收入　完工百分比法

第一节　运输环节的成本核算

运输是指用设备和工具,将物品从一个地点向另一个地点运送的物流活动。其中包括集货、分配、搬运、中转、装入、卸下、分散等一系列操作。运输生产过程是物流企业经营活动的中心环节,是物品借助于运力在空间上所发生的位置移动。运输活动不创造实物产品,而是提供运输劳务,使物质发生位移。常见的运输方式有五种:公路汽车运输、水路船舶运输、铁路火车运输、航空飞机运输和管道运输。

一、汽车运输成本

物流企业汽车运输业务的生产过程是实现货物的位移过程。这一过程中的耗费包括生产资料如车辆、燃料、工具等价值耗费和运输人员工资部分的耗费,构成了汽车运输成本。

(一) 汽车运输业务的成本计算对象、成本计算单位和成本计算期

汽车运输成本计算对象是企业的各项运输业务,也是各项营运费用的承担者。营运费用的汇集、分配以及成本计算,都要以成本计算对象为依据。汽车运输企业的生产经营活

动,主要是运输业务。根据管理上的需要,对于货物运输业务,需要设置不同的成本计算对象和成本计算单位。

1. 汽车运输业务的成本计算对象

汽车运输企业的营运车辆其车型较为复杂,为了反映不同车型货车的运输经济效益,应以不同燃料和不同厂牌的营运车辆作为成本计算对象。对于以特种大型车、集装箱车、零担车、冷藏车、油罐车从事运输业务的物流企业,还应以不同类型、不同用途的车辆分别作为单独的成本计算对象。

2. 汽车运输业务的成本计算单位

汽车运输成本计算单位,是以汽车运输工作量的计量单位为依据的。货物运输工作量通常称为货物周转量,其计量单位为"吨公里",即实际运送的货物吨数与运距的乘积。为计量方便起见,通常以"千吨公里"作为成本计算单位。

3. 汽车运输业务的成本计算期

汽车运输企业的运输成本,应按月、季、年计算从年初至各月末止的累计成本。一般不计算"在产品"成本。营运车辆在经营跨月运输业务时,一般以行车路单签发日期所归属的月份计算其运输成本。

(二) 汽车运输业务的成本项目

汽车运输业务的成本项目分为直接材料、直接人工、其他直接费用和营运间接费用四个部分。具体内容如表 3-1。

表 3-1　汽车运输业务的成本项目[1]

序号	成本大类	成本项目	内　　容
1	直接材料	燃料	指营运车辆在运行过程中所耗用的各种燃料,如汽油、柴油、天然气等。其中自动倾卸车在卸车时所耗用的燃料也包括在内。
2		轮胎	指营运车辆所耗用的外胎、内胎和垫带的费用支出,以及轮胎翻新和零星修补费用。
3	直接人工	职工工资	指按规定支付给营运车辆司机和助手的标准工资、工资性津贴、补贴和生产性奖金。实行承包经营物流企业的司机和助手所得的收入也包括在其中。
4		职工福利费	指企业按规定的工资总额的 14% 计提的职工福利费。

---

[1] 丁元霖.物流企业会计.立信会计出版社,2006

续表

序号	成本大类	成本项目	内　容
5	其他直接费用	修理费	指营运车辆进行各级维护和小修所发生的工料费、修复旧件费用和行车耗用的机油费用以及车辆大修费用。
6		折旧费	指营运车辆按规定计提的折旧费。
7		养路费	指营运车辆按规定向公路管理部门交纳的养路费。
8		车辆运输管理费	指营运车辆按规定向公路运输管理部门交纳的运输管理费。
9		车辆保险费	指向保险公司缴纳的营运车辆的保险费。
10		事故费	指营运车辆在运行过程中,因行车肇事所发生的事故损失,扣除保险公司赔偿后的事故费用。它不包括因车站责任发生的货损、货差事故损失以及由于不可抗拒的原因而造成的损失。
11		税金	指按规定交纳的车船使用税。
12		其他费用	指不属于以上各项的车辆营运费用,如:行车杂支、随车工具费、篷布绳索费、过桥费、过渡费、高速公路建设费、停车住宿费等。
13	营运间接费用		指物流企业所属的基层营运单位,如分公司、车站、车队等为组织与管理物流营运过程中所发生的不能直接计入成本计算对象的各种间接费用。包括这些部门发生的工资、职工福利费、折旧费、修理费、取暖费、水电费、办公费、差旅费、保险费等。但营运间接费用不包括企业行政管理部门发生的费用。

(三) 汽车运输成本的核算

物流企业的运输费用通过"主营业务成本——运输支出"账户进行核算,本账户按成本计算对象设置明细账户,并按成本项目进行明细核算。

1. 燃料费用的核算

物流企业要对汽车所耗燃料的费用进行核算,首先要对领料单进行汇总,编制燃料耗用汇总表。然后将燃料费用分配到相关的成本项目中去。届时借记"主营业务成本——运输支出——燃料"、"辅助营运费用——共同费用"、"营运间接费用——运输分公司"、"管理费用"等会计科目,贷记"原材料——燃料"科目。

燃料实际耗用数的确定方法有两种:满油箱制和实地盘存制。采用满油箱制的物流企业,如果月初与月末油箱都加满油,那么车辆当月加油的数量,即为当月燃料的实际耗用数。采用实地盘存制的物流企业,当月燃料的实际耗用数要通过月末的实地盘存数和当月领用数来计算。其计算公式如下:

当月实际耗用数＝月初车存数＋当月领用数－月末车存数

[例 3-1] 海大物流公司对燃料费用的核算采用实地盘存制。201×年12月公司对车辆的燃料领用单进行汇总得到的燃料耗用汇总表如表 3-2 所示。

表 3-2 燃料(汽油)耗用汇总表

燃料:汽油　　　　　　　　201×年12月1日至31日　　　　　　　　单位:升

领用部门	月初车存数	本月领用数	月末车存数	本月耗用数	燃料价格（元/升）	本月耗用金额（元）
A车队	120	2 210	130	2 200	2.1	4 620
B车队	130	2 480	110	2 500	2.1	5 250
保养场	110	1 120	130	1 100	2.1	2 310
运输分公司	140	1 230	140	1 230	2.1	2 583
公司本部	150	2 570	120	2 600	2.1	5 460
合　计	650	9 610	630	9 630	2.1	20 223

根据表3-2,作会计分录如下:

借:主营业务成本——运输支出——A车队——燃料　　　　4 620
　　　　　　　　——运输支出——B车队——燃料　　　　5 250
　　辅助营运费用——共同费用　　　　　　　　　　　　2 310
　　营运间接费用——运输分公司　　　　　　　　　　　2 583
　　管理费用　　　　　　　　　　　　　　　　　　　　5 460
　贷:原材料——燃料　　　　　　　　　　　　　　　　　　20 223

如果采用计划成本法,还需要相应地摊销材料成本差异。如果车辆在企业外的油库加油,应根据车辆所属部门直接记入相应的成本项目中。

2. 轮胎费用的核算

营运车辆领用轮胎内胎、垫带及轮胎零星修补费等,一般根据领料单编制轮胎领用汇总表,按实际数直接计入各成本计算对象的成本。而对外胎费用的核算则有所不同。物流企业对于外胎采用一次摊销法的,在外胎领用时,根据领用部门直接记入"主营业务成本"或"营运间接费用"等相关账户;而对于外胎采用按行驶里程摊提法的企业,则应根据外胎行驶里程的原始记录和外胎里程摊提率,编制外胎摊提费用计算表,来对外胎费用进行归集和分配。

[例3-2] 海大物流公司对外胎采用按行驶里程摊提法核算。201×年12月31日公司根据轮胎领用单编制了如下轮胎领用汇总表(表3-3)。

表 3-3 轮胎领用汇总表

201×年12月31日　　　　　　　　　　　　　　　　　　　单位:元

项目 领用部门	外胎	内胎	垫带	合计
A车队	5 600	630	270	6 500
B车队	6 400	580	240	7 220
行政管理部门	3 200	290	110	3 600
合　计	15 200	1 500	620	17 320

根据表3-3,对外胎作会计分录如下:

借:预提费用——外胎　　　　　　　　　　　　　　　　　12 000
　　管理费用　　　　　　　　　　　　　　　　　　　　　 3 200
　　贷:原材料——外胎　　　　　　　　　　　　　　　　　　　　15 200

对内胎和垫带作会计分录如下:

借:主营业务成本——运输支出——A车队——轮胎　　　　　 900
　　　　　　　　　　运输支出——B车队——轮胎　　　　　 820
　　管理费用　　　　　　　　　　　　　　　　　　　　　 400
　　贷:原材料——轮胎　　　　　　　　　　　　　　　　　　　 2 120

该公司外胎摊提费用计算如表3-4所示:

表3-4　外胎摊提费用计算表
20×9年12月

领用部门	实际车里程	每车轮胎数	实际轮胎里程	报废胎超、亏里程	实际总里程	里程摊提率	摊提额（元）
A车队	24 600	6	147 600	+1 200	148 800	5‰	7 440
B车队	25 800	6	154 800	-1 000	153 800	4‰	6 152
合　计	50 400		302 400	+200	302 600		13 592

根据表3-4,作会计分录如下:

借:主营业务成本——运输支出——A车队——轮胎　　　　　7 440
　　　　　　　　——运输支出——B车队——轮胎　　　　　6 152
　　贷:其他应付款——轮胎　　　　　　　　　　　　　　　　　13 592

3. 职工工资及福利费的核算

物流企业每月应根据工资结算表对职工工资进行汇总和分配。对于有固定车辆的司机和助手的工资,直接计入各自成本计算对象的成本;对于没有固定车辆的司机和助手的工资以及后备司机和助手的工资,则需按一定标准分配计入各成本计算对象的成本。分配标准主要有两种,分别是总营运货物吨位和总营运车日,其计算公式如下:

工资费用分配率＝应分配的司机及助手的工资总额/总营运货物吨位(或总营运车日)
某车队应分配的工资费用＝该车队营运货物吨位(或营运车日)×工资费用分配率

而职工福利费可根据已归集分配好的工资费用乘以14%得到,然后直接列入各成本计算对象的明细账户即可。届时根据职工所属部门借记"主营业务成本——运输支出"、"辅助营运费用"、"管理费用"等会计科目,贷记"应付职工薪酬"科目。

[例3-3] 海大物流公司20×9年12月份工资总额,其中A车队员工工资为35 000元,B车队员工工资为37 500元,保养场12 030元,运输分公司49 380元,公司行政管理部门26 430元,后备司机和助手的工资3 800元。该月A车队的营运日为28天,B车队的营运日为22天。

根据以上资料,作相应的会计处理。

首先,按车队该月的营运日分配后备司机和助手的工资:
工资费用分配率=3 800/(28+22)=76
A车队应分配的工资费用=28×76=2 128(元)
B车队应分配的工资费用=22×76=1 672(元)
然后,编制工资及福利费用分配表(表3-5)。

表3-5 职工工资及福利分配表

20×9年12月31日 单位:元

借记科目			成本或费用项目	工资费用	提取率	职工福利费
主营业务成本	运输支出	A车队	直接人工	37 128	14%	5 197.92
		B车队	直接人工	39 172	14%	5 484.08
		小计		76 300	14%	10 682
辅助营运费用		保养场		12 030	14%	1 684.2
营运间接费用				49 380	14%	6 913.2
管理费用				26 430	14%	3 700.2
合 计				164 140	14%	22 979.6

根据表3-5,作会计分录如下:
借:主营业务成本——运输支出——A车队——职工工资　　37 128
　　　　　　　　　——运输支出——A车队——职工福利费　5 197.92
　　主营业务成本——运输支出——B车队——职工工资　　39 172
　　　　　　　　　——运输支出——B车队——职工福利费　5 484.08
　　辅助营运费用——共同费用——职工工资　　　　　　 12 030
　　　　　　　　 ——共同费用——职工福利费　　　　　 1 684.2
　　营运间接费用——职工工资　　　　　　　　　　　　 49 380
　　　　　　　　 ——职工福利费　　　　　　　　　　　 6 913.2
　　管理费用——运输分公司——职工工资　　　　　　　 26 430
　　　　　　 ——运输分公司——职工福利费　　　　　　 3 700.2
　　贷:应付职工薪酬——职工工资　　　　　　　　　　　164 140
　　　　　　　　　　 ——职工福利费　　　　　　　　　　22 979.6

4. 修理费的核算

营运车辆既可以由车队自行修理和保养,也可以安排给修理车间。由营运车队自行修理和保养时,修理费用直接归集到"主营业务成本"账户中。而由修理车间进行的修理和保养,修理费用则归集到"辅助营运费用"或"长期待摊费用"账户中。一般而言,大修理费用的受益期限都在一年以上。因此,大修理费用应先计入"长期待摊费用"中,然后在以后的受益期限内平均分摊。

物流企业除了有运输、仓储、装卸等开展物流经营业务的部门外,还有辅助营运部门,它是为物流企业经营部门提供服务的,如修理车间、保养场等。辅助营运费用是指辅助营运部门为开展生产活动而发生的费用。"辅助营运费用"是成本类账户,发生辅助营运费用时,记入借方;期末结转辅助营运成本时,记入贷方;期末若有余额在借方,表示尚未完工的辅助营运成本。

辅助营运费用的归集应根据成本计算对象和费用类别进行。对于修理车间领用的直接用于修理车辆的材料,应根据领料单,按车辆所属部门分别记入相应的成本计算对象的成本中,在"辅助营运费用——维修保养费"和"辅助营运费用——大修理费"二级账户中归集;对于修理车辆共同耗用的材料及修理车间发生的人工费及管理费等,应在"辅助营运费用——共同费用"二级账户中进行归集。

[例3-4] 海大物流公司20×9年12月份修理车间直接耗用材料汇总表如表3-6所示。而修理车间12月份共同领用的材料共计8 300元。

表3-6 修理车间直接耗用材料汇总表

20×9年12月　　　　　　　　　　　　　　　　　　单位:元

材料用途 用料部门	维修保养	大修理	合计
A车队	3 200	13 500	16 700
B车队	1 900	12 100	14 000
运输分公司	300		300
行政管理部门	400		400
合计	5 800	25 600	31 400

根据以上资料,作会计分录如下:

借:辅助营运费用——维修保养费——A车队　　　　　3 200
　　　　　　　　——维修保养费——B车队　　　　　1 900
　　　　　　　　——维修保养费——运输分公司　　　 300
　　　　　　　　——维修保养费——行政管理部门　　 400
　　辅助营运费用——大修理费——A车队　　　　　　13 500
　　　　　　　　——大修理费——B车队　　　　　　12 100
　　辅助营运费用——共同费用　　　　　　　　　　　8 300
　贷:原材料　　　　　　　　　　　　　　　　　　　39 700

期末,要对"共同费用"中归集的费用按一定的标准分配到相应的成本计算对象中去,通常按修理工人工时进行分配,其分配公式如下:

共同费用分配率＝共同费用总额/修理工人总工时

某成本计算对象应分配的共同费用＝该成本计算对象耗用修理工人工时×共同费用分配率

接上例,海大物流公司20×9年12月份修理车间工时耗用情况如表3-7。

表 3-7 修理车间实际耗用工时表　　　20×9年12月　单位：工时

工时用途 用工部门	维修保养	大修理	合　计
A车队	230	160	390
B车队	170	100	270
运输分公司	80		80
行政管理部门	90		90
合　计	570	260	830

根据表 3-7，计算共同费用分配率：

共同费用分配率＝8 300/830＝10

根据共同费用分配率编制"辅助营运共同费用分配表"，如表 3-8。

表 3-8 辅助营运共同费用分配表　　　20×9年12月

| 用工部门 | 分配率 | 维修保养 | | 大修理 | | 金额合计
（元） |
		工时	金额（元）	工时	金额（元）	
A车队	10	230	2 300	160	1 600	3 900
B车队	10	170	1 700	100	1 000	2 700
运输分公司	10	80	800			800
行政管理部门	10	90	900			900
合　计	—	570	5 700	260	2 600	8 300

根据"辅助营运共同费用分配表"，作会计分录如下：

借：辅助营运费用——维修保养费——A车队　　　　2 300
　　　　　　　　　　维修保养费——B车队　　　　1 700
　　　　　　　　　　维修保养费——运输分公司　　　800
　　　　　　　　　　维修保养费——行政管理部门　　900
　　　　辅助营运费用——大修理费——A车队　　　1 600
　　　　　　　　　　大修理费——B车队　　　　　1 000
　　贷：辅助营运费用——共同费用　　　　　　　　8 300

期末，物流企业应将"辅助营运费用"中归集的修理保养费用转入各受益部门的成本项目中；因对外提供服务而发生的成本应记入"其他业务支出"；对于"长期待摊费用"中的大修理费用，应根据受益期限平均摊销到受益部门的成本项目中。

接上例，12月31日，海大物流公司修理车间本月承接的车辆大修理已全部完工，本公司大修理车辆的受益期限是20个月，结转归集的辅助营运费用。作会计分录如下：

借：主营业务成本——运输支出——A车队——修理费　　5 500
　　　　　　　　　　运输支出——B车队——修理费　　　3 600

　　　　营运间接费用——运输分公司——修理费　　　　　　　　1 100
　　　　管理费用　　　　　　　　　　　　　　　　　　　　　　1 300
　　　　长期待摊费用——大修理费——A车队　　　　　　　　　15 100
　　　　　　　——大修理费——B车队　　　　　　　　　　　　13 100
　　　　　　贷：辅助营运费用　　　　　　　　　　　　　　　39 700
　　按受益期限平均摊销转入的"长期待摊费用"，转入各受益部门的成本和费用。本例中本月应负担的大修理费用为1 410元，其中：A车队755(15 100/20)元，B车队655(13 100/20)元。作会计分录如下：
　　　　借：主营业务成本——运输支出——A车队——修理费　　755
　　　　　　　——运输支出——B车队——修理费　　　　　　655
　　　　　　贷：长期待摊费用——大修理费　　　　　　　　　1 410

5．折旧费的核算

企业计提固定资产折旧，可以采用平均年限法、工作量法、双倍余额递减法、年数总和法。物流运输企业对营运车辆的折旧需要分两部分来处理，一是不带外胎的营运车辆折旧；二是营运车辆的外胎折旧。

首先，对于不带外胎的营运车辆一般采用工作量法计提折旧。这是因为物流企业营运车辆的损耗程度与其行驶里程密切相关。

其次，需要注意的是营运车辆外胎费用的折旧核算。外胎费用有两种核算方法：一是采用外胎价值一次摊销计入成本的方法，计提折旧时，新车的外胎价值不必从车辆原值中扣减；二是采用按行驶里程摊提外胎费用的方法，则计算折旧时，新车的外胎价值就应从车辆原值中扣减，否则会出现重复摊提的现象。这是因为如果不扣减，一方面新车的外胎价值按行驶里程摊销，另一方面在车辆价值摊销的过程中也包含了新车的外胎价值的摊销，从而对新车的外胎价值进行了重复摊销，所以在采用按行驶里程摊提外胎费用的方法时，要从车辆原值中扣减外胎价值。其计算公式如下：

$$车辆折旧率＝(车辆原值－新车外胎价值－预计净残值)/预计车辆行驶里程$$

$$车辆月折旧额＝车辆月行驶里程×车辆折旧率$$

[例3-5] 海大物流公司A车队有一辆汽车原值为230 000元，预计可行驶570 000公里。该车有6只轮胎，每只价值1 000元，预计净残值为12 000元。该公司对外胎折旧费采用按行驶里程摊提的方法。2007年12月份该车行驶11 000公里。则该车本月的折旧额计算如下：

　　折旧率 ＝(230 000－1 000×6－12 000)/570 000 ＝ 0.37
　　该车12月份的折旧额 ＝ 11 000×0.37＝ 4 070(元)

做会计分录如下：

　　　　借：主营业务成本——运输支出——A车队——折旧费　　4 070
　　　　　　贷：累计折旧　　　　　　　　　　　　　　　　　4 070

6．养路费的核算

运输企业向公路管理部门缴纳的车辆养路费(值得注意的是，这项费用从2009年1月1日起已被取消)，一般按营运车辆的吨位数计算缴纳，公务车则按辆计收。因此，企业缴纳的车辆养路费可以根据缴款凭证直接计入各成本计算对象成本及有关费用。

[**例 3-6**] 20×9 年 12 月 31 日海大物流公司用银行存款向公路管理部门缴纳养路费共 55 000 元,其中:A 车队运营车辆的养路费为 21 000 元,B 车队运营车辆的养路费为 24 000 元,运输分公司和行政管理部门各 5 000 元。作会计分录如下:

借:主营业务成本——运输支出——A 车队——养路费　　　21 000
　　　　　　　　　——运输支出——B 车队——养路费　　　24 000
　　营运间接费用——运输分公司——养路费　　　　　　　　5 000
　　管理费用　　　　　　　　　　　　　　　　　　　　　　5 000
　　贷:银行存款　　　　　　　　　　　　　　　　　　　　　　　　55 000

7. 车辆运输管理费的核算

营运车辆的公路运输管理费,月末一般按运输收入的规定比例计算并在下月初缴纳给有关部门。因此,企业缴纳的车管费可以根据交款凭证直接计入各类运输成本。计提时可先通过"其他应付款"核算。

[**例 3-7**] 20×9 年 12 月 31 日海大物流公司计提本月公路运输管理费,其中:A 车队该月的营运收入为 670 000 元,B 车队的营运收入为 580 000 元,计提比率为 0.7%。作会计分录如下:

借:主营业务成本——运输支出——A 车队——运输管理费　　4 690
　　　　　　　　　——运输支出——B 车队——运输管理费　　4 060
　　贷:其他应付款——运输管理费　　　　　　　　　　　　　　　　8 750

8. 车辆保险费的核算

物流企业一般是按年为营运车辆支付保险费的。支付时,借记"其他应收款",贷记"银行存款";摊销时,借记"主营业务成本"、"营运间接费用"、"管理费用"等,贷记"待摊费用"。

[**例 3-8**] 海大物流公司 20×8 年 1 月 3 日向保险公司支付本年营运车辆的保险费共计 145 200 元,其中:A 车队 60 000 元,B 车队 72 000 元,运输分公司 6 000 元,行政管理部门 7 200 元。作会计分录如下:

借:其他应收款——保险费　　　　　　　　　　　　　　　　145 200
　　贷:银行存款　　　　　　　　　　　　　　　　　　　　　　　145 200

1 月 31 日,按车辆所属部门摊销本月应负担的车辆保险费,作会计分录如下:

借:主营业务成本——运输支出——A 车队——车辆保险费　　5 000
　　　　　　　　　——运输支出——B 车队——车辆保险费　　6 000
　　营运间接费用——运输分公司——车辆保险费　　　　　　　500
　　管理费用　　　　　　　　　　　　　　　　　　　　　　　600
　　贷:待摊费用　　　　　　　　　　　　　　　　　　　　　　　12 100

9. 车辆事故损失费用的核算

营运车辆在营运过程中因种种行车事故所发生的修理费、救援和善后费用,以及支付外单位人员的医药费、丧葬费、抚恤费、生活费等支出,扣除向保险公司收回的赔偿收入及事故对方或过失人的赔偿款后,净损失也可根据付款、收款凭证直接计入各类运输成本。如果行车事故较为严重、复杂,处理时间较长,可在发生各项支出时通过"其他应收款——暂付事故赔款"账户核算,然后逐月将已发生事故净损失转入各该类运输成本。对于当年不能结案的事故,年终时可按估计净损失数预提转入运输成本,届时借记"主营业务成本"账户,贷记"预提费用"账户;在结案时,再将预提损失数与实际损失数的差额,调整当年的有关运输成本,届时借记"预提费用"账户,贷记"银行存款"或"应付账款",差额借记或贷记"主营业务成本"账户。

[例 3-9] 海大物流公司 A 车队 20×8 年 12 月 21 日发生一起车辆事故,到 12 月 31 日该案还未了结,公司预计损失 120 000 元。作会计分录如下:

借:主营业务成本——运输支出——A 车队——车辆事故损失　120 000
　　贷:预提费用　　　　　　　　　　　　　　　　　　　　　　120 000

该案于 20×9 年 2 月 13 日了结,海大物流公司被判赔偿损失 100 000 元。作会计分录如下:

借:预提费用　　　　　　　　　　　　　　　　　　　　　　120 000
　　贷:应付账款　　　　　　　　　　　　　　　　　　　　　100 000
　　　　主营业务成本——运输支出——A 车队——车辆事故损失　20 000

10. 税金的核算

这里的税金是指规定缴纳的车船使用税,因此在缴纳时直接借记"管理费用——车船使用税"科目,贷记"银行存款"或"库存现金"科目。

11. 其他费用的核算

物流企业的营运车辆除了会发生上述各项费用外,还会发生其他直接费用包括行车杂支、随车工具费、篷布绳索费、过桥费、过渡费、高速公路建设费、停车住宿费等。届时借记"主营业务成本"科目,贷记"低值易耗品"、"银行存款"、"现金"等科目。

[例 3-10] 海大物流公司 20×9 年 12 月份 A 车队发生随车工具费、篷布绳索费共计 2 300 元,B 车队发生随车工具费、篷布绳索费共计 2 570 元。作会计分录如下:

借:主营业务成本——运输支出——A 车队——其他费用　　2 300
　　　　　　　　　——运输支出——B 车队——其他费用　　2 570
　　贷:低值易耗品　　　　　　　　　　　　　　　　　　　4 870

12. 营运间接费用的核算

物流企业的营运间接费用是指汽车运输分公司、车场、车站等部门为组织和管理运输业务而发生的各种间接费用。物流企业发生的营运间接费用首先应通过"营运间接费用"归集,然后按一定的标准在各个成本计算对象内分配。分配标准主要有直接费用总额或总营运车日等。其计算公式如下:

营运间接费用分配率＝营运间接费用/直接费用总额(或总营运车日)

某成本计算对象应分配的营运间接费用 ＝ 该成本计算对象的直接费用(或营运车日) × 营运间接费用分配率

[例 3-11] 海大物流公司运输分公司 20×9 年 12 月份发生的各项费用合计 5 600 元,一并用银行存款支付。该公司本月共发生运输直接费用 350 000 元,其中:A 车队 210 000 元,B 车队 140 000 元。作会计分录如下:

(1)借:营运间接费用——运输分公司　　　　　　　　　　　5 600
　　　贷:银行存款　　　　　　　　　　　　　　　　　　　　5 600

(2) 分配营运间接费用：
营运间接费用分配率＝5 600/(210 000＋140 000)＝0.016
A车队应分配的营运间接费用＝210 000×0.016＝3 360(元)
B车队应分配的营运间接费用＝140 000×0.016＝2 240(元)
作会计分录如下：
借：主营业务成本——运输支出——A车队——营运间接费用　　3 360
　　　　　　　　——运输支出——B车队——营运间接费用　　2 240
　　贷：营运间接费用——运输分公司　　　　　　　　　　　　　5 600

(四) 汽车运输成本的计算

物流企业汽车运输业务的总成本是由直接材料、直接人工、其他直接费用和营运间接费用构成的。汽车运输的单位成本由总成本除以运输周转量得到,其计算公式如下：

运输单位成本(元/千吨公里)＝运输总成本/运输周转量(千吨公里)

月末应编制汽车运输成本计算表,以反映运输总成本和单位成本。

二、船舶运输成本

船舶运输业务根据其运输形式可分为内河运输和海洋运输两大类,其中海洋运输又可分为沿海运输、近海运输和远洋运输三类。

(一) 船舶运输业务的成本计算对象、成本计算单位和成本计算期

1. 船舶运输业务的成本计算对象

按我国现行制度规定,物流企业,不论是沿海、远洋或内河运输都统一以客、货运业务作为成本计算对象。为了正确地计算运输成本,物流企业还需要根据管理上的要求,对不同形式的船舶运输确定不同的成本计算对象。一般而言,不同船舶运输形式有不同的成本计算对象。如表3-9所示。

表3-9　不同运输形式下的成本计算对象、成本计算单位、成本计算期

船舶运输形式	成本计算对象	成本计算单位	成本计算期
内河航运	船舶的类型	千吨海里	以月、季、半年、年作为成本计算期
沿海、近海航运	单船、船舶类型	千吨海里	以月、季、半年、年作为成本计算期
远洋航运	单船的航次	千吨海里	以航次作为成本计算期

2. 船舶运输业务的成本计算单位

船舶运输业务以千吨海里作为成本计算单位。如表3-9。

3. 船舶运输业务的成本计算期

船舶运输形式不同,其成本计算期也不同。内河、沿海、近海航运以月、季、半年、年作为成本计算期,因为这些航运的航次时间不长,且未完航次的费用比较少,也比较稳定。而远

洋航运则以航次作为成本计算期,因为远洋航运的航次时间长,且月末未完航次的费用较大。船舶的航次时间,应从上一航次最终港卸完所载货物起,到本航次最终卸完所载货物时为止。如表3-9。

(二)海洋运输业务的成本项目

海洋运输业务的成本项目包括航次运行费用、船舶固定费用、集装箱固定费用、船舶租费、舱(箱)位租费和营运间接费用。具体内容如表3-10。

表3-10 海洋运输业务的成本项目①

序号	成本大类	成本项目	内 容
1	航次运行费,是指船舶在运输生产过程中发生的直接归属于航次负担的费用。航次运行费用分设如右明细项目,归集有关营运支出。	燃料费	是指船舶在营运期内航行、装卸、停泊等时间内耗用的全部燃料费用。
		港口费	是指船舶在营运期内进出港口、航道、停泊港内所发生的各项费用,如港务费、船舶吨税、引水费、停泊费、拖轮费、航道养护费、围油栏费、油污水处理费、船舶代理费、运河费、海峡费、灯塔费、海关检验费、检疫费、移民局费用等。
		货物费	是指船舶载运货物所发生的应由船方负担的业务费用,如装卸费、使用港口装卸机械费、理货费、开关舱、扫舱、洗舱、验舱、烘舱、平翻舱、货物代理费、货物检验费、货物保险费等。
		集装箱货物费	是指船舶载运集装箱所发生的应由船方负担的业务费用,如集装箱装卸费、集装箱站场费、集装箱货物代理费等。
		中转费	是指船舶载运的货物到达中途港口换装其他运输工具运往目的地、在港口中转时发生的应由船方负担的各种费用,如汽车接运费、铁路接运费、水运接运费、驳载费等。
		客运费	是指船舶为运送旅客而发生的业务费用,如旅客生活设备生活用品费、旅客医药支出、客运代理费等。
		垫隔材料费	是指船舶在同一货舱内装运不同类别货物需要分票、垫隔或装运货物需要防止摇动、移位以及货物通风需要等耗用的木材、隔货网、防摇装置、通风筒等材料费用。
		速遣费	是指有装卸协议的船舶,港口单位提前完成装卸作业,按照协议支付的速遣费用。

---

① 财政部.水运企业会计核算规程.2005

续表

序号	成本大类	成本项目	内　　容
		事故损失费	是指船舶在营运生产过程中发生海损、机损、货损、货差、火警、污染、人身伤亡等事故的费用，包括施救、赔偿、修理、诉讼、善后等直接损失费用。
		航次其他运行费用	是指不属于以上各项费用但应直接归属于航次负担的其他费用，如淡水费、通讯导航费、交通车船费、邮电费、清洁费、国外港口招待费、航次兵险、领事签证、代理行费、业务杂支、冰区航行破冰费等。
2	船舶固定费，是指为保持船舶适航状态所发生的费用。船舶固定费用分设如右明细项目，归集有关营运支出。	工资	是指在航船员的各类工资、津贴、奖金、补贴、航行津贴等按有关规定由成本列支的工资性费用。
		职工福利费	是指按在航船员工资总额和规定的比率提取的职工福利费。
		润料	是指船舶耗用的各种润滑油剂。
		物料	是指船舶在运输生产中耗用的各种物料、低值易耗品。
		船舶折旧费	是指按确定的折旧方法按月计提的折旧费用。
		船舶修理费	是指已完工的船舶实际修理费支出、日常维护保养耗用的修理料、备品配件等，以及船舶技术改造大修理费摊销的支出。
		保险费	是指向保险公司投保的各种船舶险、运输船员的人身险以及意外伤残险所支付的保险费用。
		税金	是指按规定交纳的车船使用税。
		船舶非营运期费用	是指船舶在非营运期（如厂修、停航、自修、事故停航等）内发生燃料费、港口费等有关支出，具体包括：(1)燃料，是指船舶非营运期内耗用的燃料；(2)港口费用，是指船舶非营运期内靠泊港口所发生的费用；(3)其他非营运期费用，是指船舶非营运期内发生的不属于以上各项的费用。
		船舶共同费用	是指为企业所有运输船舶共同受益，但不能分船直接负担，需经过分配由各船负担的费用，具体包括：工资、职工福利费、职工教育经费、养老保险基金、工会经费、失业保险基金、船员服装费、船员差旅费、文体宣传费、单证资料费、电信费、研究试验费、专有技术使用费、营运间接费用、其他船舶共同费用。
		其他船舶固定费用	是指不属于以上各项的其他船舶固定费用。如船舶证书费、船舶检验费、船员劳动保护费等。

续表

序号	成本大类	成本项目	内　　容
3	集装箱固定费，是指企业自有或租入的集装箱及其底盘车在营运过程中发生的固定费用。集装箱固定费用按集装箱费用和底盘车费用两部分，分别设置明细项目，归集有关营运支出。	集装箱费用	空箱保管费，是指空箱存放在自有堆场或港口站场而支付的堆存费、检验费、整理起吊费、整理拖运费等。
			集装箱折旧费，是指自有集装箱根据原值和规定的折旧率按月计提的折旧费。
			集装箱修理费，是指自有集装箱厂修费用、零配件购置费、站场零星修理费等。
			集装箱保险费，是指向保险公司投保自有集装箱财产险而支付的保险费。
			集装箱租费，是指租入集装箱按租箱合约规定按期支付的租金及其租约规定的还箱时的修复费用、还箱手续费、起吊费等。
			底盘车费用分摊，是指按规定由使用底盘车的集装箱分摊负担的底盘车费用。
			其他集装箱固定费用，是指不属于以上各项的其他集装箱固定费用，如滞期费、清洁费、检疫费、熏箱费、铅封及标志费等。
		底盘车费用	底盘车保管费，是指自有底盘车存放在自有堆场或港口站场而支付的费用。
			底盘车折旧费，是指自有底盘车根据原值和规定的折旧率按月计提的折旧费。
			底盘车修理费，是指自有底盘车厂修费用、零配件购置费、站场零星修理费等。
			底盘车保险费，是指向保险公司投保自有底盘车财产险而支付的保险费。
			底盘车租费，是指租入底盘车按租车合约规定按期支付的租金及其租约规定的还车时的修复费用等。
			其他底盘车固定费用，是指不属于以上各项的其他底盘车固定费用。

续表

序号	成本大类	成本项目	内　　容
4	船舶租赁费、舱（箱）位租费是指企业租入运输船舶或舱（箱）位营运，按规定应支付给出租人的租费。	期租费	是指在期租形式下，企业按租约规定，在租船起讫期限内按期支付的租金。
		程（航次）租费	是指在程（航次）租形式下，企业按租约规定自接船港口起至还船港口止支付的租费。
		光租费	是指在光租形式下，企业按租约规定，在租船起讫期限内按期支付的租金。
		舱（箱）位租费	是指企业按租约规定按期支付约定舱（箱）位数的租费。
5	营运间接费	营运间接费用	是指企业的船队或分公司为管理和组织营运生产所发生的各项管理费用和业务费用。它是不能直接计入运输成本核算对象的间接费用。它的明细项目包括：工资、职工福利费、燃料、材料、低值易耗品、折旧费、修理费、办公费、水电费、租赁费、差旅费、业务票据费、存货盘盈和盘亏、取暖费、会议费、保险费、警卫消防费和排污费等。

（三）海洋运输业务的成本核算

物流企业的运输费用通过"主营业务成本——运输支出"账户进行核算，本账户按成本计算对象设置明细账户，并按成本项目进行明细核算。

1. 航次运行费用的核算

航次运行费用在发生时，根据成本项目直接计入相应的航次运输成本中。届时借记"主营业务成本——运输支出——X航次——成本项目"，贷记"燃料"、"银行存款"等科目。

2. 船舶固定费用的核算

船舶固定费用通过"船舶固定费用"账户核算。届时借记"船舶固定费用"，贷记"原材料"、"应付职工薪酬"、"银行存款"、"累计折旧"等科目。

当由多艘船共同负担船舶固定费用时，用"船舶固定费用"下设"船舶共同费用"来归集这些共同负担的费用，期末再按一定的分配标准（通常采用运输周转量）在各艘船之间进行分配。计算公式如下：

$$分配率＝船舶共同费用／总运输周转量（千吨海里）$$

$$某船舶应负担船舶共同费用＝该车完成运输周转量（千吨海里）×分配率$$

[例3-12] 海大物流公司海运分公司20×9年11月发放的工资额中，A轮船员为123 000元，B轮船员为135 000元，后备船员为11 800元。本月A轮的运输周转量为43 000千吨海里，B轮的运输周转量为37 000千吨海里。

（1）计算分配的工作：

借：主营业务成本——运输支出——A轮——工资　　　　　　　123 000

　　　　　　——运输支出——B轮——工资　　　　　　135 000
　　　　船舶固定费用——船舶共同费用　　　　　　　　11 800
　　　　　贷：应付职工薪酬　　　　　　　　　　　　　　　269 800
（2）分配船舶共同费用：
　　分配率＝11 800／(43 000＋37 000)＝0.147 5
　　A轮应负担的船舶共同费用＝43 000×0.147 5＝6 342.5
　　B轮应负担的船舶共同费用＝37 000×0.147 5＝5 457.5
　　根据分配结果，做会计分录：
　　借：主营业务成本——运输支出——A轮——船舶共同费用　　6 342.5
　　　　　　　　——运输支出——B轮——船舶共同费用　　　　5 457.5
　　　　贷：船舶固定费用——船舶共同费用　　　　　　　　　　　　11 800

3．集装箱固定费用的核算

物流企业发生的集装箱固定费用通过"集装箱固定费用"核算，分别设置"集装箱费用"和"底盘车费用"明细账进行核算。届时借记"集装箱固定费用"，贷记"银行存款"、"累计折旧"等科目。期末将归集的集装箱固定费用总额按全部船舶装运集装箱的箱天数进行分配，计算公式如下：

　　分配率＝集装箱固定费用总额／全部船舶装用集装箱标准箱天数

　　全部船舶装用集装箱标准天数＝$\sum$(船舶装用集装箱标准箱天数×使用天数)

　　某船舶应负担的集装箱固定费用＝该船装用集装箱标准箱天数×分配率

4．船舶租费、舱（箱）位租费的核算

物流企业应当按照每一运输船舶、每一营运航次，分别设置航次成本明细账或明细卡。企业如租入外单位船舶或舱（箱）位营运，也应同样为在租用期内的每一航次，设置成本明细账。航次内发生的各项运行费用直接记入该航次成本明细账，各项分配性费用于航次结束时按规定分配计入。届时借记"主营业务成本"科目，贷记"银行存款"、"长期应付款"等科目。

5．营运间接费用的核算

物流企业经营海洋运输业务设有船队或分公司的，应按船队或分公司设置明细账，以归集各船队或分公司为管理运输船舶和组织运营活动所发生的费用。届时借记"营运间接费用"，贷记"应付职工薪酬"、"银行存款"等账户。期末再将归集的营运间接费用按一定的标准（主要有船舶直接费用和船舶营运吨天）在各船舶之间进行分配。其计算公式如下：

　　分配率＝营运间接费用总额／船舶直接费用总额（或船舶营运总吨天）

　　某船舶应负担的营运间接费用＝该船舶的直接费用（或船舶营运吨天）×分配率

（四）内河运输业务的成本项目

内河运输业务的成本项目包括船舶直接费用、船舶维护费用、集装箱固定费用和营运间接费用。具体内容如表3-11所示。

表 3-11 内河运输业务的成本项目[①]

序号	成本大类	成本项目	内容
1	船舶直接费用,是指运输船舶在航行中和为保持船舶适航状态所发生的费用。船舶直接费用分设如右明细项目,归集有关营运支出。	工资	是指船员的各类工资、津贴、奖金、补贴、航行津贴等按有关规定由成本列支的工资性费用。
		职工福利费	是指按船员工资总额和规定的比率提取的职工福利费。
		燃料	是指船舶实际耗用的各种燃料。
		润料	是指船舶实际耗用的各种润滑油料。
		物料	是指船舶在运输生产中耗用的各种物料、低值易耗品。
		港口费	是指船舶在营运期内进出港口、航道、停泊港内所发生的各项费用。
		航养费	是指按规定支付的航道养护费用。
		过闸费	是指按规定支付的过闸费用(应由货主负担的过闸费,在计收运费时向货主收回)。
		运输管理费	是指按期支付的运输管理费。
		折旧费	是指按确定的折旧方法按月计提的折旧费用。
		修理费	是指已完工的船舶实际修理费支出、日常维护保养耗用的修理料、备品配件等,以及船舶技术改造大修理费摊销的支出。
		保险费	是指向保险公司投保的各种船舶险、运输船员的人身险以及意外伤残险所支付的保险费用。
		租费	是指企业向外单位租入营运船舶按规定应列入本期成本负担的船舶租费。
		税金	是指按规定交纳的车船使用税。
		劳动保护费	是指按规定发放给船员的劳动保护用品、安全措施费用等。
		事故损失费	是指船舶在运输过程中发生的事故净损失(扣除过失人和保险公司赔款后的差额)。
		其他费用	是指不属于以上项目的船舶其他费用。

[①] 财政部.水运企业会计核算规程.2005

续表

序号	成本大类	成本项目	内　　容
2	船舶维护费用是指有封冻、枯水等非通航期的企业在非通航期发生，但应由通航期运输成本负担的船舶维护费用。	工资	是指非通航期留船船员的工资、津贴、奖金、补贴等按有关规定由成本列支的工资性费用。
		职工福利费	是指按非通航期留船船员的工资一定比例提取的职工福利费。
		燃料	是指非通航期船舶所耗用的燃料。
		材料	是指船舶在非通航期领用的维护用材料和低值易耗品等。
		保卫费	是指船舶在非通航期为防止事故、防火所发生的费用。
		破冰费	是指为保护船舶免受流冰损坏和清除船上冰雪所发生的费用。
		其他费用	是指不属于以上项目的船舶维护费用。
3	集装箱固定费用是指按规定办法分配应由本期运输成本负担的集装箱固定费用。	折旧费	是指集装箱按规定提取的折旧费。
		修理费	是指企业实际支付修理集装箱的费用。
		保管费	是指为保管集装箱所发生的费用。
		保险费	是指向保险公司投保的集装箱保险费。
		租费	是指企业支付的集装箱租赁费用。
		其他费用	是指集装箱所发生的除上述项目以外的其他费用。
4	营运间接费用	营运间接费用	是指企业营运过程中所发生的不能直接计入营运业务成本计算对象的各种间接费用，包括企业实行内部独立核算单位的船队费用、自营港埠费用与船舶基地费用。

（五）内河运输业务的成本核算

1. 船舶直接费用的核算

船舶直接费用在发生时，根据成本项目直接计入相应的航次运输成本中。届时借记"主营业务成本——运输支出——X航次——成本项目"，贷记"应付职工薪酬"、"燃料"、"银行存款"等科目。

2. 船舶维护费用的核算

物流企业内河运输业务在非通航期间发生的船舶维护费用，应按船舶类型设置"船舶维护费用"明细账户予以归集。届时借记"船舶维护费用"科目，贷记"应付职工薪酬"、"原材料"、"银行存款"、"累计折旧"等相关科目。

非通航期间发生的船舶维护费用，通常应由通航期间各成本计算期的运输成本负担。届时先按非通航期间船舶维护费用的全年预算数和全年计划通航期天数，确定计划分配率，然后据以计算通航期间各月应负担的船舶维护费用。其计算公式如下：

计划分配率＝船舶维护费用全年预算数／全年计划通航期天数

通航期某月应负担的船舶维护费＝该月船舶通航天数×计划分配率

[例3-13] 海大物流公司内河运输分公司20×9年全年的船舶维护费用A轮为336 000元，全年计划通航为300天，10月A轮通航23天。分配船舶维护费用如下：

A轮计划分配率＝336 000／300＝1 120
A轮应负担的船舶维护费用＝23×1 120＝25 760(元)
根据分配结果，作会计分录如下：
借：主营业务成本——运输支出——A轮　　　　　　　25 760
　　贷：船舶维护费用——A轮　　　　　　　　　　　　　　25 760

3. 集装箱固定费用的核算

设置"集装箱固定费用"账户核算发生的集装箱固定费用。届时借记"集装箱固定费用"，贷记"累计折旧"、"银行存款"等账户。期末再按一定的标准把归集的集装箱固定费用总额在各个船舶之间进行分配。

4. 营运间接费用的核算

内河运输业务的营运间接费用的核算与海洋运输业务相同，在此不再重述。

（六）船舶运输成本的计算

物流企业船舶运输业务的成本是由总运行费用、船舶固定费用、集装箱固定费用、船舶维护费用、船舶租赁费、舱（箱）位租费和营运间接费用构成的。船舶运输的单位成本由总成本除以运输周转量得到，其计算公式如下：

$$运输单位成本(元/千吨海里) = 运输总成本(元)/运输周转量(千吨海里)$$

月末应编制船舶运输成本计算表，以反映运输总成本和单位成本。

三、铁路火车运输成本

铁路运输是指铁路运输企业通过利用机车、车辆以及各类基础设施，实现被运送货物、旅客的空间位置改变。铁路运输成本是指铁路运输企业完成货物或旅客运输所支出的各类成本费用，包括改变货物空间位置以及辅助作业等成本费用，即机车、车辆、线路、调车和装卸成本费用以及分摊费用[①]。

（一）铁路火车运输成本的特点

铁路运输成本除了具有一般交通运输业成本的特点外，还具有如下特点：

1. 统一管理

为了适应国民经济和人民生活的需要，全国营业铁路对客货运输实行一票直通、四通八达的办法，但经营管理上必须分设若干铁路局分管实际业务工作。这样，客货运输常常是由几个铁路局共同完成的，但铁路运输成本不可能按铁路局管界截然划分清楚。

2. 共同协作

与其他运输方式不同，铁路运输作业是由铁路线上数以万计的站、段基层单位相互协作、共同完成的。铁路运输费用绝大部分是发生在这些基层单位，因而给成本计算、分析等带来了一定的复杂性。

3. 成本分摊

铁路在计算客运和货运成本时，用间接方法分配的支出所占的比重比其他运输方式要

---

① 邓海涛、黄慧.物流成本管理.湖南人民出版社，2007

大,一般占到总成本的三分之二左右。因此,采取适当的指标进行分配,关系到正确计算客运成本和货运成本。

4. 成本对比

铁路运输成本包括线路的折旧和维修费用,而航运企业的成本不包括航道、灯塔、航标等的折旧和维修费用,汽车运输成本中也不包括道路的折旧和维修费。

(二) 铁路火车运输的成本计算对象、成本计算单位和成本计算期

铁路运输成本计算以客、货运业务为铁路运输成本计算对象。

铁路货运成本的计算单位是千计费吨公里。

铁路运输成本一般按年或按季进行。这是因为铁路运输作业是由许多基层单位分工协作、共同完成的,按月计算成本有一定的困难。

(三) 铁路火车运输业务的成本项目

铁路运输成本范围可划分为以下六项:工资、材料、燃料、电力、折旧和其他。具体内容如表3-12。

表3-12 铁路火车运输业务的成本项目[①]

序号	成本大类	成本项目	内容
1	工资	工资	指支付给营运生产活动人员的工资、奖金、津贴、补贴、按批准的结算工资收入与实际工资支出的差额。
		福利费	指按规定提取的职工福利费。
2	材料	材料费	指营运生产过程中运输设备所消耗的材料、润料,以及运输设备养护修理所耗用的材料、备品、备件、配件、润料等费用。
3	燃料	燃料费	指营运生产过程中运输设备所消耗的燃料费用,以及运输设备养护修理所耗用的燃料费用。
4	电力	电力费	指营运生产过程中运输设备所消耗的电力费用,以及运输设备养护修理所耗用的电力费用。
5	折旧	折旧费	指运输生产用固定资产折旧费。
6	其他	修理费	指为恢复固定资产原有性能和生产能力,对固定资产进行周期性大修理的费用。
		其他费用	包括运输生产过程中支付的线路使用费、车站旅客服务费、旅客列车上水费、电力接触网使用费、挂运客车使用费、机车等移动设备使用费用或租赁费、行包专列发送服务费、车辆使用费、车辆挂运费、生产部门的差旅费、劳动保护费以及季节性或修理期间的停工损失、事故净损失等。

---

① 李伊松、易华.物流成本管理.机械工业出版社,2005

(四) 铁路火车运输成本的核算

物流企业发生的与营运生产直接相关的各项铁路运输成本直接计入营运成本,通过"主营业务成本"账户核算,分别成本项目设置明细账。发生时借记"主营业务成本——运输支出"科目,贷记"原材料"、"燃料"、"应付职工薪酬"、"累计折旧"、"银行存款"等账户;属于期间费用的记入管理费用、销售费用、财务费用;属于营业外支出的各项支出记入营业外支出。

[例 3-14] 海大铁路分公司 20×9 年 12 月发生的成本费用资料如下:支付的员工工资合计 55 500 元,消耗材料 42 700 元,耗费燃料 68 300 元。作会计分录如下:

借:主营业务成本——运输支出——工资　　　　　55 500
　　　　　　　　　　　　　　——原材料　　　　42 700
　　　　　　　　　　　　　　——燃料　　　　　68 300
　　贷:应付职工薪酬　　　　　　　　　　　　　　　55 500
　　　　原材料　　　　　　　　　　　　　　　　　　42 700
　　　　燃料　　　　　　　　　　　　　　　　　　　62 800

(五) 铁路火车运输成本的计算

物流企业铁路火车运输业务的总成本由工资、材料、燃料、电力、折旧和其他费用构成。铁路运输的单位成本由总成本除以运输周转量得到,其计算公式如下:

运输单位成本(元/千吨公里) = 运输总成本(元)/运输周转量(千吨公里)

月末应编制铁路运输成本计算表,以反映运输总成本和单位成本。

四、航空飞机运输成本

航空运输成本是指航空运输企业对外提供运输服务所发生的各项费用支出,主要包括运输成本、通用航空成本和机场服务费用部分。

(一) 航空飞机运输的成本计算对象、成本计算单位和成本计算期。

(1) 成本计算对象。民航运输成本计算一般是以每种机型为基础,归集和分配各类费用,计算每种飞机的机型成本,再进一步计算和考核每种飞机的运输周转量的单位运输成本。

(2) 成本计算单位。民航运输周转量的成本计算单位是吨公里。

(3) 成本计算期。民航企业以月作为成本计算期。

(二) 航空飞机运输业务的成本项目

民航运输企业的成本项目为飞行费用和飞机维修费两大类:飞行费用为与飞机飞行有关的费用。飞机维修费为飞机、发动机除大修、改装以外的各级检修和技术维护费,以及零附件的修理费。如表 3-13。

表 3-13　航空飞机运输业务的成本项目[①]

序号	成本大类	成本项目	内　　容
1	飞行费用	空勤人员工资及福利费	是指空勤人员的工资、津贴、奖金、补贴等按有关规定由成本列支的工资性费用和按工资的一定比例计提的福利费。
		燃料费	是指在飞机飞行中实际消耗的各种燃料费用。
		飞机、发动机折旧费	是指飞机、发动机按确定的折旧方法按月计提的折旧费用。
		飞机、发动机大修理费	是指各机型飞机定时进行大修所发生的费用。
		飞机租赁费	是指经营性租入飞机所支付的租赁费。
		飞机保险费	包括飞机险、战争险、旅客、货物意外险、第三者责任险等。
		飞机起降服务费	是指机场为各航空公司飞机起降,进出旅客、货物、行李、邮件以及驻机场单位提供服务时发生的与服务直接相关的各项费用。
		旅客供应服务费	是指为旅客提供服务而发生的费用。
2	飞机维修费用	材料费	是指在飞机维修过程中消耗的各种材料费用。
		人工费	是指在飞机维修过程中支付的工资、福利费。
		间接维修费	是指在飞机维修过程中不能直接计入营运业务成本计算对象的各种间接费用。

(三) 航空飞机运输成本的核算

1. 飞机费用的核算

飞行费用大部分是直接费用,费用发生时,可直接计入有关的机型成本。届时借记"主营业务成本"科目,贷记"燃料"、"应付职工薪酬"、"银行存款"、"累计折旧"等科目。

[例 3-15]　海大航空公司 20×9 年 12 月份发生的飞行费用如下:支付空勤人员工资 63 800 元,消耗燃料 43 100 元,折旧费 21 300 元,保险费 1 800 元。作会计分录如下:

借:主营业务成本——飞行费用　　　　　　　　　　　　140 000
　　贷:应付职工薪酬　　　　　　　　　　　　　　　　　63 800
　　　　原材料　　　　　　　　　　　　　　　　　　　　43 100
　　　　累计折旧　　　　　　　　　　　　　　　　　　　21 300
　　　　银行存款　　　　　　　　　　　　　　　　　　　 1 800

[①] 李伊松、易华.物流成本管理.机械工业出版社,2005

2. 飞机维修费的核算

飞机维修费是飞机、发动机因维护检修所发生的费用及零附件的修理费用。民航运输企业发生的维修费先通过"飞机维修费"账户进行汇集。届时借记"飞机维修费",贷记"原材料"、"应付职工薪酬"等科目。"飞机维修费"账户下设材料费、人工费、间接维修费三个明细科目,月末再按下列方法分配到各机型成本。

(1) 材料费根据领料凭证上所列机型直接计入各机型成本。

(2) 人工费按各机型维修实耗工时比例分配到各机型成本。其计算公式如下:

每工时人工费率＝本月人工费总额/本月各机型维修实耗工时总数

某机型应分配的人工费＝本月某机型维修实耗工时×每工时人工费率

(3) 间接维修费

可按各机型维修实耗工时比例分配到各机型成本中去。其计算公式如下:

每工时间接维修费分配率＝本月间接维修费总额/本月各机型维修实耗工时总数

某机型应分配的间接维修费＝本月某机型维修实耗工时×每工时间接维修费分配率

[例3-16] 海大航空公司20×9年12月份发生的飞机维修费用如下:领料2 500元,支付修理工人工资12 100元,间接费用4 300元。作会计分录如下:

借:飞机维修费——原材料	2 500
——应付职工薪酬	12 100
——间接费用	4 300
贷:原材料	2 500
应付职工薪酬	12 100
银行存款	4 300

(四) 航空飞机运输成本的计算

航空运输企业各机型的飞行费用和飞机维修费之和为各机型成本。各机型成本之和为航空运输总成本。航空运输总成本除以运输周转量得到运输单位成本。也可分机型计算各机型的运输单位成本。计算公式如下:

飞机运输单位成本(元/千吨公里)＝运输总成本(元)/运输周转量(千吨公里)

航空运输企业月末应编制民航运输成本计算表,以反映运输总成本和运输单位成本。

第二节 运输环节的收入核算

一、运输收入概述

运输收入是物流企业提供货物运送等服务而取得的相关收入。在物流企业中,运输业务在其经营业务中占有主导地位,运输收入理所当然是物流企业的主要收入来源。其一般核算的账务处理如下:

(1) 物流企业在收讫运输价款或取得收取价款的权利时,确认实现运输收入,并作会计处理如下：

借：银行存款（或应收账款等相关科目）
　　贷：主营业务收入——运输收入

（2）物流企业取得相关收入，需要缴纳营业税：

借：主营业务税金及附加
　　贷：应交税费——应交营业税

（3）物流企业发生退运时，作上述分录的相反分录，冲减主营业务收入。

与运输成本相对应，运输收入分为汽车运输收入、船舶运输收入、铁路运输收入、飞机运输收入和管道运输收入。

二、物流企业陆运部门的运输收入

陆运部门运输业务由多种形式开展，包括使用火车和卡车完成的陆路运输、两家以上运输企业或用两种以上运输方式共同承担的联合运输、甩挂运输、集装箱运输等多种运输形式。它的运输收入即核算为客户提供公路运输服务向客户收取的费用，包括公路（含长途中转、本地提货入库、本地转仓等）运费、公路运输保险费等。同时，陆运部门发生的出售轮胎等相关物资的收入也计入运输收入中。

[例 3-17] 海大物流企业汽车运输部门 3 月 2 日发生运输业务，为甲公司短途运输货物至其指定仓库，确认相关收入 3 500 元，作会计分录：

借：应收账款——甲公司　　　　　　　　　　　　　　　　3 500
　　贷：主营业务收入——运输收入　　　　　　　　　　　　　　　3 500

取得相关收入，需要缴纳营业税，运输企业的营业税率为 3%，作会计分录：

借：主营业务税金及附加　　　　　　　　　　　　　　　　105
　　贷：应交税费——应交营业税　　　　　　　　　　　　　　　　105

三、物流企业水运部门的运输收入

水运部门的运输业务按经营方式分为一般运输与租船运输。一般运输业务是指利用船舶等浮运工具提供水上旅客与货物运送的劳务；租赁运输业务主要包括航次租船业务、定期租船业务、光租船业务和包运租船业务。航次租船业务，又称程租船业务，是指船舶所有人（出租人）提供一艘特定的船舶在指定的港口之间进行一个或数个航次运输的业务，属于运输经营方式的一种；定期租船业务，又称期租船业务，是船舶所有人（出租人）向租船人出租船舶一定期间运输的业务，属于运输经营方式的一种；光租船业务，也是一种定期租船，是指船舶所有人将一艘没有配备船员的"光船"出租给租船人使用的业务，属于资产租赁性质；包运租船业务是指船舶所有人（出租人）提供给承租人一定的运力（船舶载重吨），在确定的港口之间，以事先约定的时间内及约定的航次周期和每航次较均等的货运量完成合同规定的总运量的租船方式。

水运部门的运输收入，是指物流企业水运部门从事内河或海洋旅客、货物运输业务所取得的收入。根据船舶经营方式划分为自营运输收入和船舶出租收入：自营运输收入，是指由本部门组织货源并进行运输所获得的收入；船舶出租收入，是指由其他企业组织货源，本企业水运部门出租船舶一个（数个）航次或出租船舶一定期间运输所获得的收入，船舶出租收入包括程租收入和期租收入以及以经营租赁性质出租船舶所取得的光租船收入。

[例3-18] 海大物流企业水运部门5月5日为乙公司提供内河运输服务，将乙公司货物运至指定港口，收取价款23 000元，乙公司开出商业汇票予以支付。作会计分录：

借：应收票据——乙公司　　　　　　　　　　　　　23 000
　　贷：主营业务收入——运输收入——一般运输收入　　　　23 000

取得相关收入，需要缴纳营业税，作会计分录：

借：主营业务税金及附加　　　　　　　　　　　　　690
　　贷：应交税费——应交营业税　　　　　　　　　　　　690

对于内河运输收入与港内短途运输收入，一般在收取价款或取得收款凭据时确认。对于海洋运输收入，在同一会计年度内开始并完成的航次，应当在航次结束时确认；开始和完成分别属于不同会计年度的航次即年末未完航次，在航次的结果能够可靠估计的情况下，企业应在资产负债表日按完工百分比法确认相关的未完航次收入。

完工百分比法是按照劳务的完成程度来确认收入和成本的方法。完工百分比法下，年末未完航次应确认为本年运输收入的计算公式：

未完航次应确认本年运输收入 = $\sum$ 未完航次预计运输总收入 × 本年末止航次的完成程度

当以下条件均能满足时，航次的结果能够可靠地估计：

第一，航次的运输总收入和总成本能够可靠地计量；
第二，与运输交易相关的经济利益能够流入企业；
第三，航次的完成程度能够可靠地确定；
第四，航次的完成程度应按下列方法之一确定；
第五，已完航次工作的测量；
第六，已经完成的航次占整个航次的比例；
第七，已经发生的航次成本占估计航次总成本的比例。

对于远洋运输，该劳务的完成程度可以以航行里程数来衡量，则物流企业可以用以下计算公式确认本年某航次运输收入：

某航次本年应确认收入 = 该航次运输总收入 × 本年末止该航次运输的完成程度
　　　　　　　　　　 = 该航次运输总收入 ×（本年末止已航行里程数/运输总里程数）

同时按完成程度确认该航次运输的成本费用：

某航次本年应确认成本 = 该航次预计发生运输总成本 × 本年末止该航次运输的完成程度

在航次的结果不能可靠估计的情况下，企业应当在资产负债表日对运输收入分别以下情况予以确认与计量：

（1）如果已经发生的运输成本预计能够得到补偿，应按已经发生的运输成本金额确认运输收入，并按相同金额结转运输成本；

（2）如果已经发生的运输成本预计不能全部得到补偿，应按能够得到补偿的运输成本金额确认运输收入，并按已经发生的运输成本，作为当期费用，确认的金额小于已经发生的

运输成本的差额,作为当期损失;

(3) 如果已经发生的运输成本全部不能得到补偿,应按已经发生的运输成本作为当期费用,不确认运输收入。

[例3-19] 海大物流企业水运部门为丙公司提供航次租船运输业务,以其船舶1号承运从上海到纽约的货物远洋运输,12月8日开始的第二航次运输全程15 600海里,预计运输总收入为3 256 000元,预计发生运输成本总计2 087 000元,该航次至12月31日已航行了9 800海里。

12月31日,以完工百分比法计算当年应确认的运输收入:

该航次当年确认的运输收入 = 3 256 000 × (9 800/15 600) = 2 045 436(元)

根据计算结果,作会计分录:

借:应收账款——丙公司　　　　　　　　　　　　　　　　2 045 436
　　贷:主营业务收入——航次租船运输收入——船舶1号第二航次　2 045 436

用完工百分比法计算当年的运输成本:

该航次当年应确认的运输成本 = 2 087 000 × (9 800/15 600) = 1 311 064(元)

作会计分录:

借:主营业务成本——航次租船运输成本——船舶1号第二航次
　　　　　　　　　　　　　　　　　　　　　　　　　　　1 311 064
　　贷:应付账款　　　　　　　　　　　　　　　　　　　1 311 064

次年1月5日船舶1号运送货物到达纽约,完成第二航次的运输,可确认当年的收入,作会计分录:

借:应收账款——丙公司　　　　　　　　　　　　　　　　1 210 564
　　贷:主营业务收入——航次租船运输收入——船舶1号第二航次　1 210 564

四、物流企业空运部门的运输收入

物流企业空运部门在完成运输服务后,根据旅客乘机联、承运货物和邮件的运输联、逾重行李运输联等承运凭证,来确认和计算国际(或国内)客货邮运及逾重行李收入。企业或企业委托的代理人在旅客和货物(进港到付除外)乘机前收取的销售款,为待结算销售款,在实际提供运输服务取得运输收据后,确认运输收入。

[例3-20] 海大物流企业空运部门为甲公司提供空运业务,将其产品运往分销商所在地,运输完成航运企业根据承运凭证确定运输收入15 800元,作会计分录:

借:应收账款——甲公司　　　　　　　　　　　　　　　　15 800
　　贷:主营业务收入——运输收入　　　　　　　　　　　15 800

取得相关收入,需要缴纳营业税,作会计分录:

借:主营业务税金及附加　　　　　　　　　　　　　　　　474
　　贷:应交税费——应交营业税　　　　　　　　　　　　474

[例3-21] 海大物流企业拥有完善的运输部门,2008年6月为三家公司提供了运输业务,其中用货车为乙公司运送包裹,收取运输费1 960元;为丁公司运送一批原材料至武汉

港,并以当地子公司的货车将这批货物运至丁公司的仓库,收取价款6 300元,包括560元的短途运输费;为丙公司将其一批产品空运至外地的分销商处,并以当地的自有货车运送至分销商仓库,收取价款12 500元,包括短途运输费800元。作会计分录:

借:应收账款——乙公司　　　　　　　　　　　　　　　　1 960
　　　　　　——丁公司　　　　　　　　　　　　　　　　6 300
　　　　　　——丙公司　　　　　　　　　　　　　　　　12 500
　贷:主营业务收入——运输收入——汽车运输收入　　　　3 320
　　　主营业务收入——运输收入——船舶运输收入　　　　5 740
　　　主营业务收入——运输收入——航空运输收入　　　　11 700

取得收入要缴纳相关营业税,一般物流公司的营业税率为5%,作会计分录:
借:主营业务税金及附加　　　　　　　　　　　　　　　　1 038
　贷:应交税费——应交营业税　　　　　　　　　　　　　1 038

复习思考题

1. 某物流公司一车队有一辆汽车原值为2 400 000元,预计可行驶330 000公里。该车有6只轮胎,每只价值40 000元,预计净残值为130 000元。该公司对外胎费采用按行驶里程摊提的方法。2009年12月份该车行驶140 000公里。则该车本月的折旧额应为多少?

2. 某物流航空公司某飞机20×8年5月21日发生一起车辆事故,到12月31日该案还未了结,公司预计损失1 560 000元。该案于20×8年12月13日了结,该物流公司被判赔偿损失170 000元。作相应会计处理。

3. 某物流公司运输分公司20×9年1月份发生的各项费用合计55 600元,一并用银行存款支付。该公司本月共发生运输直接费用456 000元,其中:一车队230 000元,二车队226 000元。作相应会计分录。

4. 某物流企业水运部门为A公司提供航次租船运输业务,以其船舶5号承运从青岛到新加坡的货物远洋运输,1月22日开始的第二航次运输全程1 569 000海里,预计运输总收入为35 676 000元,预计发生运输成本总计2 908 000元,该航次至1月31日已航行了980 000海里。以完工百分比法计算当年应确认的运输收入以及相应的成本。

第四章 物流企业仓储与装卸环节的收入与成本核算

■ 学习目标 ■

学习完本章,你应该能够:
1. 掌握仓储业务成本的核算
2. 掌握仓储业务收入的核算
3. 了解装卸搬运的分类
4. 掌握装卸搬运业务成本的核算
5. 掌握装卸搬运业务收入的核算

■ 基本概念 ■

仓储业务　仓储收入　装卸搬运

第一节　仓储业务的成本核算

仓储业务是指物流企业运用各种仓库和各种储存设备为客户提供货物储存、保护、管理的业务。运输业务改变了货物的空间状态,而仓储业务则改变了货物的时间状态。仓储成本是指因仓储业务而发生的成本、费用总和。物流企业的仓储业务以堆存货物为主,堆存便是物流企业仓储的主体活动,因此仓储成本又可被称为堆存成本。

一、仓储业务的成本计算对象、成本计算单位和成本计算期

（一）仓储业务的成本计算对象

仓储业务是物流企业运用各种仓库及储存设备为客户提供仓储的活动。因此,仓储业务以各种仓库及储存设备为成本计算对象。

（二）仓储业务的成本计算单位

仓储业务的成本计算对象要根据所存储的货物堆存量的计量单位确定。如果货物堆存量以重量为计量单位,仓储业务的成本计算单位为吨/天。如果货物堆存量以面积为计量单

位,仓储业务的成本计算单位为平方米/天。如果货物堆存量以体积为计量单位,仓储业务的成本计算对象为立方米/天。

(三)仓储业务的成本计算期

仓储业务以月、季、半年、年作为成本计算期。

二、仓储业务的成本项目

仓储业务的成本项目由仓储直接费用和营运间接费用构成。具体内容如表4-1。

表4-1 仓储业务的成本项目①

序号	成本大类	成本项目	内　　容
1	直接人工	职工工资	指物流企业按规定支付给从事仓储业务的人员的标准工资、工资性津贴和补助及奖金。
2		职工福利费	指企业按规定的工资总额的14%计提的职工福利费。
3	直接材料	材料费	指因仓储业务而耗用的各种材料。
4	其他直接费用	低值易耗品摊销	指因仓储业务而耗用的各种低值易耗品。
5		折旧费	指仓储设备计提的折旧费用。
6		修理费	指为保证仓储设备的正常使用而发生的修理费用。
7		动力及照明费	指因仓储业务而耗用的各种动力及照明费。
8		劳动保护费	指因保护从事仓储业务的人员而发生的费用。
9		保险费	指物流企业为仓储的货物投保而向保险公司支付的费用。
10		事故损失	指因仓库责任而造成的货物被盗、丢失、毁损、变质等货损、货差事故在获得保险公司支付的赔偿后的净损失。
11		其他费用	指除了以上所列项目之外的仓储直接费用。
12	营运间接费用	营运间接费用	指物流企业的仓储装卸、营运部或分公司为管理和组织仓储和装卸活动而发生的管理费用和业务费用。

三、仓储成本的核算

物流企业的仓储费用通过"主营业务成本——堆存支出"账户进行归集与分配,本账户按成本计算对象设置明细账户,并按成本项目进行明细核算。

---

① 赵忠玲,冯夕文.物流成本管理.经济科学出版社,2007

（一）仓储直接费用的核算

物流企业发生的仓储直接费用，根据相关的发票、单据、汇总表等直接记入所属仓库的成本。发生的仓储直接费用在"主营业务成本——堆存支出"账户中归集，届时借记该账户，贷记"原材料"、"应付职工薪酬"、"累计折旧"等账户。

[例4-1] 海大物流公司12月份发生的仓储直接费用共计27 500元，其中：员工工资20 000元，福利费2 800元，原材料2 600元，折旧费2 100元。作会计分录如下：

```
借：主营业务成本——堆存支出——职工工资         20 000
              ——堆存支出——职工福利费       2 800
              ——堆存支出——材料费          2 600
              ——堆存支出——折旧费          2 100
    贷：应付职工薪酬                          22 800
        原材料                                2 600
        累计折旧                              2 100
```

（二）营运间接费用的核算

物流企业仓储业务发生的营运间接费用应先在"营运间接费用"账户中归集，期末按仓储直接费用与装卸直接费用的比例在仓储业务与装卸业务之间进行分配。其计算公式如下：

营运间接费用分配率＝营运间接费用总额÷（仓储直接费用＋装卸直接费用）
仓储业务应分配的营运间接费用＝仓储直接费用×营运间接费用分配率
装卸业务应分配的营运间接费用＝装卸直接费用×营运间接费用分配率

[例4-2] 海大物流公司12月份发生的营运间接费用为36 400元，该月发生的堆存直接费用为13 000元，装卸直接费用为22 000元。分配营运间接费用如下：

营运间接费用分配率＝36 400÷（13 000＋22 000）＝1.04
仓储业务应分配的营运间接费用＝13 000×1.04＝13 520（元）

作会计分录如下：

```
借：主营业务成本——堆存支出——营运间接费用     13 520
    贷：营运间接费用                          13 520
```

第二节　仓储业务的收入核算

一、仓储收入的概念

仓储业务是物流企业运用各种仓库和各种储存设备为客户提供货物储存、保护、管理的业务。仓储收入就是指物流企业为客户提供仓储业务而获得的收入，是物流企业经营堆放、仓储业务，为客户货物提供保管、保养等服务而向客户收取一定费用而形成的收入。

二、仓储收入的核算

随着信息化进程在各个领域的深入,越来越多的制造业和商业企业都力争采用JIT系统来实现零库存以降低企业自身的库存成本,企业在需要物资时往往依靠第三方物流企业给予相应的支持,于是很大部分的库存任务就由第三方物流企业来承担。物流企业可以就其所提供的仓储服务向客户索取相应的费用,从而形成物流企业的一笔收入。

(1) 仓储收入以完成仓储服务、取得仓储收入时确认,作会计处理如下:
借:银行存款(或应收账款等相关科目)
　　贷:主营业务收入——仓储收入

(2) 同时需计算缴纳营业税,根据《营业税暂行条例》的《营业税税目税率表》规定,仓储业属于"服务业"税目,收取的仓储费应当按照5%的税率计算缴纳营业税。按营业税税额的7%(或5%、1%)计算城市维护建设税,按营业税税额的3%计算教育费附加。作会计处理如下:

借:营业税金及附加
　　贷:应交税费——应交营业税
借:营业税金及附加
　　贷:应交税费——应交城市维护建设税
　　　　应交税费——应交教育附加费

[例 4-3] 海大物流公司为甲公司的货物提供仓储服务,以其自有仓库对货物进行合理堆放和保管,储存期为两星期,收取相关费用5 040元。作会计分录如下:

借:应收账款——甲公司　　　　　　　　　　　　　　　　5 040
　　贷:主营业务收入——仓储收入　　　　　　　　　　　　　　　5 040
借:营业税金及附加　　　　　　　　　　　　　　　　　　252
　　贷:应交税费——应交营业税　　　　　　　　　　　　　　　　252
借:营业税金及附加　　　　　　　　　　　　　　　　　　25.20
　　贷:应交税费——应交城市维护建设税　　　　　　　　　　　　17.64
　　　　应交税费——应交教育附加费　　　　　　　　　　　　　　7.56

第三节　装卸搬运收入

一、物流中的装卸搬运

物流是物品从供应地到接收地的实体流动过程,根据实际需要,可将运输、储存、装卸、搬运、包装、流通加工、配送、信息处理等基本要素实施有机结合。其中,装卸与搬运是物流活动的重要组成部分。

(一) 装卸搬运的含义

在同一地域范围内(如车站范围、工厂范围、仓库内部等)以改变"物"的存放、支承状态的活动称为装卸,以改变"物"的空间位置的活动称为搬运,两者全称装卸搬运。有时候或在特定场合,单称"装卸"或单称"搬运"也包含了"装卸搬运"的完整含义。在实际操作中,装卸与搬运是密不可分的,两者是伴随在一起发生的。因此,在物流科学中并不过分强调两者的差别而是作为一种活动来对待。

(二) 装卸搬运的特点

(1) 附属与伴随性。装卸搬运是物流每一环节开始及结束时必然发生的,被视为其他物流操作(如运输、储存等)不可缺少的组成部分。比如,在生产物流中,物料的装卸搬运就广泛存在于产品制造过程中,并成为提高加工效率的重要方面。

(2) 支持与保障性。附属性、伴随性的特点决定了装卸搬运对物流活动的支持、保障作用。这种作用在某种程度上对其他物流活动还具有一定的决定性。例如,装卸搬运会影响其他物流活动的质量和速度,装车不当,会引发运输安全问题;装卸能力不足,会引起物流活动的堵塞。因此,物流活动在有效的装卸搬运支持下,才能实现高效率运作。

(3) 衔接性。其他物流活动在互相过渡时,都以装卸搬运来衔接。因而,装卸搬运往往成为整个物流系统的"节点",是物流各功能之间形成有机联系和紧密衔接的关键。高效的物流系统,关键看衔接是否顺畅。如集装箱多式联运,正是运用适宜的运输载体(集装箱)、良好的装卸搬运设备(集装箱门吊、吊运机、叉车等),使一贯性运输得以实现。此外,在特定的物流系统中,装卸搬运已成为系统的核心,如港口物流系统、车站物流系统等都是以装卸搬运为主要内容。

(三) 装卸搬运在物流活动中的地位和作用

(1) 连接物流活动的重要环节。装卸搬运是物流过程中的一个个"节",对运输、储存、配送、包装、流通加工等活动进行有效联结。装卸搬运在整个宏观物流中虽然只是"节",然而从局部、微观的角度来研究时,它本身又是一个不容忽视的子系统,例如以装卸搬运活动为中心的港口物流系统就是一个社会、区域或行业物流系统的子系统。

(2) 提高物流效率的关键因素。由于在物流过程中装卸搬运是不断出现和反复进行的,且装卸搬运的合适与否将直接影响后续作业的顺利进行,因此往往成为决定物流速度的关键。据统计,铁路货运列车运距低于 500km 时,装卸时间将超过实际运输时间。美、日两国间的远洋货运,一个往返需 25 天,其中运输时间 13 天,装卸时间 12 天。我国对生产物流的统计也表明,机械工厂每生产 1 吨成品,需进行 252 吨次的装卸搬运,其成本为加工成本的 15.5%。

(3) 物流成本的重要组成部分。由于当前装卸搬运的效率不高,而消耗的人力、物力却不少,所以装卸费用在物流成本中所占的比重也较高。以我国为例,装卸作业费在铁路运输中大致占运费的 20% 左右,在船舶运输中占 40% 左右,在制造业中也占有较高的比例。

(4) 影响物流质量与环境保护。装卸搬运是各物流要素的连接点,操作时往往需要接触货物,容易引起货物破损、散失和混合而造成资源浪费,并影响物流服务质量。此外,一些泄漏、废弃物还会对环境造成污染,如化学液体物品的泄漏易造成水体和土壤污染,煤或水泥在装卸搬运过程中的粉尘易造成大气污染等。

（四）装卸搬运的分类

1. 按装卸搬运施行的物流设施、设备对象分类

以此可分为仓库装卸、铁路装卸、港口装卸、汽车装卸、飞机装卸等。仓库装卸配合出库、入库、维护保养等活动进行,并且以堆垛、上架、取货等操作为主。

铁路装卸是对火车车皮的装进及卸出,特点是一次作业就实现一车皮的装进或卸出,很少有像仓库装卸时出现的整装零卸或零装整卸的情况,港口装卸包括码头前沿的装船,也包括后方的支持性装卸运,有的港口装卸还采用小船在码头与大船之间"过驳"的办法,因而其装卸的流程较为复杂,往往经过几次的装卸及搬运作业才能最后实现船与陆地之间货物过渡的目的。

汽车装卸一般一次装卸批量不大,由于汽车的灵活性,可以少或根本减去搬运活动,而直接、单纯利用装卸作业达到车与物流设施之间货物过渡的目的。

2. 按装卸搬运的机械及机械作业方式分类

以此可分成使用吊车的"吊上吊下"方式、使用叉车的"叉上叉下"方式、使用半挂车或叉车的"滚上滚下"方式、"移上移下"方式及散装方式等。

（1）"吊上吊下"方式。采用各种起重机械从货物上部起吊,依靠起吊装置的垂直移动实现装卸,并在吊车运行的范围内或回转的范围内实现搬运或依靠搬运车辆实现小搬运。由于吊起及放下属于垂直运动,这种装卸方式属垂直装卸。

（2）叉上叉下方式。采用叉车从货物底部托起货物,并依靠叉车的运动进行货物位移,搬运完全靠叉车本身,货物可不经中途落地直接放置到目的处。这种方式垂直运动不大而主要是水平运动,属水平装卸方式。

（3）滚上滚下方式。主要指港口装卸的一种水平装卸方式。利用叉车或半挂车、汽车承载货物,连同车辆一起开上船,到达目的地后再从船上开下,称"滚上滚下"方式。利用叉车的滚上滚下方式,在船上卸货后,叉车必须离船,利用半挂车、平车或汽车,则托车将半挂车、平车拖拉至船上后,托车开下离船而载货车辆连同货物一起运到目的地,再原车开下或拖车上船拖拉半挂车、平车开下。

滚上滚下方式需要有专门的船舶,对码头也有不同要求,这种专门的船舶称"滚装船"。

（4）移上移下方式。是在两车之间（如火车及汽车）进行靠接,然后利用各种方式,不使货物垂直运动,而靠水平移动从一个车辆上推移到另一车辆上,称移上移下方式。移上移下方式需要使两种车辆水平靠接,因此,对站台或车辆货台需进行改变,并配合移动工具实现这种装卸。

（5）散装散卸方式。对散装物进行装卸。一般从装点直到卸点,中间不再落地,这是集装卸与搬运于一体的装卸方式。

3. 按被装物的主要运动形式分类

可分为垂直装卸、水平装卸两种形式。

4. 按装卸搬运对象分类

可分成散装货物装卸、单件货物装卸、集装货物装卸等。

5. 按装卸搬运的作业特点分类

可分成连续装卸与间歇装卸两类。连续装卸主要是同种大批量散装或小件杂货通过连续输送机械,连续不断地进行作业,中间无停顿,货间无间隔。在装卸量较大、装卸对象固定、货物对象不易形成大包装的情况下适宜采取这一方式。

间歇装卸有较强的机动性,装卸地点可在较大范围内变动,主要适用于货流不固定的各种货物,尤其适于包装货物、大件货物,散粒货物也可采取此种方式。

二、装卸搬运的收入确认和核算

装卸搬运收入是指企业经营装卸业务等日常活动中所产生的收入。装卸收入大部分是来自于向货物托运人收取的装卸费、搬运费等以及临时出借装卸机械的租金收入等。

企业应按有关规定确认装卸收入的实现。本期已实现的装卸收入,应按实际收到或应收的金额,借记"银行存款"、"外币存款"、"应收账款"、"应收票据"等科目,贷记"主营业务收入——装卸收入"科目。

装卸收入应按总价法核算,给予货主和代理单位的装卸滞期支出等不应从装卸收入中扣除,应列入"管理费用"等科目核算。

开始和完成分别属于不同会计年度的整船装卸业务的收入,在提供装卸劳务交易的结果能够可靠估计的前提下,要求采用完工百分比法确认,待整船装卸完毕时,根据实际装卸量调整最后一期的装卸收入,借记"应收账款"、"应收票据"等科目,贷记"主营业务收入——装卸收入"科目。

具体的账务处理如下:

客户预付款的处理

在收到客户预付款的到账通知单时开收据,并记:

借:银行存款
　　贷:预收账款——A公司

在确认收入,结转成本前发生付款或报销,根据付款凭证和供应商发票记:

借:预付账款
　　贷:预收账款——A公司

集装箱场站业务收入和往来的处理:

(1) 于收入确认日根据业务部门开具的收款发票或账单确认收入:

借:应收账款——A公司
　　贷:主营业务收入——装卸收入

(2) 对有客户预付款的,在确认应收账款后同时冲预收账款。如预收大于应收,则退还客户或留在原科目作下笔业务的预付款;如预收小于应收,应收的余额为应向客户追加收取的款项,会计分录如下:

借:预收账款——A公司
　　贷:应收账款——A公司

(3) 如在确认收入和结转成本前已有付款的,对应付账款与预付账款作冲销分录如下:

借:应付账款——A公司

贷:预付账款——A公司
　　在编制年报或半年报等对外披露财务报表时,对约定结算日非日历月度终了日的客户在最近一个结算日至报表日止期间内发生的未结算业务收支进行预估,根据预估的收入和成本作以下调整:
　　借:应收账款——A公司
　　　　贷:主营业务收入——装卸收入
　　借:主营业务收入——装卸收入
　　　　贷:应付账款——A公司
　　如有客户预付款或对供应商的付款,则同时对"应收账款"与"预收账款"以及"应付账款"与"预付账款"重复记录部分进行冲销。

　　[例4-4] 海大物流公司为丁公司运抵港口的货物提供卸货服务并运至港口合适位置进行堆垛处理,向丁公司收取装卸费和搬运费共计4 300元,并计缴营业税。作会计分录:
　　借:应收账款——丁公司　　　　　　　　　　　　4 300
　　　　贷:主营业务收入——装卸收入　　　　　　　　　　4 300
　　借:主营业务税金及附加　　　　　　　　　　　　215
　　　　贷:应交税费——应交营业税　　　　　　　　　　　215
　　期末,企业应将本科目的余额转入"本年利润"科目,即借记本科目,贷记"本年利润"科目,结转后"主营业务收入——装卸收入"科目应无余额。
　　对于临时出借装卸机械的租金收入用其他业务收入核算,本期已实现的租金收入,应按实际收到或应收的金额,借记"银行存款"、"外币存款"、"应收账款"、"应收票据"等科目,贷记其他业务收入,下设"租赁收入"明细科目。
　　物流企业出租装卸搬运设备,收讫相关价费确认租赁收入时,可作以下会计处理:
　　借:银行存款(或现金等相关科目)
　　　　贷:其他业务收入——租赁收入

第四节　装卸搬运成本

一、装卸与搬运业务的成本计算对象、成本计算单位和成本计算期

（一）装卸搬运业务的成本计算对象

　　装卸搬运的成本主要包括人工费用、资产折旧费、维修费、能源消耗费以及其他相关费用等。
　　物流企业在经营装卸搬运业务时,可将机械作业与人工作业分别作为成本计算对象。物流企业既有机械化作业,又有人工作业,如果以机械作业为主、人工作业为辅,可将人工作业成本直接记入机械作业成本中。相反,如果以人工作业为主、机械作业为辅,则可将机械作业成本直接记入人工作业成本中。

（二）装卸搬运业务的成本计算单位

　　装卸搬运业务一般以装卸吨作为成本计量单位,经营港口集装箱装卸业务的物流企业

还可以以标准箱作为成本计量单位。

（三）装卸搬运业务的成本计算期

装卸业务以月、季、半年、年作为成本计算期。

二、装卸与搬运业务的成本项目

装卸搬运业务的成本项目包括直接人工、直接材料、其他直接费用和营运间接费用。具体内容如表 4-2。

表 4-2　装卸搬运业务的成本项目[①]

序号	成本大类	成本项目	内　　　容
1	直接人工	职工工资	是指物流企业按规定支付给从事仓装卸搬运业务的人员的标准工资、工资性津贴和补助及奖金。
2		职工福利费	是指企业按规定的工资总额的14%计提的职工福利费。
3	直接材料	材料费	是指因装卸搬运业务而耗用的各种材料费用。
4		燃料、动力及照明费	是指机械装卸业务而发生的燃料、动力及照明费，如耗用的汽油、柴油等费用。
5		轮胎费	是指装卸机械领用的外胎、内胎、垫带以及外胎翻新费和零星修补费。
6	其他直接费用	折旧费	是指按规定计提的装卸搬运设备折旧费。
7		保养修理费	是指为保证装卸搬运设备的正常运行而对其进行保养修理而发生的费用。
8		保险费	是指物流企业为装卸搬运的货物投保而向保险公司支付的费用。
9		事故损失	是指物流企业在装卸搬运中因工作失误而造成的货损、机损及人员伤亡等事故，在获得保险公司支付的赔偿后的净损失。
10		其他费用	是指除了以上所列项目之外的装卸直接费用，如劳动保护费、低值易耗品摊销等。
11	营运间接费用	营运间接费用	是指物流企业的装卸部或分公司为组织与管理装卸业务而发生的管理费用和业务费用。

---

① 李伊松、易华.物流成本管理.机械工业出版社，2005

三、装卸与搬运成本的核算

物流企业的装卸搬运费用通过"主营业务成本——装卸支出"账户进行归集与分配,本账户按成本计算对象设置明细账户,并按成本项目进行明细核算。

(一) 直接人工的核算

物流企业的直接人工应根据"工资结算表"等有关资料,编制工资及职工福利费汇总表,据以直接计入各类装卸成本。届时借记"主营业务成本——装卸支出"科目,贷记"应付职工薪酬"科目。

[例4-5] 海大物流公司设有两个装卸队:装卸A队以机械作业为主、人工作业为辅;装卸B队以人工作业为主、以机械作业为辅。12月份的工资合计36 000元,其中:装卸A队13 000元,装卸B队23 000元。作会计分录如下:

借:主营业务成本——装卸支出——装卸A队——职工工资　　13 000
　　　　　　　　——装卸支出——装卸A队——职工福利费　　1 820
　　　　　　　　——装卸支出——装卸B队——职工工资　　23 000
　　　　　　　　——装卸支出——装卸B队——职工福利费　　3 220
　　贷:应付职工薪酬　　　　　　　　　　　　　　　　　　41 040

(二) 直接材料的核算

1. 燃料、动力费用

物流企业要对装卸设备所耗燃料的费用进行归集和分配,首先要对领料单进行汇总,编制燃料耗用汇总表,然后按成本计算对象将燃料费用分配到相关的成本项目中去。企业的装卸业务耗用的电力可根据供电部门的收费凭证或企业的分配凭证,直接计入装卸成本。

[例4-6] 海大物流公司12月份共耗用燃料4 460元,其中:装卸A队2 200元,装卸B队2 260元。作会计分录如下:

借:主营业务成本——装卸支出——装卸A队——燃料费　　2 200
　　　　　　　　——装卸支出——装卸B队——燃料费　　2 260
　　贷:原材料——燃料　　　　　　　　　　　　　　　　4 460

2. 轮胎费用

物流企业装卸机械的轮胎磨耗与行驶里程无明显关系,因此其轮胎费用不宜采用胎公里摊提的方法处理。而应采用一次摊销法在领用时直接记入装卸搬运成本。如果一次集中领换轮胎数量较多,为均衡各期成本负担,可将其作为待摊费用按月平均摊销到装卸成本。

[例4-7] 海大物流公司12月份共领用轮胎8 390元,其中:装卸A队2 140元,装卸B队6 250元。作会计分录如下:

借:主营业务成本——装卸支出——装卸 A 队——轮胎　　　2 140
　　　　　　——装卸支出——装卸 B 队——轮胎　　　6 250
　贷:原材料——轮胎　　　　　　　　　　　　　　　　　8 390

3. 材料费用

物流企业在装卸搬运过程中消耗的材料,应根据领料单编制材料领用汇总表,然后根据成本计算对象记入装卸成本。届时借记"主营业务成本——装卸支出",贷记"原材料"。

(三)其他直接费用的核算

其他直接费用在发生时根据相关的发票、单据、报表等直接记入装卸成本中。届时借记"主营业务成本——装卸支出",贷记"低值易耗品"、"库存现金"等。

[例 4-8]　海大物流公司 12 月 15 日装卸 A 队领用漏斗、托盘、跳板等装卸用具共计352 元,同时支付劳动保护费 123 元。作会计分录如下:

借:主营业务成本——装卸支出——装卸 A 队——其他费用　　　475
　贷:低值易耗品　　　　　　　　　　　　　　　　　　　　　352
　　　库存现金　　　　　　　　　　　　　　　　　　　　　　123

(四)营运间接费用的核算

物流企业装卸搬运业务发生的营运间接费用应先在"营运间接费用"账户中归集,期末按仓储直接费用与装卸直接费用的比例在仓储业务与装卸业务之间进行分配。其计算公式如下:

营运间接费用分配率=营运间接费用总额÷(仓储直接费用+装卸直接费用)
仓储业务应分配的营运间接费用=仓储直接费用×营运间接费用分配率
装卸业务应分配的营运间接费用=装卸直接费用×营运间接费用分配率

[例 4-9]　海大物流公司 12 月份发生的营运间接费用为 36 400 元,该月发生的堆存直接费用为 13 000 元,装卸直接费用为 22 000 元,其中:装卸 A 队 10 000 元,装卸 B 队 12 000元。分配营运间接费用如下:

营运间接费用分配率=36 400÷(13 000+10 000+12 000)=1.04
装卸 A 队应分配的营运间接费用=10 000×1.04=10 400(元)
装卸 B 队应分配的营运间接费用=12 000×1.04=12 480(元)

作会计分录如下:

借:主营业务成本——装卸支出——装卸 A 队——营运间接费用　10 400
　　　　　　——装卸支出——装卸 B 队——营运间接费用　12 480
　贷:营运间接费用　　　　　　　　　　　　　　　　　　　　22 880

复习思考题

1. 某物流公司 20×4 年 1 月份发生的营运间接费用为 24 560 元,该月发生的堆存直接费用为24 000元,装卸直接费用为26 000元。请分配其营运间接费用。

2. ××物流公司2003年12月1日装卸C队领用漏斗、托盘、跳板等装卸用具共计777元,同时支付劳动保护费222元。作相应会计分录。

3. ××物流公司2007年12月份共耗用燃料6 640元,其中:装卸A队3 400元,装卸B队3 240元。作相应会计分录。

第五章 物流企业包装与流通加工环节的核算

■ 学习目标 ■

学习完本章,你应该能够:
1. 掌握物流企业包装和流通加工环节的成本核算,以及收入核算
2. 熟悉物流企业包装和流通加工环节的成本项目
3. 了解物流企业包装和流通加工环节的成本计算对象、成本计算单位、成本计算期以及收入的概念

■ 基本概念 ■

包装　包装成本　包装收入　物流加工　物流加工成本　物流加工收入

包装是指为在流通过程中保护产品、方便运输、促进销售,按一定技术方法而采用的容器、材料及辅助物等的总体名称[1]。也指为了达到上述目的而采用的容器、材料和辅助物的过程中施加一定技术方法等的操作活动。

包装是生产的终点,同时又是物流的起点。包装是物流企业业务的重要组成部分。因而对包装环节进行管理与核算是物流企业财务会计的重要内容。

流通加工是物品在生产地到使用地的过程中,根据需要施加包装、分割、计量、分拣、刷标志、拴标签、组装等简单作业的总称[2]。

流通加工是为了提高物流速度和物品的利用率,在物品进入流通领域后,按客户的要求进行的加工活动,即在物品从生产者向消费者流动的过程中,为了促进销售、维护商品质量和提高物流效率,对物品进行一定程度的加工。流通加工通过改变或完善流通对象的形态来实现"桥梁和纽带"的作用,因此流通加工是流通中的一种特殊形式。随着经济增长,国民收入增多,消费者的需求出现多样化,促使在流通领域开展流通加工。目前,在世界许多国家和地区的物流中心或仓库经营中都大量存在流通加工业务,在日本、美国等物流发达国家则更为普遍。对流通加工业务进行管理与核算也是物流企业财务会计的重要内容。

---

[1] 国家质量技术监督局:《中华人民共和国国家标准物流术语》,2007
[2] 国家质量技术监督局:《中华人民共和国国家标准物流术语》,2007

第一节 物流企业包装业务的成本费用核算

一、包装业务的成本计算对象、成本计算单位和成本计算期

包装业务的成本计算对象是被包装的货物。

包装业务的成本计算单位是被包装的货物数量。

包装业务以月、季、半年、年作为成本计算期。

二、包装业务的成本项目

物流企业包装业务的成本项目包括包装材料成本、包装机械成本、包装人工成本、包装技术成本、包装辅助成本和营运间接费用六类。具体内容如表5-1。

表5-1 包装业务的成本项目[①]

序号	成本项目	内容
1	包装材料成本	指物流企业在包装过程中所耗用的材料费用。由于各种材料的成本、功能各不相同，物流企业应该选择适当的材料，以达到既节约成本又达到包装效果的目的。
2	包装机械成本	指物流企业在使用包装机械进行包装业务时发生的与包装机械有关的费用，包括包装机械的日常维修保养费、折旧费、机械工人工资等。
3	包装人工成本	指物流企业发给从事包装业务的人员的标准工资、工资性津贴和补助及奖金。
4	包装技术成本	指物流企业为了使包装的功能能够充分发挥作用，达到最佳的包装效果而采取了一定的技术措施发生的费用。如实施缓冲包装、防潮包装、防霉包装等而发生的设计和实施费用。
5	包装辅助成本	指除了上述主要费用以外，物流企业有时还会发生一些其他包装辅助费用，如包装标记、包装标志的印刷、拴挂物费用的支出等。
6	营运间接费用	指物流企业的营运部或分公司为组织和管理包装业务而发生的管理费用和业务费用。

---

① 石伟生.物流成本管理.机械工业出版社，2004

三、包装成本的核算

(一) 直接包装成本的核算

直接包装成本的核算比较简单,在发生时直接记入相关成本项目。届时借记"主营业务成本——包装支出"科目,贷记"包装物"、"原材料"、"库存现金"、"应付职工薪酬"、"累计折旧"等相关会计科目。

[例 5-1] 海大物流公司 12 月份为包装加工完成的一批商品,领用一次性的包装箱 100 只,单位成本为 50 元,共计 5 000 元,同时领用包装材料 2 340 元,包装工人工资 700 元,其他用现金支付的包装费合计 460 元,机器设备的损耗为 300 元。作会计分录如下:

```
借:主营业务成本——包装支出                        8 800
  贷:包装物                                      5 000
      原材料                                     2 340
      应付职工薪酬                                  700
      库存现金                                     460
      累计折旧                                     300
```

(二) 营运间接费用的核算

物流企业发生的包装业务营运间接费用,先在"营运间接费用"账户中归集,然后按照一定的标准分配到包装成本中。这个标准可以是包装业务直接费用的总和。

[例 5-2] 海大物流公司 12 月份包装业务的营运间接费用为 700 元,而包装直接费用的总和为 2 800 元,其中:包装 A 队 1 200 元,包装 B 队 1 600 元。营运间接费用的分配如下:

营运间接费用的分配率 = 700÷(1 200+1 600) = 0.25

包装 A 队应分配的营运间接费用 = 1 200×0.25 = 300(元)

包装 B 队应分配的营运间接费用 = 1 600×0.25 = 400(元)

作会计分录如下:

```
借:主营业务成本——包装支出——包装 A 队——营运间接费用    300
             ——包装支出——包装 B 队——营运间接费用    400
  贷:营运间接费用                                      700
```

四、包装成本的计算

总包装成本由包装材料成本、包装机械成本、包装人工成本、包装技术成本和包装辅助成本构成。为了得到单位包装量所耗费的成本,需要计算单位包装成本,单位包装成本可由以下公式得到:

$$单位包装成本 = \frac{总包装成本}{包装的货物量}$$

为反映总包装成本与单位包装成本,物流企业需要编制包装成本计算表。这样,我们才能更加深入、全面地了解物流企业的成本状况。

第二节　物流企业包装业务的收入核算

一、物流企业包装收入的概念

包装是物流企业对所承担货物进行容器设计生产、盛装、包扎、打包、装潢等作业的过程,物流企业的包装收入就是指物流企业从事这些包装业务或出售包装物所获得的收入。包装是物流企业必不可少的环节,也是货物进入物流的整个过程必不可少的条件。

二、物流企业包装收入的核算

物流企业在其经营中,通常会对所承接的货物进行恰当的包装处理,使其符合储存、运送等管理要求。物流企业以其必需的包装向客户收取相应的货物包装费用,从而获取一定的包装收入;同时,物流企业也通过对包装物的出售来取得包装收入。通过"主营业务收入——包装收入"科目来核算企业获得的包装收入。企业应按有关规定确认包装收入的实现。本期已实现的包装收入,应按实际收到或应收的金额,借记"银行存款"、"外币存款"、"应收账款"、"应收票据"等科目,贷记"主营业务收入——包装收入"。同时结转相应的包装成本,借记"主营业务成本——包装成本"科目,贷记"原材料"等科目。

当包装收入实现或确认实现,相应款项收讫或取得款项的权利已确定,物流企业可作以下会计处理:

借:银行存款(或应收账款等科目)
　　贷:主营业务收入——包装收入
包装过程耗费包装物或直接出售包装物时,需同时结转包装物材料成本:
借:主营业务成本——包装成本
　　贷:原材料——包装物
对于相关的包装收入,需缴纳营业税:
借:主营业务税金及附加
　　贷:应交税费——应交营业税

期末,企业应将收入科目的余额转入"本年利润"科目,即借记"主营业务收入——包装收入",贷记"本年利润"科目,结转后该科目应无余额。

[例5-3]　乙公司的一批原材料要委托海大物流公司进行运送,由于原材料容易变质,经协商,乙公司同意由海大物流公司对原材料进行包装以便于运输,应收包装费13 600元,包装劳务成本9 500元,同时乙公司以备将来不时之需向海大物流公司购买了一批包装物,以现金支付售价4 910元,该批包装物成本3 870元。记录相关收入、结转包装物成本并缴纳税金,作会计分录:

(1) 确认收入：

借：应收账款——乙公司　　　　　　　　　　　　　13 600
　　现金　　　　　　　　　　　　　　　　　　　　5 744.7
　贷：主营业务收入——包装收入——包装　　　　　13 600
　　　　　　　　　　　　　　——包装物出售　　　 4 910
　　应缴税费——应缴增值税（销项税额）　　　　 834.7(4 910×17%)

(2) 结转成本：

借：主营业务成本——包装成本　　　　　　　　　　13 370
　贷：原材料——包装物　　　　　　　　　　　　　 3 870
　　　应付职工薪酬　　　　　　　　　　　　　　　 9 500

(3) 计算应交的营业税：

借：主营业务税金及附加　　　　　　　　　　　　408(13 600×3%)
　贷：应交税费——应交营业税　　　　　　　　　　 408

第三节　物流企业流通加工业务的成本费用核算

一、流通加工业务的成本计算对象、成本计算单位、成本计算期

流通加工业务的成本计算对象是流通加工的货物。

流通加工业务的成本计算单位为流通加工的货物量，用千吨或千件表示。

流通加工业务以月、季、半年、年作为成本计算期。

二、流通加工业务的成本项目

流通加工业务的成本项目包括三部分：流通加工材料费、流通加工人工费、流通加工设备费（见表5-2）。

表5-2　流通加工业务的成本项目[①]

序号	成本项目	内　容
1	流通加工材料费用	指物流企业在流通加工过程中所耗费的材料费用。
2	流通加工人工费用	指从事流通加工工作的作业人员及有关人员工资、奖金、补贴等费用的总和及按一定的比例计提的福利费。
3	流通加工设备费用	指流通加工设备的维修保养费及折旧费。

---

① 李伊松、易华.物流成本管理.机械工业出版社，2005

三、流通加工成本的核算

(一) 直接材料费用的核算

直接材料费用中,材料和燃料费用数额是根据全部领料凭证汇总编制的"耗用材料汇总表"确定的;外购动力费用是根据有关凭证确定的。

在归集直接材料费用时,凡能分清某一成本计算对象的费用,应单独列出,以便直接计入该加工对象的成本计算单中;属于几个加工成本对象共同耗用的直接材料费用,应当选择适当的方法,分配计入各加工成本计算对象的成本计算单中。

届时借记"主营业务成本——流通加工成本",贷记"原材料"、"燃料"等会计账户。

(二) 直接人工费用的核算

计入成本中的直接人工费用的数额,是根据当期"工资结算汇总表"和"职工福利费计算表"来确定的。

"工资结算汇总表"是进行工资结算和分配的原始依据。它是根据"工资结算单"按人员类别(工资用途)汇总编制的。"工资结算单"应当依据职工工作卡片、考勤记录、工作量记录等工资计算的原始记录编制。

"职工福利费计算表"是依据"工资结算汇总表"确定的各类人员工资总额,按照规定的提取比例计算后编制的。

届时借记"主营业务成本——流通加工成本",贷记"应付职工薪酬"。

(三) 设备费用的核算

流通加工设备发生的维修保养费用,直接借记"主营业务成本——流通加工成本"科目,贷记"原材料"、"应付职工薪酬"等会计科目。

流通加工设备发生的折旧费用,根据"固定资产折旧计算表",借记"主营业务成本——流通加工成本",贷记"累计折旧"会计科目。

[例5-4] 海大物流公司20×9年12月份配送业务的流通加工过程耗用原材料2 570元,职工工资3 280元,折旧费1 600元。作会计分录如下:

借:主营业务成本——流通加工成本　　　　　　　　　　7 450
　　贷:原材料　　　　　　　　　　　　　　　　　　　　2 570
　　　　应付职工薪酬　　　　　　　　　　　　　　　　　3 280
　　　　累计折旧　　　　　　　　　　　　　　　　　　　1 600

四、流通加工成本的计算

总流通加工成本由流通加工材料费、流通加工人工费、流通加工设备费构成。为了得到单位流通加工货物量所耗费的成本,有必要计算单位流通加工成本,其计算公式如下：

$$单位流通加工成本 = \frac{总流通加工成本}{流通加工的货物量}$$

为反映总流通加工成本与单位流通加工成本,物流企业需要编制流通加工成本计算表。这样,我们才能更加深入、全面地了解物流企业的成本状况。

第四节 物流企业流通加工业务的收入核算

一、物流企业流通加工收入的概念

流通加工是物流企业重要的环节,指物品在生产地到使用地的过程中,根据需要施加包装、分割、计量、分拣、刷标志、拴标签、组装等简单作业的总称。流通加工收入就是指物流企业从流通加工业务中获得的收入。流通加工不仅是生产过程的"延续",也是生产本身或生产工艺在流通领域的延续。流通加工是一种辅助性的生产加工,但又区别于生产加工。

二、物流企业流通加工收入的核算

因物流加工业务而获得相应的收入时,物流企业应按有关规定确认流通加工收入的实现。通过"主营业务收入——流通加工收入"科目来核算企业获得的流通加工收入。本期已实现的流通加工收入,应按实际收到或应收的金额,借记"银行存款"、"外币存款"、"应收账款"、"应收票据"等科目,贷记"主营业务收入——流通加工收入"。同时结转相应的流通加工成本,借记"主营业务成本——流通加工成本",贷记"应付职工薪酬"、"原材料"、"累计折旧"等科目。

当流通加工收入实现或确认实现,相应款项收讫或取得款项的权利已确定,物流企业可作以下会计处理：

借：银行存款(或应收账款等科目)
    贷：主营业务收入——流通加工收入
        应交税费——应交增值税(销项税额)

同时结转流通加工过程中耗费的流通加工成本：

借：主营业务成本——流通加工成本
    贷：原材料
        应付职工薪酬
        累计折旧

对于相关的流通加工收入,需缴纳相应的营业税税费：

借：主营业务税金及附加

贷：应交税费——应交营业税

　　期末,企业应将收入科目的余额转入"本年利润"科目,即借记"主营业务收入——流通加工收入",贷记"本年利润"科目,结转后该科目应无余额。

　　[例5-5] 20×8年12月,海大物流公司因向客户A提供流通加工业务而收到一张增值税专用发票2 300元,流通加工发生的成本包括职工工资1 340元(营业税率为3%),设备折旧230元,耗用原材料540元。作会计分录如下：

(1) 确认收入：

借：银行存款　　　　　　　　　　　　　　　　　　　　　　2 691
　　贷：主营业务收入——流通加工收入　　　　　　　　　　 2 300
　　　　应交税费——应交增值税(销项税额)　　　　　　　　 391

(2) 结转成本：

借：主营业务成本——流通加工成本　　　　　　　　　　　　 2 110
　　贷：应付职工薪酬　　　　　　　　　　　　　　　　　　 1 340
　　　　累计折旧　　　　　　　　　　　　　　　　　　　　　 230
　　　　原材料　　　　　　　　　　　　　　　　　　　　　　 540

(3) 计算应交的营业税：

借：主营业务税金及附加　　　　　　　　　　　　　　　　　　 40.2
　　贷：应交税费——应交营业税　　　　　　　　　　　　　　 40.2

复习思考题

1. ××物流公司2008年12月为包装加工完成的一批商品,领用一次性的包装箱200只,单位成本为30元,共计6 000元,同时领用包装材料5 730元,支付包装工人工资1 200元,其他用现金支付的包装费合计569元,机器设备的损耗为246元。同时本月发生的包装业务营运间接费用为880元,而本月包装直接费用的总和为4 400元,其中：包装A队2 400元,包装B队2 000元。作相应的会计处理。

2. 甲公司委托××物流公司运送一批商品,由于商品容易损坏,经协商,甲公司同意由××物流公司对商品进行包装以便于运输,应收包装费24 850元,包装劳务成本6 740元,同时甲公司向××物流公司另购一批包装物,以银行存款支付6 310元,该批包装物成本7 630元。作相应的会计处理。

3. ××物流公司2008年12月份的流通加工业务发生的费用如下：原材料4 560元,职工工资6 790元,折旧费2 825元。作相应的会计处理。

4. 20×8年12月,××物流公司因向客户甲公司提供流通加工业务而收到一张增值税专用发票5 620元,流通加工业务发生的成本包括职工工资2 400元(营业税率为3%),设备折旧450元,耗用原材料780元。作相应的会计处理。

第六章 物流企业配送环节的核算

■ 学习目标 ■

通过本章的学习,你应该能够:
1. 掌握物流企业配送环节的成本核算,以及收入核算
2. 熟悉物流企业配送环节的成本项目
3. 了解物流企业配送环节的成本计算对象、成本计算单位、成本计算期以及配送收入的概念

■ 基本概念 ■

配送　配送成本　保管费用　分拣费用　配装费用　配送收入

第一节　配送环节的成本核算

配送是指在经济合理区域范围内,根据客户要求,对物品进行拣选、加工、包装、分割、组配等作业,并按时送达指定地点的物流活动①。一般的配送集装卸、包装、保管、运输于一身,通过一系列活动完成将货物送达目的地。因此,从物流的角度来说,配送是物流的一个缩影或在较小范围中物流全部活动的体现。

一、配送业务的成本计算对象、成本计算单位、成本计算期

(一) 配送业务的成本计算对象

配送的主体活动包括配送保管、分拣、配货及配载运输。各环节有各自的特点,其成本计算对象也各不相同。配送保管环节的成本计算对象是仓库,分拣及配货环节的成本计算对象是被分拣及配货的货物,运输环节的成本计算对象是运输设备。

---

① 刘志学.《现代物流手册》.中国物资出版社,2001

（二）配送业务的成本计算单位

物流企业应根据不同的成本计算对象采用不同的成本计算单位。保管环节的成本计算单位为堆存量，用千吨/天表示；分拣及配货环节的成本计算单位为分拣及配货的货物量，用千吨或千件表示；运输环节的成本计算单位为货物的运输量，用千吨/公里表示。

（三）配送业务的成本计算期

配送业务以月、季、半年、年作为成本计算期。

二、配送业务的成本项目

物流企业配送业务的成本项目包括配送保管费用、分拣费用、配装费用、运输费用及流通加工费用。具体内容如表6-1。

表 6-1　配送业务的成本项目[①]

序号	成本项目	项目细分	内　　容
1	保管费用	保管直接费用	指在配送保管环节发生的可直接记入保管成本的各种费用之和。
		保管间接费用	指物流企业的营运部或分公司为组织和管理配送保管业务而发生的管理费用和业务费用。
2	分拣费用	分拣人工费用	指从事分拣工作的作业人员及有关人员工资、奖金、补贴等费用的总和。
		分拣设备费用	指分拣设备的维修保养费及折旧费。
3	配装费用	配装材料费用	指物流企业在配装过程中所耗费的材料费用，如木材、纸、自然纤维和合成纤维、塑料等费用。
		配装人工费用	指从事配装工作的作业人员及有关人员工资、奖金、补贴等费用的总和。
		配装辅助费用	指除上述费用外，还可能发生一些辅助性费用，如包装标记、标志的印刷、拴挂物费用等的支出。
4	运输费用	车辆费用	指物流企业从事配送运输生产而发生的各项费用，包括驾驶员及助手等工资及福利费、燃料、轮胎、修理费、折旧费、养路费、车船使用税等。
		营运间接费用	指物流企业的营运部或分公司为组织和管理配送运输业务而发生的管理费用和业务费用。

[①] 赵忠玲,冯夕文.物流成本管理.经济科学出版社,2007

续表

序号	成本项目	项目细分	内容
5	流通加工费用	流通加工材料费用	指物流企业在流通加工过程中所耗费的材料费用。
		流通加工人工费用	指从事流通加工工作的作业人员及有关人员工资、奖金、补贴等费用的总和及按一定的比例计提的福利费。
		流通加工设备费用	指流通加工设备的维修保养费及折旧费。

三、配送成本的核算

（一）保管费用的核算

保管费用的核算可以参照仓储费用的核算进行。对于保管直接费用在发生时直接借记"主营业务成本——配送支出——保管费用"，贷记"原材料"、"应付职工薪酬"等相关会计科目。对于营运间接费用，先在"营运间接费用"账户中归集，期末按一定的标准分配到相关成本项目中。

[例 6-1] 海大物流公司 20×9 年 4 月份配送业务发生的保管费用包括领用材料 1 320 元，职工工资 2 740 元，其他用现金支付的直接保管费用 1 530 元。作会计分录如下：

借：主营业务成本——配送支出——保管费用　　　　　5 590
　　贷：原材料　　　　　　　　　　　　　　　　　　　1 320
　　　　应付职工薪酬　　　　　　　　　　　　　　　　2 740
　　　　库存现金　　　　　　　　　　　　　　　　　　1 530

（二）分拣费用的核算

分拣作业是配送中心依据顾客的订单要求或配送计划，迅速、准确地将商品从其储位或其他区位拣取出来，并按一定的方式进行分类、集中的作业过程。

1. 分拣人工费用的核算

物流企业的分拣人工费用应根据"工资结算表"等有关资料，编制工资及职工福利费汇总表，据以直接计入配送成本。届时借记"主营业务成本——配送支出——分拣费用"，贷记"应付职工薪酬"。

2. 分拣设备费用的核算

分拣设备发生的维修保养费，直接借记"主营业务成本——配送支出——分拣费用"，贷记"原材料"、"应付职工薪酬"等会计科目。

分拣设备发生的折旧费用，根据"固定资产折旧计算表"，借记"主营业务成本——配送支出——分拣费用"，贷记"累计折旧"。

[例 6-2] 海大物流公司 4 月份配送业务发生的分拣费用包括分拣工人工资 2 730 元，领用材料 1 380 元，折旧费 770 元。作会计分录如下：

借:主营业务成本——配送支出——分拣费用	4 880	
贷:应付职工薪酬		2 730
原材料		1 380
累计折旧		770

(三) 配装费用的核算

配装费用是指在完成配装货物的过程中所发生的各种费用,包括配装直接费用与配装间接费用。配装直接费用包括:(1)工资,指按规定支付的配装作业工人的标准工资、奖金、津贴;(2)职工福利费,指按规定的工资总额和提取标准计提的职工福利费;(3)材料费用,指配装过程中消耗的各种材料,如包装纸、箱、塑料等;(4)辅助材料,指配装过程中耗用的辅助材料,如标志、标签等;(5)其他费用,指不属于以上各项的费用,如配装工人的劳保用品费等。配装间接费用是指配送配装管理部门为管理和组织配装生产所发生的各项费用,由配装成本负担的各项管理费用和业务费用。

1. 配装材料费用的核算

物流企业在配装过程中消耗的材料,应根据领料单编制材料领用汇总表,届时借记"主营业务成本——配送支出——配装费用",贷记"原材料"。

直接材料费用中,材料费用数额是根据领料凭证汇总编制"耗用材料汇总表"确定的;在归集直接材料费用时,凡能分清某一成本计算对象的费用,应单独列出,以便直接计入该配装对象的成本计算单中;属于几个配装成本对象共同耗用的直接材料费用,应当选择适当的方法,分配计入各配装成本计算对象的成本计算单中。

2. 配装人工费用的核算

物流企业的配装人工费用应根据"工资结算表"等有关资料,编制工资及职工福利费汇总表,据以直接计入配送成本。届时借记"主营业务成本——配送支出——配装费用",贷记"应付职工薪酬"。

3. 配装辅助费用的核算

物流企业发生配装辅助费用时,根据"材料发出凭证汇总表"、"领料单"中的金额计入成本。届时借记"主营业务成本——配送支出——配装费用",贷记相关账户。

4. 其他费用的核算

根据"材料发出凭证汇总表"、"低值易耗品发出凭证"中配装成本领用的金额计入成本。届时借记"主营业务成本——配送支出——配装费用",贷记"低值易耗品"等账户。

5. 配装间接费用的核算

发生时先在"装配间接费用"中归集,然后根据"配送间接费用分配表"计入配装成本。

[例6-3] 海大物流公司2009年4月份配送业务发生的配装费用合计4 530元,其中:领用材料2 130元,员工工资1 590元,领用工具320元,其他直接费用合计490元。作会计分录如下:

借:主营业务成本——配送支出——配装费用	4 530	
贷:原材料		2 130
应付职工薪酬		1 590
低值易耗品		320
现金		490

运输费用和流通加工费用的核算详见相关章节。

第二节 配送环节的收入核算

一、物流企业配送收入的概念

配送是指在经济合理区域范围内,根据客户要求,对物品进行拣选、加工、包装、分割、组配等作业,并按时送达指定地点的物流活动。配送活动是物流企业的一项关键活动,它几乎包括了所有的物流功能要素,有着很强的相对独立性。

配送活动包括集货、储存、流通加工、分拣和配货、配装和出货、送货以及送达服务这几个要素,配送活动可以按照要素活动的实施收取相应的价款,实现相应收入。

二、物流企业配送收入的核算

配送是能够为客户的货物创造附加价值的业务,配送活动功能的相对完整性让其收入涵盖的范围相对要宽泛。配送活动的收入可以按照流程要素的发生来逐步确认,这就使得配送活动在会计处理上需要进行明细分类核算,如配送收入下有相关的流通加工收入、分拣配货收入等。

当配送活动完成,相关手续办妥,物流企业相关收入得以实现或收款权利得以确认时,可以确认各项收入,作以下会计处理:

借:银行存款(或应收账款等相关科目)
　　贷:主营业务收入——配送收入——分拣配货收入
　　　　　　　　　　　　　　　　——流通加工收入
　　　　　　　　　　　　　　　　——配装收入
　　　　　　　　　　　　　　　　——送货收入
　　　　　　　　　　　　　　　　——集货收入

取得收入需缴纳相关流转税,作以下会计处理:

借:营业税金及附加
　　贷:应交税费——应交营业税

[例6-4] 甲公司委托海大物流公司承接其产品的中转配送业务,海大物流公司对甲公司生产的产品进行了有关处理,包括运送至物流公司仓库、集中堆放、必要的加工包装、分拣、合理配装以及最后将产品送抵至各分销商,海大物流公司向甲公司收取了配送费总计157 300元,其中集货费7 300元,流通加工费84 980元,分拣配货费12 600元,配装费8 240元,送货费44 180元。营业税税率是5%。确认收入并确认应交税款,作会计分录如下:

借：应收账款——甲公司　　　　　　　　　　　　　　157 300
　　贷：主营业务收入——配送收入——集货收入　　　　7 300
　　　　　　　　　　　　　　——流通加工收入　　　84 980
　　　　　　　　　　　　　　——分拣配货收入　　　12 600
　　　　　　　　　　　　　　——配装收入　　　　　8 240
　　　　　　　　　　　　　　——送货收入　　　　　44 180
借：营业税金及附加　　　　　　　　　　　　　　　　7 865
　　贷：应交税费——应交营业税　　　　　　　　　　　7 865

复习思考题

1. 海大物流公司 20×9 年 4 月份配送业务发生的保管费用合计 8 440 元，包括领用材料 2 350 元，职工工资 4 370 元，其他用现金支付的直接保管费用 1 720 元。发生的分拣费用合计 5 840 元，包括分拣工人工资 3 820 元，领用材料 1 690 元，折旧费 330 元。发生的配装费用合计 4 573 元，其中：领用材料 1 120 元，员工工资 2 360 元，领用工具 346 元，其他直接费用合计 747 元。作相应的会计分录。

2. 甲公司委托××物流公司承接其产品的中转配送业务，××物流公司对甲公司生产的产品进行了有关处理，包括运送至物流公司仓库、集中堆放、必要的加工包装、分拣、合理配装以及最后将产品送抵至各分销商，海大物流公司向甲公司收取了配送费总计 107 150 元，其中集货费 4 580 元，流通加工费 34 570 元，分拣配货费 23 600 元，配装费 6 570 元，送货费 37 830 元。营业税税率是 5%。作相应的会计处理。

第七章 货代业务核算

■ 学习目标 ■

学习完本章,你应该能够:
1. 熟悉物流企业的水运货代业务、航空货代业务、公路货代业务和铁路货代业务
2. 掌握物流企业货代业务的账务处理
3. 熟悉物流企业货代业务中出口、进口和国内业务的核算要点
4. 了解物流企业货代业务的概述以及操作性建议

■ 基本概念 ■

水运货代　航空货代　公路货代　铁路货代

第一节　水运货代业务

一、业务概述

　　水运货代指接受货主或系统内外代理的委托,以委托人或自己的名义办理货物水路运输及相关业务并收取代理费或佣金的行为。水运货代主要业务操作环节包括内陆短驳调运、水运运输、代理报关报检、港区操作、仓储堆存等。货代公司接受客户委托进行的代理订舱业务以及订舱中心的非自带船订舱业务,也包括在水运货代业务板块。

　　水运货代根据货物流向不同可分为出口业务、进口业务和国内业务;根据货物类型不同可分为集装箱业务、散货业务以及件杂货业务。

二、业务核算要点

　　水运货代业务收支按单票核算,通过"预估收入/成本差异"科目进行。水运货代的单票定义为每一张提单。

　　订舱中心的非自代船订舱业务按船名航次进行确认收入和结转成本,不通过"预估收入差异"或"预估成本差异"科目,在确认收入的同时记应收账款,在结转成本的同时记应付

账款。

(一) 出口业务

水运货代出口业务于船离港后 3 个工作日确认收入并结转成本。业务员从接受客户委托之日起至完成所有代理服务、船离港后 3 个工作日内,有责任对该票委托单编制单票的业务收支明细预算表,并根据期间掌握的信息及时更新业务收支明细预算表。业务单票的预算信息于收入确认日导入财务系统,按业务预算信息确认收入并结转成本。

相应的应收账款在结算人员编制账单并打印发票之日,按发票金额确认入账。相应的应付账款在收到分供商发票时按经审核的发票金额确认入账。如确认的应收与收入金额以及应付与成本金额存在差异,则分别通过"预估收入差异"和"预估成本差异"科目定期进行单票、逐项的调整。

(二) 进口业务

水运货代进口业务于货物送达约定提货地点后 3 个工作日确认收入并结转成本。一般水运货代进口业务交货形式,包括港口接货和代运交货两种性质,具体收入和成本结转规定如下:

(1) 港口接货:于货主提货之日起 3 个工作日确认收入并结转成本,如为分批提货的,按第一次提货之日起 3 个工作日确认收入并结转成本。

(2) 代运交货:于货物运达指定交货地点之日起 3 个工作日确认收入并结转成本。

(3) 水运货代进口业务收入和成本的金额同样依据业务员编制的单票业务收支明细预算表中的预估信息,与收入确认日导入财务系统,并生成相关记账凭证。对水运货代进口业务应收账款与应付账款的核算流程和会计处理原则与水运货代出口业务相同。

(三) 国内业务

水运货代国内业务分别起运港代理和目的港代理不同,参照出口和进口业务相关要求进行核算。

(四) 散货进口货代业务的特殊核算

对散货进口货代而言,一般以收取一定比例的代理费为主要收入项目。由于散货的提货周期较长,收取的代理费收入金额随货主提货时间的变化而变化,且有分次开票收款发生,因此在货主提货完成前,收入金额存在不确定性。基于上述考虑,对散货进口货代收入核算规定如下:

一般散货的进口代理费收入在每一次向货主开出代理费发票之日根据实际发票金额分次确认入账,同时直接计入应收账款而不通过"预估收入差异"科目核算。

月度终了,比较已开票并确认收入占预估总收入的比例与已提货量与总货量的比例,如前者小于后者,则按实际提货比例计算应确认的收入,并将少计的部分补作调整;如前者大于后者,则对超过按实际提货比例计算应确认的收入的部分进行冲减。上述调整与下一月度之初进行冲回。

只赚取代理费的散货进口货代业务无直接成本,与进口货物相关的报关报检费用、港区操作费用和堆存费用等做代收代付处理。

（五）订舱中心的核算

对订舱中心（及接受货代公司委托进行集中订舱,赚取运费差价或订舱佣金的业务）的代理订舱业务,向非外运系统代理的船舶订舱的业务在水运货代业务板块核算。

对在水运货代业务板块核算的非自带船订舱业务,按单个船名航次进行核算,于船离港后3个工作日确认收入并结转成本,不通过"预估收入/成本差异"科目,在确认收入的同时记应收账款,在结转成本的同时记应付账款。订舱中心的非自代船订舱业务的核算与订舱板块的自代船业务的核算方法的区别在于：前者按全额法确认收入,包括海洋运费收入和订舱佣金收入,同时结转成本,包括海洋运费支出等；后者的收入主要为船代自留额订舱佣金部分,而与订舱相关的海洋运费做代收代付处理。

对非盈利性质的地区性订舱中心（即不赚取任何差价,佣金全额返还货代公司）,其发生的所有费用在"营业成本——操作费用"科目核算。

（六）开具无船承运人提单的出口业务

对开具无船承运人提单的水运货代出口业务收入应于货物抵达目的港日确认。为便于操作,对远洋航线水运货代收入在船离港30日确认,对近洋航线在船离港7日确认,并同时结转成本。收入成本的金额同一般水运货代出口业务,根据单票业务收支明细预算单信息确定。

（七）关于单票业务收支预算的编制说明

为了向财务系统提供更为准确有效的业务信息,水运货代公司内部应建立规范的单票预算制度,包括单票预算的编制、审核、调整和对预算准确性的考核等。业务员应在劳务进行过程中随时汇总各环节信息,并根据内外部情况的变化及时调整对收入和成本的预估,并更新单票收支预算表信息。对直接成本中不能明确归集到单票的,应分析成本动因并预定分摊标准,在编制单票预算时一并考虑。

（八）对代收代付项目的说明

对代收代付项目统一按是否向客户提供分供方的原始发票进行界定。对任何代收代付项目必须按收到的分供方发票金额确认应付账款,并同时确认应收账款,如客户付款在支付分供方之前,则对收到的客户款项做预收账款处理。

一般地,为减少资金占用和坏账风险,对大额支出项目应要求客户提供预付款,如进口货物缴纳的关税等；对非可控的变动支出应要求业务员向客户实报实销,并按代收代付性质核算,如出口货代业务的滞箱费以及进口货代业务的超期堆存费等。

在编制单票收支明细预算表时,业务人员对界定为代收代付的项目,应保证其在应收项目中与应付项目中的对应金额相等。

三、账务处理

（一）在确认收入前客户预付款的处理

在收到客户预付款（包括收到的代收代付项目款）的到账通知单时开收据，并记：
借：银行存款/外币存款
　　贷：预收账款——A公司

（二）确认收入、结转成本和往来的处理

(1) 根据经业务部门审核并签字确认的业务预算信息单票逐项确认收入，并结转成本：
借：预估收入差异——明细收入项目
　　贷：水运货代收入——明细收入项目
借：水运货代成本——明细收入项目
　　贷：预估成本差异——明细收入项目

(2) 在编制账单并开票时根据实际发票金额确认应收账款。如与客户约定为月结的，则在约定的月度结算日根据编制的汇总账单金额确认应收账款，如经过对账后确认开票的收款金额与账单金额有异的，应及时调整入账的应收账款金额（调减以红字冲回），会计分录如下：
借：应收账款——A公司
　　贷：预估收入差异——明细收入项目

(3) 无论是否确认收入，在收到分供方发票后经业务部门审核无误，根据实际发票金额确认应付账款：
借：预估成本差异——明细成本项目
　　贷：应付账款——X公司

(4) 对有客户预付款的，在确认应收账款后同时冲预收账款。如预收大于应收，则退还客户或留在原科目作下笔业务的预付款；如预收小于应收，应收的余额为应向客户追加收取的款项，会计分录如下：
借：预收款项——A公司
　　贷：应收款项——A公司

（三）对散货进口代理收入的处理

(1) 在向客户开出代理费发票之日按发票金额确认收入如下：
借：应收账款——A公司
　　贷：水运货代收入——代理费收入

(2) 月度终了对各个单票已确认的收入和按货主提货比例应记的收入进行比较，对少确认或多确认的收入进行汇总的报表调整如下（于下一报表期红字冲回）：
借：应收账款——预估（或红字）

贷：水运货代收入——代理费收入（或红字）

（四）收款与付款的核算

（1）开出发票后受到客户付款，凭银行进账单作以下分录：
借：银行存款/外币存款
　　贷：应收账款——A公司
（2）向分供方付款，凭业务部门的付款申请、分供方原始发票等记：
借：应付账款——X公司
　　贷：银行存款/外币存款

（五）对代收代付款项的处理

（1）先收到客户付款的，经业务部门审核无误后，根据银行收款凭证记：
借：银行存款/外币存款
　　贷：预收账款——A公司
（2）收到分供方发票，经业务部门审核无误后，按发票金额确定应付账款：
借：中转——代收代付
　　贷：应付账款——外部代垫——X公司
（3）系统立即自动生成以下分录确认对应的应收账款：
借：应收账款——外部代垫——X公司
　　贷：中转——代收代付
（4）对有预收账款的进行冲销：
借：预收账款
　　贷：应收账款——外部代垫——A公司
（5）无预收账款的，在收到客户汇款时，根据银行进账单和相关业务单据核销代收代付项目的应收账款：
借：银行存款/外币存款
　　贷：应收账款——外部代垫——A公司
（6）在对代收代付项目进行付款时，根据业务部门付款申请、分供方发票等记：
借：应付账款——外部代垫——X公司
　　贷：银行存款/外币存款

第二节　航空货代业务

一、业务概述

　　航空货代业务是指接受货主、托运人或系统内外代理的委托，以委托人或自己的名义向国内外各航空客货运公司订舱、包仓位、包机，并委托其承运，代办一切航空发运手续及运行中的协调和提供信息服务的业务行为。航空货代按货物流向不同可分为出口业务、进口业务和国内业务，主要业务操作环节包括货物的交接、报关、口岸操作、航空运输、短期保管、转运、短途派送等。

二、业务核算要点

航空货代业务按向客户开出的每一张借项通知单核算收入和成本。一张借项通知单可能对应一张运单，也可能对应一个客户委托下的多张分运单。

不使用"预估收入/成本差异"科目，在确认收入的同时记应收账款、在结转成本的同时记应付账款。待收到月度的供应商实际账单发票后，对月度内已结转成本总额与实际应付金额间的差异进行汇总调整，调整不追溯到每张借项通知单。

（一）出口业务

一般地，业务员应在飞机起飞后3个工作日内汇总所有运单信息并在业务系统中记录每张运单的详细业务量信息和业务收支预算信息（成本的预算＝操作量×与分供商的协议费率），并在业务系统中生成借项通知单作为收款凭证。

航空出口业务在每张借项通知单编制完成当日应确认相应的收入并结转成本。收入确认的金额根据借项通知单上列示的应收款金额，成本结转的金额根据业务系统中该借项通知单对应的预测成本金额。

一般地，与航空公司等供应商按月进行对账，对收到的运费账单等供应商账单发票后，如有差异，在业务系统中进行汇总调整，调整不追溯到业务发生当期。财务系统定期读取该调整数并生成相应的调整分录。

（二）进口业务

航空货代进口根据不同业务性质核算要求有所不同：

（1）口岸交货接货。于客户提货之日起3个工作日内，业务员应汇总所有运单信息并在业务系统中记录每张运单的详细业务量信息和业务收支预算信息，并编制借项通知单作为向客户收款的凭据。

（2）短途派送交货。于货物运送到约定交货地点之日起3个工作日内，业务员应汇总所有运单信息并在业务系统中记录每张运单的详细信息和业务收支预算信息，并编制借项通知单作为向客户收款的凭据。

（3）进口转运。于转运飞机起飞后3个工作日内，业务员应汇总所有运单信息和业务收支预算信息，并编制借项通知单作为向客户收款的凭据。

航运货代进口业务在每张借项通知单编制完成当日应确认相应的收入并结转成本。收入确认的金额根据借项通知单上列示的应收款金额，成本结转的金额根据业务系统中该借项通知单对应的预测成本金额。对收到供应商账单发票的实际金额与预算成本间的差异调整方法与出口业务相同。

（三）国内业务

航空货代国内业务分别始发地代理和目的地代理不同，参照出口和进口业务相关要求进行核算。

（四）关于空运发展航空运费的核算说明

空运发展下属各级公司的航空货代的国际段航空运费收入可定义为航空货代向客户收取的航空运费减去向航空公司支付的航空运费的差额，对支付给航空公司的航空运费按代收代付项目进行核算。在业务系统中对应收的航空运费应分成应付运费部分和运费差价部分分别列示，从而确保可以取得明确的收入和代收代付信息。

（五）对代收代付项目的说明

对代收代付项目统一按是否向客户提供供应商的原始发票进行界定。对任何代收代付项目必须按收到的供应商发票金额确认应付账款，并同时确认应收账款，如客户付款在支付供应商之前，则对收到的客户款项作预收账款处理。

一般地，为减少资金占用和坏账风险，对大额支出项目应要求客户提供预付款，如进口货物缴纳的关税等；对非可控的变动支出应要求业务员向客户实报实销，并按代收代付性质核算，如超期堆存费等。

三、账务处理

（一）确认单票收入，结转成本和往来的处理

借：应收账款——A公司
　　贷：航空货代收入——明细收入项目
借：航空货代成本——明细成本项目
　　贷：应付账款——X公司

收到客户款的核算：

借：银行存款/外币存款
　　贷：应收账款——A公司

付款的核算：

向供应商付款，凭业务部门的付款申请、供应商原始发票等：

借：应付账款——X公司
　　贷：银行存款/外币存款

业务员报销支出，凭业务部门的付款申请、供应商原始发票和业务员编制的付费清单（明确列示支出对应的运单号信息）等：

借：应付账款——X公司
　　贷：银行存款

如业务员在尚未确认收入和结转成本前申请支出报销的,作预付款处理:
借:预付账款——X公司
　　贷:银行存款
待结转该票业务收入成本后冲销预付账款和应付账款:
借:应付账款——X公司
　　贷:预付账款——X公司

（二）对收入与应收、成本与应付调整的核算

对收入与应收账款而言,如客户对自己开出的借项通知单金额有异议的,对差异额补作借项通知单或货款通知单,会计分录如下:
借:应收账款——A公司
　　贷:航空货代收入——明细收入项目(或红字)
对成本和应付账款而言,对供应商发票或账单金额与业务系统中对应的月度成本预算金额的差异调整分录如下:
借:航空货代成本——明细收入项目(或红字)
　　贷:应付账款——X公司
对航空运费的核算:
在确认收入时,取得单列的运费差价部分:
借:应收账款——A公司
　　贷:航空货代收入——航空运费收入
在收到航空公司运费账单和发票后,核算代收代付部分运费,同时确认对应的应收账款:
借:应收账款——外部代垫——A公司
　　贷:应付账款——外部代垫——X公司
在收到客户付款时,根据银行进账单和相关业务单据核销全部的有关航空运费的应收账款:
借:银行存款/外币存款
　　贷:应收账款——A公司(确认运费收入的部分)
　　　　应收账款——外部代垫——A公司(代收代付的部分)

第三节　公路货代业务

一、业务概述

公路货代,指接受货主或系统内外代理的委托,以委托人或自己的名义办理货物公路运输及相关业务并收取代理费或佣金的行为。公路货代根据货物流向不同分为出口业务、进口业务和国内业务,主要业务操作环节包括内陆短驳调运、公路运输、代理报关报检、(装卸

理货等）操作、仓储堆存等。

二、业务核算要点

公路货代业务收支按单票核算，通过"预估收入/成本差异"科目进行。公路货代的单票定义为每一张客户委托单。

（一）出口业务

公路货代出口业务于货物装车后 3 个工作日确认收入并结转成本。业务员从接受客户委托之日起完成所有代理服务、货物装车后 3 个工作日内，有责任对该票委托单编制单票的业务收支明细预算表，并根据期间掌握的信息，及时更新业务收支明细预算表。业务单票的预算信息于收入确认日导入财务系统，并按业务预算信息确认收入并结转成本。

相应的应收账款在结算人员编制账单并打印发票之日按发票金额确认入账。相应的应付账款在收到分供商发票时按经审核的发票金额确认入账。如确认的应收与收入金额以及应付与成本金额存在差异，则分别通过"预估收入差异"和"预估成本差异"科目定期进行单票、逐项的调整。

（二）进口业务

公路货代进口业务于货物送达约定提货地点后 3 个工作日确认收入并结转成本。与出口业务相同，公路货代进口业务的业务员应根据客户委托和实际提供劳务的操作信息编制单票业务收入支出明细预算表，公路货代进口业务和成本的金额即依据该单票预算表中的预估信息，于收入确认日导入财务系统，并生成相关记账凭证。对公路货代进口业务应收账款与应付账款的核算流程和会计处理原则与公路货代出口业务相同。

（三）国内业务

公路货代国内业务于货物送达约定提货地点后 3 个工作日确认收入并结转成本。公路货代国内业务收入和成本的金额同样依据业务员编制的单票业务收支明细预算表中的预估信息，于收入确认日导入财务系统，并生成相关的记账凭证。对公路货代国内业务的应收账款与应付账款的核算流程和会计处理原则与公路货代出口业务相同。

（四）关于代收代付项目的说明

对代收代付项目统一按是否向客户提供分供方的原始发票进行界定。对任何代收代付项目必须按收到的供应商发票金额确认应付账款，并同时确认应收账款，如客户付款在支付供应商之前，则对收到的客户款项作预收账款处理。

为减少资金占用和坏账风险，对大额支出项目应要求客户提供预付款，如进口货物缴纳的关税等；对非可控的变动支出应要求业务员向客户实报实销，并按代收代付性质核算，如超期堆存费等。

（五）业务收入成本核算的操作性建议

在日常操作中如按月的业务性财务数据已能满足管理层对信息的需求细度,则出于减少对月度内可发现的预估差异进行不必要的调整考虑,可以将业务明细预算信息导入财务系统的时间设定为每月末,亦即对业务收入的确认和成本结转在每月末一次性进行。但应收账款和应付账款的核算方法并不因此而改变。同时,也可根据各地管理层的个性需求对业务信息导入财务系统的时间设定进行调整。

三、账务处理

（一）确认收入,结转成本和往来的处理

根据经业务部门审核并签字确认的业务预算信息单票逐项确认收入,并结转对应的成本：

借:预算收入差异——明细收入项目
　　贷:公路货代收入——明细收入项目
借:公路货代成本——明细收入项目
　　贷:预算成本差异——明细收入项目

在编制账单并开票时根据实际发票金额确认应收账款。如与客户约定为月结的,则在约定的月度结算日根据编制的汇总账单金额确认应收账款,如经对账后确认开票的收款金额与账单金额有异的,应及时调整入账的应收账款金额(调减以红字冲回),会计分录如下:

借:应收账款——A公司
　　贷:预估收入差异——明细收入项目

无论是否确认收入,在收到分供方发票后经业务部门审核无误,根据实际发票金额确认应付账款:

借:预估成本差异——明细收入项目
　　贷:应付账款——X公司

对有客户预付款的,在确认应收账款的同时冲预收账款。如预收大于应收,则退还客户或留在原科目作下笔业务的预收款;如预收小于应收,应收的余额为应向客户追加收取的款项,会计分录如下:

借:预收账款——A公司
　　贷:应收账款——A公司

（二）收款、预付款的核算

开出发票后收到客户付款,凭银行进账单作以下分录:

借:银行存款/外币存款
　　贷:应收账款——A公司

向分供方付款,凭业务部门的付款申请、分供方原始发票等记:

借:应付账款——X公司
    贷:银行存款/外币存款

(三) 对代收代付款项的处理

先收到客户付款的,经业务部门审核无误后,根据银行收款凭证记:
借:银行存款/外币存款
    贷:预收账款——A公司

收到分供方发票,经业务部门审核无误后,按发票金额确认应付账款,同时确认对应的应收账款:
借:应收账款——外部代垫——A公司
    贷:应付账款——外部代垫——X公司

对有预收账款的进行冲销:
借:预收账款
    贷:应收账款——外部代垫——A公司

无预收账款的,在收到客户回款时,根据银行进账单和相关业务单据核销代收代付项目的应收账款:
借:银行存款/外币存款
    贷:应收账款——外部代垫——A公司

在对代收代付项目进行付款时,根据业务部门付款申请、分供方发票等记:
借:应付账款——外部代垫——×公司
    贷:银行存款/外币存款

第四节 铁路货代业务

一、业务概述

铁路货代,指接受货主、托运人或系统内外代理的委托,通过向中国境内外的铁路运输部门或单位定期承包车皮、集装箱拖挂、整车使用计划,并委托其承运,代办一切铁路发运手续、负责铁路装车及运行中的协调和信息服务的业务行为。公路货代根据货物流向不同分为出口业务、进口业务和国内业务,主要业务操作环节包括内陆短驳调运、公路运输、代理报关报检、(装卸理货等)操作、仓储堆存等。

二、业务核算要点

铁路货代业务收支按单票核算,通过"预估收入/成本差异"科目进行。铁路货代的单票定义为每一张客户委托单。

(一) 出口业务

铁路货代出口业务于货物装车后3个工作日确认收入并结转成本。业务员从接受客户委托之日起完成所有代理服务、货物装车后3个工作日内,有责任对该票委托单编制单票的业务收支明细预算表,并根据期间掌握的信息及时更新业务收支明细预算表。业务单票的预算信息于收入确认日导入财务系统,并按业务预算信息确认收入并结转成本。

相应的应收账款在结算人员编制账单并打印发票之日按发票金额确认入账。相应的应付账款在收到分供商发票时按经审核的发票金额确认入账。如确认的应收与收入金额以及应付与成本金额存在差异,则分别通过"预估收入差异"和"预估成本差异"科目定期进行单票、逐项的调整。

(二) 进口业务

铁路货代进口业务于货物送达约定提货地点后3个工作日确认收入并结转成本。与出口业务相同,铁路货代进口业务的业务员应根据客户委托和实际提供劳务的操作信息编制单票业务收入支出明细预算表,铁路货代进口业务和成本的金额即依据该单票预算表中的预估信息,于收入确认日导入财务系统,并生成相关记账凭证。对铁路货代进口业务应收账款与应付账款的核算流程和会计处理原则与公路货代出口业务相同。

(三) 国内业务

铁路货代国内业务于货物送达约定提货地点后3个工作日确认收入并结转成本。铁路货代国内业务收入和成本的金额同样依据业务员编制的单票业务收支明细预算表中的预估信息,于收入确认日导入财务系统,并生成相关的记账凭证。对公路货代国内业务的应收账款与应付账款的核算流程和会计处理原则与铁路货代出口业务相同。

(四) 关于代收代付项目的说明

对代收代付项目统一按是否向客户提供分供商的原始发票进行界定。对任何代收代付项目必须按收到的供应商发票金额确认应付账款,并同时确认应收账款,如客户付款在支付供应商之前,则对收到的客户款项作预收账款处理。

一般地,为减少资金占用和坏账风险,对大额支出项目应要求客户提供预付款,如进口货物缴纳的关税等;对非可控的变动支出应要求业务员向客户实报实销,并按代收代付性质核算,如超期堆存费等。

(五) 业务收入成本核算的操作性建议

在日常操作中如按月的业务性财务数据已能满足管理层对信息的需求细度,则出于减少对月度内可发现的预估差异进行不必要的调整考虑,可以将业务明细预算信息导入财务系统的时间设定为每月末,亦即对业务收入的确认和成本结转在每月末一次性进行。但应收账款和应付账款的核算方法并不因此而改变。同时,也可根据各地管理层的个性需求对业务信息导入财务系统的时间设定进行调整。

三、账务处理

（一）确认收入前客户预付款的处理

在收到客户预付款的到账通知单时开收据，并记：

借：银行存款/外币存款
　　贷：预收账款——A 公司

确认收入，结转成本和往来的处理：

（1）根据经业务部门审核并签字确认的业务预算信息单票逐项确认收入，并结转对应的成本：

借：预算收入差异——明细收入项目
　　贷：铁路货代收入——明细收入项目
借：铁路货代成本——明细收入项目
　　贷：预算成本差异——明细收入项目

（2）在编制账单并开票时根据实际发票金额确认应收账款。如与客户约定为月结的，则在约定的月度结算日根据编制的汇总账单金额确认应收账款，如经对账后确认开票的收款金额与账单金额有异的，应及时调整入账的应收账款金额（调减以红字冲回），会计分录如下：

借：应收账款——A 公司
　　贷：预估收入差异——明细收入项目

（3）无论是否确认收入，在收到分供方发票后经业务部门审核无误，根据实际发票金额确认应付账款：

借：预估成本差异——明细收入项目
　　贷：应付账款——X 公司

（4）对有客户预付款的，在确认应收账款的同时冲预收账款。如预收大于应收，则退还客户或留在原科目作下笔业务的预付款；如预收小于应收，应收的余额为应向客户追加收取的款项，会计分录如下：

借：预收账款——A 公司
　　贷：应收账款——A 公司

（二）收款、预付款的核算

（1）开出发票后收到客户付款，凭银行进账单作以下分录：

借：银行存款/外币存款
　　贷：应收账款——A 公司

（2）向分供方付款，凭业务部门的付款申请、分供方原始发票等记：

借：应付账款——X 公司
　　贷：银行存款/外币存款

(三) 对代收代付款项的处理

(1) 先收到客户付款的,经业务部门审核无误后,根据银行收款凭证记:
借:银行存款/外币存款
　　贷:预收账款——A公司

(2) 收到分供方发票,经业务部门审核无误后,按发票金额确认应付账款,同时确认对应的应收账款:
借:应收账款——外部代垫——A公司
　　贷:应付账款——外部代垫——X公司

(3) 对有预收账款的进行冲销:
借:预收账款
　　贷:应收账款——外部代垫——A公司

(4) 无预收账款的,在收到客户回款时,根据银行进账单和相关业务单据核销代收代付项目的应收账款:
借:银行存款/外币存款
　　贷:应收账款——外部代垫——A公司

(5) 在对代收代付项目进行付款时,根据业务部门付款申请、分供方发票等记:
借:应付账款——外部代垫——X公司
　　贷:银行存款/外币存款

复习思考题

1. ××物流公司为某航运企业办理水运货代业务,1月10日收到预付款15 000元。1月15日为航运企业办理货代业务,发生成本11 000元,应确认的收入为14 000元。作相应的会计处理。

2. ××物流公司为客户办理航空货代业务,2月1日发生成本3 750元,应确认收入5 000元,2月12日收到客户打来的款项。作相应的会计处理。

3. 期末,××物流公司公路货代业务的"预估收入差异"科目的借差合计为2 300元,贷差合计为1 500元,"预估成本差异"科目的借差合计为3 900元,贷差合计为4 300元。对这两科目进行重分类调整。

4. ××物流公司为客户办理铁路货代业务,5月14日发生货代成本2 400元,预估收入为3 340元,已开票的实际收入为3 500元。作相应的会计处理。

第八章 物流企业其他相关内容会计的核算

■ 学习目标 ■

学习完本章,你应该能够:
1. 掌握物流企业所有者权益、利润分配和外币业务的核算
2. 重点掌握物流企业资产负债表、利润表和现金流量表的编制方法
3. 熟悉物流企业利润分配的程序
4. 了解物流企业利润的概念、外币业务的概念以及财务报表附注

■ 基本概念 ■

所有者权益 外币业务 资产负债表 利润表 现金流量表

第一节 物流企业所有者权益和利润分配

一、所有者权益的核算

(一)所有者权益的构成

一个企业的存在,是需要一定的经济资源作为基础的,而企业的经济资源一般靠筹资活动获取,资金提供者对企业的经济资源拥有相应要求权,从而形成了资金提供者的相关权益,包括由债权人借款出资形成的债权人权益和投资人投资形成的所有者权益。企业常在会计上把债权人权益作为负债处理,因此在会计上,所有者权益是企业资产减去企业负债后的剩余部分,是属于投资人对企业资产的要求权。

所有者权益由实收资本(股本)、资本公积、盈余公积和未分配利润几部分构成。

(二)所有者权益的核算

1. 实收资本(股本)的核算

实收资本(股本)是指投资者作为资本投入到物流企业的各种资产的价值总和,是投资人对企业筹集注册资本的出资额,是企业注册登记的法定资本总额的来源。实收资本(股

本)一般是企业无需偿还、能在长期内持有并周转使用的投资者投入资本。实收资本(股本)构成可以是投资者的货币资金、实物资产出资,也可以是无形资产的作价出资。

物流企业应设置"实收资本(股本)"账户来核算所收到的投资者投资。当物流企业收到投资者以货币资金投入的资本时,应以实际收到的款项作为实收资本(股本)入账,实际收到的款项超过投资者在注册资本中占有份额的部分,记作资本公积;若物流企业收到投资者的非货币资产投资,应以投资各方确认的公允价值作为实收资本(股本)入账,投资各方确认的资产价值超过所占企业注册资本份额的部分,亦记作资本公积。资本公积通过"资本公积"账户进行核算。具体会计处理如下:

货币资金投资时:
借:银行存款(或其他相关账户)
　　贷:实收资本(股本)
　　　　(资本公积)

非货币资产投资时:
借:固定资产、原材料、库存商品或无形资产等
　　贷:实收资本(股本)
　　　　(资本公积)

[例 8-1] 海大物流公司由三家公司发起设立,注册资本为 500 万元。A 公司以现金出资 80 万元,款项全部到账;B 公司以实物作价出资,包括货车等运输工具和相关配套设施设备,价值 360 万元;C 公司提供一项技术,以此技术作价出资 60 万元。作会计分录:

借:银行存款　　　　　　　　　　　　　　　　　　800 000
　　固定资产　　　　　　　　　　　　　　　　　36 000 000
　　无形资产　　　　　　　　　　　　　　　　　　600 000
　　贷:实收资本(股本)——A 公司　　　　　　　800 000
　　　　　　　　　　　　——B 公司　　　　　　3 600 000
　　　　　　　　　　　　——C 公司　　　　　　　600 000

若 A 公司实际出资为 82 万元,而 B 公司投资的固定资产市价实际为 365 万元,三个公司仍按原出资比例出资,则有:

借:银行存款　　　　　　　　　　　　　　　　　　820 000
　　固定资产　　　　　　　　　　　　　　　　　3 650 000
　　无形资产　　　　　　　　　　　　　　　　　　600 000
　　贷:实收资本(股本)——A 公司　　　　　　　800 000
　　　　　　　　　　　　——B 公司　　　　　　3 600 000
　　　　　　　　　　　　——C 公司　　　　　　　600 000
　　　　资本公积　　　　　　　　　　　　　　　　70 000

2. 资本公积的核算

资本公积是指物流企业收到投资者的超出其在物流企业注册资本中所占份额的投资,以及直接计入所有者权益的利得和损失等。资本公积包括资本或股本溢价和直接计入所有者权益的利得或损失。物流企业应该设置"资本公积"账户以及用"资本或股本溢价"、"其他

资本公积"子账户来进行核算。

(1) 资本或股本溢价的核算。

资本或股本溢价是物流企业收到投资者的超出企业注册资本中所占份额的金额。形成资本或股本溢价的原因有溢价发行股票、投资者超额缴入资本等。物流企业用"资本公积——资本或股本溢价"账户来核算投资者投入的资本超出按出资比例应占有注册资本份额的部分以及股票发行的溢价收入。

① 资本溢价:物流企业(非股份有限公司)在收到投资者投入的资金或作价投入的固定资产、无形资产等,按实际收到的金额和确定的价值入账,将占有注册资本的份额计入"实收资本"账户,差额计入"资本公积"。

  借:银行存款(或固定资产等相关账户)
    贷:实收资本
      资本公积——资本溢价

[例8-2] A公司对海大物流公司出资82万元,按照其注册资本所占比例,应出资80万元,差额计入资本溢价。作会计分录:

  借:银行存款   820 000
    贷:实收资本   800 000
      资本公积——资本溢价   20 000

② 股本溢价:发行股票的物流企业在溢价发行股票、收到现金等资产时,按实际收到的金额入账,将发行的股票面值总额记为"股本",溢价部分计入"资本公积"。发行股票时所支付的佣金、手续费等,应该从溢价收入中扣除。

  借:银行存款(或其他相关账户)
    贷:股本
      资本公积——股本溢价

[例8-3] 海大物流公司公开发行股票募集资金,发行股票面值总额为400万元,收到资金462万元,手续费佣金等合计32万元。作会计分录:

  借:银行存款   4 300 000
    贷:股本   4 000 000
      资本公积——股本溢价   300 000

(2) 其他资本公积的核算。

其他资本公积是指除资本或股本溢价项目以外所形成的资本公积,其中主要包括直接计入所有者权益的利得或损失。直接计入所有者权益的利得或损失是指不应计入当期损益,会导致所有者权益发生增减变动的、与所有者投入资本或者向所有者分配利润无关的利得或损失。物流企业用"资本公积——其他资本公积"来记录此项目的发生。

① 接受现金和非现金资产的捐赠。

物流企业接受现金捐赠和非现金资产捐赠时,按照实收现金额和确定的非货币资产的价值入账,作相关的会计处理。

收到现金:

  借:银行存款

贷：资本公积——其他资本公积——接受现金捐赠
收到非货币资产：
　　借：固定资产（或存货等其他相关账户）
　　　　贷：资本公积——其他资本公积——接受非现金资产捐赠

[例8-4] 海大物流公司收到某公司的现金捐赠73 500元以及一台价值15 000元的设备，作会计分录：

　　借：银行存款　　　　　　　　　　　　　　　　　　73 500
　　　　固定资产　　　　　　　　　　　　　　　　　　15 000
　　　　贷：资本公积——其他资本公积——接受现金捐赠——某公司　73 500
　　　　　　资本公积——其他资本公积——接受非现金资产捐赠——某公司　15 000

② 可供出售金融资产公允价值的变动。

物流企业持有的可供出售金融资产由于市场情况变化而导致公允价值变动产生利得或损失，除减值损失或外币货币性金融资产形成的汇兑差额外，需要反映在"资本公积——其他资本公积"账户上。产生利得时，借记"可供出售金融资产——公允价值变动"，贷记"资本公积——其他资本公积"，产生损失时做相反分录。

[例8-5] 海大物流公司将年初购进每股市价为7元的股票共50 000股，划分为可供出售金融资产，6月30日，该股票每股市价涨到8.1元。作会计分录：

　　借：可供出售金融资产——公允价值变动　　　　　　55 000
　　　　贷：资本公积——其他资本公积　　　　　　　　　　55 000

③ 权益法下股权投资变动。

物流企业采用权益法来核算对被投资企业的长期股权投资时，在持股比例不变的情况下，被投资企业除净损益以外所有者权益的其他变动，物流企业按持股比例计算应享有的份额，应计入"资本公积"；如果是利得，应当增加长期股权投资的账面价值，同时增加资本公积，如果是损失则作相反会计处理。

　　借：长期股权投资——其他权益变动
　　　　贷：资本公积——其他资本公积

[例8-6] 海大物流公司持有E公司32%的股份，对E公司有重大影响，采用权益法核算长期股权投资。201×年末E公司因其可供出售金融资产公允价值变动计入其资本公积的金额为106 000元。作会计分录：

　　借：长期股权投资——其他权益变动　　　　　　　　33 920
　　　　贷：资本公积——其他资本公积　　　　　　　　　　33 920

3. 盈余公积的核算

盈余公积是物流企业按照规定从净利润中提取的各种积累资金。盈余公积通常分为法定盈余公积和任意盈余公积，前者遵循法律和准则规定，按照企业税后利润的10%强制提取，而后者是物流企业根据股东大会或类似机构决议而自行确定比例提取的。提取盈余公积可以有多种用途，如弥补企业亏损、转增资本、分配股利等。盈余公积的会计核算应通过"盈余公积"账户进行，贷方记录实际提取数额，借方记录盈余公积转作其他用途的金额。在"盈余公积"账户下需设置"法定盈余公积"和"任意盈余公积"账户进行明细核算。

第八章　物流企业其他相关内容会计的核算

(1) 盈余公积的提取。

物流企业按照规定从税后净利润中提取盈余公积,应借记"利润分配"账户及其相关明细账户,贷记"盈余公积"及其相关明细账户。会计处理如下:

借:利润分配——提取盈余公积
　　贷:盈余公积——法定盈余公积
　　　　　　　　——任意盈余公积

(2) 盈余公积的使用。

① 弥补亏损。

当企业股东会或类似机构决议用盈余公积来弥补亏损时,借方记"盈余公积",贷记"利润分配"相关明细账户。会计处理如下:

借:盈余公积
　　贷:利润分配——盈余公积补亏

② 转增资本。

物流企业可以用盈余公积转增资本,转增之后,企业的法定盈余公积一般不得低于企业注册资本的 25%。转增资本时,作以下会计处理:

借:盈余公积
　　贷:实收资本(股本)

［例 8-7］　海大物流公司经股东会商议决定用盈余公积转增资本 190 000 元,作会计分录:

借:盈余公积　　　　　　　　　　　　　　　　　　　　　190 000
　　贷:实收资本(股本)　　　　　　　　　　　　　　　　　　　190 000

4. 未分配利润的核算

未分配利润是物流企业留待以后年度进行分配的结存利润,也是企业所有者权益的组成部分,它包括物流企业以前年度累积的未分配利润以及本年度净利润减去提取的盈余公积和分出的利润后的数额。

在会计处理上,未分配利润是通过"利润分配"账户来进行核算的。年度终了,"本年利润"的余额需转入"利润分配——未分配利润"账户,同时"利润分配"账户下的其他明细账户的余额也需要转入"未分配利润"账户下,从而使"利润分配——未分配利润"账户的年末余额反映企业累积的未分配利润(或未弥补亏损)。

物流企业在当年发生亏损的情况下,应将本年发生的亏损额自"本年利润"账户转入"利润分配——未分配利润"账户,借记"利润分配——未分配利润",贷记"本年利润";当企业实现利润需弥补以前年度亏损时,则将当年实现的利润从"本年利润"账户借方转入"利润分配——未分配利润"账户的贷方,"利润分配——未分配利润"的借、贷方发生额便进行自然抵补。

二、利润分配的核算

物流企业利润是企业在一定时期内从事经营活动实现的经营成果,是物流企业收入和成本费用配比的结果,它反映了物流企业一段时期经营管理的综合效果,并体现了企业的经济效益。利润是企业持续经营的重要保证,也是反映企业盈利水平的重要指标。加强对利润的核算和管理,是企业内部经营管理的需要,也是外部相关利益主体的要求。

(一) 利润的核算和管理

1. 利润的确认

按照权责发生制原则,利润是企业全部收入和全部支出配比的结果。理论上,利润是在企业发生耗费支出并取得相应收入时进行确认,而事实上收入的确认和支出的确认往往是不一致的,因此利润的确认时点不能依照收入或是支出的确认时点。一般来说,企业一定时期形成的利润通常在期末予以确认。

2. 利润的构成和计量

物流企业的利润由营业利润、投资收益、营业外收支净额等构成。

(1) 营业利润。

营业利润是物流企业从事经营活动而取得的利润,是全部业务收入与全部业务支出配比的结果,是物流企业利润的主要组成部分。营业利润等于营业收入与营业成本配比,扣除期间费用并考虑投资收益或损失后的金额。

$$营业利润 = 营业收入 － 营业成本 － 营业税金及附加 － 期间费用 ＋ 投资净收益$$

$$营业收入 = 主营业务收入 ＋ 其他业务收入$$

$$营业成本 = 主营业务成本 ＋ 其他业务支出$$

$$期间费用 = 销售费用 ＋ 管理费用 ＋ 财务费用$$

$$投资净收益 = 投资收益 － 投资损失 － 计提的投资减值准备$$

投资收益或损失是物流企业进行对外投资的结果,收益包括被投资企业发放的股利股息及股价变动的资本利得等,而损失则包括物流企业收回投资或转让时发生的差价损失以及分担的被投资企业的亏损数额。

(2) 利润总额。

利润总额是由营业利润、营业外收支净额组成的。

$$利润总额 = 营业利润 ＋ 营业外收入 － 营业外支出$$

营业外净额是营业外收入与营业外支出的差额。营业外收支是指物流企业发生的与日常经营活动无直接关系的各项利得和损失,包括固定资产盘盈盘亏、教育费附加返还款、违约金、罚款等。

(3) 净利润。

利润总额扣除了按应纳税所得计算得到的企业所得税费用后,便得到了净利润,即物流企业的税后利润。

$$净利润 = 利润总额 － 所得税费用$$
$$= 税前利润 \times (1 － 所得税税率)$$

3. 利润的相关核算

(1) 期间费用的核算。

物流企业的期间费用包括销售费用、管理费用和财务费用。

销售费用是物流企业在经营活动过程中发生的费用,主要有保险费、展览费和广告费以及在专设的服务网点发生的职工工资、业务费等经营费用。管理费用是物流企业为组织和管理企业经营所发生的一系列费用,包括行政管理部门的职工工资、办公费、差旅费等,以及劳动保险费、诉讼费、咨询费、工会董事会经费、房产税、印花税、土地使用税、无形资产摊销、坏账准备金计提、存货跌价准备等。财务费用是物流企业为筹集企业运营资金等而发生的相关费用,包括不能资本化的利息支出、汇兑损失及手续费等。

期间费用的核算需开设各费用账户,核算时借记该账户,贷记"银行存款"、"现金"、"应付工资"等相关账户,期末时借方余额结转至"本年利润"账户,结转后期间费用账户无余额。

[例 8-8] 海大物流公司 1 月份摊销上年度支付的行政管理部门财务保险费 900 元,计入管理费用;1 月份发生融资手续费 5 500 元,同时支付给广告商 14 000 元的广告费。作会计分录:

借:管理费用——财务保险费　　　　　　　　　　　　　900
　　财务费用——手续费　　　　　　　　　　　　　　　5 500
　　销售费用——广告费　　　　　　　　　　　　　　　14 000
　　贷:银行存款　　　　　　　　　　　　　　　　　　　　19 500
　　　　待摊费用——财务保险费　　　　　　　　　　　　　900

上年的财务保险费支付时有如下会计分录:

借:待摊费用——财务保险费　　　　　　　　　　　　　10 800
　　贷:银行存款　　　　　　　　　　　　　　　　　　　　10 800

(2) 投资收益的核算。

投资收益是物流企业以各种方式对外投资所取得的净收益,是物流企业对外投资的收益减去发生的投资损失和计提的减值准备的余额。物流企业应设置"投资收益"账户来核算对被投资企业的投资收益或损失。当物流企业收到被投资企业的分红、股利或在被投资企业固定份额的权益价值有所增加时,企业应贷记"投资收益"账户,借记相关账户;当物流企业处置投资而发生损失或在被投资企业的权益减值时,企业应借记"投资收益"账户,贷记相关账户。到期末时,将"投资收益"账户余额转入"本年利润"账户。

[例 8-9] 海大物流公司 201×年末对一家轮船公司进行投资 37 000 元,持有该公司 10%的股份,当年该公司实现净利润 450 000 元,1 月 3 日宣告分派股利 320 000 元,1 月 15 日海大物流公司收到该轮船公司分派的股利。下一年,该公司实现净利润 700 000 元,分配利润 500 000 元。

第一年,投资当年所收到的利润作为投资成本的收回,作会计分录:

宣告时:

借:应收股利——某轮船公司　　　　　　　　　　　　　32 000
　　贷:长期股权投资　　　　　　　　　　　　　　　　　　32 000

收到股利:

借:银行存款　　　　　　　　　　　　　　　　　　　　　32 000
　　贷:应收股利——某轮船公司　　　　　　　　　　　　　32 000

第二年,应冲减投资成本金额 = 370 000×10% − 32 000 = 5 000(元),当年实际分到股利 50 000 元,确认投资收益 45 000 元,作会计分录:

宣告时：
借：应收股利——某轮船公司　　　　　　　　　　　　50 000
　　贷：投资收益　　　　　　　　　　　　　　　　　　　　　45 000
　　　　长期股权投资　　　　　　　　　　　　　　　　　　　 5 000
收到股利时：
借：银行存款　　　　　　　　　　　　　　　　　　50 000
　　贷：应收股利——某轮船公司　　　　　　　　　　　　　50 000

（3）营业外收支的核算。

营业外收入和营业外支出应当分别核算，不得以营业外支出直接抵减营业外收入。企业用"营业外收入"和"营业外支出"账户来分别核算与企业日常经营活动无直接关系的利得和损失。营业外收入包括固定资产盘盈、处理固定资产净收益、无形资产处置收益等，而营业外支出包括固定资产盘亏、处理固定资产净损失、罚款支出、捐赠支出、非常损失等。

企业取得营业外收入，借记"固定资产清理"、"待处理财产损溢"、"现金"等有关账户，贷记"营业外收入"账户。期末将贷方余额结转至"本年利润"账户，结转后无余额。

企业发生的营业外支出通过"营业外支出"账户核算，借记本账户，贷记"固定资产清理"、"待处理财产损溢"、"银行存款"等账户，期末需要将借方余额结转至"本年利润"账户，结转后无余额。

[例8-10]　海大物流公司4月6日以9 400元出售一部残值为8 000元的货物传输装置，发生处置费用450元；5月21日海大物流公司向灾区捐赠30 000元。作会计分录：

借：银行存款　　　　　　　　　　　　　　　　　　 9 400
　　贷：固定资产　　　　　　　　　　　　　　　　　　　　 8 000
　　　　固定资产清理　　　　　　　　　　　　　　　　　　 1 400
借：固定资产清理　　　　　　　　　　　　　　　　　　450
　　贷：银行存款　　　　　　　　　　　　　　　　　　　　　 450
借：固定资产清理　　　　　　　　　　　　　　　　　　950
　　贷：营业外收入——固定资产盘盈　　　　　　　　　　　 950
借：营业外支出——捐赠支出　　　　　　　　　　　 30 000
　　贷：银行存款　　　　　　　　　　　　　　　　　　　　30 000

（4）所得税费用的核算。

所得税是对企业生产经营所得和其他所得而依法征收的一种企业税金。所得税费用是企业税前利润的一项扣除，正确地计算所得税费用是获得真实客观的税后净利润的条件。

① 应纳所得税额的计算。

　　　　　　应纳税所得额＝会计利润±纳税调整项目金额
　　　　　　当期应纳所得税＝应纳税所得额×适用所得税率
　　　　　　所得税费用＝当期应纳所得税＋递延所得税

② 所得税的会计处理。

物流企业的生产经营所得和其他所得，依照有关所得税暂行条例及其细则的规定需要缴纳所得税。企业应交纳的所得税，在"应交税费"科目下设置"应交所得税"明细科目核算；

当期应计入损益的所得税,作为一项费用,在净利润前扣除,用"所得税费用"账户来核算。当物流企业计算所得税时,同时需作相关会计处理,即借记"所得税费用"账户,贷记"应交税费——应交所得税"账户。期末,将"所得税费用"账户余额转入"本年利润"账户。

4. 本年利润的会计处理

物流企业应设置"本年利润"账户以核算企业本年度实现的净利润或发生的净亏损。企业期末结转利润时,应将各损益类账户的金额转入本账户,结平各损益类账户,即将"主营业务收入"、"其他业务收入"、"营业外收入"、"投资收益"账户的贷方余额转入"本年利润"的贷方,而"主营业务成本"、"主营业务税金及附加"、"营业外支出"、"所得税"、"投资损失"以及期间费用账户的期末借方余额转入"本年利润"的借方。结转后本账户的贷方余额为当期实现的净利润,借方余额为当期发生的净亏损。

年度终了时,"本年利润"账户的余额需要转入"利润分配——未分配利润"账户,以衡量企业可以用来进行分配的利润额。如企业实现了净利润,借记"利润分配——未分配利润",贷记"本年利润";发生净亏损则作相反会计分录。

[例 8-11] 海大物流公司在年末结转各损益类账户,续上例,作会计分录:

借:本年利润
    贷:管理费用——财务保险费　　　　　　　　　　900
        财务费用——手续费　　　　　　　　　　　5 500
        销售费用——广告费　　　　　　　　　　　14 000
        营业外支出——捐赠支出　　　　　　　　　30 000
        所得税费用　　　　　　　　　　　　　　　335 000
        ……

借:投资收益　　　　　　　　　　　　　　　　　　9 600
    营业外收入——固定资产盘盈　　　　　　　　　　950
    ……
    贷:本年利润

(二) 利润分配的核算和管理

利润分配是企业根据国家有关政策和企业章程,对企业净利润进行合理有效分配的过程。物流企业确定了当期实现的净利润,就应该按照规定的程序对其进行合理分配,未分配利润结转到下一会计期间。利润分配是企业稳定和持续发展的重要保障,只有通过合规合理的利润分配,企业所有者的合法权益、企业的持续经营才能有所保证。

1. 利润分配的程序

物流企业本期实现的净利润和上一会计期间的年末未分配利润(即本年年初未分配利润)构成本年可供分配的利润总额。可供分配的利润按以下顺序进行分配:

(1) 弥补以前年度的亏损,此亏损为在用税前利润弥补后仍存在的亏损(在缴纳所得税之前的税前利润可以用来弥补不超过税法规定期限的企业亏损);

(2) 提取法定盈余公积金;

(3) 提取任意盈余公积金;

(4)向投资者分配利润。

2. 利润分配的核算和结转

(1)弥补亏损的核算。

按照税法的规定,企业发生的亏损,可以用下一年的税前利润进行弥补,下一年不足弥补的,可以在五年内连续弥补。五年后企业仍存在亏损只能用税后净利润来弥补。企业对亏损弥补的会计处理没有专门的分录,各年度的年末"利润分配——未分配利润"借方/贷方的余额的变动自然反映了利润对亏损的弥补。即"利润分配——未分配利润"借方反映的是亏损,当企业盈利时,"本年利润"转入"利润分配——未分配利润"贷方,本账户的余额就反映出弥补后的亏损或盈余。不过有时企业也用盈余公积来弥补亏损,此时就需要作相反的会计处理。

[例 8-12] 海大物流公司用盈余公积来弥补以前年度亏损额 134 500 元,作会计分录:

借:盈余公积　　　　　　　　　　　　　　　134 500
　　贷:利润分配——盈余公积补亏　　　　　　　　　134 500

(2)提取盈余公积金的核算。

公积金是企业在资本之外所保留的资金金额,其分为盈余公积金和资本公积金。资本公积金是直接由资本原因形成的公积金,如实收资本(股本)溢价等。而盈余公积金是从企业税后利润中提取的,用于企业发展、弥补亏损或转增资本的积累,盈余公积金有法定盈余公积和任意盈余公积两种。法定公积金按照企业税后利润的 10%强制提取,当企业累计提取的法定公积金为企业注册资本的 50%以上时可以不再提取;而任意盈余公积金按照企业股东会或类似机构决议、由企业自行决定的比例从税后利润中提取。

[例 8-13] 海大物流公司税后利润为 780 000 元,任意公积金提取比例为 5%,公司按规定比例提取法定盈余公积金。作会计分录:

借:利润分配——提取盈余公积　　　　　　　117 000
　　贷:盈余公积——法定盈余公积　　　　　　　　78 000
　　　　　　　——任意盈余公积　　　　　　　　39 000

(3)向投资者分配的核算。

物流企业的净利润在完成上述分配后的剩余是企业投资者索取的利润份额。向投资者分配可以采用多种形式,对于股份制经营企业,其多采用股利方式。通过宣告和发放股利股息,投资者最终分享到企业的经营成果。

[例 8-14] 海大物流公司 2 月 25 日经股东会商议决定向股东分配股利 246 000 元。作会计分录:

借:利润分配——应付普通股股利　　　　　　246 000
　　贷:应付股利　　　　　　　　　　　　　　　246 000

实际支付时:

借:应付股利　　　　　　　　　　　　　　　246 000
　　贷:银行存款　　　　　　　　　　　　　　　246 000

(4)利润分配的结转。

年末,"本年利润"的余额转入"利润分配——未分配利润"账户,同时"利润分配"账户下的其他明细账户的余额也需要转入"未分配利润"账户下,从而使"利润分配"账户的年末余额反映企业累积的未分配利润(或未弥补亏损)。"利润分配"账户下的其他明细账户在结转后无余额。

[例 8-15] 海大物流公司 20×9 年实现净利润 860 000 元,按 10% 的比例提取法定盈余公积金,并按 5% 的比例提取任意盈余公积金,年末宣告向股东分配普通股股利 320 000 元,相关会计处理如下:

结转本年利润时:
借:本年利润　　　　　　　　　　　　　　　　　　860 000
　　贷:利润分配——未分配利润　　　　　　　　　　　860 000

提取盈余公积:
借:利润分配——提取盈余公积　　　　　　　　　　129 000
　　贷:盈余公积——法定盈余公积　　　　　　　　　　86 000
　　　　　　——任意盈余公积　　　　　　　　　　43 000

宣告分配股利:
借:利润分配——应付普通股股利　　　　　　　　　320 000
　　贷:应付股利　　　　　　　　　　　　　　　　　320 000

结转"利润分配"明细账户:
借:利润分配——未分配利润　　　　　　　　　　　449 000
　　贷:利润分配——提取盈余公积　　　　　　　　　129 000
　　　　　　——应付普通股股利　　　　　　　　　320 000

结转后"利润分配——未分配利润"贷方余额为 411 000 元(860 000－449 000)。

第二节　物流企业外币业务的核算

一、外币业务综述

随着全球经济一体化的加速发展,大型的跨国公司不断地涌现出来,很多物流企业也不断把自己的物流经营范围扩大到国外,从事更大范围、更宽领域的物流服务,比如联邦快递公司(FEDEX)、联合包裹运输公司(UPS)等。在这种情况下,物流企业的经营不可避免要涉及外币业务,而且按照发展的趋势,很多物流企业开始把重心移向国外的子公司和分公司的经营。这些公司的境外经营活动绝大多数是以所在国或地区的货币进行核算,会计记录和报告也是以所在国或地区的货币作为记账本位币的。为了更好地了解物流企业的业务和经营状况,我们需要将以外币表示的企业会计报告折算为以人民币表示的报告,以方便决策者对会计信息的理解和使用。

(一) 外币业务的相关概念[①]

1. 外汇和外币

(1) 外汇通常指以外国货币表示的可用于国际结算的各种支付手段。主要包括外国货币、外币存款、外币有价证券(政府公债、国库券、公司债券、股票等)、外币支付凭证(票据、银行存款凭证、邮政储蓄凭证等)。外汇有两层含义,其一是指把人们利用金融机构将一种货币兑换成另一种货币的国际汇兑行为和过程,并借助各种金融工具进行国际债权和债务关系的一种非现金结算行为;其二是指以外币表示的可用于对外支付的金融资产,具有可支付性、可兑换性、可获得性。

(2) 外币是指本国货币以外的其他国家或地区的货币。它常用于企业因贸易、投资等经济活动引起的对外结算业务中。外币是指在一个官方的货币区域内所使用的一种其他货币或者利用一种其他货币所提出的付款要求。外币是外汇的组成部分。

2. 记账本位币

记账本位币是指企业经营所处的主要经济环境中的货币,是日常登记账簿和编制财务会计报告时用以表示计量的货币。我国企业通常选择人民币作为记账本位币。业务收支以人民币以外的货币为主的企业,可以选定其中一种货币作为记账本位币,但是编报的财务会计报告应当折算为人民币。

企业选定记账本位币,应当考虑以下因素:

(1) 该货币主要影响商品和劳务的销售价格,通常以该货币进行商品和劳务的计价和结算;

(2) 该货币主要影响商品和劳务所需人工、材料和其他费用,通常以该货币进行上述费用的计价和结算;

(3) 融资活动获得的货币以及保存从经营活动中收取款项所使用的货币。

企业若有境外经营,即企业拥有在境外的子公司、合营企业、联营企业和分支机构的,选定记账本位币时还应当考虑以下因素:

① 境外经营对其所从事的活动是否拥有很强的自主性;

② 境外经营活动中与企业的交易是否在境外经营活动中占有较大比重;

③ 境外经营活动产生的现金流量是否直接影响企业的现金流量,是否可以随时汇回;

④ 境外经营活动产生的现金流量是否足以偿还其现有债务和可预期的债务。

企业的记账本位币一经确定,不得随意变更,除非企业经营所处的主要经济环境发生重大变化;当企业经营所处的主要经济环境发生重大变化,确需变更记账本位币时,应当采用变更当日的即期汇率,将所有项目折算为变更后的记账本位币。

3. 汇率

(1) 汇率的标价方法。

① 直接标价法,又叫应付标价法,是以一定单位的外国货币为标准来计算应付多少单位本国货币。就相当于计算购买一定单位外币所应付多少本币,所以就叫应付标价法。在

[①] 中华人民共和国财政部.企业会计准则.经济科学出版社,2006

国际外汇市场上,包括中国在内的世界上绝大多数国家目前都采用直接标价法。如人民币兑美元汇率为6.88630,即1美元兑6.88630元人民币。在直接标价法下,若一定单位的外币折合的本币数额多(少)于前期,则说明外币币值上升(下跌)或本币币值下跌(上升),叫做外汇汇率上升(下跌),即外币的价值与汇率的涨跌成正比。

② 间接标价法,又称应收标价法,它是以一定单位(如1个单位)的本国货币为标准,来计算应收若干单位的外汇货币。在国际外汇市场上,欧元、英镑、澳元等均为间接标价法。如欧元兑美元汇率为1.26131,即1欧元兑1.26131美元。在间接标价法中,本国货币的数额保持不变,外国货币的数额随着本国货币币值的变化而变化。如果一定数额的本币能兑换的外币数额比前期少(多),这表明外币币值上升(下跌),本币币值下降(上升),即外汇汇率上升(下跌),即外汇的价值和汇率的升跌成反比。

(2) 汇率的分类。

① 现时汇率与历史汇率:现时汇率是指结账日或财务报表编制日的汇率;历史汇率是指外币经济业务发生日的汇率。

② 记账汇率与账面汇率:记账汇率是发生经济业务时进行会计处理所使用的汇率,可以是当时的市场汇率,也可以是会计记账当期某一天的汇率。账面汇率是过去的记账汇率。记账汇率有时也就是现行汇率,这是因为记账汇率是现在的实际汇率。账面汇率也就是历史汇率。

③ 即期汇率与远期汇率:即期汇率是交易双方达成外汇买卖协议后,在两个工作日以内办理交割的汇率。这一汇率一般就是现时外汇市场的汇率水平。通常是中国人民银行公布的当日人民币外汇牌价的中间价。远期汇率是交易双方达成外汇买卖协议,约定在未来某一时间进行外汇实际交割所使用的汇率。远期汇率是远期外汇买卖所使用的汇率,即外汇买卖双方成交后并不立即交割,而是到约定的日期再进行交割,在交割时,双方按原来约定的汇率进行交割,不受汇率变动的影响。

④ 买入汇率、卖出汇率、中间汇率:买入汇率是外汇银行向同业或者客户买进外汇时所使用的汇率。卖出汇率是外汇银行向同业或客户卖出外汇时所使用的汇率。中间汇率亦称"外汇买卖中间价",是买入汇率与卖出汇率的平均数。它是不含银行买卖外汇收益的汇率。银行在买卖外汇时,要以较低的价格买进,以较高的价格卖出,从中获取营业收入。中间汇率常用来衡量和预测某种货币汇率变动的幅度和趋势。

⑤ "钞价"与"汇价":汇价是指电汇、信汇或票汇买卖业务所使用的汇率,一般高于前者。这是因为现钞在本国不能流通,必须运到发行国或地区才能充当流通手段和支付手段,因此成本高。

⑥ 固定汇率与浮动汇率:固定汇率是基本固定,汇率的波动幅度限制在一个规定的范围内的汇率。浮动汇率是固定汇率的对称,是指国家货币主管部门不规定本国货币与另一国货币的官方汇率,只根据市场供求关系来决定的汇率。

(二) 外币业务的概念和内容

1. 外币业务的概念

外币业务是指企业以记账本位币以外的其他货币进行款项收付、往来结算和计价的经济业务。具体包括：

(1) 企业购买或销售以外币计价的商品或劳务；

(2) 企业借入或出借外币资金；

(3) 企业取得或处理外币计价的资产，承担或清偿以外币计价的债务。

外币业务并不等于与外国客户进行的业务，也不能将与国内客户进行的业务都排除在外币业务之外。外币业务的关键是以外币计价的业务，是记账本位币以外的其他货币计价的业务。

2. 外币业务的内容

外币业务主要包括两方面的内容：一是外币业务的账务处理；二是外币会计报表的折算。

外币业务账务处理的主要内容是企业外币业务发生时如何进行外币折算，包括以外币计价的经济业务折算为企业记账本位币计价的经济业务，从而进行会计记录；也包括由于外币业务引起的外币债权债务，因市场汇率变动所承受汇率风险而产生的外币折算差额的处理。

外币会计报表折算是将以外币表示的会计报表换算为某一特定货币表示的会计报表。会计报表往往是为特定的目的编制的。为了特定的目的，也往往需要将一种货币表示的会计报表折算为另一种货币表示的会计报表。

二、外币业务的会计核算

(一) 外币业务的会计核算程序和会计处理方法

外币业务的会计处理程序有两种观点，即一项业务观点和两项业务观点。一项业务观点认为外币业务的购销活动和货款结算活动，只是某一外币业务的两个阶段，应作为同一笔会计业务处理。外币业务发生日与外币债权债务结算日的汇率不同所产生的差异，虽然发生在债权债务结算日，但其根源在于引起该外币债权债务发生的外币业务，因此不得将该折算差额作为汇兑损益处理，而应当追溯到原来的外币业务，对原来发生的该外币购销业务的采购成本和销售收入等账户进行调整，按照这一差额调整其账面价值。在一项业务观点的情况下，完成外币债权债务结算之前这笔外币业务并未结束。两项业务观点认为购销交易和账款的结算是两项独立的相关交易。对于外币业务所引起的在资产负债表编制日前所发生的外币折算差额，有两种处理方法：一是在资产负债表编制日的外币折算损益递延至应收账款或应付账款结算日实现；二是在资产负债表编制日确认外币折算损益。我国会计准则第 19 号——外币折算规定采用"两项交易观"，交易结算日前发生的未实现损益是在当期确认。

外币业务的记账方法一般分为外币统账制和外币分账制两种方法。外币统账制是指企业在发生外币业务时须及时折算为记账本位币记账，并以此编制会计报表。外币分账制则是指企业对外币业务在日常核算时按照外币原币进行记账，分别不同的外币币种核算其所实现的损益，编制各种货币币种的会计报表，在资产负债表里一次性地将外币会计报表折算为记账本位币表示的会计报表,并与记账本位币业务编制的会计报表汇总编制整个企业一定会计期间的会计报表。

(二) 外币业务的会计处理

外币交易应当在初始确认时,采用交易发生日的即期汇率将外币金额折算为记账本位币;也可以采用按照系统合理的方法确定的、与交易发生日即期汇率近似的汇率折算。

1. 外币兑换业务

外币兑换业务是指企业从银行等金融机构购入外币或向银行等金融机构售出外币。企业卖外币时,一方面将实际收取的记账本位币(按照外币买入价折算的记账本位币金额)登记入账;另一方面将卖出的外币实际收到的记账本位币金额,与付出的外币按当日市场汇率折算为记账本位币之间的差额,作为财务费用。

企业买入外币时,要按外币卖出价折算应向银行支付的记账本位币,并记录所支付的金额;另一方面按照当日的市场汇率将买入的外币折算为记账本位币,并登记入账;同时按照买入的外币金额登记相应的外币账户。实际付出的记账本位币金额与收取的外币按照当日市场汇率折算为记账本位币金额之间的差额,作为当期财务费用。

[例8-16] 海大物流公司因支付外币需要3月9日向银行买进60 000美元,当日银行卖出价为1美元=6.8531元人民币,该日的市场汇率为1美元=6.8355元人民币,作会计分录:

借:银行存款——美元户(60 000美元)　　　　410 130
　　财务费用　　　　　　　　　　　　　　　　　 1 056
　　贷:银行存款(人民币户)　　　　　　　　　　411 186

[例8-17] 海大物流公司5月8日将12 000美元兑换为人民币,当日银行买入价为1美元=6.7536元人民币,该日的市场汇率为1美元=6.8221元人民币,作会计分录:

借:银行存款(人民币户)　　　　　　　　　　　81 043.2
　　财务费用　　　　　　　　　　　　　　　　　 822
　　贷:银行存款——美元户(12 000美元)　　　 81 865.2

2. 外币购销业务

物流企业从国外或境外购进原材料、商品或引进设备,按照当日的市场汇率将支付的外币或应支付的外币折算为人民币记账,以确定购入原材料等货物及债务的入账价值,同时按照外币的金额登记有关外币账户,如外币银行存款和外币应付账款账户等。

物流企业出口商品或产品时,按照当日的市场汇率将外币销售收入折算为人民币入账;对于出口销售取得的款项或发生的债权,按照折算为人民币的金额入账,同时按照外币金额登记有关外币账户,如外币银行存款账户和外币应付账款账户等。

对于物流企业,出口商品的发生频率较小,更多的外币销售业务是提供劳务服务。物流企业向国外提供劳务时,应当按照当日或期初的市场汇率将外币销售收入折算为人民币入账;对于提供劳务服务取得的款项或发生的债权,按照折算为人民币的金额入账,同时按照外币金额登记有关外币账户,如外币银行存款账户和外币应付账款账户等。

[例8-18] 海大物流公司3月23日从国外进口一批装卸设备,设备价款为240 000美

元,购入当日市场汇率为1美元＝6.8304元人民币,款项尚未支付。作会计分录：

  借：固定资产——装卸设备   1 639 296
    贷：应付账款——美元户(240 000美元)   1 639 296

[例8-19] 海大物流公司5月25日向国外G公司提供运输服务以及装卸服务,合同约定总价款为114 000美元,其中运输价款为85 000美元,装卸服务费为29 000美元。业务发生当日市场汇率为1美元＝6.8235元人民币,不考虑相关税费,款项尚未收到。作会计分录：

  借：应收账款——美元户——G公司(114 000美元) 777 879
    贷：主营业务收入——运输收入   579 997.5
         ——装卸收入   197 881.5

3. 外币借款业务

企业借入外币时,按照借入外币时的市场汇率折算为记账本位币入账,同时按照借入外币的金额登记相关的外币账户。

[例8-20] 海大物流公司由于资金周转不灵,6月4日向国外H公司借款55 300美元,三个月期限,按3%的固定利息率计息。借入时的市场汇率为1美元＝6.8325元人民币。作会计分录：

  借：银行存款——美元户(55 300美元)   377 837.25
    贷：短期借款——美元户——H公司   377 837.25

3个月到期后,海大物流公司归还借款,并支付利息,当日汇率为1美元＝6.8210元人民币。

  借：短期借款——美元户——H公司   377 837.25
    贷：银行存款——美元户(55 300美元)   377 201.3
      财务费用——汇兑差额   635.95
  借：财务费用——利息费用   11 335.12
    贷：应付利息——美元户——H公司   11 335.12
  借：应付利息——美元户——H公司   11 335.12
    贷：银行存款——美元户(1 659美元)   11 316.04
      财务费用——汇兑差额   19.08

4. 接受外币资本投资

企业接受外币投资时,应当采用交易发生日即期汇率折算,不得采用合同约定汇率和即期汇率的近似汇率折算,外币投入资本与相应的货币性项目的记账本位币金额之间不产生外币资本折算差额。

[例8-21] 海大物流公司7月16日收到外国企业J公司的投入资本450 000美元,收到外币款项时的市场汇率为1美元＝6.8315元人民币,作会计分录：

  借：银行存款——美元户——J公司(450 000) 3 074 175
    贷：实收资本(股本)   3 074 175

(三) 汇兑损益的处理

汇兑损益是指物流企业各外币账户、外币报表的各项目由于记账的时点和汇率的不同而产生的折合为记账本位币时的差额。汇兑损益可以分为外币交易损益和外币会计报表折算差额。

1. 外币交易损益

外币交易损益是物流企业在各项外币交易中因为记账时点汇率的不同而形成的汇兑损益。外币业务发生时需要进行确认和对该业务发生金额进行折算,到了资产负债表日物流企业对外币业务予以相关处理,从而会由于不同时点的汇率不同而产生相关的损益。

在资产负债表日企业要区分外币货币性项目和外币非货币性项目进行处理。对于外币货币性项目应采用资产负债表日的即期汇率进行折算,资产负债表日的即期汇率与初始确认时或者前一资产负债表日的即期汇率不同而产生的汇兑差额,作为当期的损益计入"财务费用——汇兑差额"。

对于外币非货币性项目,应区分其计量方式来处理,以历史成本计量的外币非货币性项目,仍采用交易发生日的即期汇率折算,因而不产生汇兑损益;而以公允价值计量的外币非货币性项目,如交易性金融资产,应采用公允价值确定日的即期汇率折算,折算后的金额与原记账金额的差额作为公允价值变动(含汇率变动)处理计入当期损益(见表8-1)。

表8-1 外币汇兑损益处理比较

项 目	初始确认汇率	期末折算汇率	汇兑损益
外币货币性项目	发生日汇率	资产负债表日即期汇率	产生汇兑差额计入财务费用
外币非货币性项目: 历史成本计量 公允价值计量	发生日汇率 发生日汇率	发生日汇率 公允价值确定当日的即期汇率	不产生差额 产生差额计入公允价值变动损益

[例8-22] 海大物流公司3月15日向国外H公司提供运输服务,收取运输服务费40 000美元,价款尚未收到,当日市场汇率为1美元=6.8334元人民币;海大物流公司5月1日从国外M公司购入一套设备价值82 000美元,当日市场汇率为1美元=6.8250元人民币,年末该设备市场价值为79 000美元;海大物流公司12月14日以每股3.1美元的价格购入国外F公司股票3 000股作为交易性金融资产,当日市场汇率为1美元=6.8310元人民币,年末该股票涨到每股3.4元。资产负债表日的市场汇率为1美元=6.8245元人民币。作以下会计分录:

3月19日
  借:应收账款——美元户——H公司   273 336
    贷:主营业务收入——运输收入   273 336
12月31日
  借:财务费用——汇兑差额   356
    贷:应收账款——美元户——H公司   356
5月1日

借:固定资产——设备　　　　　　　　　　　　　　　　　559 650
　　贷:银行存款——美元户(82 000 美元)　　　　　　　　　　559 650
12 月 31 日
借:资产减值损失　　　20 514.5(82 000×6.8250－79 000×6.8245)
　　贷:固定资产减值准备　　　　　　　　　　　　　　　　　20 514.5
12 月 14 日
借:交易性金融资产　　　　　　　　　　　　　　　　　　63 528.3
　　贷:银行存款——美元户　　　　　　　　　　　　　　　　63 528.3
12 月 31 日
借:交易性金融资产　　　　　　　1 161.9(69 609.9－68 448)
　　贷:公允价值变动损益　　　　　　　　　　　　　　　　　1 161.9

2. 外币会计报表折算差额

外币报表折算损益是指把企业的国外业务经营的会计报表折算成报告企业的会计报表时所产生的损益,来自于会计报表各外币项目的折算。若境内经营的企业选用非人民币为记账本位币,其子公司以人民币为记账本位币。会计期末应将其子公司报表首先折算为其母公司的非人民币货币为记账本位币,并编制合并报表,再将合并报表折算成以人民币为货币单位的财务报表。

外币报表折算损益是一种未实现损益,它一般不在账簿中反映,只反映在报表中。企业若有境外经营,在合并财务报表的编报上需要对境外经营的财务报表进行折算,并将因汇率变动而产生的汇兑差额计入所有者权益下"外币报表折算差额"科目,外币报表折算差额为以记账本位币反映的净资产减去以记账本位币反映的实收资本(股本)、累计盈余公积及累计未分配利润后的余额。当处置或部分处置境外经营时,计入处置当期收益。

三、外币会计报表的折算

(一) 外币会计报表折算方法

外币会计报表折算所采用的方法主要有现行汇率法、流动性与非流动性项目法、货币与非货币项目法和时态法四种折算方法[①]。

1. 现行汇率法

现行汇率法也称期末汇率法,这一折算方法是将外币会计报表中所有的资产和负债项目、所有的收入和费用项目全部统一按照期末的现行汇率即采用资产负债表日的现行汇率进行折算,不改变资产负债的内部结构。采用现行汇率法,收入和费用项目也可以采用会计报表当期的平均汇率(简单平均汇率或加权平均汇率)进行折算,对子公司会计报表中的所有者权益项目采用历史汇率进行折算。对于外币会计报表折算中发生的差额,在所有者权

---

① 石本仁.高级财务会计.中国人民大学出版社,2007

益项目中单列"外币会计报表折算差额"反映,而不计入各期的净损益,"外币会计报表折算差额"将逐年累积下来。

2. 流动性与非流动性项目法

流动性与非流动性项目法是将资产负债表的项目按其流动性质划分为流动性项目和非流动性项目两大类,按照各项流动性与非流动性分别采用不同的汇率进行折算。对于流动项目类资产和负债,按照资产负债表日的现行汇率折算;对于非流动项目类的资产和负债,则按照原始交易入账的历史汇率折算;对于实收资本(股本)、资本公积等项目按照历史汇率进行折算。对于利润表项目,除固定资产折旧费和无形资产摊销费应按取得有关资产时日的历史汇率折算外,其他所有费用项目和收入项目应按整个报告期间的平均汇率折算。折算损益作为当期损益计入利润表。

3. 货币性与非货币性项目法

货币性与非货币项目法将资产负债表项目划分为货币性项目和非货币性项目,分别对货币性项目和非货币性项目采用不同的汇率进行折算的方法。采用这一折算方法进行外币会计报表折算时,对于资产负债表上的货币性项目,按照资产负债表日的现行汇率折算;对于非货币性项目和所有者权益项目,则按照原发生入账时的历史汇率折算。对于利润表项目,除固定资产折旧费和无形资产摊销费应按取得有关资产时日的历史汇率折算外,所有收入项目和费用项目应按整个报告期间的平均汇率折算。折算损益作为当期损益计入利润表。

4. 时态法

时态法是针对货币性与非货币性项目法的缺点提出来的。时态法不是以资产、负债项目的流动性或货币性作为选择折算汇率的依据,而是以资产、负债项目的计量基础作为选择汇率的依据。它要求现金、应收及应付项目按照资产负债表日的现行汇率折算,其他的资产和负债依据其计量方式的不同(即历史成本和现行成本计量)而分别用发生的历史汇率或现行汇率来进行折算。产生的折算损益作为当期损益计入利润表中。

按照企业会计准则(2006),我国企业对外币会计报表折算采用的方法如下:

(1) 资产负债表的资产和负债项目,采用资产负债表日的即期汇率折算,所有者权益项目除"未分配利润"项目外,其他项目采用发生时的即期汇率折算。"未分配利润"项目以折算后的利润分配表中该项目的数额作为其数额列示。

(2) 利润表中的收入和费用项目采用交易日的即期汇率折算;也可以采用按照系统合理的方法确定的、与交易发生日即期汇率近似的汇率折算。

(3) 外币会计报表折算差额,在资产负债表中所有者权益项目下单独列示。

(二) 我国物流企业外币会计报表折算

根据企业会计准则,我国物流企业若有境外经营的,其合并财务报表的编制应该按照前述方法进行外币会计报表的折算,即采用现行汇率法进行报表折算。

[例 8-23] 海大物流公司控股美国子公司 20×9 年的财务报表需折算为母公司的记账本位币表示,相关汇率资料如下:

20×9 年 12 月 31 日汇率　　　　　　　　RMB￥6.83/US$1

20×8年12月31日汇率　　　　　　　　　　　　RMB¥7.30 /US$1
20×9年平均汇率　　　　　　　　　　　　　　RMB¥6.94 /US$1
实收资本(股本)、资本公积发生日的汇率　　　RMB¥7.70 /US$1
盈余公积发生日汇率　　　　　　　　　　　　RMB¥6.80 /US$1

20×8年12月31日公司的实收资本(股本)为560万美元,资本公积130万美元;累计盈余公积为65万美元,折算为人民币为488.8万元;累计未分配利润为110万美元,折算为人民币为841.5万元。

表8-2 利润表折算

单位:海大物流公司　　　　　　20×9年度　　　　　　　　　　单位:万元

项　目	子公司记账货币(USD)	汇率	母公司记账本位币(RMB)
营业收入	2 300	6.94	15 962
主营业务收入	1 500	6.94	10 410
其他业务收入	800	6.94	5 552
减:营业成本	1 700	6.94	11 798
主营业务成本	1 100	6.94	7 634
其他业务支出	600	6.94	4 164
营业税金及附加	75	6.94	520.5
营业费用	125	6.94	867.5
管理费用	55	6.94	381.7
财务费用	80	6.94	555.2
资产减值损失	20	6.94	138.8
加:公允价值变动损益	21	6.94	145.74
投资收益	14	6.94	97.16
营业利润	355		2 463.7
加:营业外收入	20	6.94	138.8
减:营业外支出	17	6.94	117.98
利润总额	358		2 484.52
减:所得税费用	89.5	6.94	621.13
净利润	268.5		1 863.39

表 8-3 所有者权益变动表

单位：海大物流公司　　　　　20×9 年度　　　　　单位：万元

项　目	实收资本（股本） 美元	实收资本（股本） 汇率	实收资本（股本） 人民币	资本公积 美元	资本公积 汇率	资本公积 人民币	盈余公积 美元	盈余公积 汇率	盈余公积 人民币	未分配利润 美元	未分配利润 人民币	外币报表折算差额	股东权益合计 人民币
一、本年初余额	560	7.70	4 312	130	7.70	1 001	65		488.8	110	841.5		6 643.3
二、本年增减变动金额													
（一）净利润										268.5	1 863.39		1 863.39
（二）直接计入所有者权益的利得和损失												−742.89	−742.89
其中：外币报表折算差额												−742.89	−742.89
（三）利润分配													
1. 提取盈余公积							40	6.8	272	−40	−272		0
2. 对股东的分配										−200	−1 388		−1 388
三、本年末余额	560	8.10	4 536	130	8.10	1 053	105		760.8	138.5	1 044.89	−742.89	6 375.81

当期计提的盈余公积采用当期平均汇率进行折算,期初的盈余公积为以前年度计提的盈余公积按相应年度平均汇率折算后累计得到,期初未分配利润记账本位币金额为以前年度未分配利润记账本位币金额的累计。

表 8-4 资产负债表折算

单位:海大物流公司　　　　　　　　20×9年12月31日　　　　　　　　单位:万元

项　目	子公司记账货币（USD）	汇　率	母公司记账本位币（RMB）
资产:			
货币现金	33	6.83	225.39
银行存款	90	6.83	614.70
交易性金融资产	160	6.83	1 092.80
应收账款	135	6.83	922.05
长期股权投资	340	6.83	2 322.20
固定资产净值	632	6.83	4 316.56
无形资产	210	6.83	1 434.30
其他资产	78	6.83	532.74
资产合计	1 678		11 460.74
负债:			
短期借款	25	6.83	170.75
交易性金融负债	96	6.83	655.68
应付账款	114	6.83	778.62
应交税金	164.5	6.83	1 123.54
其他应付款	50	6.83	341.50
长期借款	190	6.83	1 297.70
长期应付款	75	6.83	512.25
其他负债	30	6.83	204.90
负债合计	744.5		5 084.94
所有者权益:			
实收资本（股本）	560	7.70	4 312
资本公积	130	7.70	1 001
盈余公积	105		760.8
未分配利润	138.5		1 044.89
外币会计报表折算差额			−742.89
所有者权益合计	933.5		6 375.81
负债和所有者权益合计	1 678		11 460.74

第三节　物流企业财务报告

企业财务会计报告是综合反映企业某一特定日期的财务状况、某一会计期间的经营成果和现金流量信息的重要书面文件。物流企业同样需要将企业一个会计年度的财务状况和经营成果等以财务报告的方式呈现给公众，向市场传递与企业经营管理相关的信息。物流企业的财务会计报告与一般企业的财务报告一样，包括会计报表及其附注和其他应当在财务会计报告中披露的相关信息和资料。通常物流企业的财务会计报表也包括资产负债表、利润表、现金流量表等几个部分。

一、资产负债表

资产负债表是反映企业在某一特定日期的财务状况的会计报表。物流企业通过对资产负债表的编制来向外界传递当前物流企业资产和权益构成状况的信息。

（一）物流企业资产负债表的内容和构成

资产负债表主要构成内容包括三大部分，即资产、负债和所有者权益。资产项目根据流动性划分为流动性资产和非流动性资产两大类，流动性资产通常包括货币资金、交易性金融资产、应收票据、应收账款、应收股利、应收利息、材料采购、原材料和库存商品等，而非流动性资产则包括持有至到期投资、可供出售金融资产、长期股权投资、固定资产、在建工程、工程物资、无形资产、长期待摊费用、递延所得税资产等项目。

负债项目根据流动性划分为流动负债和非流动负债。流动负债包括短期借款、交易性金融负债、应付票据、应付账款、应交税金、应付利息、应付股利和预收账款等项目，而非流动负债包括长期借款、应付债券、长期应付款、未确认融资费用、专项应付款、预计负债及递延所得税负债等。

所有者权益项目按照实收资本（股本）或实收资本（股本）、资本公积、盈余公积和未分配利润等列示。

（二）物流企业资产负债表的编制

物流企业资产负债表各项目金额需分年初余额和期末余额两栏填列。年初余额来自于上年末资产负债表的期末余额金额，而期末余额有几个来源：一是直接来源于某些项目的总账账户余额，如"应收票据"，或是几个总账账户的余额加总，如"货币资金"，它是"库存现金"、"银行存款"和"其他货币资金"的总账账户余额加总；二是某些项目的明细账账户余额，如"应付账款"项目是根据"应付账款"和"预付款项"两个账户所属明细账户的期末贷方余额计算得来；三是来自账户余额减去备抵账户余额后的净额，如"固定资产"项目的填制是依据"固定资产"账户余额减去"累计折旧"和"固定资产减值准备"后的净额。

资产负债表的编制，需要经过一系列的编制准备流程，即首先在企业经济业务发生时根据原始凭证或原始凭证汇总表填制记账凭证、根据收付记账凭证登记现金日记账和银行存款日记账,其次需要根据记账凭证登记明细分类账、根据记账凭证汇总来编制科目汇总表;然后根据科目汇总表登记总账;最后在期末,根据总账和明细分类账编制资产负债表。

二、利润表

利润表是反映企业在一定会计期间经营成果的会计报表,它是帮助物流企业传达企业经营业绩、经营效果的相关信息的重要工具。

(一)物流企业利润表的内容和构成

我国企业的利润表采用多部式的格式进行编制,物流企业和其他企业一样遵照相同的格式和编制方法。利润表的主要构成部分包括营业利润、利润总额、净利润以及每股收益。整个利润表的编制以营业收入为基础,最后以净利润金额和每股收益信息来呈现经营成果。

营业利润由主营业务收入、其他业务收入与主营业务成本、其他业务支出配比,再减去期间费用与营业税金及附加并加上公允价值变动损益和投资收益得到,营业利润再加上营业外收支的配比净额得到利润总额,最后考虑所得税的影响,减去所得税费用便是净利润。

当物流公司为股份制公司时,需要在财务报告利润表中列示每股收益。每股收益的列报包括基本每股收益和稀释每股收益两方面内容。基本每股收益是企业按照归属于普通股股东的当期净利润除以发行在外普通股的加权平均数计算而来,稀释每股收益是在基本每股收益的基础上,考虑稀释性潜在普通股的影响,通过对归属于普通股股东的当期净利润和发行在外普通股的加权平均数分别进行调整计算得到。

(二)物流企业利润表的编制

物流企业利润表的各项目也需分"本期金额"和"上期金额"两栏列示。各项目"上期金额"直接转自上年利润表,而"本期金额"来源于本会计年度各项目总账和明细账账户的期末余额。经过了该会计年度中一系列的会计记录和会计处理流程,物流企业可以依据本期产生的财务资料来编制利润表。

三、现金流量表

现金流量表是反映企业一定会计期间内现金及现金等价物流入和流出信息的会计报表。物流企业通过提供现金流量表来向公众传递企业财务状况变动和现金使用状况的信息,使市场上各种利益主体借以作出相关的投融资决策;同时,现金流量表的编制也有助于企业管理者对企业支付能力、偿债能力及周转能力进行分析和评价、对未来现金流进行合理预测以及对现有现金流的质量和影响因素进行分析评价,从而有助于管理者进行经营、投资和融资决策。

(一)物流企业现金流量表的内容和构成

现金流量表是以现金为基础而编制的,企业的现金即货币资金,包括库存现金、银行存款、其他货币资金以及现金等价物。现金等价物是指企业持有的期限短、流动性强、易于转换为已知金额现金、价值变动风险很小的投资。现金流量是指在企业经营、投资和筹资活动中发生的现金及现金等价物的流入和流出,不包括现金及现金等价物之间的相互转换流动。

现金流量表一般由三大部分的内容构成,即经营活动产生的现金流量、投资活动产生的现金流量和筹资活动产生的现金流量。物流企业的经营活动主要包括提供劳务、经营性租赁、销售和购买商品、缴纳税款等,经营活动的现金流量是由这些交易和事项产生的,主要与获取净利润有关;投资活动是物流企业长期资产的购建和不包括在现金等价物范围的投资及其处置活动。投资活动产生的现金流量来自于购买和建造固定资产、无形资产、进行债权股权投资等的现金流出,以及投资回报的现金流入;筹资活动是导致企业资本及债务规模和构成发生变化的活动,物流企业进行筹资活动来获得支持经营和投资的资本,筹资活动产生的现金流量来自于发行股票或债券、长短期借款等活动的现金流入,以及偿付本金利息、支付股利等活动的现金流出。

(二)物流企业现金流量表的编制

1. 现金流量表的列报方法

现金流量表的列报方法通常有直接法和间接法两种。直接法直接分项目列示各活动对现金流量的影响,详细直观地列示来自各个活动的具体现金流入和现金流出量。这种方法是以同期利润表、比较资产负债表以及有关账户的明细资料为依据,以利润表中的各收入、费用项目为起算点,分别调整与三大活动有关的流动资产和流动负债的增减变动,将权责发生制确认的各项收支,转变为以收付实现制为基础的现金流量。间接法则是以本期净利润或净亏损为起算点,调整各活动中不影响现金流的项目来确定企业的净现金流量。物流企业与一般企业相同都采用直接法来列报,而将间接法列报作为补充资料。

2. 现金流量表的编制方法

现金流量表可以采用两种编制方法进行编制:一为工作底稿法,一为T形账户法。

采用工作底稿法编制现金流量表,就是以工作底稿为手段,以利润表和资产负债表数据为基础,对每一项目进行分析并编制调整分录,从而编制出现金流量表。采用工作底稿法编制现金流量表的基本程序为:首先,将资产负债表的月初数和期末数过入工作底稿的期初数栏和期末数栏;其次,对当期业务进行分析并编制调整分录;再次,将调整分录过入工作底稿中的相应部分;然后核对调整分录,借贷合计应当相等,资产负债表项目期初数加减调整分录中的借贷金额以后应当等于期末数;最后根据工作底稿中的现金流量表项目部分编制正式的现金流量表。

采用T形账户法,就是以T形账户为手段,以利润表和资产负债表数据为基础,对每一项目进行分析并编制调整分录,从而编制出现金流量表。其基本编制程序为:首先,为所有的非现金项目(包括资产负债表项目和利润表项目)分别开设T形账户,并将各自的期末期初变动数过入各自账户;其次,开设一个大的"现金及现金等价物"T形账户,每边分为经营活动、投资活动和筹资活动三个部分,左侧记现金流入,右侧记现金流出。与其他账户一样,过入期末期初变动数;再次,以利润表项目为基础,结合资产负债表分析每一个非现金项目的增减变动,并据此编制调整分录;然后将调整分录过入各T形账户,并进行核对,该账户借贷相抵后的余额与原先过入的期初变动数应当一致；最后根据大的"现金及现金等价物"T形账户编制正式的现金流量表。

四、所有者权益变动表

所有者权益变动表是反映物流企业在某一特定日期股东权益增减变动情况的报表。股东权益变动表包括在年度会计报表中，是资产负债表的附表。股东权益变动表全面反映了企业的股东权益在年度内的变化情况，便于会计信息使用者深入分析企业股东权益的增减变化情况，并进而对企业的资本保值增值情况作出正确判断，从而提供对决策有用的信息。

（一）物流企业所有者权益变动表的内容和构成

1. 所有者权益变动表的内容

所有者权益变动表是指反映构成所有者权益各组成部分当期增减变动情况的报表。所有者权益变动表应当全面反映一定时期所有者权益变动的情况，不仅包括所有者权益总量的增减变动，还包括所有者权益增减变动的重要结构性信息，特别是要反映直接计入所有者权益的利得和损失，让报表使用者准确理解所有者权益增减变动的根源。

在所有者权益变动表中，企业至少应当单独列示反映下列信息的项目：(1)净利润；(2)直接计入所有者权益的利得和损失项目及其总额；(3)会计政策变更和差错更正的累积影响金额；(4)所有者投入资本和向所有者分配利润等；(5)提取的盈余公积；(6)实收资本（股本）或实收资本（股本）、资本公积、盈余公积、未分配利润的期初和期末余额及其调节情况。

2. 所有者权益变动表的结构

为了清楚地表明构成所有者权益的各组成部分当期的增减变动情况，所有者权益变动表应当以矩阵的形式列示：一方面，列示导致所有者权益变动的交易或事项，改变了以往仅仅按照所有者权益的各组成部分反映所有者权益变动情况，而是从所有者权益变动的来源对一定时期所有者权益变动情况进行全面反映；另一方面，按照所有者权益各组成部分[包括实收资本（股本）、资本公积、盈余公积、未分配利润和库存股]及其总额列示交易或事项对所有者权益的影响。此外，企业还需要提供比较所有者权益变动表，所有者权益变动表还就各项目再分为"本年金额"和"上年金额"两栏分别填列。

（二）物流企业所有者权益变动表的编制

1. 上年金额栏的填列方法

所有者权益变动表"上年金额"栏内各项数字，应根据上年度所有者权益变动表"本年金额"栏内所列数字填列。如果上年度所有者权益变动表规定的各个项目的名称和内容同本年度不相一致，应对上年度所有者权益变动表各项目的名称和数字按本年度的规定进行调整，填入所有者权益变动表"上年金额"栏内。

2. 本年金额栏的填列方法

所有者权益变动表"本年金额"栏内各项数字一般应根据"实收资本（股本）[或实收资本

(股本)]"、"资本公积"、"盈余公积"、"利润分配"、"库存股"、"以前年度损益调整"科目的发生额分析填列。

五、附注

物流企业在编制财务报表的同时需要对与财务报表相关的信息和资料进行披露,这些相关信息都应该在附注中得到呈现。

出于对财务报表内容进一步分解、解释或补充的考虑,财务报表附注逐渐成为企业财务报告的重要组成部分。其主要作用在于:提供与某些报表项目相关的必要定性信息、揭示报表项目的性质或有关的限制和补充列示比报表正文更为详细的信息。出于报告格式的限制,资产负债表及利润表的数据只能总括说明相关经济资源或业务活动的存在及发生与否,而不能直接说明其来源和构成情况。因此,有关报表数据的形成来源及结构的分析性信息只能以附注形式来加以反映。

财务报表附注重点反映企业会计政策、报表项目注释、有关事项说明、特殊交易事项、分部报告等明细情况。这些信息具有重要的分析价值。

复习思考题

1. 海大物流公司持有甲公司40%的股份,对甲公司有重大影响,采用权益法核算长期股权投资。2008年末甲公司因其可供出售金融资产公允价值变动计入其资本公积的金额为106 000元。作相应的会计处理。

2. 海大物流公司2008年应纳税所得额为36 547 300元,适用所得税税率为25%,上年递延所得税额为88 000元,核算当期所得税费用。作相应的会计处理。

3. 海大物流公司2008年实现净利润826 800元,按5%的比例提取任意公积金,年末宣告向股东分配普通股利467 300元。作相应的会计处理。

4. 海大物流公司因支付外币需要5月22日向银行买进70 000美元,当日银行卖出价为1美元=6.92元人民币,该日的市场汇率为1美元=6.83元人民币。作相应的会计处理。

5. 海大物流公司8月11日从国外进口一批装卸设备,设备价款为573 900美元,购入当日市场汇率为1美元=6.90元人民币,款项尚未支付。作相应的会计处理。

6. 海大物流公司因投资需要,11月23日向国外乙公司借款83 100美元,半年期限,按2.5%的固定利息率计息。借入时的市场汇率为1美元=6.80元人民币。做相应的会计处理。

7. 海大物流公司1月27日向国外丙公司提供运输服务,收取运输服务费84 200美元,价款尚未收到,当日市场汇率为1美元=7.10元人民币;海大物流公司2月15日从国外丁公司购入一套设备价值260 000美元,当日市场汇率为1美元=7.05元人民币,年末该设备市场价值为250 000美元;海大物流公司12月22日以每股5.4美元的价格购入国外L公司股票5 000股作为交易性金融资产,当日市场汇率为1美元=6.83元人民币,年末该股票下跌到每股4.9元。资产负债表日的市场汇率为1美元=6.80元人民币。作相应的会计处理。

第二篇 物流企业会计与财务管理

物流企业管理会计篇

第九章 物流管理会计概述

■ 学习目标 ■

学习完本章,你应该能够:
1. 了解物流管理会计的产生、发展过程
2. 明确物流成本管理的重要性
3. 掌握物流成本管理的理论学说

■ 基本概念 ■

物流合理化　物流效率化　第三利润源　物流冰山

第一节　物流管理会计内容

　　物流企业作为企业模式的一种,既遵循大多数企业的规律,也有自己的特殊之处,而物流业务却在各种企业都会发生,物流成本都能够在各类企业里寻找到。管理会计本身是研究企业所拥有和发生的内部资源耗费的管理。本篇主要从管理会计的角度探讨发生在物流企业上的资源消耗及分析评价。

　　现有财务会计核算体系与物流管理会计的现实之间存在着技术冲突:一方面是发现物流消耗存在着资源费用,其可控制的巨大潜力给人们以诱人的前景;另一方面是物流成本在现行会计准则框架内很难准确确认和简单分离,硬性分离反而会增加更多的核算成本,也不利于企业发现物流问题和寻找合理的物流方案,更难以进行积极、有效的物流管理。物流管理会计是为企业决策机构提供详尽的物流成本信息、明确物流责任、考核物流业绩、控制物流成本的一门会计分支。物流管理会计就是将物流业作为一个明确特殊的行业,利用管理会计的方法对物流企业进行内部计划、评价、控制以及确保企业资源的合理利用和相关经营责任的履行过程所需的信息、确认、归集、分析、编报、解释和传递等的工作。

　　管理会计作为企业管理者规划和控制生产经营活动,提供信息服务的新型会计系统,涉及企业生产经营的各个领域和企业内部的各个环节,其内容非常丰富。由于每个具体企业的实际经营活动是错综复杂的,内部经营水平与状态也是千差万别的,管理当局需要什么信息,管理会计就应该设法及时提供、分析和认证,而不像财务会计那样受企业会计准则的强制约束,管理会计并不具有强制性。因此物流管理会计就是围绕物流企业运用管理会计的专门方法比如变动成本法、标准成本法、预算管理、责任会计等方法以及边际分析和差异分析等概念,完成对物流企业的预测、决策、执行会计的功能。

第二节　物流管理会计的产生与发展

一、物流管理会计的产生

物流的概念首先出现在美国,物流与管理会计的联系,同样也首先在美国得到关注。美国对于物流成本的管理和控制的理论是通过美国会计师协会下属的管理会计委员会所颁布的"管理会计公告(Statement of Management Accounting,SMA)"来进行指导的。自1981年起共颁布了29个公告,公告之一是对物流管理会计所涉及的范围进行了界定,如物流成本计算方法、物流作业成本计算、物流管理的业绩计量、物流信息管理及物流系统构建等。

物流管理会计的产生,也是随着物流概念的不断发展而得到确认。如前所述,20世纪60年代,人们对物流的认识仅仅停留在物质流通(physical distribution)的概念上。字面解释也就是物的流通,此时的物流反映的是"时间"、"空间"的效用。即运输和保管以及所附着的搬运、装卸和包装功能,这些全部都是通常意义上所说的物流。此时人们所针对的也仅仅是这些物流活动所发生的成本,这仅仅是物流成本管理的萌芽阶段。随着物流事业的全面发展,物流的定义也在发生着变化,过去的物流定义成为微观层面的狭义定义,宏观层面的广义就是全面的后勤化服务(logistics),也就是我们现在常说的综合物流(多数情况也简称物流)。综合物流涉及的面要比传统的大,相应的成本管理的要求也更高,物流管理会计的体系化要求也就更明显。

其实人们对物流成本的管理活动的认识还是比较早的。比如对物流是经济的黑大陆等认识,这是从物流的效益源自对物流管理的认识。物流成本管理的最大效用也就是使物流成本最小化,这也是成本核算的主要任务,但是管理会计对综合物流的要求是,使我们明白降低物流成本是企业管理的主题和主要任务,是提高效益的主要途径,但不是唯一途径。因为提高效益获取最大利润除了降低成本之外还有其他方法和途径。这就要求我们针对物流活动进行物流管理会计的系统化分析。

二、物流管理会计的发展

物流管理会计的发展不可能脱离物流业环境的发展和人们对物流的认识上的提高。这里借鉴日本早稻田大学的西泽修教授对物流发展过程的时代划分,该划分方法具有一定的代表性,对于理解我国的物流发展也有借鉴作用。

按照他对近代的物流时代划分,物流发展至今经历了三个阶段:物流混沌时代、物流系统化时代、物流后勤化时代。

(一) 物流的混沌时代

这个时期的人们仅仅知道物流的重要性,部分企业开始强调物流,各种物流业务被单独提出,如运输、保管、包装等。企业的业态也是各自独立经营的,有专业运输公司、专业仓库、专业的搬运等等,综合物流的意识还没有,各自固守着自己的小领域,成本管理和控制也就只能是小范围和单方面的。由于各国经济发展的不平衡,所以各国的物流发展年代也不同,日本在20世纪60年代就处在物流混沌时期,而我国则是在物流概念引入到我国的20世纪90年代时才正处于这个时期。

(二) 物流的系统化时代

当各企业开始真正认识物流并付诸实施成本控制的时候,物流系统化时代便来临了。这个时代还可再细分为四个年代:物流近代化、物流合理化、物流多样化和物流效率化。这一划分是西泽修按照日本当时的经济发展来细分的,但对于我们分析物流管理会计仍有诸多启发。

(1) 物流近代化。这一阶段的近代化主要是技术革新,包括机械化、自动化、标准化、单一化、复合一体化等新技术逐一被导入物流行业,必须认识到技术革新也带来不可避免的物流成本的增加。

(2) 物流合理化。对物流合理化的诉求是伴随着石油危机而来的。从1973年的石油危机开始,到1979年石油危机再次爆发,极度依赖石油的物流业遭到巨大的打击,运输费用大幅度上升。物流成本的降低成了许多人的迫切要求,同时也得到了人们的响应。于是物流成本开始被控制,并在短时期内实现了陡然下降,但这种物流成本的降低却多数是以牺牲物流服务为代价的。

(3) 物流多样化。随着石油危机的消失,物流业出现了另一个现象:物流需求转向了轻、薄、短、小化的趋势;生产制造企业的物流不得不向多品种、少批量、高频率的配送方向发展;消费者物流激增,物流 VAN(物流增值网络)的出现,使得物流业的总运输吨数并没有随着 GNP 的增加而增加。

(4) 物流效率化。1985年,日本物流业进入了信息化的时代,物流的高度信息要求使得物流业进入了物流的效率化时代,过去的牺牲物流服务,追求低物流成本,或者牺牲物流成本追求物流服务的情况不再延续,在效率化要求下,只需要花费很少的物流成本,就能够要求非常好的物流服务。

(三) 物流的后勤化时代

物流的后勤化又分成价值链化、供应链化和IT化。价值链的概念被引入物流业是在1992年左右。在我国,价值链、供应链的概念几乎是同时被引入物流业,也是在2000年以后的事。现在正是物流业百舸争流的时代,各地纷纷的物流中心的建设,其实就是为各种制造业和流通业企业提供后勤服务的一种反映。有关供应链、价值链和IT的概念在各种物流管理的书籍中有比较多的介绍,这里就不再详述。

第三节　物流管理会计理论

一、黑大陆理论

黑大陆理论学说是涉及物流成本管理方面最早的理论学说。1962年管理学家彼得·德鲁克在《财富》杂志上发表了题为《经济的黑色大陆》的论文。他把物流比作尚未开垦的处女地，强调应高度重视流通以及流通过程中的物流管理。明确指出"流通是经济领域里的黑色大陆"。他这里所说的流通主要指流通领域中的物流活动，所谓的黑大陆其实就是指物流。

当然黑大陆本身主要是指人们尚未了解的一块地，黑大陆学说是对20世纪经济学存在的愚昧认识的一种批驳。黑大陆学说告诉我们物流领域里未知的东西还很多，但当时的理论与实践都还不成熟。

黑大陆学说重点强调的是在企业现有的财务会计体系中，物流成本并没有被单独列出，而是被混同在管理费用、销售费用、财务费用和营业外支出之中。人们所能够得到的财务信息是财务报表，但是在报表中所反映出的物流成本的内容却是非常少，能够了解的仅是货主企业外包给专业的物流企业的外包费用，在当时专业的物流企业比较少，外包费用也是物流企业的销售收入，因此不被人们重视也就理所当然。同时提出类似见解的还有日本流通专家林周二教授于1962年在《流通革命》中提出的流通路径革命等物流革命的理论等。

二、第三利润源学说

第三利润源学说是由日本早稻田大学西泽修教授在1970年出版的论著《流通费》中提出的，其副标题为"不为人知的第三利润源"。从此以后，"第三利润源"学说被广为流传。

这里所说的第三是指除了销售收入和制造成本之后的排序第三位的利润源泉。企业发展过程中首先追求的是把产品销售出去，实现销售收入是当时企业的第一任务。于是扩大生产能力、增加产品数量、对设备进行技术改造等，以此获取收益，此谓第一利润源。当市场经济发展到一定程度，产品出现供大于求的时候，销售就出现买方市场的情况，第一利润的获取也就出现困难，人们开始寻找除了扩大销售之外的新的利润源泉。于是降低生产成本就进入企业管理的视线，当时作为产品成本中三项内容之一的人工成本成为企业关注的焦点，从寻找廉价劳动力，到采用机械化、自动化来提高劳动生产率，企业采取各种途径，降低人工成本，以增加利润。当这两个利润源泉都几近枯竭的时候，物流领域的潜力开始为人们所关注。这就是西泽修教授所说的第三利润源泉。他最初提出的概念是流通成本仍有很大的降低余地。

三、物流冰山学说

在提出第三利润源泉，告知物流存在巨大的利用价值之后，西泽修教授更明确地指出现行的会计理论掩盖了物流成本的事实。由于目前的会计准则和会计核算方法都无法准确掌握物流成本的实际情况,因而人们对物流成本的了解也是一片空白,甚至存在有很大的虚假性。西泽修教授把这种情况比喻为"物流冰山"。所谓冰山的特点就是大部分是沉在水面之下的,而露出水面上的仅仅是冰山的一角。物流现象就是人们看到的冰山境况。"冰山理论"实际上有两层含义,其一是沉在水面下的是我们不了解的"黑色"区域,我们所了解的是露在水面之上的看得见,并可以了解的部分;其二是我们从水面上看下去,水中的折射现象使我们误解了冰山的容量,以为水下只是一点点不起眼的部分,可以忽略不计、无需考虑。因此他认为在尊重现行的会计准则的情况下,要充分正确认识物流成本。

为了充分了解混沌的物流成本,日本成立了以西泽修为首的物流成本核算研究课题组,研究成果于1977年由日本运输省正式公布:《物流成本计算统一基准》。该基准至今仍是比较权威的物流成本核算基准。我国介绍物流成本比较早的各类"物流成本管理"的教科书就是采用的日本1977年物流成本分类方法予以介绍的,我国于2006年公布的《企业物流成本计算与评价》国家标准也是以日本1977年版本为蓝本进行编写的。

四、其他物流理论学说

(一)降低物流成本的乘数理论

这是指当物流成本被消减之后,与大幅增加销售额的效果一样。如对于销售利润率一定的企业,物流成本降低一定的比例,其对于销售额的倍增效果是可以期待的。

[例9-1] 某企业目前的经营状况如左下方,而经过物流成本的10%的减低如右下方。分析如下:

销售收入	1 000 万元		销售收入	1 000 万元
物流成本	50 万元	物流成本降低10%	物流成本	45 万元
其他成本	920 万元		其他成本	920 万元
销售利润	30 万元		销售利润	35 万元

这里有两个要点:(1)利润增加;(2)销售收入不变。以原经营业绩的销售利润率3%的角度来分析,降低物流成本10%,相当于销售收入增加为1 167万元,即销售收入相当于较过去增加了近17%。此即物流成本成为所谓的第三利润源泉的原因,也是所谓乘数效果。

(二)物流效益的悖反理论

这是指物流的各功能之间存在效益悖反和利益与付出之间的矛盾。

1. 物流成本与物流服务水平的效益悖反

这是指物流服务的提升会给企业带来业务量收入的同时,也会带来企业的物流成本增加的现象。高水平的物流服务会引发高水平的物流成本的增加,并且物流服务与物流成本之间并非呈线性关系,增加投入相同的物流成本并非可以得到相同的物流服务的提升。

2. 物流功能之间的效益悖反

这是指物流功能之间始终处于一个矛盾的系统之中。在这样一个综合物流系统中,物流企业必然会拥有多种物流功能,但是一种物流功能成本的消减会使另一种功能成本增加。在物流各功能如运输、存储、装卸搬运、包装、流通加工、物流信息处理和物流管理之间始终存在着此消彼长的悖反现象。

复习思考题

1. 物流管理会计的主要内容有哪些?
2. 如何理解物流成本管理的乘数效果?
3. "第三利润源"说明什么?
4. 物流管理会计的发展是如何与时代的发展合拍的?
5. 物流成本的定义是什么?

第十章 物流管理会计的成本概念

■ 学习目标 ■

学习完本章,你应该能够:
1. 明确成本、费用、支出的概念
2. 掌握物流企业物流成本的概念、分类
3. 掌握物流企业的保本概念

■ 基本概念 ■

成本　成本习性　物流成本　安全边际

第一节　成本与物流成本

一、成本的概念

提起成本,人们首先想到的是料、工、费。了解和控制料、工、费,也就掌握了成本的概貌,但是,这个概念是我们在财务会计中有关制造业核算常提起的成本概念,即产品成本的概念。而产品成本主要包括产品制造过程中所发生的成本,即制造成本或生产成本。因此,事实上产品成本仅仅是成本范畴的一部分,产品成本与成本两者之间并不能够完全等同。

马克思在《资本论》中有关于成本的论述:生产中消耗的生产资料的价值(c)、劳动者为自己的劳动所创造的价值(v)以及劳动者为社会创造的价值(m)。而其中的 c+v 就是指产品成本。但随着经济的发展,成本的内涵也在不断扩展、外延,原来的 c+v 已经不能反映成本的全部内容。因此现在 c+v 构成了商品的理论成本。

美国会计学会下属成本概念与标准委员会将成本定义为:成本是指为达到特定目的而发生的价值牺牲,它可以用货币加以衡量。

在实际工作中,为了使企业成本的货币计量的口径一致,保持成本的可比性,一般是通过国家来统一制定产品成本的开支范围,明确哪些费用开支可以列入产品成本,哪些费用是不允许列入产品成本。有了这样的规定,我们就可以非常清楚地核算并登记实际成本。因此我们可以知道典型的成本就是产品成本,没有被计入产品的就不叫成本,成本是有具体目标的、为实现一定目标而发生的耗费,没有目标的支出仅是一种损失,绝不能叫做成本。

除了成本的概念之外还有费用,区分成本与费用的不同,非常重要。就范围来说,费用的范围要远远大于成本的范围。费用的概念有广义和狭义之分。广义上理解,费用是指企业在生产经营过程中发生的各项耗费。狭义上理解,费用是指企业在获取营业收入的过程中,因提供商品或劳务而发生的对企业所掌握和控制的资产的耗费,除此以外的作为损失扣减收益。认识费用的目的是为了正确计算企业成本,反映企业各期损益,同时为控制企业费用的发生,降低企业费用支出,进行费用分析提供可行的途径。

构成成本的费用是指某项成本在生产某种、某类产品的代价,是发生的耗费的总和,是对象化的费用。而费用则是指企业在获取当前收入的过程中,对企业所拥有或控制的资产的耗费,是会计期间与收入相配比的成本。因此,成本与费用在对象与时间上有着显著的不同,物流企业作为企业的一个种类,同样也必须遵循企业会计准则。

因此我们知道费用是企业为取得营业收入而付出的努力,但是在会计核算上的费用则只指直接或间接为取得营业收入而发生的相应的耗费(狭义),即不是以取得营业收入为目的的各种耗费都不作为费用,如罚款支出等。因此,企业的各种费用往往指构成产品成本的费用和期间费用,即在生产经营中为取得销售产品、提供劳务收入而发生的耗费。而有些支出并不与收入的取得有必然的联系。

综上所述,费用是成本的基础,没有发生费用就不会形成成本;按对象归集的费用构成成本,其发生期与补偿期并非完全一致;不予对象化的费用则可按发生期间归集,由同期收入补偿。

二、物流企业的物流成本概念

物流企业是为货主企业提供专业的物流服务的,如社会上存在的各种专业物流公司:运输公司、货代公司、船代公司、仓储码头公司等,这些企业的收入来源是以制造业、流通业为主的货主企业的物流成本的转移,所以从这个角度我们可以认为物流企业的收入是一种广义的物流成本,而从微观的角度来分析,其中一部分可以是物流的业务成本,另外的一部分按照国家会计准则规定为营业税金及附加、管理费用、销售费用等。物流企业的业务成本也就是与物流业务相关的各项成本,包括运输费、装卸费、包装费、广告费等。由于会计核算必须遵循企业会计准则,所以许多物流企业在进行会计核算时将相关的物流成本核算为销售费用等,因此在实务中对物流成本和物流费用并不明确区分,混称现象比较严重。

在了解成本费用概念的基础上我们再来看看物流成本的概念。首先必须明确一点,物流业与制造业是关系非常密切而又完全不同的两种业态。物流是生产制造企业运作在流通领域的延续,物流业所创造的价值主要是通过成本费用的耗费而反映出来的。针对物流活动而发生的成本,我们认定为物流成本。物流成本是属于管理会计范畴的成本概念,管理会计的成本概念含义要比上述财务会计的成本概念的范畴宽广得多。不仅包括实际耗费的经济资源,还包括相关的物流决策成本、机会成本等概念。

不论是物流企业还是非物流企业,只要关系到物流活动就一定会发生物流成本。所谓物流活动包括在运输、仓储、包装、装卸搬运、流通加工、物流信息、物流管理等过程的活动。

因此物流成本的定义也就是围绕着物流活动而展开的成本定义。

其实不同的国家对物流的界定并不完全一致，不同之处在于各自所处的角度不同。美国管理会计师协会1992年发布的"物流成本管理公告"中指出："物流成本是指企业在计划、实施、控制内部和外部物流活动过程中所发生的费用。具体来说，物流成本包括企业在采购、运输、物料和存货管理、订单处理、客户服务、预测和生产计划、相关信息系统以及其他物流支持活动等典型的物流活动所发生的费用。但是这些费用不包括原材料的采购成本、产成品的生产成本、营销活动等销售费用以及与物流活动无直接关系的其他费用。"

日本通商产业省1992年编制的《物流成本核算活用手册》中指出"物流成本是指从有形或无形的物质源的供应者到以需要者为主的实物流动所需要的成本，具体包括包装、装卸、运输、保管以及信息处理等各种物流活动所发生的费用"。

我国2006年发布实施的国家标准《企业物流成本构成与计算》（GB/T20523-2006）中指出，物流成本是指企业物流活动所消耗的物化劳动和活劳动的货币表现，包括货物在运输、存储、包装、装卸搬运、流通加工、物流信息、物流管理等过程中所耗费的人力、物力和财力的总和以及与存货有关的流动资金占用成本、存货风险成本和存货保险成本。其中与存货有关的流动资金占用成本包括负债融资所发生的利息支出即显性成本和占用自有资金所发生的机会成本即隐性成本两部分内容。这里物流成本包括两部分内容，一是物流功能成本，体现的是物流运作过程中所发生的各项成本支出；二是存货相关成本，包括的是产品被锁闭在物流环节，从而导致事实上被企业占用的资金以及存货在物流活动过程中所发生的风险损失和为防止损失所支付的投保费用。

第二节　物流成本的分类

物流成本的分类由于各国的出发点不同，区分的方法也有所不同。一般而言大致有如下四种分类。

一、按物流成本管理类别分类

按物流成本管理类别可分为微观物流成本和宏观物流成本。

微观物流成本主要是指企业层面的成本。通常人们所述某公司的物流成本均指微观物流成本。具体包括货主企业的物流成本、物流企业的物流成本和交易企业间的物流成本。其中，货主企业的物流成本是指特定企业（如制造业或批发零售业）的物流成本，包含供应物流成本、销售物流成本、企业内部物流成本和回收物流成本。物流企业的物流成本是指专业物流提供者企业的成本，包括卡车、铁道、航空、海运等各运输企业的耗费成本。交易企业间的物流成本对于货主企业而言存在如下成本：供应商与制造业之间的物流成本、制造业与批发业之间的物流成本、批发业与零售业之间的物流成本。

宏观物流成本包含两层含义，其一是指一国的社会再生产总体的物流活动所产生的物流成本是从国民经济的角度去观察物流成本，经常见诸报刊的物流总成本占GDP的比例有多少等公布的数值往往指的就是宏观物流成本。这些可以在各省或国家统计局网站或者国家商务部网站上了解到。目前社会物流总成本占 GDP 的比例数值,国家和地方每年会有一次公布。其二是指企业内或者企业间的物流成本的国家间的比较数值。国内外学者在许多场合提及的物流成本概念又泛指宏观物流成本,因此宏、微观物流成本的认识必须分清不同的具体内容。

对于企业物流成本的认识,可按其所处的领域,分为制造型企业、流通型企业和物流型企业。习惯上把制造业企业和流通业企业又称为货主企业,本书重点研究的将是物流企业的物流成本。

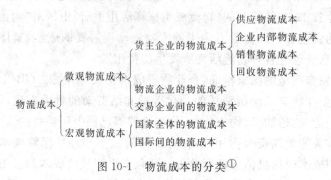

图 10-1　物流成本的分类[①]

二、物流成本按不同支付形态、支付领域和功能分类

物流成本的分类有多种方法,而其中常用的三种分类方法:按照支付形态、不同领域、不同功能的分类方法,是日本常用的分类方法,日本物流学会历年发布的《20××年度物流成本调查报告书》就是按照这三种分类分别统计出各种分类的物流成本。

日本的物流业师从美国,但是其发展速度极快。日本物流协会每年都对协会内各种企业进行物流成本数据调查,调查的对象主要是制造业和批发零售业。其调查数据按照上述三种分类方式予以披露:

(一)物流成本按支付形态(对象)分类

按照企业物流成本费用的不同支付对象,企业的物流成本可划分为企业内物流成本、支付给子公司物流成本、支付给专业物流公司的物流成本。按支付形态的不同对物流成本进行分类,是以财务会计中发生的费用为基础的。

其中企业内物流成本是指企业自己运营运输、仓储等物流活动所发生的材料费、人工费、公益费、折旧费、维护费、一般经费和特别经费等。这些开支项目中把哪些列入成本计算科目之中,将直接影响和显示企业物流成本的高低。支付给子公司物流成本和支付给专业物流公司的物流成本是指企业将物流业务外包给子公司或专业物流公司所支付的物流成本。

(二)按不同领域分类

按照企业物流成本费用发生的不同领域可以将物流成本划分为供应物流成本、企业内

---

① 引自西泽修.物流活动的会计与管理.白桃书房,2003

物流成本、销售物流成本、回收物流成本和废弃物物流成本。

这实际上就是把企业的经营活动通过物流活动来贯穿起点到终点。物流成本的高低、计算的正确与否事实上也决定了企业总成本的高低。

（1）供应物流成本是指企业在原材料或商品等的供应过程中所发生的物流成本。对于制造企业来说，供应物流成本是指企业为了生产产品购买各种原材料、燃料、外购件等所发生的运输、装卸、搬运等费用；对于流通企业（如批发或零售业）来说，供应物流成本是指商品由供货单位到流通企业仓库所发生的运输、装卸搬运、包装等费用。

（2）企业内物流成本是指企业在生产产品或储存商品的过程中所发生的物流成本。对于制造企业而言，企业内物流成本是指原料及辅料从企业仓库或企业"门口"进入到生产线的开端，随生产加工过程流到各个环节，直到生产加工终结，再流到产成品仓库的过程中所发生的物流成本；对于流通企业来说，企业内物流成本是指企业在保管商品的过程中所发生的仓储、转库搬运、维护保养、包装等方面的费用。

（3）销售物流成本是指企业在销售成品或商品的过程中所发生的运输、装卸、包装等方面的费用。从已公布的数据中可知日本企业的物流成本中销售物流成本所占比重高达约74%，其次是企业内物流成本用和供应物流成本。

（4）回收物流成本。回收物流成本是包括材料、容器等由销售对象回收到本企业的物流过程中所需要的费用。

（5）废弃物物流成本。这主要是指商品、包装材料、运输容器、货材等在废弃过程中而产生的物流成本。

（三）按不同功能分类

按不同功能分类将物流成本按运输、保管、装卸、信息处理、流通加工和物流管理等功能进行分类。这样就把物流成本分解给各个功能分担，根据不同的功能的改善和合理化，特别是计算标准物流功能后，通过物流作业的合理化安排，能够正确设定物流合理化目标。一般方法是，在计算出不同支付形态的物流成本的基础上，再按功能计算出物流成本。按物流功能计算物流成本时，要求其划分标准尽量与本企业的实际相符。

把各项物流功能具体地作为成本计算的对象与笼统地只把运输成本、保管成本这两项功能作为计算对象得出的结果会有很大的区别。按照物流功能进行分类，可分为物质流通费、信息流通费和物流管理费三大类。

物质流通费是指为完成商品、物质的物理性流通而发生的费用，进一步细分为包装费、运输费、保管费、装卸搬运费、流通加工费和配送费等。

信息流通费是因处理、传输有关的物流信息而产生的费用，包括与储存管理、订货管理、客户服务有关的费用。在企业内处理、传输的信息中，要把与物流有关的信息与物流以外的信息处理、传输严格区分是很困难的一件事，但又是在计算上非常迫切的一件事。

物流管理费是进行物流的计算、调整、控制所需要的费用，它既包括作业现场的管理费，也包括企业物流管理部门的管理费用。可计算在内的还有税收和保险费。

按不同功能划分对于企业管理者来说，可以在计算出不同单位功能成本的基础上将基期的数据和现在的数据进行比较，得知物流成本的增减原因，从而提出物流改善的方法。

三、按社会物流项目分类

按社会物流项目分类是按照美国物流成本分类模式来进行的。根据美国商务部公布的物流成本占 GDP 比例的说明，我们可以了解到美国的宏观物流成本可分为运输成本、库存成本和管理成本三类。

（一）运输成本

运输成本是基于美国运输委员会（ENO Transportation Foundation）出版的《美国运输年度报告》（*Transportation in American*）得到的货运数据。运输成本包括公路运输、其他运输方式与货主运输费用。公路运输包括城市内运输费用和区域间卡车运输费用。其他运输方式包括铁路运输费用、国际国内空运费用、货代费用、油气管道费用。货主方面的费用包括运输部门运营费用和货物装卸费用。

（二）库存成本

库存成本是指花费在保存货物上的费用，包括仓储成本、残损及保险和税收费用，另外还包括库存占压资金的利息。库存数据的来源包括美国商务部的《国民收入和生产核算报告》（*National Income and Product Account*）、《当前商业状况调查》（*Survey of Current Business*）和《美国统计摘要》（*U. S Statistical Abstract*）等。其中利息是当年美国商业利率乘以全国商业库存总金额得到的。把库存占压资金的利息计入物流成本，是物流管理会计的要求，也是资金管理的要求。

（三）物流管理成本

物流管理成本主要包括订单处理、客户服务、市场预测、计划制定及相关人员发生的管理性成本。物流管理成本的核算和统计比较困难，一般根据美国的历史状况由专家确定一个固定的比例，乘以运输成本和库存成本的总和而得。目前该比例为 4% 左右。

根据美国物流管理协会（Council of Logistics Management）对外披露的"物流成本与物流服务 2003"的报告，人们获知美国的物流成本数据。该报告是由美国的 Establish-Davis 专业物流咨询公司向美国物流管理协会提供的，Establish-Davis 咨询公司通过调查问卷的方式获取美国企业的物流成本数据，至今已累计 30 余年的物流数据。而其统计的美国企业的物流成本数据的调查对象是：制造型企业、流通型企业。

从已公布的数据来看，运输占物流成本大约 57% 左右，是物流成本中的主要成分，库存成本占约 17% 左右。

综合上述各种物流成本的相关分析可知，现行的物流成本概念的界定呈现出以下两个特点：一是人们理解物流成本概念的出发点是以物流服务的需求方为主的。现行物流成本的概念理解局限于从物流活动的需求方如从制造企业或者流通企业来阐述物流成本的内涵；二是企业物流成本中所占比重较大的成本费用是运输成本和库存（保管）成本两项，本书也将这两项单独列章进行分析。

四、根据物流业务的承担分类

物流成本的构成根据成本内容及包含除了以上几种比较权威的分类方法之外还有多种其他的分类方法。严格来说,物流成本是企业花费在物流业务上的费用总和。按照由谁来承担物流工作来分类,物流业务可分为两大类:自营和外包。

所谓自营就是物流业务由企业自身来完成,外包则是将物流业务委托给专业的物流企业来完成。自营也叫企业内部物流,外包也叫委托物流。其中外包物流成本的数据相对容易获取,比如在企业的财务报表中存在的委托支付费或者委托库存保管费等等。

五、物流成本的构成明细

由于前述我们把企业按照其业态分为三类:制造型企业、流通型企业和物流型企业,那么每一种企业都应该包含不同的成本明细。

（一）制造型企业的物流成本构成

制造型企业的特点是生产,其生产活动包括原材料的供应和产成品的销售,按照西泽修的观点中间的生产物流成本除外的说法[①],制造型企业的物流成本就是指企业在进行供应、(生产)、销售、回收等过程中所发生的运输、包装、保管、配送、回收方面的成本。并且制造型企业在实施销售环节之后,为确保产品质量,还必须进行产品维修等售后处理。按照现行的财务会计要求,制造型企业的物流成本大都体现在所生产的产品之中,具有与产品成本的不可分割性。

制造型企业的物流成本一般包括以下内容：
(1) 供应、销售人员的职工薪酬；
(2) 生产要素的采购费用,包括运输费、通联费、采购人员的差旅费；
(3) 产品的推销费,如广告费；
(4) 企业内部仓库保管费,如维护费、搬运费；
(5) 有关设备、仓库的折旧费；
(6) 物流信息费；
(7) 贷款利息；
(8) 回收废弃物发生的物流成本。

（二）流通型企业的物流成本构成

我国物质资料的经营主要是由物质企业和流通企业共同承担的。流通企业物流成本主要是指在组织物品的购进、运输、保管、销售等一系列活动中所耗费的人力、物力和财力的货币表现,其基本构成如下：

---

① 这里涉及物流活动范围的广义和狭义之分,一种说法是生产物流属于生产费用之中难以剥离,故不把生产物流成本算入物流成本之中,另一种说法则凡是存在运输仓储活动的都纳入物流。本书按第一种说法处理。

(1) 企业员工的工资和福利费；
(2) 支付给有关部门的服务费，如运杂费等；
(3) 经营过程中的合理消耗，如商品损耗等；
(4) 贷款利息，如借款购货的情况；
(5) 经营过程中的各种管理费用。

（三）物流型企业的物流成本构成

物流企业的物流成本相对于上述两种成本角度有所不同，上述物流成本的定义都是基于一般企业的传统成本概念而界定的。即大多数教材中所提的物流成本都是从物流的需求方来界定的，而作为物流的提供方的物流企业的物流成本是否也是同样的理解呢？

就企业内部成本的界定而言，人们必须依照国家会计准则的分类，但是必须弄清楚提供方和需求方之间的不同，才能对物流成本有更明确的认识。

首先物流企业提供的更多的是一种服务，即物流服务，而非实物产品，所以物流企业的成本与产品成本就不会一样。

其次，物流服务是一种无形产品，对制造型和流通型企业而言，物流企业对货物不具有所有权，物流企业的物流服务完全是非物流企业（制造企业、流通企业）的业务外包所致，非物流企业选择物流业务外包可以增加其主营业务的核心竞争力，而物流企业通过专业的物流服务不仅满足了非物流企业的业务外包需求，同时也通过物流业务的专业经营获得生存和发展的机会。

换言之，制造业和流通业的物流外包费用（即制造业和流通业的物流成本）就是物流企业的物流业务收入。再从物流企业本身的角度细分各个成本要素：
(1) 物流企业的员工工资和福利费；
(2) 支付给有关部门的服务费，如运杂费等；
(3) 物流设备的合理消耗，如折旧费等；
(4) 贷款利息，如借款经营的情况；
(5) 经营过程中的各种管理费用；
(6) 物流业务的承揽业务费。

第三节　物流企业的成本习性及保本分析

一、物流企业的成本习性分析

管理会计中对于成本的认识，按照成本习性的要求：在相关范围内，成本总额与业务量之间存在着依存关系，并根据两者的定量关系可归纳出一些规律。这里所指的相关范围是指"一定的时期"和"一定的业务量"。而业务量是指在一定的经营期内投入或完成的经营工作量的总称，业务量分绝对量和相对量两类。绝对量可细分为实物量、价值量和时间量等三种形式，相对量则是用百分比或比例等形式来反映的。对成本和业务量的分析，是企业进行经营决策分析的出发点,也是管理会计分析的基础。根据成本习性分析的要求可把成本进一步分解为变动成本和固定成本。

(一) 变动成本和固定成本

在管理会计中:变动成本是成本总额在相关范围内,随业务量变动而成正比例变动的成本。变动成本的两个主要特性:一是变动成本总额与业务量呈正比例变动的特性,二是单位变动成本不论业务量的变化如何始终不变的特性。

固定成本则是指成本总额在相关范围内不随业务量变动而变动的成本。固定成本也有两个显著的特性:其一,固定成本总额的不变性,即在相关范围内固定成本总额不受业务量的变动影响,始终不变。其二,单位固定成本的反比例变动性,在相关范围内随着业务量的增加或者减少,单位固定成本将随之降低或者升高。实际工作中,固定成本还可根据其支出数额是否能够按计划改变,进一步分为"约束性固定成本"和"酌量性固定成本"两类。

约束性固定成本是指企业管理部门在日常活动中难以控制并改变其数额的固定成本。如运输设备等固定资产折旧额、一定货物的保险费、仓库等房屋设备租金、行政管理人员的薪金等,这些费用是企业经营业务必须负担的最低成本,是维持整个生产能力必不可少的成本,具有很大程度的约束性。如果稍加消减,极有可能影响企业的盈利能力和长远目标,因此也被称为"经营能力成本"。

酌量性固定成本是指企业管理当局在日常经营活动中可以控制并能够改变其数额的固定成本。物流企业同样也存在广告费、职工培训费等,这些费用对企业而言肯定有好处,可以扩大企业的影响,提高企业的知名度,增加企业的竞争力,但其支出的数额却并非绝对不可改变,一般都是企业在会计年度开始前,斟酌企业的具体情况和下年度财务负担能力,对这类固定成本做出增加或减少的决策。因此也称为"随意性固定成本"。对固定成本进行这样的划分可以帮助企业寻求不同成本消减的途径。

(二) 混合成本

从实务角度来看,变动成本和固定成本只是两种极端的成本类型,在实际工作中往往会碰到同时兼有变动成本和固定成本两种不同性质的成本,它们既不完全固定不变,又不完全随业务量成正比例变动,因而不能简单归为固定成本或变动成本,因而称之为"混合成本"。这样对物流业务中的成本就比较容易进行成本的分类。

在成本习性分析中我们常把 y 作为混合成本总额,x 作为业务量,a 作为固定成本总额,b 作为单位变动成本,bx 作为变动成本总额。写成数学模型就是 $y=a+bx$。当已知 a、b 时,或者计算出 a 和 b 以后,该模型提供了一个比较简单的计算方法:即在一定的业务量 x 时,就有一定的 y 与之对应,换言之,成本总额就可以计算出来了。

在运输业务中就涉及许多的我们常见的成本,比如人工成本、燃油成本、维护成本、端点成本、线路成本、管理成本或其他成本,这些成本可以人为地分成随服务量或运量变化的变动成本和不随服务量或运量变化的固定成本等。

1. 半变动成本

所谓半变动成本又称为标准型混合成本,通常分为两部分,一部分通常有一个基数,类似于固定成本,与业务量的变化无关,即当业务量为零时这部分成本也要发生,另一部分则是在此基础上随着业务量的增长而增加的成本,这部分增加的成本与业务量成正比例变化,类似于变动成本。如物流企业的运输设备、搬运设备的维修费,在企业没有业务时也要发生起码的设备保养支出,但随着业务量的增加,维修费用又会相应增加。如图10-2所示。

2. 半固定成本

半固定成本又称阶梯型混合成本,通常这种成本在相关范围内是一定的,其总额不随业务量的增减而变化,但是当业务量增加到一定限度范围,其发生额就会跳跃到一定的新水平,并在新的业务量发生范围内保持不变,直到出现另一个新的水平跳跃为止。物流企业的检验人员的工资等就具有此特性。如图10-3所示。

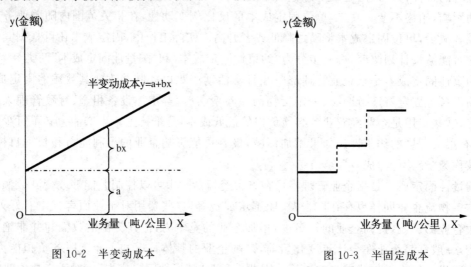

图 10-2 半变动成本　　　　　图 10-3 半固定成本

3. 延期变动成本

延期变动成本又称爬坡型混合成本,这种成本在一定业务量范围内保持总额不变,当业务量增长超出了这个范围,成本与业务量就成正比例变化,如企业的员工工资基本上呈现这种变化:在正常业务量范围内员工获取基本工资,而当超过了正常工作定额后,就会得到按超额工作量部分和计件单价计算的超额奖励工资,如图10-4所示。

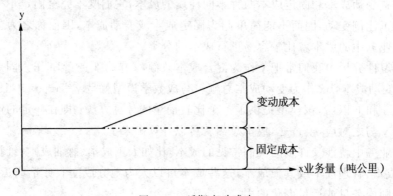

图 10-4 延期变动成本

当然,所谓的相关范围如果认定足够长、大,那么所有的成本都可能是变动的。根据上述成本习性的定义,在运输成本的分析中可将运输承运人"正常"运量范围内没有变化的成本看作固定成本,而其他成本看作变动成本。即固定成本包括获取的路权成本和维护成本,端点设施成本、运输设备成本和承运人管理成本。变动成本通常包括线路运输成本,如燃油和人工成本、设备维护成本、装卸成本、取货和送货成本。当然这并非是对固定成本和变动成本的准确分类,就像不同运输方式之间的成本差异显著一样,随着考察的范围不同,固定成本和变动成本的分类也会有所不同。战略管理会计中就会把成本的习性分析进一步拓展。

(三) 混合成本的分解

企业掌握和了解了相关成本后进一步的工作就是分析,首先要做的工作是对掌握的成本进行分解。按照成本习性的方法进行混合成本的分解,将混合成本分解为变动成本和固定成本。在物流系统中存在大量的混合成本,有必要进行分解。分解的方法有两类:定量和定性的分析和分解方法。

1. 定性分解法

(1) 账户分析法。这是指在掌握有关成本习性的基础上,根据每一项费用的具体的内容和开支标准进行分析,逐项分解,使其分别归属于固定成本和变动成本的一种方法。至于不宜简单划分为固定成本和变动成本的项目,则可通过一定比例将它们分解为固定成本和变动成本两部分。账户分析法简单明了,但是由于其工作量比较大,不适合规模较大的企业进行习性分析。

[例 10-1] 假设海大物流企业的一个季度的成本资料如表 10-1。

表 10-1 海大物流企业的一个季度的成本资料

费用项目	固定成本	变动成本	混合成本	合 计
包装设备折旧费	50 000			50 000
燃料费	10 000	20 000		30 000
管理人员工资	30 000			30 000
包装材料消耗	20 000	60 000	20 000	100 000
合 计	110 000	80 000	20 000	210 000

分析如下:假设包装材料的成本习性分类已经无法再进行,则可将混合成本 20 000 元,按其固定成本和变动成本的比例划分:

包装材料固定成本比例 = 20 000/(20 000+60 000) = 0.25

则包装材料混合成本中的固定成本 = 20 000×0.25 = 5 000(元)

其变动成本部分 = 20 000 - 5 000 = 15 000(元)

因此表中固定成本总额 = 110 000 + 5 000 = 115 000(元);

变动成本总额 = 80 000 + 15 000 = 95 000(元)

若本期包装数量为 50 000 件,则其单位变动成本为 95 000÷50 000 = 1.9 元,则该包装费总额模型为:$y = 115\,000 + 1.9x$。

(2) 技术测定法。这是通过生产过程中消耗量的技术测定和计算来划分成本的变动部分和固定部分的混合成本分解方法,并揭示其变动规律。如对某项工程的可行性分析中,其初始设计能力中规定了一定条件下燃料、动力等机器小时的消耗标准,这些标准可较为准确地反映正常生产条件下的投入产出规律。因此可以作为成本习性分析的依据。但是由于其计算的工作量太大,适合于投入产出比较稳定的企业使用。

(3)合同确认法。合同确认法是一种根据企业与供应单位所确定合同关于有关支付费用的规定来确认费用习性,比如外包物流时,会对某些费用予以固定而不与业务量有关,这些费用可认定为固定成本,合同中有些费用因其业务成正比例关系,则显示出变动成本的特性。

2. 定量分析法

上述三种方法都是直接根据费用的性质来分析和判断其成本习性的。这里所说的定量分析法主要是根据其历史数据,去推测其未来可能的发展趋势。

(1)高低点法。

高低点法是根据企业在相关范围内成本与业务量的历史数据,采用适当的方法计算出其最高点业务量和最低点业务量之差以及所对应的混合成本之差,再计算出单位变动成本并将混合成本分解成变动成本和固定成本的方法。

由于混合成本包含变动成本和固定成本两种因素,因此它的数学模型同总成本的数学模型一致,也可用 $y=a+bx$ 来表示。其中字母所表示的含义同前述一致。高低点法的计算公式如下:

$$单位变动成本=\frac{最高业务量的成本-最低业务量的成本}{最高业务量-最低业务量}$$

$$固定成本=最高业务量-最高业务量×单位变动成本$$

$$=最低业务量成本-最低业务量×单位变动成本$$

[例 10-2] 若海大物流公司某年的运输成本及运输吨数如表 10-2 所示。

表 10-2 海大运输公司运输成本及运输吨数

月 份	吨数(吨)	运输成本(万元)
1	220	1 440
2	250	1 500
3	285	1 450
4	320	1 690
5	310	1 640
6	295	1 580
合 计	1 660	9 170

解:根据表 10-2 中数据,最高点业务量是 4 月份,最低点业务量是 1 月份。根据上述公式可得:

$b=(1\ 690-1\ 440)/(320-220)=2.5(万元/吨)$

$a=1\ 690-2.5×320=890(万元)$ 或 $a=1\ 440-2.5×220=890(万元)$

则:反映运输吨数与成本的数学模型为 $y=890+2.5b$。

必须是以业务量的高低点为依据,而不是成本的高低来选择。高低点法分解成本,方法比较简单,可以迅速确定成本关系,但是由于只选了其中两点来确定数学模型,其结果就不太准确。

(2) 散布图法。

又称目测划线法。该方法是指将若干期业务量和成本的历史数据标注在用业务量和成本构成的坐标图上,形成若干个散布点,然后通过目测画一条尽可能接近所有坐标的直线,并据此来推测固定成本和变动成本的一种成本习性分析法。

运用散布图法,首先就是将各点画出,以便确定生产成本与业务量的关系,以上例的数据为例作图 10-5。(横坐标较长截取后面一部分)

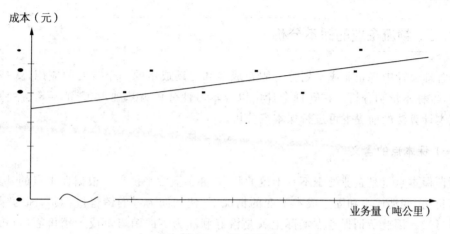

图 10-5 散布图

图 10-5 中成本变动趋势直线与 y 轴的交点,即为运输吨数的固定成本 a=890 万元,在图 10-5 上任取一点,代入下式,求出单位变动成本 b,即是这条直线的斜率。

$$b = \frac{y-a}{x} = \frac{1\,640-890}{310} = 2.41(万元)$$

则反映该企业成本的直线方程为 y=890+2.41x

利用散布图法分解成本,综合考虑了一系列观测点上业务量和成本的依存关系,因此分解的结果较高低点法准确,但是目测的成本直线会因人而异,有时也会误差较大。

(3) 回归直线法。

回归直线法是根据"最小平方法"原理,从大量的历史数据中计算出最能反映成本变动趋势的回归直线方程,并以此作为成本模型的一种成本习性分析方法。回归直线法同散布图法一样选取了全部观测点,是以数学的方法来计算。

同样利用 y=a+bx 模型,利用一组观察数据,经过推导(推导过程略)求得如下方程组:

$$\begin{cases} b = \dfrac{n\sum xy - \sum x \sum y}{n\sum x^2 - (\sum x)^2} \\ a = \dfrac{\sum y_i - b\sum x_i}{n} = \dfrac{\sum x^2 \sum y - \sum x \sum xy}{n\sum x^2 - (\sum x)^2} \end{cases}$$

根据上述方程组即可计算出 a、b,并进一步确定成本模型 y=a+bx。回归直线法比高低点法和散布图法要精确,人工计算比较繁琐,但若运用计算机分解回归直线则简便快捷。

物流企业成本除区分固定成本与变动成本以外,还要求对混合成本分解。当然在运输货物时要确定某批货物的实际运输成本还需要人为地对一些成本进行分摊,尽管有时我们并不知道总运营成本。这样做是因为很多运输成本是不可分的。许许多多不同规格、不同重量的货物在同一条线路(包括在铁路线、公路、海船)上运输,通常每件货品到底该分担多少成本都是按照货品重量占总运量的比例分摊,或是按货物体积占总货运体积的比例分摊,亦或按其他标准分摊运输成本,并没有简单的公式可循,按一定分配标准确定每批货物的运输成本仍然是一个主观判断的问题。

二、物流企业的保本分析

在管理会计中将企业成本划分为固定成本和变动成本的一个重要的应用,就是保本点的分析,也称本量利分析。在管理会计中以成本习性分析为基础,在产销平衡、品种单一和变动成本计算法的前提下可进行保本点分析。

(一) 保本点的含义

所谓保本点就是企业处于不亏不盈的状态,亦称盈亏平衡点。根据保本点的基本要求,在销售价格、变动成本和固定成本不变的情况下,使利润为零的销售量(额),即为保本点的销售量(额)。因此所谓保本点实际上就是恰好利润为零的销售量或者销售额(售价不变)。企业若低于此保本点的销售量,就会出现亏损,若超过保本点的销售量就可以获利,超过保本点的那部分销售量我们称为安全边际量。事实上企业安全边际量的高低一定程度上可以说明企业的获利程度。

保本点的概念中有一个非常重要的引申概念就是边际贡献。所谓边际贡献就是销售收入减去变动成本后的余额,边际贡献再减去固定成本才是利润(本节仅讨论税前利润)。

(二) 保本点的基本公式分析

根据前述的保本点的要求,如果某企业的产品结构是比较单一或者持续均衡的话,只要假设利润为零,计算此时的销售量即可。

根据"收入一成本=利润"的基本模型,我们可以分解为

$$销售单价 \times 销售量 - (单位变动成本 \times 销售量 + 固定成本) = 利润$$

当利润设为零时,即

$$销售量 = \frac{固定成本}{销售单价 - 单位变动成本}$$

[例10-3] 某企业只生产一种产品,并且单位变动成本为10元,固定成本为20 000元,计划销售单价为15元。问该企业处于不盈不亏的销售量为多少?

保本点的销售量=20 000/(15-10)=4 000(件)

保本点的销售额=4 000×15=60 000(元)

若利润不为零,而是存在目标利润时,这也是大多数企业的实际希望,则计算公式如下:

$$销售量 = \frac{固定成本 + 目标利润}{销售单件 - 单位变动成本}$$

上述公式若考虑销售额时,只需等式两边各乘单价即可。

$$销售额 = \frac{固定成本+目标利润}{销售单价-单位变动成本} \times 销售单价$$

$$= \frac{固定成本+目标利润}{\frac{销售单价-单位变动成本}{销售单价}} = \frac{固定成本+目标利润}{\frac{单位边际贡献}{销售单价}}$$

$$= \frac{固定成本+目标利润}{边际贡献率} = \frac{固定成本+目标利润}{1-变动成本率}$$

(三)保本点的应用

运用保本点的概念分析物流系统,有时可以非常简单明了。

1. 边际贡献的运用

边际贡献的分析可以使我们不用计算出利润,直接了解企业是否盈利,如当边际贡献大于固定成本时,我们就知道企业的利润大于零;边际贡献小于固定成本时,利润也就小于零为亏损;恰恰等于零时就是上述的保本点。

而对于多种物品进行混合运输或储存管理时,还可以利用边际贡献率来分析多种物品的盈亏分析,如综合边际贡献率法、加权边际贡献率法等。

(1)综合边际贡献率法。是指将各种物品的边际贡献和销售收入分别汇总,计算综合边际贡献率,然后据此测算综合保本点的销售额。公式如下:

$$综合边际贡献率 = \frac{各种物品边际贡献之和}{各种物品销售收入之和} \times 100\%$$

$$综合保本点销售额 = \frac{固定成本}{综合边际贡献率}$$

(2)加权边际贡献率法。这种方法是先计算各种物品的边际贡献率,并以各物品的销售比重为权数计算加权边际贡献率,然后根据加权边际贡献率计算综合保本点的销售额,最后再分别计算各种物品的保本点的销售额。公式如下:

$$加权边际贡献率 = \sum (各种物品边际贡献率 \times 该物品销售比重)$$

$$综合保本点销售额 = \frac{固定成本}{加权边际贡献率}$$

$$各种物品的销售比重 = \frac{某物品销售收入}{全企业销售收入总额} \times 100\%$$

$$各种物品保本点 = 该物品销售比重 \times 综合保本点销售额$$

2. 安全边际

保本点的应用中,提到的一个概念就是安全边际。所谓安全边际是指企业现有的销售量或销售额超过保本点的销售量(额)的差额,这个差额其实就是距离保本点的程度,它反映企业的经营状况的安全程度,具体表现形式如下:

(1)安全边际量。这是一个绝对量指标,从业务量上反映企业经营的安全程度。公式如下:

$$安全边际量 = 现有(或预计)的销售量 - 保本点的销售量$$

(2)安全边际额。也是绝对量指标,从销售额的角度反映经营情况,公式如下:

$$安全边际额 = 现有或预计销售额 - 保本点销售额$$
$$= (现有或预计销售量 - 保本点销售量) \times 单价$$
$$= 安全边际量 \times 单价$$

(3)安全边际率。这是一个相对量指标。是从比率的角度对企业的经营安全程度加以

揭示。计算公式如下:

$$安全边际率 = 安全边际量 \div 现有或预计销售量 \times 100\%$$
$$= 安全边际额 \div 现有或预计销售额 \times 100\%$$

一般而言,安全边际值(率)越大,现有或预计销售量(额)超过保本点的量(额)的数额就越大,显示的安全程度就高。反之,则说明企业经营的安全程度越低。通常安全边际率在20%以下就认为是不安全的。30%是较安全的,而大于40%就是很安全的了。

3. 经营杠杆

保本点在物流企业中还有一个比较重要的应用,那就是经营杠杆。经营杠杆是指因为固定成本的存在而使利润的变动幅度大于业务量的变动幅度的现象。这是因为,根据成本习性的原理,在一定的业务量范围内,销售量的增加不会改变固定成本总额,但它会使单位固定成本的分摊额随之下降,从而提高或降低单位产品的利润,并使利润的变动率大于业务量的变动率。这种由于固定成本的存在,销售量较小的变化引起利润较大的变化的现象就是经营杠杆。

经营杠杆反映了企业的经营风险,尤其是当物流企业的性质完全不同时,比如拥有汽车的物流企业和拥有运输轮船的物流企业,由于企业的固定成本存在着不同更要注意其经营风险。由于固定成本在企业中是客观存在的,所以一般企业无法回避经营杠杆的现象,必须充分利用其特点帮助企业提高预测和决策能力。

检验经营杠杆的指标叫经营杠杆系数(DOL),也称经营杠杆度。

经营杠杆与利润的关系有多种变化,如公式所示:

$$经营杠杆系数 = \frac{利润变动率}{产销业务量变动率}(经推导可得)$$
$$= \frac{边际贡献}{利润} = \frac{固定成本 + 利润}{利润}$$
$$= \frac{销售收入 - 变动成本总额}{销售收入 - 变动成本总额 - 固定成本总额}$$

[例10-4] 已知某运输企业基期的边际贡献总额为80 000元,基期实现的利润为50 000元,若预测期销售量预计将提高10%。问:预测期利润的变动率和利润预测额为多少?

解:DOL = 80 000 ÷ 50 000 = 1.6

利润变动率 = 1.6 × 10% = 16%

利润预测额 = 80 000 × (1 + 16%) = 92 800(元)

复习思考题

1. 物流成本的分类有哪些?
2. 物流成本的各种分类给我们提供了哪些分析依据?
3. 物流行业的物流成本是什么?
4. 什么是保本点?有何作用?
5. 什么是边际贡献?有何特性及应用?
6. 物流业的经营杠杆起什么作用?
7. 固定成本和变动成本的定义是什么?

第十一章 物流企业成本核算

■ **学习目标** ■

学习完本章,你应该能够:
1. 明确物流企业成本核算的要求、对象
2. 掌握物流企业物流成本的步骤
3. 掌握物流成本的具体明细内容

■ **基本概念** ■

开支范围　支付形态　显性成本　隐性成本

第一节 物流企业的成本核算原则

物流企业的成本核算原则一般应遵从企业会计准则的基本思想,其中特别重要的例如合法性原则、权责发生制原则和配比原则等等,其他还有如可靠性原则、重要性原则、相关性原则等则不再详述。

一、合法性原则

物流企业中物流成本的各项支出,都必须符合国家法律、法规和会计制度的要求,不符合规定的支出不能计入物流成本,根据我国《企业会计准则》的规定,物流企业的如下支出不得计入物流成本。

（一）资本性支出

物流企业通常会投入诸多如运输、仓储、装卸等方面的物流作业设施,运输设施包括各种类型运输车队和运输船舶;仓储设施包括各种类型的仓库以及各种物料设施;装卸设施包括各种类型的装卸搬运设备等。除了上述物流作业设施的投入,物流企业的物流管理信息系统的投入也是非常可观的。

物流企业以购建或融资租赁方式取得上述固定资产、无形资产等所发生的支出,在性质上属于资本性支出,该类支出在会计账务处理上不能与收益性支出相混淆。

(二) 对外投资支出

物流企业在资金运作管理时可能会出于短期或长期投资收益的考虑,而去购买股票、债券等各类品种的证券,此类支出在账务处理上作为"短期投资"、"长期股权投资"或"长期债券投资"。对外投资支出发生时不能将支出计入物流企业的物流成本。

(三) 对外筹资支出

物流企业对外筹资的方式一般有两种:负债筹资和权益筹资。与物流企业负债筹资和权益筹资相对应的对外筹资支出表现为利息支出和股利支出。物流企业的利息支出不列入物流成本,物流企业在建造固定资产的过程中发生的借款利息支出处理,通常是将利息支出资本化,最终计入固定资产的成本,体现为后续的折旧费形式可能会计入物流成本。利息支出除上述情形外,物流企业还可能出现一种非常特殊的利息支出,如根据物流业务合同的内容,物流企业在履行供应环节物流业务时,有义务替客户垫付设备采购资金,如果这笔垫付资金金额很大并且是物流企业通过借款方式筹得该笔垫付资金的话,此时的利息支出应该计入该物流项目的成本。

与利息相比,物流企业因权益筹资而发生的股利支出的考虑则很简单,即股利支出也不能计入物流成本,而应作为利润分配来处理。

(四) 营业外支出

物流企业在营运过程中发生的与物流业务运作无关的各种滞纳金、罚款、违约金、赔偿金以及捐赠、赞助等事项的支出,只能列入营业外支出,不能计入物流成本。但是根据物流业务合同的违约赔款条款,物流企业因发生货损货差、信息系统瘫痪等原因造成的向客户支出的违约赔偿金应计入物流成本。

二、权责发生制原则

权责发生制原则解决收入和费用何时予以确认及确认多少的问题。其基本内容是,凡是应计入本期的收入或支出,不论款项是否收到或付出,都算作本期的收支;凡是不应计入本期的收入或支出,即使款项已经收到或付出,也不能算作本期的收入或支出。物流企业在物流成本核算中应遵循权责发生制原则,应正确处理应收款项等内容。

三、配比原则

配比原则强调的是某一会计期间的收入与成本,以正确计算该会计期间的利润。配比原则的依据是受益原则,即谁受益,费用由谁负担。物流企业在进行成本核算时要考虑费用的发生是否与其所获得的收入相匹配。如果某项费用的发生与某项物流业务收入的获取直接相关,则该项费用为该物流业务的直接费用,与其收入直接配比即可确定该物流业务的损益;如果某项费用的发生与某一项物流业务收入的获取为间接相关,则该项费用需通过选择适当的分配标准计入该物流成本，与其收入间接配比确定该物流项目损益；如果某项费用与某一物流业务收入获取不相关，则该项费用不能计入该物流业务的成本。物流企业的物流业务费用构成复杂，应正确遵循配比原则。

第二节 物流企业成本核算的要求

一、物流企业成本开支范围的界定

为了正确计算企业物流成本，须分清有关费用的界限。物流企业同样应根据《企业会计准则》等国家相关会计法规的规定，将一切与物流业务运作直接有关的支出，计入企业的物流成本；将发生的销售费用、管理费用和财务费用作为期间费用，计入当期损益。物流企业在确定成本、费用开支范围时，应严格划清如下界限。

（一）正确划分物流营运支出和非营运支出的界限

根据我国《企业会计准则》中的规定，物流企业的"净利润"计算过程中涉及的支出项目主要有四类：营运支出、投资支出、营业外支出和所得税费用支出。物流企业在核算物流业务成本时应严格区分这四类支出。

首先，投资活动的耗费不能计入物流成本。只有物流活动和与流动资金有关的筹资活动的成本才可能计入物流成本，筹资活动和投资活动不属于物流活动，在会计上，它们的耗费不能计入物流成本，属于筹资成本和投资成本。物流活动贯穿于企业的经营活动，因此投资以及与流动资金筹资无关的筹资活动所发生的耗费不能计入物流活动，这类活动的耗费包括：对外投资支出、耗费和损失，对内长期资产投资的支出、耗费和损失，包括有价证券的销售损失、固定资产出售损失和报废损失等；捐赠筹资费用，包括流动资金之外的应计利息、贴现费用、证券发行费用等。

其次，一般企业的生产经营活动的成本包括正常成本和非正常成本。在会计上，只有正常的生产经营活动才可能计入成本，非正常的经营活动成本不计入产品成本而应计入营业外支出。非正常的经营活动成本包括：灾害损失、盗窃损失等非常损失；滞纳金、违约金、罚款、损害赔偿支出；短期投资跌价损失、坏账损失、存货跌价损失、长期投资跌价损失、固定资产减值损失等由不能预期的原因引起的资产减值损失；债务重组损失等。物流成本就其范围而言，贯穿企业生产经营活动的始终，包括供应物流、企业内物流、销售物流、回收物流和废弃物物流，从其成本项目构成来看，既包括与物流运作和管理有关的物流功能成本，也包括与存货有关的物流成本支出。因此，物流成本既包括计入产品的正常生产经营活动耗费，也包括部分不计入产品成本的非正常经营活动耗费，例如存货的非常损失、跌价损失等都应计入存货风险成本。

（二）划分物流成本与期间费用的界限

企业正常的生产经营活动费用分为物流业务成本和期间费用。物流企业的物流业务成本是指物流企业发生的与某一物流业务运作相关的支出，企业不得将应计入物流成本的支出列入期间费用。按照会计准则的基本定义：期间费用是指企业当期发生必须从当期收入中得到补偿的费用。根据我国《企业会计准则》的规定，期间费用按其经济用途可分为销售费用、管理费用、财务费用三项。

销售费用是指企业销售产品过程中发生的费用，包括运输、装卸、包装、保险、展览和广告等费用，以及专设销售机构的各项经费，对于物流企业而言就存在一种专为物流承揽业务的费用也确定为销售费用；管理费用是指企业行政管理部门为管理和组织经营活动而发生的各项费用；财务费用是指企业为筹资而发生的各项费用。许多物流企业为了方便，一般都采取将物流成本并入销售费用来处理的方法，这样其实更无法分清物流成本的内涵。

制造业的产品成本和期间费用支出都包含着物流成本的主要构成内容。所以计算物流成本首先应从产品成本和期间费用有关的会计科目出发，按物流成本的内涵，逐一归集和计算物流成本。

（三）划分不同会计期间的物流成本之间的界限

物流企业应根据权责发生制原则，根据营业支出的受益期来确定各期的成本、费用。物流成本的计算期可分为月度、季度和年度。一般要求每月计算一次。因此，应计入物流成本费用应与会计核算同步或以会计核算资料为依据于期末进行，为了正确划分各会计期的物流成本费用的界限，在会计核算上，凡属于本期成本、费用负担的支出，无论款项是否支付均应计入本期成本、费用；凡不属于本期成本、费用负担的支出，即使款项已经支付，也不应计入本期成本、费用。

二、物流企业的成本核算对象

物流成本的计算和费用的归集，关键取决于成本计算的对象，不同的结果要求，实际上应对了不同的计算对象。物流企业的成本计算，首要问题是如何合理地确定成本核算对象。确定成本核算对象是物流企业设置物流成本明细账、归集和分配物流业务费用、计算物流业务成本的基本前提。

（一）以物流项目为核算对象

首先确认物流企业的成本对象，实际上就是要解决物流企业在经营过程中所发生的资源耗费究竟应由谁承担的问题。

综合性物流企业一般所经营的物流业务包括仓储、运输、报关、报检、集装箱拆箱拼柜、国际货代、物流规划和技术咨询等。因此物流项目作为物流成本计算对象，首先要将物流成本按功能性成本和存货相关成本来划分。其中的物流功能性成本是指在仓储、运输、装卸、搬运、流通、物流信息和物流管理过程中所发生的物流成本。存货相关成本指企业在物流活动过程中所发生的与存货有关的流动资金占用成本、风险成本和保险成本。这种物流成本对象不仅对于加强每个物流功能环节的管理，提高每个功能环节的作业水平具有重要意义，而且可以直观地了解与存货有关的物流成本支出数额，对于加速存货资金周转速度，减少资金风险损失具有重大意义。物流业务的相关收入是指该物流项目的收入,而具体承接该物流业务的上述一系列的支出,也就构成了该物流业务的成本,收入与成本之差就是该物流业务的毛利了。

另外,关键的是可以对整个物流成本构成中物流功能成本以及功能成本之外的成本支出各自所占的份额有所了解和把握。

由于物流功能性的特点,有必要对成本明细对象进行分析。物流的功能基本上是各自独立的,因此在进行物流处理时可以对具体的物流功能进行订单化处理,所谓订单就是对一份总的物流业务合同,其中应该还会有更明确的功能分类,各功能未必一定由某物流企业独家承担,也可能会分包给下属企业和本企业外的专业物流公司,因此综合物流企业应该将更明确的明细订单作为成本核算对象。

(二) 以物流活动范围作为物流成本计算对象

以物流活动范围作为物流成本计算对象,是物流的起点和终点以及起点与终点间的物流活动过程的选取,也就是对物流活动过程空间的截取,具体包括供应物流、企业内物流、销售物流、回收物流和废弃物物流等不同阶段所发生的成本支出。它的主要任务是从比如材料采购和管理费用等科目中分离出供应物流成本等,如材料采购账户中的外地运输费、装卸搬运费等,管理费用中的市内运杂费等以及列入有关费用科目中的采购环节所发生的企业自行运输的人工费、燃料费、运输工具的折旧费、维修费等;如从生产成本、制造费用、管理费用等账户中分离出企业内物流成本,如与仓储有关的人工费、仓库的折旧费、维修费、企业内的运输成本,企业内的包装成本以及仓储存货的资金占用成本、风险损失等;从销售费用中分离出销售成本,如销售过程中发生的运输、装卸搬运、流通加工等费用;若企业还发生退货、物品返修、包装容器的周转使用以及废弃物处理等,还应从销售费用、管理费用以及其他业务成本等账户中分离出回收物流成本和废弃物物流成本。通过上述数据的计算,把正常财务会计中核算的数据进行处理,就可以得出不同范围的物流成本以及物流成本的总额,可使企业管理者一目了然地了解各活动范围物流成本的全貌,并据此进行物流成本的比较分析。

(三) 以物流成本的支出形态作为成本计算对象

以物流成本的支付形态作为物流成本计算对象是把一定时期的物流成本,从财务会计数据中予以分离,按照成本支出形态进行分类计算。它首先将企业的物流成本分为企业自营物流成本和委托物流成本。其中,企业自营物流成本是指企业在物流活动过程中发生的人工费、材料费、办公费、差旅费、折旧费、维修费、租赁费、利息费、保险费等。以支出形态表现的物流成本是企业物流成本发生的最原始的状态,上述诸多的费用项目可以归集为五大类:材料费、人工费、维护费、一般经费和特别经费。其中材料费和人工费与通常所说意义一样,维护费是指物流设施设备的折旧费、维修费、燃料动力消耗费等维护费支出;一般经费是指物流功能中除人工费、材料费和维护费之外的其他费用支出;特别经费仅用于计量与存货有关的费用支出。委托外单位组织物流活动所支付的运输费、保管费、装卸搬运费等支出。以支出形态作为物流成本计算对象,可以得到不同形态的物流成本支出数据,尤其是可以获得较为详尽的内部支出形态信息,为企业制定标准物流成本和编制物流成本预算提供资料依据。

第三节 物流企业的成本核算方法

一、物流企业的成本核算的要求

物流企业的成本核算方法基本上是在管理会计的指导下与物流相结合,依据财务会计的相关科目中的内容,明确物流成本的构成和成本明细。

物流企业物流成本核算必须分清发生了哪些成本,这些成本是为谁发生的,是在哪里发生的。

(一) 弄清楚发生了哪些成本

要知道发生了哪些成本,就必须通过财务会计核算中使用的凭证、账户、报表中对物流活动的耗费进行连续、系统、全面的记录、计算和报告。由于所有企业的会计核算必须遵循《企业会计准则》,所以要了解物流成本,在没有专门为物流成本设置专门账户的情况下,一种方法是把物流成本核算与正常的会计核算分开,单独建立物流成本核算凭证、账户和报表体系,物流成本核算和正常的会计核算作为两套体系同步展开,即所谓的双轨制。另一种方法是把物流成本核算与正常的会计核算相结合,增设"物流成本"等有关科目,对于发生的各项成本费用,若与物流成本无关,直接计入会计核算中相关的成本费用科目,若与物流成本有关,则先计入"物流成本"科目,会计期末,再将各个物流成本费用账户归集的物流成本余额按一定的标准分摊到相关的成本费用账户上,以保证成本费用账户的完整性和真实性。

很显然,所谓的双轨制并不受企业欢迎,它会增加大量的人力核算成本。这是企业所不愿看到的。企业更希望通过增设"物流成本"科目的方法把与物流成本发生有关的内容进行衔接。

在单轨制下物流管理会计中经常会有显性成本和隐性成本之说。所谓显性成本主要是指按照现行的企业会计准则要求,能够在会计核算体系中反映,并分离和计算的物流成本。对于这一部分成本,企业可以根据本企业的实际情况,选择在一定会计期内或者期末的账务处理过程中进行物流成本核算。所谓隐性成本是指按照现行的企业会计准则的要求编制的核算中没有反映,需要企业在会计核算体系之外单独计算的那部分物流成本。更多的是指管理会计中所指的机会成本,这类成本由于没有实际发生,所以按现行企业会计准则要求也就不需登记入账,往往会被忽视,但是在进行物流决策分析时必须考虑。对于按照物流管理会计的要求进行成本核算的项目在"物流成本"一级科目下可有多级科目用于物流成本核算。

(二) 发生的物流成本由谁承担

这是物流成本核算中要求回答的问题:在某一会计核算期间内,各个成本位置上发生了哪些成本？发生了多少？计算各个成本位置通常是指运用传统成本核算方法计算各个部门或各个生产步骤。同时，由于在每一个企业里必然存在多个物流作业环节，每个作业成本也都有自己的单位成本，因此相对而言物流成本核算更适合作业成本计算法。发生的物流成本哪些是可以归集于货主企业方，哪些是自己承担的？了解各作业环节发生的成本利于成本管理和控制，有利于企业和员工的绩效考评。

（三）物流成本在哪里发生的

根据前述的概念，我们知道物流是两大块范畴的集合，即仓储和运输。那么涉及仓储的是仓库、码头；涉及运输的是航运、航空、铁路、公路甚至管道。无论这些静态的状况还是动态的状况都给我们带来了成本的耗费，物品放在仓库里就产生成本，同样物品无论在哪个环节运输公路或铁路或航运等都会产生成本，通常这些成本我们就叫物流成本或者物流费用。

二、物流企业的成本核算步骤

物流成本核算的基本步骤按照目前比较成熟的核算方法来说明，首先要按照不同支付形态来分别计算，其次在此基础上进行不同功能的成本核算，第三步是根据不同成本计算对象分别核算，其中第三步骤可以按照作业成本法来计算。

对于不同支付形态的各项目，由于目前的企业会计准则的要求并没有"物流成本"科目的设置内容，所以前述的按照物流的相关支付形态、相关功能的分类是分散在各个其他会计科目之中的。

（一）显性成本的核算

首先明确目前的物流企业所指的营运成本即为物流成本，则其二级科目可以按照功能比如运输成本、仓储成本、包装成本、装卸搬运成本、流通加工成本、物流信息成本、物流管理成本、流动资金占用成本、存货风险成本、存货保险成本等设置；其三级科目可以按照物流支付形态如人工费、材料费、经费等许多明细内容。

对于存在于日常会计核算中的包括管理费用、销售费用、财务费用、其他业务成本、营业外支出等有关明细科目逐一进行分析，以及制造费用如何进行物流成本的归集等，以确认物流成本的内容。物流企业可根据各企业实际业务及规模情况，选择与会计核算同步登记物流成本辅助账户即相应的二级、三级或者需要的话设置四级科目和费用专栏，或在会计期末集中处理归集物流成本。应用上述明细账户，分别反映出按物流成本项目，按物流支付形态为归集成本的物流成本数额。最后汇总计算物流成本各辅助账户，即各个多级明细账户。

（二）隐性成本的核算

在物流管理会计的决策分析中，常会使用一些特殊的成本概念，如付现成本、机会成本等。由于这些成本平时并不入账，因此往往会被忽视或者遗忘，但是在管理会计的决策分析中却是必须要考虑的。

物流企业在投资决策时,对于手中资金量的多少往往会顾及付现成本的高低。付现成本是指那些由于未来决策所引起的需要在将来动用现金支付的成本。如实务中常会遇到运输设备不够,仓储设施不足等原因需要购买或租借时,往往会把投资的付现成本与总成本比较,此时更多考虑的是付现成本的高低,而不是总成本的高低,否则无法办成投资事宜。

同样,机会成本也是决策过程中必须考虑的一个因素。对于机会成本,主要考虑是在存货管理中的存货占用资金所带来的成本,一般而言,存货占用资金=存货账面余额×企业借贷的资金利率。这里企业借贷的资金利率是参考企业内部收益率来计算的,从而计算出存货占用资金所产生的机会成本。由于物流企业一般不会出现购货、销货业务,存货量几乎没有或者只是出于合作的关系等会在受托物流业务时垫付一定的备用金和押金,对于物流企业也就可以理解为存货占用资金,那么也应该计算其产生的机会成本。

(三)按不同支付形态的物流费

所谓支付物流费是指根据不同支付形态来分类计算物流成本,这些物流成本项目需从财务会计科目中分离出来。主要是将物流费用分成材料费、人工费、公用事业费、维持费、一般经费、特别经费、委托物流费和支付物流费等如图11-1。

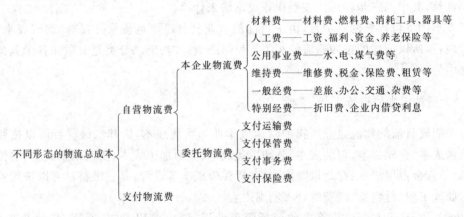

图11-1 按不同支付形态分类的物流费

1. 材料费

材料费指因物流活动消耗而产生的材料费用,属直接费用,可通过各种材料的实际消耗量乘以实际的购买价格来核算。材料费通常可用期末盘点来核算:消耗量=期初结余+本期购买-期末结余。物流企业购买的材料主要是指包装材料、流通加工材料的购买。

2. 人工费

人工费是指在物流活动中消耗的劳务所支付的费用,包括全部的报酬:工资、奖金、福利、养老和医疗保险等,以及员工教育培训费等。一般对于人工费用的计算是按照本期的实际支付金额来核算的。各种福利费用等可能混在其他成本项目中应予以分离。较难分离时,可采用比例分摊的方法核算。

3. 公用事业费

公用事业费泛指为物流企业提供的公益服务(水、电、煤气、绿化、取暖)支付的费用。有些企业可能具有单独核算的器具,如果没有则可按照物流设施面积和物流人员的比例进行分摊核算。

4. 维持费

维持费指土地、建筑物、机器设备等固定资产在使用、运行和保养过程中而产生的维修费、折旧费、房产税、土地使用税、车船使用税、租赁费、保险费等费用。维持费一般根据本期实际发生额核算,对于经过多个期间统一支付的费用(如租赁费、保险费等),可按照期间分摊计入本期相应的费用中。折旧费用参照财务会计的要求处理。

5. 一般经费

一般经费相当于财务会计中的一般管理费。其中,对于差旅费、交通费、会议费、书报资料费等人员和使用目的明确的费用,可直接计入物流成本。对于一般经费中不能直接计入物流成本的,也可按员工人数比例或设备比例分摊到物流成本中。

6. 特别经费

特别经费包括按实际使用年限核算的折旧费和企业借贷利(息)率等。

企业内利息核算就是前述的机会成本的概念,是以物流活动所占用的全部资金的资金成本,一般可以银行利率为参考,故称为企业内借贷利率。

一般经费和特别经费有时也可合称为经费。

7. 委托物流费

委托物流费是根据本期实际发生额来核算,包括托运费、市内运输费、支付运费、装卸费、保管费和出入库费、委托物流加工费等。除此以外,间接委托的物流费按一定比例标准分摊到各功能的费用中。

8. 支付物流费

这里的支付物流费,特指其他企业支付的物流费用。其他企业支付的物流费用,以本期发生购买时其他企业支付和发生销售时其他企业支付的物流费的物品重量或件数为基础,乘以费用估价核算。

之所以要核算其他企业支付的物流费,是因为,虽然其他企业支付的物流费不作为本企业的物流支付,但对购进物品实际上已经将物品从产地运到销售地点的运费、装卸费等物流费包含在进货价格之中了,如果到物品产地去购买,则这部分物流费显然还是要本企业来支付的,对销售商品,买方提货所支付的运费也相当于扣减了销售价格,如果销售的商品采用送货制,则这部分物流费也要由本企业支付。因此其他企业支付物流费实际上是为了弥补应由本企业负担的物流费而计入物流成本。

按不同支付形态进行的物流成本核算表如表11-1所示。

表 11-1 物流成本核算表

支付形态			范围	供应物流费	企业内物流费	销售物流费	退货物流费	废弃物流费	合计
企业物流总成本	本企业支付物流费	企业本身物流费	材料费	资材费					
				燃料费					
				消耗性工具					
				其他					
				合计					
			人工费	薪酬、补贴					
				福利					
				其他					
				合计					
			公用事业费	电费					
				水费					
				煤气费					
				其他					
				合计					
			维持费	维修费					
				消耗性材料费					
				税金					
				租赁费					
				其他					
				合计					
			特别经费	一般经费					
				折旧费					
				企业内利息					
				合计					
		企业本身物流费合计							
		委托物流费							
	本企业支付物流费								
（外企业）支付物流费									
企业物流费总计									

物流信息处理费用和物流管理费用均计入合计栏和各种范围栏。

(四) 按不同功能的物流费

所谓不同功能是指分别按照物流活动的不同功能如包装、配送、保管、搬运、信息处理、物流管理等功能来核算物流总成本。从不同功能中去辨别哪一种功能更消耗物流成本，可以比照支付形态核算成本的方法进一步有所了解物流成本发生的症结。

若把费用按功能分类，也可再进行汇总，如按照运输费、保管费等功能各制成一张表，也可以根据企业所具有的几项功能合并编表。如表 11-2 所示。

表 11-2　按不同功能核算物流成本表

支付形态		范围	运输	仓储	装卸	包装	信息处理	合计
企业物流总成本	本企业支付物流费	企业本身物流费	材料费	资材费						
				燃料费						
				消耗性工具						
				其他						
				合计						
			人工费	薪酬、补贴						
				福利						
				其他						
				合计						
			公用事业费	电费						
				水费						
				煤气费						
				其他						
				合计						
			维持费	维修费						
				消耗性材料费						
				税金						
				租赁费						
				其他						
				合计						
			一般经费							
			特别经费	折旧费、企业内利息						
				合计						
		企业本身物流费合计							
		委托物流费								
	本企业支付物流费									
（外企业）支付物流费										
企业物流费总计										

传统的物流成本核算步骤从不同支付形态到不同功能分类，基本可以分解物流成本，由于随着物流企业的自动化程度的大幅度提升，固定资产设备类的间接费用也会随之水涨船高，因此间接费用的合理分配也就变得至关重要。

物流成本按其计入成本对象的方式分为直接物流成本和间接物流成本。直接和间接成本的主要区别在于直接成本可以将其成本准确地归属于成本计算对象，从而体现其归属的本质特性；而间接成本由于不能直接计入成本计算对象，必须按照一定的原则或者方法进行分配，然后才能将其归属于某种产品或者作业等成本计算对象。分配间接成本通常也是使用财务会计的方法进行，比如选择的分配基准通常也为人工费用总额、人工工时总额等，实务中受到企业规模、业务性质等特性影响也会出现选择的基准不同的情况，一般都可根据本企业的实际情况,在考虑成本—效益原则的前提下,选择适合本企业特点的和有利于成本管理决策的分配方法,对于物流企业而言,一般应该明确选择从事物流作业或物流功能作业或物流范围作业人员的比例、物流工作量比例、物流设施面积或设备比例以及物流作业所占资金比例等多种分配基准。

物流成本核算的偏差也主要来源于间接费用的处理上,所以国际上包括美国、日本都开始尝试使用作业成本法,将作业成本法运用于物流企业。即在经过不同支付形态、不同功能之后的核算步骤就是将物流活动分解为具体的物流作业,采用作业成本法来进一步准确核算。

按照作业成本法的要求,包括供应物流费、销售物流费、本企业物流费和委托物流费。并进一步把本企业物流费分解为变动成本和固定成本。

作业成本法主要解决的是间接费用的分配难题,将间接费用直接化,使物流成本核算更准确。本篇后续章节详细介绍作业成本法。

三、物流成本核算方法实例

按照物流成本的不同支付形态和不同功能的计算方式来计算物流企业所发生的物流成本。借鉴日本《物流成本计算统一标准》和国家标准《企业物流成本构成与计算》来核算物流企业的物流成本。成本数据从会计凭证、会计明细账、原始凭证等资料中获取。

[例11-1] 假设下列数据均为海大物流公司本月(期),按支付形态的不同,从财务会计核算的全部科目中抽出有关物流成本资料如下:

(一)物流企业的人工工资

根据公司工资费用表,本月发生物流工作人员工资、奖金、津贴等费用共计150 000元。其中运输、装卸搬运、保管、包装、物流管理作业及其他人员工资如表11-3所示。

表11-3 物流人工费用分配表 单位:元

作业范围	运输		装卸搬运		保管		包装	物流管理		合计
	金额	分配标准	金额	分配标准	金额	分配标准	金额	金额	分配标准	
供应物流	31 250	1/2	10 000	1/2			6 010	8 200	1/5	55 460
企业内物流					13 660	2/3		8 200	1/5	21 860
销售物流	15 625	1/4	5 000	1/4				16 400	2/5	37 025
回收物流	15 625	1/4	5 000	1/4	3 415	1/6		8 200	1/5	32 240
废弃物物流					3 415	1/6				3 415
合计	62 500		20 000		20 490		6 010	41 000		150 000

(二)物流作业管理费

根据各部门管理费用计算表,物流作业管理发生的办公费共计9 600元;另,水、电、煤等共计6 600元,运输部门本月发生维修费共计9 600元,车辆租赁费120 000元(租赁费一般按里程分配使用费用,这里简化比照维修费处理),具体分配如表11-4。

表 11-4 物流作业管理费　　　　　　　　　　　　　　　　　　　　　　　　　　单位:元

作业范围	运输费					物流管理				
	维修费金额	分配标准	车辆租赁费	分配标准	小计	办公费	分配标准	水、电、煤等	分配标准	小计
供应物流	3 200	1/3	40 000	1/3	43 200	3 200	1/3	2 200	1/3	5 400
企业内物流										
销售物流	6 400	2/3	80 000	2/3	86 400	6 400	2/3	4 400	2/3	10 800
回收物流										
废弃物物流										
合　计	9 600		120 000		129 600	9 600		6 600		16 200

(三) 包装材料、低值易耗品分配表

根据材料领料单据,对于消耗性资料等包装作业耗用 3 000 元,保管作业耗用 3 800 元,物流管理耗用 2 700 元(主要由供应与销售物流负担);仓库包装作业所耗用的包装材料费 28 500 元,具体发生范围如表 11-5。

表 11-5 包装材料、低值易耗品分配表　　　　　　　　　　　　　　　　　　　　单位:元

作业范围	保管费	包装费		小计	物流管理费		合计
	易耗品	包装材料	易耗品		金额	分配标准	
供应物流					900	1/3	900
企业内物流	3 800	28 500	3 000	35 300			35 300
销售物流					1 800	2/3	1 800
回收物流							
废弃物物流							
合　计	3 800	28 500	3 000	35 300	2 700		38 000

(四) 设备维护费、保险费及折旧费

物流活动设施、设备分摊保险费 6 500 元,根据折旧费用计算表:物流设施的维护费 9 000 元,折旧费 20 150 元,分配物流保险费等按各物流作业设施的账面价值分配。其中包装设备价值 350 000 元,运输设备价值 1 500 000 元,保管设备价值 160 000 元,装卸设备 120 000 元,物流管理部门设备价值 100 000 元。

分配标准的计算:

包装:350 000/(350 000+1 500 000+160 000+120 000+100 000)

　　　=350 000÷2 230 000=0.156 9;

运输:1 500 000/2 230 000=0.672 6;保管:160 000/2 230 000=0.071 7;

装卸:120 000/2 230 000=0.053 8;物流管理:100 000/2 230 000=0.044 8。

分别计算后填入表 11-6。

表 11-6 设备维护费、保险费及折旧费 单位:元

费用 作业	维护费	保险费	折旧费	分配标准
包装	1 412.1	1 019.85	3 161.54	0.1569
运输	6 053.4	4 371.9	13 552.89	0.6726
保管	645.3	466.05	1 444.755	0.0717
装卸搬运	484.2	349.7	1 084.07	0.0538
物流管理	403.20+1.80	291.20+1.30	902.72+4.03	0.0448
合 计	9 000	6 500	20 150	

注:小数点误差计入物流管理费用。

(五)上述物流设施的维护费、保险费、折旧费的功能性成本对于按物流范围再次分配

表 11-7 维护费的分配 单位:元

作业 范围	包 装		运 输		保 管		装卸搬运		物流管理	
	金额	分配标准	金额	分配标准	金额	分配标准	金额	分配标准	金额	分配标准
供应物流			1 513.35	1/4			121.05	1/4	101.25	1/4
企业内物流	1 059	3/4			483.98	3/4	121.05	1/4	101.25	1/4
销售物流			3 026.70	2/4	483.98	1/4	121.05	1/4	101.25	1/4
回收物流	353.10	1/4	756.68	1/8			60.525	1/8	50.625	1/8
废弃物物流			756.68	1/8			60.525	1/8	50.625	1/8
合 计	1 412.10		6 053.40		645.30		484.20		405	

注:表中数字尾数有调整。

表 11-8 保险费的分配 单位:元

作业 范围	包 装		运 输		保 管		装卸搬运		物流管理	
	金额	分配标准	金额	分配标准	金额	分配标准	金额	分配标准	金额	分配标准
供应物流			1 092.98	1/4			87.43	1/4	73.13	1/4
企业内物流	764.89	3/4			349.54	3/4	87.43	1/4	73.13	1/4
销售物流			2 185.95	2/4	116.51	1/4	87.43	1/4	73.13	1/4
回收物流	254.96	1/4	546.488	1/8			43.72	1/8	36.56	1/8
废弃物物流			546.488	1/8			43.72	1/8	36.56	1/8
合 计	1 019.85		4 371.90		466.05		349.70		292.50	

表 11-9　折旧费的分配　　　　　　　　　　　　　　　　单位:元

作业范围	包装 金额	包装 分配标准	运输 金额	运输 分配标准	保管 金额	保管 分配标准	装卸搬运 金额	装卸搬运 分配标准	物流管理 金额	物流管理 分配标准
供应物流			3 388.22	1/4			271.018	1/4	226.688	1/4
企业内物流	2 371.16	3/4			1 083.57	3/4	271.018	1/4	226.688	1/4
销售物流			6 776.45	2/4	361.19	1/4	271.018	1/4	226.688	1/4
回收物流	790.39	1/4	1 694.11	1/8			135.5	1/8	113.343	1/8
废弃物物流			1 694.11	1/8			135.5	1/8	113.343	1/8
合　计	3 161.54		13 552.89		1 444.755		1 084.07		906.75	

（六）委托物流费和外企业支付物流费

本月公司支付的委托物流费 100 000 元,其中分包物流费 45 000 元,保管费 55 000 元;本月外企业支付的物流费为 47 500 元,其中发生进货过程支付的物流运输费 32 000 元,本月发生出货对其他企业支付的物流运输费 15 500 元。

表 11-10　委托物流费和外企业支付物流费　　　　　　　　　单位:元

作业范围	委托物流费 运输	委托物流费 保管	委托物流费 合计	外企业支付物流费
供应物流	45 000		45 000	32 000
企业内物流		55 000	55 000	
销售物流				15 500
回收物流				
废弃物物流				
合　计	45 000	55 000	100 000	47 500

（七）以费用支付形态为成本计算对象的物流各功能费用

根据上述数据,编制以费用支付形态为成本计算对象的物流各功能费用计算表,包装费用计算表、运输费用计算表、保管费用计算表、装卸费用计算、物流管理费用计算表。如表 11-11 至表 11-16。

表 11-11　包装费用计算表　　　　　　　　　　　　　　　　　　　单位:元

支付形态		范围	供应物流	企业内物流	销售物流	回收物流	废弃物物流	合计
企业物流总成本	本企业支付物流费	企业本身物流费 — 材料费		31 500				31 500
		人工费		6 010				6 010
		公用事业费						
		维持费		1 059		353.10		1 412.10
		一般经营						
		特别经费		2 371.36		790.39		3 161.75
		企业本身物流费合计		40 940.36		1 143.49		42 083.85
		委托物流费						
	本企业支付物流费	40 940.36＋1 143.49＝42 083.85						
（外企业）支持物流费								
企业物流费总计		42 083.85						

表 11-12　运输费用计算表　　　　　　　　　　　　　　　　　　　单位:元

支付形态		范围	供应物流	企业内物流	销售物流	回收物流	废弃物物流	合计
企业物流总成本	本企业支付物流费	企业本身物流费 — 材料费						
		人工费	31 250		15 625	15 625		62 500
		公用事业费						
		维持费	44 713.35		89 426.70			134 140.05
		一般经营						
		特别经费	3 388.22		6 776.45	1 694.10		13 552.89
		企业本身物流费合计	79 351.57		97 765.65	17 319.11		194 436.33
		委托物流费	45 000					
	本企业支付物流费	194 436.33＋45 000＝239 436.33						
（外企业）支持物流费		47 500						
企业物流费总计		286 936.33						

注:维持费(供应物流)43 200＋1 513.35＝44 713.35(元)　维持费(销售物流)86 400＋3 026.7＝89 426.7(元)

表 11-13 保管费用计算表　　　　　　　　　　　　　　　单位:元

支付形态 \ 范围			供应物流	企业内物流	销售物流	回收物流	废弃物流	合　计
企业物流总成本	本企业支付物流费	企业本身物流费	材料费		28 500				28 500
			人工费		13 660		3 415	3 415	20 490
			公用事业费						
			维持费		483.98	483.98			967.964
			一般经营						
			特别经费		1 083.57	361.19			1 444.755
			企业本身物流费合计		43 727.55	845.17	3 415	3 415	51 402.72
		委托物流费		55 000				55 000
		本企业支付物流费	55 000＋51 402.72＝106 402.719					
	(外企业)支持物流费							
	企业物流费总计		106 402.719					

表 11-14 装卸费用计算表　　　　　　　　　　　　　　　单位:元

支付形态 \ 范围			供应物流	企业内物流	销售物流	回收物流	废弃物流	合　计
企业物流总成本	本企业支付物流费	企业本身物流费	材料费						
			人工费	10 000		5 000	5 000		20 000
			公用事业费						
			维持费	208.48	208.48	208.49	104.24	104.24	833.93
			一般经营						
			特别经费	271.018	271.018	271.018	135.50	135.50	1 084
			企业本身物流费合计	10 479.49	479.49	5 479.49	5 239.74	239.74	21 918.20
		委托物流费							
		本企业支付物流费	21 918.20					
	(外企业)支持物流费							
	企业物流费总计		21 918.20					

注:维持费(含维护费和保险费):208.48＝87.43＋121.05;104.24＝43.72＋60.52

第十一章　物流企业成本核算

表 11-15　物流管理计算表　　　　　　　　　　　　　　　　　　单位：元

支付形态		范围	供应物流	企业内物流	销售物流	回收物流	废弃物物流	合　计
企业物流总成本	本企业支付物流费	企业本身物流费	材料费	900		1 800			2 700
			人工费	8 200	8 200	16 400	8 200		41 000
			公用事业费	2 200		4 400			6 600
			维持费	174.38	174.38	174.38	87.185	87.185	697.51
			一般经营	3 200		6 400			9 600
			特别经费	226.688	226.688	226.688	113.343	113.343	906.75
			企业本身物流费合计	14 901.07	8 601.07	29 401.07	8 400.53	200.53	61 504.27
		委托物流费							
		本企业支付物流费		61 504.26					
	（外企业）支持物流费								
	企业物流费总计		61 504.26						

把上述各分表汇总编制企业全部物流成本计算表即可，把相关数据综合填入如表 11-1 及表 11-2 即可，按照各功能和范围进行适当的成本管理。

复习思考题

1. 物流企业的核算原则是否与一般企业一致？
2. 什么是物流业的显性成本？什么是隐性成本？
3. 按支付形态分类的物流成本有哪些内容？
4. 按不同功能分类的物流成本有哪些？
5. 如何按不同支付进行物流成本计算？
6. 如何按不同功能进行物流成本计算？
7. 将案例题中物流成本分别按形态和范围、不同功能要求编制物流成本计算表。

第十二章 物流企业运输成本核算与管理

■ 学习目标 ■

学习完本章,你应该能够
1. 明确物流、运输之间的关系
2. 掌握物流成本的分类
3. 掌握水运成本的核算内容、方法
4. 掌握汽车运输成本的核算、方法
5. 了解航空、铁路运输的核算概念

■ 基本概念 ■

运输成本　水运成本　集装箱费用　营运费用

第一节　运输业务及运输成本分类

一、运输与物流的关系

物流中的运输包括长距离运输和短距离运输。长距离运输也称为"干线运输",短距离运输也称为"支线运输"或"配送服务"。长距离运输是指制造业企业商品生产从车间运到全国的主要物流中心,利用上述运输工具企业既可以自己组建物流分部,也可以委托专业物流公司负责运输。同样,配送中心也可以自己组建,也可以直接委托给物流公司的物流中心,由物流中心再向客户配送,配送也是一个标准的相对小型的物流系统,将在下章专门介绍。

从物流的定义中我们可以了解到运输业务只是诸多物流业务中的其中一项,在物流概念没有明确以前我国多以交通运输来统称,但是必须知道运输是物品借助于运力在空间上所发生的位置移动,是实现物流的空间效用。

运输作为物流系统的功能之一,包括生产领域和流通领域的运输。生产领域的运输通常是企业内部的运输活动,是直接为生产服务的,也称为企业内运输或物料搬运。流通领域的运输是作为流通领域的一个环节,也可以看作是生产的延伸,这一环节是以物流企业或生产企业的物流部门来完成的,是从生产领域向消费领域在空间位置上的转移。

运输是物流成本管理与节约的关键所在,据统计,运输成本占据了物流成本的一半以上。所以早期的运输企业把自己称为物流企业也就不奇怪了。物品从生产企业走向消费者的途径就是要求运输活动的途径。它包括了物品从生产所在地向消费者所在地的移动,也包括了从生产所在地向物流网点和从物流网点向消费者所在地的移动。因此运输作为一种物流的必要服务就存在一些基本要求,如常要求满足运输的快速到达等。

运输的速度要求是指特定的运输所需要的时间。运输速度与成本的关系体现在:速度快但运费高;因此对于不同的速度要求就有不同的运输方式对应可以满足其要求,按照速度的快慢排序航空、铁路、公路、水路的顺序比较正常(管道运输比较特殊不进行比较)。对速度的要求快递公司应运而生。物流业务的服务内容之一就是快速送达,即由运输来完成。

二、运输成本的分类

运输过程涉及许多成本,如燃料成本、人工成本、维护成本、端点成本、线路成本、管理成本及其他成本。运输成本是运输生产活动的综合性指标,它能比较全面地反映运输企业的生产、技术和经营管理水平。运输量的多少,劳动生产率的高低,运输工具的设备的利用程度,材料、燃料、电力消耗水平,以及货币资金的运用情况和企业经营管理水平等,最终都通过运输成本这一指标反映出来。运输成本控制的好坏也就反映了该企业的物流管理的水平。交通运输共性的特点:即其产品是无形产品,运输过程完成则生产完成。不存在产品待销的情况,成本随运行里程消耗,而成本计算则以吨(人)公里表示。

运输成本的具体分类可有多种。如:

(1) 按运输方式及运输工具分为铁路运输成本、公路运输成本、水路(海运、内河和远洋)运输成本、航空运输成本、管道运输成本等;

(2) 按客货运输任务分为旅客运输成本、货物运输成本、客货换算运输成本等;

(3) 按所运货物品种,分为煤炭运输成本、石油运输成本等;

(4) 按运输活动成本的习性分类,有变动成本和固定成本。

(一) 运输变动成本

根据前述变动成本的定义,变动成本在运输工具未进行营运活动时不会发生。变动成本中包括与承运人运输每一票货物有关的直接费用,这类费用通常按照每公里/海里或每单位重量多少成本来衡量。在这类成本构成中还包括线路运输成本(如燃油和人工成本、设备维护成本、装卸成本、取货和送货成本),以及运输设备的按里程数计提折旧的折旧额等。

(二) 运输固定成本

固定成本是在相关范围内,不随业务量(运载量)的多少而变化的成本。对于运输企业而言,固定成本包含了端点站、通道、信息系统和运输设施设备(如各类卡车、铁路机车、飞机、船舶)等费用,这些固定成本的投入建设一般不可能用于其他任何用途,在短期内与固定成本有关的费用必须由上述按每票货计算的变动成本的贡献来弥补,以及运输设备按年限计提折旧的折旧额。当然从长期来看,突破相关范围的边际固定成本也可看成变动成本了。

即运输成本的考察范围的选择不同,成本习性的分类结果也会有所不同。有些成本属两者兼有的混合成本特性更多一些。

(三) 联合成本

联合成本是指提供某种特定的运输服务而产生的不可避免的费用。企业可以人为地进行变动成本和固定成本的分类,但是对于某一批货物的实际运输成本的核算时,还需要进行分摊,这是因为物流运输企业在进行运输作业时并不单单运输某一票货物,往往许多不同规格、不同重量、不同客户的货物在同一线路上运输,每一批别、每一件货物应该分摊多少?或运输回程是空驶时这些运输费用又该如何分摊?当然按照面积、体积、重量都是方法之一,但是关键是这些分摊依据的选择是企业主观确定的,并没有客观的定量依据,所以会视不同企业而不同。

(四) 公共成本

公共成本是承运人代表所有的托运人或某个分市场的托运人支付的费用。公共成本,诸如端点站或管理部门之类的费用,具有企业一般管理费的特征,通常是按照活动水平,如装运处理(如递送约定)的数目之类分摊给托运人来承担。但是这种方式来分摊企业的一般管理费有可能发生不正确的成本分摊。如,一个托运人也许在其并没有实际使用递送服务时(如该承运人递送的货物并没有卸下来时,但按照"视为已经利用")就需要为这种约定支付费用。

三、运输成本的影响因素

物流企业发生各项运营支出,形成运输成本(交通运输企业习惯称营运成本)。在运输企业营运成本的构成中,并不存在工业产品成本那样具有构成产品实体并占有相当高比重的原材料等主要材料,而多是与运输工具有关的消耗费用,如燃料、修理、折旧等支出。所以,运输成本借鉴制造业企业的会计核算方法,根据现行会计制度,运输成本在物流企业中是在"主营业务成本"科目中核算的。

运输企业由于其不同的运输方式,所以运输成本也就呈现出不同的成本特征。就其共同的特征而言,运输成本通常会受到运输距离、载货量、货物的疏密度、运输时间等影响。

(一) 影响运输成本的因素

1. 距离

距离是影响运输成本的主要因素,距离的长短直接影响了燃料、维修保养、人工费用等变动成本的多少。运送距离与成本的关系可用图 12-1 所示。图 12-1 中成本曲线并不是从原点开始,这是由于固定成本存在的原因,与距离无关,但是与货物的提取和交付活动所产生的固定费用有关;另外,成本曲线是随距离而增长的一个函数,这种特征被称为递减原则,即运输距离越长,成本没有同步增长,这是指长距离城市之间的运输距离而言的,不指城市内的距离。承运人可以使用更高的速度,使城市间的每公里单位费用相对减低,而市内运输则由于交通路径问题还可能会频繁停车，反而增加成本。

2. 载货量

载货量影响运输成本是由于运输活动存在着规模效应。如图 12-2 所示，它说明了每公里重量的运输成本随载货量的增加而减少。之所以产生这种现象，是由于提取和交付活动的固定成本以及行政管理费用可以随载货量的增加而分摊。但是这种关系却受到运输工具的最大尺寸的限制，一旦满载，对下一辆车就会重复这种关系。对业务管理部门而言，应对短、少、近、小等特殊运输要求，物流企业应整合成更大的载货量，以充分利用规模经济效果。

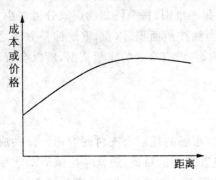 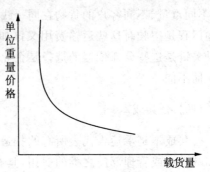

图 12-1　距离与成本的一般关系　　　　图 12-2　重量与运输成本的一般关系

3. 货物的疏密度

第三个影响因素是货物堆放的疏密度，它把重量和空间两方面的因素结合起来节能性考虑。由于运输成本（价格）通常是以每单位重量所花费的数额来表示的。而影响运输工具载货量的有重量因素和空间因素。在一定的重量前提下，充分利用空间位置；或者利用一定空间位置，增加重量。利用货物的疏密度调节重量和空间，把固定运输成本分摊到增加的重量上，使运输物品的每单位重量的运输成本相对降低。如从容积的角度来看，像液体类货物在装入公路货车容量的一半时，重量就会达到满载程度。物流作业人员在管理这类货物时应尽可能利用疏密度的关系，降低货物的运输成本。如图 12-3 所示。

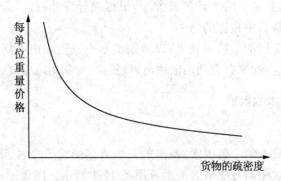

图 12-3　产品密度与运输成本的一般关系

4. 运输时间要求

上述影响因素中运输量、运输距离以及运输物品的种类是由物品自身的性质和存放地点决定的，属于不可变量，而运输时间和运输成本则是不同运输方式之间互相竞争的重要条件,运输时间与成本的变化必然带来所选择的运输方式的重新选择。

运输时间与运输成本之间的关系还体现在目前的制造企业对运输的要求上,制造企业对缩短运输时间并降低运输成本的要求非常强烈,这主要是在目前的经营环境复杂、困难的情况下,为提高竞争力,必须不断控制成本。在JIT模式下的运输方式,要求实现企业的低库存,并按照要求准时、适量送货。因此从进货方来讲,为了实现迅速地进货,必然会在各种运输服务方式中选择最为有效的手段来从事物流活动。必须明确运输时间的缩短与运输成本的减低其实是一对矛盾体。如果要利用快速的运输服务方式,就会增加运输成本;同样,运输成本的降低则极有可能是以牺牲运输速度或者运输服务的质量,两者之间必须有效协调。

第二节 水运成本的核算与管理

由于我们常说的水运企业包括船舶运输企业和港口企业两部分。船舶运输企业就是将货物从一个港口送到另一个港口。船舶运输企业的特点就是连续不断地进行单一的劳务作业。港口企业的主要业务是从事货物的装卸及库存,即将货物卸入仓库货场,根据货主的要求再从仓库货场装车或装船运出,装卸、堆存就是一个生产过程。船舶运输主要包括沿海运输、远洋运输和内河运输。沿海运输是海洋运输企业在我国近海航线上航行,经营国内沿海各港之间的运输业务;远洋运输业企业,则在国际航线上航行,经营国内外港口之间的货物运输业务;内河运输企业的运输船舶在内江、内河航线上航行,经营江河港口的货物运输业务。这些运输企业与港口企业的成本即为水运成本。

一、水运成本的特点

水路运输有个特点是水路线路是不对使用者收取费用的,同高速收费公路不同,但是港口则收取使用费,水路承运人预算中的固定成本都与港口作业有关,这些费用包括船只进入港口的港口费和货物装卸费等。由于水运的装卸速度比较慢,除部分可以使用集装箱运输搬运设备外,港口的搬运成本非常高,港口的高使用费与水路的低使用成本相抵消,水路运输依然受到欢迎。水运的变动成本包括与运输运营设备相关的成本,水路运输速度虽然低,但是水路低牵引力带来了低耗能,营运成本可以降低许多。因此高港口使用费和低线路费用,使吨公里随运距和运量的变化急速下降,由此水运是最廉价的大宗货物运输方式之一,由此低运输成本的特点可以了解、比较、选择其他几种运输方式,水路运输还有以下特点:

(1) 运输能力大。在五种运输方式中,水路运输的载运能力最大,上万吨的运输工具非船莫属了。目前世界上最大的油船的载运能力已超过50万吨。

(2) 运输成本低。我国沿海运输成本是铁路的40%,美国沿海运输成本只有铁路的12.5%。

(3) 运输速度慢、平均运输距离长。货物在途中的时间长,水路运输平均运距分别是铁路运输的2.3倍,公路运输的59倍,管道运输的2.7倍,民航运输的68%。运输路线长的会达到几个月,从资金效率的角度来看会增加货主的流动资金占用量。

(4) 安全性、准时性较差。水路运输与铁路和汽车运输相比,运输的安全性和准时性较差。海运比内河航运会遇到更大的气候因素,另外特殊地区还有海盗出没,这些都会影响安全性和时效性。

(5) 国际贸易的支柱。远洋对贸易方面起着独特而又重要的地位,我国有超过90%的外贸货物采用远洋运输,这是其他任何运输方式无法代替的,同时航运经济受到贸易的影响也最大。

二、水运成本核算项目

水路运输分为两大类:一个是海运,另一个是内河。海运包括了沿海运输和远洋运输两种,其运输船舶大都是吨位较大的海船,沿海和远洋运输通常都按单船归集船舶发生的费用计算成本。

（一）海运成本计算项目的内容

船舶成本分为船舶费用和营运费用两类。

船舶费用是指运输船舶从事运输业务所发生的各项费用,包括为保持船舶正常营运状态而发生的经常性费用、船舶在航行过程中所发生的航行费用、船舶在各港口所发生的航行费用,以及船舶在各港口所发生的港口费用和代理业务费用。

营运费用是指企业为管理和组织经营业务所发生的各项营运费用和业务费用。

1. 沿海运输成本

沿海运输一般都是在近海负责货运业务,运输的船舶大部分为吨位较大的机动船舶,很少有拖船和驳船参加运营,沿海运输距离较远洋运输要短许多,航次时间也较短,船舶进出港口,由港口企业提供码头设备和各种服务,航运企业则按规定向港口企业支付各种使用费。港口代理的货、海运企业要支付代理费用等。

2. 远洋运输成本

远洋运输主要是以经营国际航线运输业务为主,与沿海运输相比,远洋运输的船舶往往吨位较大,常在万吨以上,如货轮、集装箱船、油船等。远洋运输的运距长,航次时间也长,通常在一个月以上,每一个航次实际以上一航次最终港卸完后开始一直到本航次最终卸完时为止所需要时间。

远洋船舶进出国内港口,使用码头设备与沿海运输一样,向港口企业交纳使用费,货运代理支付代理费用。进出国外港口,按规定支付港口使用费,国外代理行代理货运业务的,需支付代理费用。另外,船舶通过海峡,须支付海峡通过费用。按照国际运输规定,航方往往根据运输条款支付某项业务费用,如垫船费用、装卸费用、揽货费用、理货费用等。

必须注意沿海运输与远洋运输的成本计算期的区别,沿海运输的成本计算期按月,航行国外航线按航次计算成本;远洋运输的成本计算期是分船按航次,一般是单航次计算。航次时间较短、航次跨进跨出不太悬殊的远洋航线,也可按月、季、年计算成本。

另外,远洋运输企业的船舶出租,视租船的方式不同,支付的费用也有所不同。关于远洋运输的租金分析将在后续章节予以介绍。

3. 海运成本的计算对象

海洋货物运输成本计算对象一般指货运业务,为了加强成本控制,企业可以将单船、成本类型(货轮、油轮、拖轮)航次、航线作为成本计算对象。在各种成本计算中单船成本是基础,据此可以计算成本类型成本、货运成本。如果将单船成本进一步按航次分清航次直接费用和间接费用,计算航次成本,也就能够提供计算航线成本的数据。

4. 海运成本具体项目

海洋成本计算内容,可分为航次运行费用、船舶固定费用、船舶租赁费用、集装箱固定费用和营运间接费用。在各成本计算科目下设有明细科目。

(二)内河运输成本计算项目的内容

内河货物运输指船舶在江河航线之间经营货运业务。它与沿海运输和远洋运输相比,船舶吨位较小,成本低。按照运输的不同种类计算运输分类成本。分类成本主要有:拖驳货运;油运为油轮油运、拖驳油运;排运为拖轮排运。

内河运输费用一般分为船舶运输成本费用和港埠费用。船舶费用指运输船舶的各项费用,包括船员工资、提取修理费、损失费和其他费用。港埠费用指为分配运输成本负担的港埠费用,以及直接支付给外单位的港口费用。

内河运输成本以月、季、年为成本计算期,成本费用按不同船舶类型归集,对于吨位较大的船舶也可以单独进行单船归集。在计算运输分类成本时,应将按船舶类型归集的船舶费用在各运输种类之间进行分配。

港埠费用由各港设立港埠费用明细账归集,并按直接费用的比例由运输、装卸、堆存和其他业务负担,内河运输企业各运输种类负担的成本费用和港埠费用之和就是各运输种类的总成本。将这一总成本除以各自完成的周转量,就可以求得各运输种类的单位成本。月末,内河运输企业应编制内河运输成本计算表。

三、水运成本核算方法

(一)船舶间接费用的归集、计算与分配

间接费用的明细分类核算,应按费用归口管理要求和规定的费用项目设置明细账,反映营运间接费用的内容。

营运间接费用的分配范围,原则上应包括企业所经营的营运业务。企业的辅助部门对外单位、本企业建设单位、福利事业单位等供应劳务和销售产品,也应负担营运间接费用。在实务中,为了简化分配工作,可规定有企业经营的各种营运业务负担;对非经营性业务或收入额所占比重很小的业务,则不分担营运间接费用。

海运企业的营运间接费用应先在企业所经营的各种营运业务之间进行分配,求得运输业务应负担的营运间接费用。如果海运企业只计算综合运输成本,分配由运输业务负担的营运间接费用即可计入运输业务的综合成本,不必再进行分配。若需要再进一步计算单船成本、船型成本、运输种类成本时,则需要将运输业务负担的营运间接费用在各船、各船型或运输种类之间进行分配。

营运间接费用在各船之间进行分配的方法比较多,通常可按以下方法进行分配:

1. 船舶费用比例分配法

船舶费用包括航次运行费用和成本固定费用,如有租赁船舶营运时,还包括租费;如有集装箱运输,还应包括集装箱固定费用(这些船舶费用都已扣除了与运输无关的部分)。如计算单船的完全成本,则需分别按船舶进行分配;如按船型计算成本时,则分别按船型分配,其分配的计算公式如下:

$$营运间接费用 = \frac{运输业务应负担营运间接费用}{\sum 运输船舶的船舶费用和集装箱固定费用} \times 100\%$$

$$单船(船型)负担营运间接费用 = 营运间接费用分配率 \times 该船(船型)成本费用和集装箱固定费用$$

运输企业按航次计算成本时,营运间接费用可以只计入当期已完成航次成本,不必分配计入该期末未完航次成本。因此,分配由船舶运输业务负担的营运间接费用,可以直接计入当期已完航次运输成本。如果营运间接费用需分配给单船或类型船成本时,可按该期所有船舶已完航次的船舶的费用(包括成本固定费用和航次运行费用等)比例分配计算。

2. 船舶营运吨天数比例法

此种方法是按在册船舶吨位大小进行分配的,其计算公式为

$$每营运吨天数营运间接费用 = \frac{运输业务应负担营运间接费用}{\sum 船舶营运吨天数}$$

3. 集装箱费用的计算

集装箱固定费用是指为了维持集装箱适用状态所发生的日常维护费用。集装箱固定费用按集装箱类型设置明细账,按规定项目进行归集,按每标准箱的箱天费用和适用天数计算分配给集装箱运输船舶成本。

$$每标准箱天集装箱固定费用分配 = \frac{集装箱固定费用}{集装箱标准箱天数}$$

$$船舶运输成本应摊集装箱固定费用 = 集装箱标准箱天数 \times 每标准箱天集装箱固定费用$$

(二) 海运成本的核算

沿海运输与远洋运输业务存在成本计算上的区别。

1. 沿海运输成本

海运企业货运成本的计算对象是货物运输业务。运输船舶的船舶费用、集装箱固定费用和营运间接费用经过归集和分配计算,在月度(季、年度)终了,应计算货运总成本、货运单位成本;计算货运成本降低额和降低率,并编制沿海运输成本计算表。此外,海运企业可以根据需要,再分别计算航线成本、货种成本及单船成本等。

(1) 货运总成本和货运单位成本。沿海运输企业全部营运船舶所发生的船舶费用,扣除与运输无关应由其他业务负担的费用,如船舶临时出租负担的费用,加上船舶租费和集装箱固定费用,以及应由运输成本负担的营运间接费用后,即为运输总成本,运输总成本除以货运周转量即为货运单位成本。公式如下:

$$运输总成本＝船舶费用-运输无关费用+成本费用+集装箱固定费用$$
$$-营运间接费用-未完航次成本+以前年度支出$$
$$货运单位成本(元/千吨公里)＝货运总成本÷货运周转量(千吨公里)$$

（2）成本降低额、降低率的计算。海运企业应计算运输成本降低额和降低率，成本降低额是考核总成本计划完成情况的主要指标，它是用上年度实际单位成本乘以本期工作量（如周转量等）减去本期实际总成本得到的。具体公式如下：

$$成本降低额＝上年实际单位成本×本期实际周转量-本期实际成本$$

该指标为正数（+），表示成本节约；该指标为负数（-），表示成本超支。

成本降低率是考核总成本降低幅度的指标，是成本降低额与上年实际单位成本和本期实际工作量乘积之间的比率，其计算公式为：

$$成本降低率＝[成本降低额/(上年实际单位成本×本年实际工作量)]×100\%$$

2．远洋运输成本的计算

（1）已完成航次成本的计算。远洋运输企业已完成航次成本，包括已完成航次开始到航次结束时累计发生的航次运行费用，应分配负担的船舶固定费用，以及分配的营运费用。对于跨期航次，已完航次成本包括本期发生的航次运行费用和分配负担的船舶固定费用和营运间接费用外，还包括前期同航次发生的未完航次成本。对于本期某一已完航次来说，已完航次成本可用如下公式表示：

$$\begin{matrix}本期已完\\航次成本\end{matrix}＝\begin{matrix}前期未完\\航次成本\end{matrix}+\begin{matrix}本期发生的\\航次运行费用\end{matrix}+\begin{matrix}本期分配的\\船舶固定费用\end{matrix}+\begin{matrix}本期分配的\\营运间接费用\end{matrix}$$

（2）未完航次成本。远洋运输企业在报告期末（月末、季末、年末）尚未结束的航次，船舶仍在继续运行，航次运动费用尚在继续发生，还要分配船舶固定费用和营运间接费用。因此，不结算航次的运输成本。本期期末的未完成航次成本，应转入下期，等待该航次结束后，再计算已完航次成本。本期未完成航次成本，如下期航次结束，则为下期该航次已完航次成本的一部分；如下期该航次尚未结束，船舶继续运行，则下期该航次未完航次成本的一部分、上期未完成航次成本和本期该航次发生的船舶直接费用以及分配负担的成本固定费用构成跨期的航次成本。

3．集装箱运输成本计算

集装箱运输是以集装箱作为单元积载设备，由半集装箱船或全集装箱船装载进行货物运输的一种方式。集装箱船舶运输成本计算，除增设"集装箱固定费用"项目外，还要在"航次直接费用"内增设"集装箱货物费"项目，计算集装箱船舶费、封箱费、并箱费、运费、码头费等，按发生的航次归集，直接计入船舶航次的运输成本。

"集装箱固定费用"是为了保持集装箱良好的使用状态所发生的经常性维持费用，如集装箱的港口堆存费、修理费、保险费等。集装箱固定费用必须单独归集，按照集装箱船装用集装箱的箱天数或标准箱天数比例分摊负担。集装箱运输的总成本和单位成本计算，通常和非集装箱运输相同。

[例 12-1] 海大运输公司 20××年 6 月发生的船舶类型费用总额为 5 600 000 元，其中，货船费用为 1 600 000 元，油船费用为 4 000 000 元，营运间接费用为 2 000 000 元；本期营运间接费用全部由运输业务负担；货船周转量为 600 000 千换算吨公里；油船周转量为 500 000 千换算吨公里。

将营运间接费用按规定由各种业务成本负担,本期营运间接费用共发生 2 000 000 元,全部由运输成本负担,为计算运输分类成本,还需要按各种运输种类船舶费用的比例进行分配。计算如下:

营运间接费用分配率＝2 000 000/5 600 000＝0.357

货船货运应分摊的营运间接费用＝1 600 000×0.375＝600 000(元)

油船油运应分摊的营运间接费用＝2 000 000－600 000＝1 400 000(元)

编制"运输分类成本计算表",计算运输成本分类如表 12-1。

表 12-1　运输分类成本计算表　　　　　　　　　　　单位:元

项　目	货船货运	油船货运	合　计
船舶费用	1 600 000	4 000 000	5 600 000
分配营运间接费用	600 000	1 400 000	2 000 000
运输总成本	2 200 000	5 400 000	7 600 000
运输周转量/千吨公里	800 000	1 500 000	2 300 000
运输单位成本(元/千吨公里)	2.75	3.6	6.35

第三节　汽车运输成本核算与管理

一、汽车运输种类及成本项目

汽车运输成本管理主要是对使用汽车运输的经营活动所耗成本的核算与管理,汽车运输有时也称公路运输。汽车运输生产过程就是货物的位移过程。在实现货物的位移的运输生产过程中的耗费包括生产资料如车辆、装卸机械、房屋建筑、燃料等的价值消耗和相当于职工工资部分的价值消耗,这些价值消耗构成了汽车运输成本。汽车运输成本核算程序主要包括成本计算对象、成本计算期、成本计算内容、成本计算方法等。

(一) 汽车运输种类

在现代物流运输中,公路货物运输可以按照不同的标志进行以下分类。

1. 按照货物营运方式分类

按照货物营运方式的不同可以分为整车运输、零担运输、集装箱运输和包车运输等类别。

整车运输是指托运人托运的一批货物在 3 吨及以上或虽不足 3 吨,但其性质、体积、形状需要一辆 3 吨或以上的汽车运输的货物运输,如需要大型汽车或挂车(核定载货吨位在 4 吨及以上的)以及容罐车、冷藏车、保温车等车辆运输的货物运输。

零担货运是指托运人托运的一批货物不足整车的货物运输。

集装箱运输是指将适箱货物装入标准化集装箱采用现代化手段进行的货物运输。

包车运输是指应承运人的要求,经双方协议,把车辆包给托运人安排使用,并按时间或里程计算运费的业务。

2. 按货物种类分类

根据货物种类分为普通货物运输、特种货物运输和轻泡货物运输。货物在运输、装卸、保管中无特殊要求的,为普通货物。普通货物分为一等、二等、三等三个等级。货物在运输、装卸、保管中需采取特殊措施的,为特种货物。特种货物分为三个等级。货物每立方米体积重量不足333千克的,为轻泡货物。其体积按货物(有包装的按货物包装)外廓最高、最长、最宽部位尺寸计算。

3. 按托运的货物是否保险或保价分类

按托运的货物是否保险或保价分类可分为不保险(不保价)运输、保险运输和保价运输。货物保险由托运人向保险公司投保,也可以委托承运人代办。货物保价运输是按保价货物办理承托运手续,在发生货物赔偿时,按托运人声明价格及货物损坏程度予以赔偿的货物运输。托运人一张运单托运的货物只能选择保价或不保价。

托运人选择货物保价运输时,申报的货物价值不得超过货物本身的实际价值;保价运输为全程保价。分程运输或多个承运人承担运输,保价费有第一承运人(货运代办人)与后程承运人承担运输,并在运输合同中注明。承运人之间没有协议的按无保价运输办理,各自承担责任。办理保价运输的货物,应在运输合同上加盖"保价运输"戳记。保价费按不超过货物保价金额的7‰收取。

4. 按货物运输速度分类

按货物运输速度分为普通速度运输、快件货物运输和特快专运。一般货物的运输即普通速度运输或称慢运;快件货物的运送速度从货物受理当日的15点算起,运距在300公里内24小时运达,运距在1 000公里内48小时运达,运距在2 000公里内72小时运达;特快专运是指按托运人的要求在约定时间内运达。

(二) 汽车运输成本的计算对象、计算单位及内容

1. 汽车运输成本的计算对象及计算单位

汽车运输成本的计算对象是企业各项运输业务以及各项运输费用的承担者。由于汽车运输企业营运车辆的车型较多,为了充分反映不同车型货车的运输成本,应以不同燃料和不同品牌的营运车辆作为成本计算对象,对于货运常用的特种车、集装箱车、零担车、冷藏车、油罐车等,还应以不同类型、不同用途的车辆分别作为单独的成本计算对象。

汽车运输的成本计算单位是以汽车运输工作量的计量单位为依据的,货物运输工作量,即货物周转量的计量单位为"吨公里"。为了长距离运输的计算方便,通常以"千吨公里"作为成本计算单位。特种车辆包括冷藏车、油罐车等都以千吨公里作为成本计算单位。

大型车组的成本计算单位为"千吨位小时";集装箱的成本计算单位为"千标准箱公里"。目前各国大部分集装箱运输,都采用20英尺和40英尺长的两种集装箱。为使集装箱箱数计算统一化,把20英尺集装箱作为标准为一个计算单位,40尺集装箱作为两个计算单位,以便统一计算集装箱的营运量。

2. 汽车成本计算的主要内容

汽车运输成本主要分为车辆直接费用和营运间接费用两大部分,按此设置成本项目。

在车辆直接费用下根据内容设置职工薪酬、燃料、轮胎、修理费、车辆折旧费、养路费、公路运输管理费、事故费、税费、其他费用等明细项目。在营运间接费用下设置管理费用(不包括行政管理部门发生的管理费用)、差旅费、办公费、折旧费。

对于营运车辆租赁经营的公路运输企业,其租赁业务成本所包括的内容没有统一的规定,一般可分为两个部分,其主要成本项目为:(1)企业代收代付规定费项目:货运附加费、养路费、运输管理费;(2)企业支付和承担的各项费用项目:车辆保险费、车辆折旧、职工福利、日常维护、营运间接费用。

二、汽车运输的成本计算方法

汽车运输成本的计算方法,是指营运车辆在生产过程中所发生的费用,按照成本计算对象和成本项目,计算各分类运输成本的步骤、方式和程序要求。汽车运输企业不需要按车型单独设置成本计算单,只需在"运输支出"账户下,按照成本计算对象(如车型)及成本项目设置多栏明细账,将运输支出的明细分类核算与运输成本的分类计算结合起来一并进行核算。

(一)职工薪酬

这是指按规定支付给营运车辆司机的基本工资、工资性津贴和行车奖励金。随车售票乘务人员工资和工资性津贴以及实行承包经营企业的司乘人员个人所得的承包收入,也包括在本项目内,以及按规定的工资总额比例计提的职工福利费用。

没有固定车辆的后备司机的工资薪酬,应按营运车吨位或营运车日,分配计入有关车辆的分类运输成本。其分摊计算公式如下:

$$每营运车吨日工资分配额(元/车吨日) = \frac{应分配的司机工资总额}{总营运车吨日}$$

$$某车型应分配的司机工资额(元) = 该车型实际总营运车吨日 \times 每营运车吨工资分配额$$

(二)燃料

这是指营运车辆运行中所消耗的各种燃料,如汽油、柴油等。应根据行车单或有关燃料报告所示时间消耗量计入成本。燃料消耗计算的范围、期间,应与车辆运行情况一致,以保证燃料时间消耗量与当月车辆行驶总公里和所完成的运输周转量相对应。

企业实际核算耗用数时常有几种方法:

(1)实行实地盘存制的企业,应在月底实地测量车辆油箱存有数,并根据行车单加油记录计算各车当月时间耗用的燃料数。实际耗用数可用如下公式计算:

$$当月实耗数 = 月初车存数 + 本月领用数 - 月末车存数$$

(2)实行满油箱制的运输企业,在月初、月末油箱加满的前提下,车辆当月加油的累积数,即为当月燃料实际消耗数。企业根据行车路单领油记录核实的燃料统计表,即可计算当月燃油实耗数。

另外,营运车辆在本企业以外的油库加油,其领发数量不作为购入和发出处理的企业,应在发生时按照分类成本领用的数量和金额,直接计入各分类的运输成本。

(三) 轮胎

这是指营运车辆耗用的外胎、内胎、垫带的费用支出以及轮胎翻新费和零星修补费。按实际领用数和发生数计入各分类运输成本,外胎可以按领用轮胎实际成本计入当月运输成本,但在一次领用轮胎较多时,可以在一年内分月摊入各月运输成本。其计算公式如下:

$$千胎公里摊提额(元/千胎公里) = \frac{外胎计划价格 - 计划残值}{新胎到报废行驶里程定额 \times 1\,000}$$

外胎的轮胎摊提费用,应按月计入成本,其计算公式如下:

$$某车型外胎应计摊提费用(元) = \frac{千胎公里摊提额 \times 该车型外胎实际使用胎公里}{1\,000}$$

报废的外胎,应按照新胎到报废的里程定额计算其超亏里程,并按月份车型分别计算其超亏行驶里程差异,调整运输成本。其计算公式如下:

$$某车型外胎超亏里程应调整成本差异(元) = \frac{千胎公里摊提额 \times 该车型报废外胎超亏公里}{1\,000}$$

(四) 修理费

营运车辆因维护和修理而领用的各种材料、配件数,直接计入各分类成本的修理费项目,预提的车辆大修理费,可根据"大修理费用登记表"计入本项目。

营运车辆的大修理费,按实际行驶里程计算预提;特种车、大型车可按使用年限计算预提。其计算公式如下:

(1) 按使用年限计提时:

$$某车型营运车月大修理费用提存率 = \frac{预防大修理次数 \times 每次大修理费}{该车型平均原值 \times 预防使用年限 \times 12} \times 100\%$$

(2) 按实际行驶里程计提时:

$$某车型营运车千公里大修理费用预提额(元/千公里) = \frac{预防大修次数 \times 每次大修费用}{该车型新至报废行驶里程定额 \times 1\,000} \times 100\%$$

$$某车型营运车月大修理费用提存额(元) = \frac{该车型营运车千公里大修理费用预提额(元/千公里) \times 该车型营运车当月时间行驶里程(公里)}{1\,000} \div 1\,000$$

车辆实际大修间隔里程与大修间隔里程定额比较,所发生的超亏里程造成的多提或少提费用差异,以及大修后,实际大修费用与预提每次大修理费用的差额,应调增或调减修理费项目。

(五) 车辆折旧费

营运车辆折旧,按实际行驶里程计算,特种车、大型车按年限法计算列入车辆折旧费。不采取预提大修费的企业,可不分大修和小修。所发生的修理费用,直接计入车辆折旧费。月终,根据固定资产折旧计算表,将提取的营运车辆折旧额计入各分类成本的车辆折旧费内。

(1) 按使用年限法计提折旧的计算,公式如下:

$$某车型营运车月折旧率 = \frac{1 - 残值率}{该车型预计使用年限 \times 12} \times 100\%$$

(2) 按行驶车公里计提折旧额的计算,公式如下:

$$某车型营运车千车公里折旧额(元/千车公里) = \frac{车辆原值 - (预计残值 - 清理费用)}{该车型折旧里程定额(公里) \times 1\,000}$$

第十二章 物流企业运输成本核算与管理

$$\begin{matrix}\text{该车型营运车月}\\ \text{折旧费用(元)}\end{matrix} = \begin{matrix}\text{该车型当月}\\ \text{实际行驶里程(千车公里)}\end{matrix} \times \begin{matrix}\text{该车型千车公里}\\ \text{折旧额(元/千车公里)}\end{matrix}$$

月终根据固定资产折旧计算表,将提取的营运车辆折旧额计入运输成本的车辆折旧项目内。

(六) 养路费及运输管理费

按运输收入的一定比例计算缴纳的企业,应按不同的车型分别计算应缴纳的养路费和运输管理费,计入各分类成本。按车辆吨位于月初或季初预先交纳养路费或运输管理费的企业,应根据时间交纳数分摊入各分类运输成本项目内。

(七) 车辆保险费

按实际支付的投保费用和投保期,按月份分车型分类计入各分类成本的车辆保险费内。

(八) 事故费

营运车辆在营运过程中应碰撞、翻车、碾压、落水、失火、机械故障等原因而造成的人员死亡、车辆损失、物质毁损等行车事故所发生的修理费、救援费和赔偿费以及支付给外单位人员的医药费、丧葬费、抚恤费、生活补助费等事故损失,扣除向保险公司收回的赔偿收入以及事故对方或过失人的赔偿金后,计入有关分类成本的项目内。事故发生时,可预估事故损失。当年结案事故的实际损失与预提数的差额,调整本年度有关业务成本。因营运车站责任而发生的货损、货差等事故损失,应计入"营运间接费用"账户,不列入事故费项目。

(九) 营运间接费用

企业营运过程中发生的不能直接计入成本核算对象的各种间接费用,但不包括企业管理部门的管理费用。主要是指运输公司或其下的基层分公司、车队、车场、车站的营运管理费用。营业间接费用可通过编制"营业间接费用分配表"计入各分类运输成本的本项目内。

以下以车队管理费为例说明车队管理费用的分配方法。一般车队的应分配费用计入本车队各类型的运输成本,分配方法如下:先按车队发生的营运车辆费用和其他业务的直接费用比例,由运输业务和其他业务分摊,然后再按各类车辆的直接比例或营运车日费用比例由各类运输成本分摊。

车队管理费初次分配的计算公式如下:

$$\text{车队费用分配率} = \frac{\text{当月车队费用总额}}{\text{运输业务直接费用} + \text{其他业务直接费用}} \times 100\%$$

车队管理按车辆的直接费用的比例分配的计算公式如下:

$$\text{车队费用按车型分摊的分配率} = \frac{\text{运输业务应分摊的车队费用}}{\text{该车队各车型营运车的直接费用}} \times 100\%$$

$$\begin{matrix}\text{某车型的营运车应}\\ \text{分摊的车队费用(元)}\end{matrix} = \begin{matrix}\text{当月该车型营运}\\ \text{直接费用总额}\end{matrix} \times \begin{matrix}\text{车队费用按车型}\\ \text{分摊的分配率}\end{matrix}$$

(十) 其他营运费用

随车工具、帐篷绳索、防滑链及司机的劳动保护品等,应根据"低值易耗品发出汇总表"

和"材料发出汇总表",按各分类成本对象的费用数额,计入分类运输成本的成本项目内。一次领用量较大时,也可以通过"长期待摊费用"账户分期摊销,企业发生的行车杂支、车辆牌照费、检验费和过渡费等,可根据付款凭证计入各分类成本项目。

（十一）辅助运输费用的计算

汽车运输企业的辅助营运费用,主要是指为企业车辆和装卸机械进行维修作业而设置的保养场或车间的生产业务,包括为小量配件制造以及供应水、电、汽等生产业务。辅助营运费用的计算,应按照费用计算对象和类别进行归集,并按受益部门和一定的方法进行分配。

企业应分别设置"辅助营运费用"总分类账和明细分类账,按规定的费用项目设置专栏进行核算。辅助生产部门在生产过程中发生的费用,能直接计入各成本计算对象的,应直接计入,不能直接计入的间接费用,采取适当的分配方法,分配计入各成本计算对象的分类明细账。

各级维护和小修作业、自制设备和配件、轮胎补修、旧件修复以及对外修理等直接耗用的各种材料,月终根据材料库转来的领料单,按成本计算对象编制"材料耗用汇总分配表",据以登记各成本计算对象的分类明细账。

辅助生产人员工资及职工福利费和车间经费等不能按成本计算对象归集的间接费用,应根据实际支付的工资及费用,按照实际总工时计算单位工时分配额,再按各成本计算对象耗用的实际工时进行分配。其分配计算公式如下：

$$\frac{\text{单位时工资(费用)}}{\text{分配额(元/工时)}} = \frac{\text{辅助生产人员工资及职工福利费(或车间经费)}}{\text{总辅助生产实际总工时}}$$

$$\frac{\text{某类维修作业或产品应}}{\text{分摊工资或费用额(元)}} = \frac{\text{该类维修作业或}}{\text{产品实际耗用工时}} \times \frac{\text{单位工时工资}}{\text{(费用分配额)}}$$

（十二）特种车辆运输成本的计算

汽车运输的车辆种类繁多,如零担车、冷藏车、油罐车等车型的运输业务与普通运输业务成本的计算,基本上是相同的。只有集装箱运输和大型车组运输的成本略有区别,这里作简单介绍。

1. 集装箱运输成本的计算

由于集装箱运输是以集装箱作为单元积载设备,由集装箱专用车或普通汽车进行货物运输的一种运输方式。集装箱运输的主要任务是将沿海港口进口的集装箱运送内地,将内地的集装箱运到港口,为铁路车站接运集装箱,在城市之间运送集装箱。集装箱运输有专业的集装箱运输公司,也有汽车运输公司兼营集装箱运输的运输公司。

集装箱运输成本是指集装箱运输车辆从事集装箱运输时发生的支出。集装箱运输成本开支范围和成本计算方法与货车运输成本计算基本相同,但不包括集装箱发生的费用。因此,集装箱发生的费用要单独作为成本计算对象进行计算。另外,由于集装箱车的运输对象是集装箱,所以成本计算单位是千标准箱公里,而不是货物的千吨公里。

汽车运输企业集装箱所发生的营运费用,在"运输支出"设置"集装箱车"明细账。集装箱车运输所发生的直接费用以及分配负担的辅助营运费用和营运间接费用,构成集装箱运输的总成本,除以同期所完成的集装箱车运输周转量(千标准箱公里),即为集装箱运输的单位成本。单位成本计算公式如下：

$$\text{集装箱车运输单位成本（元/千标准箱公里）} = \frac{\text{集装箱运输成本}}{\text{集装箱车周转量(千标准箱公里)}}$$

2. 大型车组运输成本的计算

大型车组包括大型平板车和专门从事特大件设备运输的车辆。这些特种车辆发生的直接费用，在"运输支出"账户设置"大型车组"明细账进行归集。大型车组的成本计算单位为"千吨位小时"。大型车组的直接营运费用和分配负担的辅助营运费用及营运间接费用，构成大型车组运输总成本，除以同期完成的工作量，即为每千吨小时的单位成本。其计算公式如下：

$$\text{大型车组运输单位成本（元/千吨位小时）} = \frac{\text{大型车组运输总成本}}{\text{大型车组作业量(千吨位小时)}}$$

三、汽车运输成本的管理

汽车运输成本是反映企业经营管理工作量的一项重要的综合性指标，在很大程度上反应企业运输活动的经济成果。汽车运输成本管理的目的，是要通过对成本的预测、计划、控制、核算、分析和考核，挖掘企业内部降低成本的一切潜力，寻找降低成本的途径和方法，以降低生产费用和一切非生产性的开支，增加盈利。

（一）增加汽车运输成本管理的基础工作

企业各职能部门应在相关领导下，认真做好成本管理的基础工作。企业的费用支出种类多，来源和用途不同。为了加强成本管理，必须严格按规定的成本开支范围和标准进行开支，保证成本的真实性与可比性，防止乱挤、乱摊等行为，确保成本核算数据的真实。

（1）企业应对各种原材料、燃料、轮胎、工具和各级维修作业等，根据市场行情，制订计划价格，定期调整价格差异，保证成本核算的真实性。

（2）对一切物资进出都要经过计量、验收，计量仪表要配备齐全，并定期校正和维修，保证计量的准确性和可靠性。

（3）企业的物资财产要定期盘存，保证账实相符，并及时处理多余积压物资，减少物资损耗。

（4）确保成本资料的真实性。成本计划、成本控制和成本分析，有赖于成本核算资料。若成本核算不真实，则不能发挥成本管理的作用，同时企业财务成果会失真。

（5）实行全面成本管理，是企业全员参与企业生产经营全过程的成本管理。企业成本的高低，关系到企业的经济效益，也关系到企业每个职工的经济利益。

（二）实施物流运输的合理化

所谓合理化是指选择运距短、运力省、速度快、运费低的最佳组织的物品运输方式。合理化运输是控制运输成本的外部手段之一。合理运输就是指消除不合理运输的情况，理清影响运输合理化的五项主要因素：运输距离、运输环节、运输工具、运输时间、运输费用。

1. 合理化运输的影响因素

（1）运输距离。运输距离是物流活动最为关键的因素，在运输过程中，运输时间、货差、运费等许多考核指标，都与运距有一定的比例关系，影响运距的长短是决定运输合理与否的最基本的要素。

(2) 运输环节。运输环节的增加,会相应增加总费用,增加了运输的附属活动,如装卸、搬运、包装等,多一道环节需增加许多劳动,浪费许多成本。所以在调运物质时,对有条件直运的,应尽可能组织直达、直拨运输,使物质不进入中转仓库,减少一切不必要的环节,由产地直运销地,可减少二次运输。

(3) 运输工具。每种运输工具都有其使用的优势领域。按照每种运输工具及运输货物的特点组织运输,分别选择水路、铁路、公路等运输工具,使用最少的运力,运输更多的货物,发挥运输工具的最大作用,是运输合理化的一个重要环节。

(4) 运输时间。对物流业而言,为了更好地提供物流服务,及时满足顾客的需要,时间是一个顾客满意与否的检验指标之一。缩短运输时间对整个物流时间的缩短起着决定性的作用。运输时间的缩短还有利于运输工具的周转,把握有利的销售机会,也有利于货物的资金周转。

(5) 运输费用。运输费用占据全部的物流费用的比例很大,运费的高低在很大程度上决定整个物流系统的竞争力,既是衡量运输经济效益的一项重要指标,也是组织合理运输的主要目的之一。运输费用的降低,无论对客户还是对物流企业,都是运输合理化的重要目标和检验合理化成功与否的依据之一。

2. 实施合理化运输的方式

(1) 减少空驶率,降低运输成本。

运输车辆在行驶过程中,可分为载重行程和空驶行程。载重行程往往被认为是正常的运输业务完成过程,而空驶则是低效率的运行。空驶还可分为调控行程和空载行程。

调控行程主要是指车辆由车场开往装载地点,或由最后一个卸载地点返回车场的行程;空载行程是指车辆在运输作业中由卸载地点空驶到下一个装载地点的行程。车辆的载重行程与总行程之比称为车辆行程利用率,反映车辆利用效率的指标,空驶行程越高,利用率就越低。空驶行程完全是消耗性活动,物流活动的安排中应尽量减少空驶行程。相对来说,生产企业使用自备的运输工具其利用率都比较低,因此应尽量外包给专业的物流企业,由物流运输公司提供运输服务。

物流运输企业应合理调整运力,保持运力与运量的平衡,避免因运力过于集中而造成车辆空驶,对于建立或正在建立物流信息系统的物流企业而言要充分利用现代信息技术,及时传递和掌握货物资源和车辆资源信息,实现合理配载和车辆调配从而减低空驶率,降低物流运输成本。

(2) 利用现代运输技术。

随着现代化的标准运输手段的不断出现,标准化的运输设备如托盘、集装箱、综合运输等的利用可以有效地降低运输成本。

托盘化运输已经普及,托盘本是一个物流器具,由于托盘在包括包装、运输、装卸、搬运保管时起到非常重要的作用,已构成装卸机械化、保管自动化、包装标准化、运输效率化的基本因素。

集装箱运输适用于单独运输,也可快速实现各种运输方式的联合运输,集装箱运输的优点是加速货物装卸,提高船舶、车辆的周转,减少货损货差,节约包装材料,减少运杂费用,降低运营成本。

综合运输是将公路运输、铁路运输、航空运输、管道运输、货物仓储、货物配送甚至货物包装都融合在一起,体现高效、及时、便利等优点,综合运输充分利用各种运输方式的优点,减少了不必要的中间环节,可有效降低物流运输成本,这也是为什么第三方物流公司能够蓬勃发展的原因之一。

合理化进行运输成本控制还可以通过规划运输系统的设计使运输成本达到最小,包括运输车辆选择、仓库设计及运输服务制度设定等以及运输成本控制的数理方法,如线性规划法、表上作业法、网络分析法等,限于篇幅不再介绍。

第四节 航空、铁路运输的核算与管理

一、航空运输成本的核算与管理

(一)航空企业成本的构成、特点及计算方法

航空运输是指以运送货物、邮件为主要经营活动的民用航空运输。航空运输成本是指航空运输企业对外提供运输服务所发生的各项费用支出,主要包括运输成本、通用航空成本和机场服务费用。航空运输的机型不同,技术技能各异,运输成本差别较大,所以航空运输的成本计算对象是各种机型。各种机型的运输成本之和就是航空运输企业的运输总成本,运输总成本除以运输周转量就是运输单位成本。

成本计算期通常按月,其成本项目分为直接营运费用和间接营运费用两类,航空运输的成本计算单位为"每飞行小时成本"和"每吨公里小时",前者指每运输飞行小时所发生的运输,后者指每吨公里运输周转量所发生的运输成本。每月末,航空运输企业应编制运输成本表。

(二)航空运输成本核算项目

航空运输成本分直接营运费用和间接营运费用。

1. 直接营运费用

这指航空运输企业在执行航空运输业务过程中,发生的能直接计入某一特定机型成本的费用。

直接营运费用是航空企业在执行航空运输业务过程中发生的可以直接计入机型成本的各项营运费用。它主要包括:空勤和机务人员的职工薪酬、取暖降温费、交通补贴、制服费;航空油料消耗、国外加油价差;飞机(含发动机)折旧费、经营性租赁的租赁费、修理费、保险费;高价周转件摊销、飞行训练费、国内外起降服务费、旅客餐宿供应品费;客舱服务费、赔偿费;营运过程货物和行李损失、丢失赔偿净损失等。

航空燃料消耗包括飞机在飞行中或在地面检修试车时所消耗的航空油料和润滑油,由于飞机加油地点分散,油款结算不及时,为了保证航空燃料的及时、正确地进行核算,对于航空燃料消耗可以用预提的办法。即每月底,根据核实的加油凭证,按机型、加油地点进行分类,计算各机型的加油数量。在国内各地加油,按规定的计划单价计算航油预提数;在国外各地加油,按规定的预提单价计算航油预提数。为了便于计算机型成本,也可以将国外加油

数按国内计划价计算航油的预提数,两者之间的差额计入"国外加用航油差价"项目。

飞机、发动机的折旧费可以用两种方式来计提:一种是按实际飞行小时数计提;一种是按照使用年限计提。

飞机的租赁也有两种形式:经营性租赁和融资性租赁。经营性租赁的租赁费直接计入运输成本;融资性租赁支付的租赁费中,租赁的手续费计入企业财务费用,利息支出和汇兑损益除在安装尚未交付使用前发生的计入固定资产价值外,也应计入企业财务费用。融资租入的飞机应视同企业自有飞机一样计提折旧。

飞机保险费包括飞行险、战争险、旅客和货物意外险、第三者责任险等,保险费可以采取待摊的方式,按月平均计入运输成本。

飞机国内外起降服务费一般包括:飞机在国内外机场按协议或规定标准支付的起降费、停场费、夜航设施费、地面服务费、通讯导航费以及特种车辆设备的使用费;飞机飞越国外领空,按协议或规定支付的过境费;借用外航空勤人员在我国飞机上工作,按协议支付的费用等。飞机起降服务费,以支付之日计入机型成本。

其他各种直接营运费用则按发生的时间、地点直接计入对应机型的成本。

2. 间接营运费用

这指航空公司在执行航空运输业务过程中发生的、不能直接计入机型成本、需按一定标准进行分摊的费用。如:非空勤人员和机务人员的工资与福利费;除飞机之外其他运输过程所使用固定资产的折旧费、维修费;办公费、水电费、差旅费、保险费、机物料消耗、制服费、劳动保护费、警卫消防费、地面运输费、租赁费等。

上述间接营运费用在发生时无法或不便于直接确定每种机型应负担多少,只有经过一定的分配方法分配之后,才可能知道每种机型应负担多少,从而计入对应机型的成本。

(三) 航空运输总成本和单位成本计算

航空运输企业各机型的直接营运费用加上间接营运费用之和便是各机型的运输总成本,各机型的运输总成本之和就是企业的总运输成本,总运输成本除以运输周转量就是运输单位成本。也可以用每种机型的运输总成本除以每种机型的运输周转量计算各机型的运输单位成本。航空运输成本计算的基本公式如下:

$$综合反映航空运输吨公里成本 = \frac{国际和国内航线总成本}{航空运输总周转量(国际国内航线完成总周转量)}$$

$$航空运输周转量(吨公里) = \left[\frac{旅客}{人数} \times \frac{每名旅客体重}{折算标准(公斤)} + \frac{货物、行李}{邮件(公斤)}\right] \times 运距 \times \frac{1}{1\,000}$$

为了考核国际、国内航线的单位成本水平,还要根据国际、国内运输计算吨公里成本。为了合理安排不同机型参加营运,考察机型运输的经济效益,还在国际、国内航线运输成本分类中进行机型成本核算。

$$\frac{航空运输国际}{国内航线成本} = \frac{国际、国内航线成绩总额}{国际、国内航线运输总周转量}$$

国际(内)航线总成本 = 国际(内)航线各机型成本总和

$$\frac{国际(内)航线}{某种机型的成本} = \frac{某种机型成本}{的直接飞行费} + \frac{某种机型飞行国际(内)}{航线分配的间接费用}$$

某机型飞行国际(内)的间接费用、国际(内)航线分配的间接费用均采用总周转量和完成周转量的比例法进行分配：

$$\text{国际(内)航线应分配的间接费用} = \text{国际(内)飞行间接费用总额} \times \frac{\text{国际(内)航线完成的运输周转量}}{\text{国际、国内航线完成运输周转量总和}}$$

某种机型分配的间接费用的方法采用国际(内)某种完成的运输周转量占国内或国际航线完成运输周转量比例。民用航空除计算以上成本外，还要计算吨公里成本，业务飞行小时成本和旅客运输成本，没有收入的飞行时间，如调机、试飞、熟练飞行时间均不包括在业务飞行之内。公式如下：

$$\text{航空运输可用吨公里成本} = \frac{\text{国际和国内航线成本之和}}{\text{国际和国内航线最大总周转量之和}}$$

$$\text{国际和国内航线最大总周转量之和（吨公里）} = \text{每种机型最大的商务载重量（吨）} \times \text{飞行小时} \times \text{飞行速度（公里/小时）}$$

$$\text{航空运输业务飞行小时成本} = \frac{\text{每种机型在成本计算期内的成本总额}}{\text{每种机型的业务飞行小时}}$$

二、铁路运输成本的核算与管理

（一）铁路运输成本核算特点

铁路运输在这里只是指铁路货物运输，及铁路运输企业包括利用机车、车辆以及各类基础设施，实现被运送货物的空间位置改变。铁路运输成本是指铁路运输企业完成每单位运输产品所支出的各类成本费用，包括改变货物空间位置以及辅助作业等成本费用，即机车、车辆、铁路、调车和装卸成本费用以及分摊费用。

铁路运输成本是铁路运输企业在一定的经营时期内，为完成运输周转量吨公里的全部消耗。这些用货币量计算的全部消耗称为运输支出。营业支出与营业外收支净额相加，即运输总支出。运输成本是反映铁路运输企业经营管理水平的综合性指标。它反映运输消耗是否能得以补偿，资金循环是否顺利，再生产或扩大再生产能否实现，是考核或评估铁路运输经济效益的主要依据。

铁路运输成本计算有别于其他运输的特点如下：

（1）铁路运行线路必须自建，包括隧道开通、路轨建设等工程，这些工程投入的固定支出设备的折旧数额庞大，占分配计入运输成本的比重大，并且运输设备，如线路、隧道、通信、车站均为客货运共用，维修费用较大，这些要通过分配的方法分别计入客、货运成本。

铁路的营运支出按规定要求和铁道部规定的办法，将一切营运支出准确划分为客、货运支出，分别按旅客人公里、货物吨公里和换算吨公里，计算其中客运、货运和营运支出。计算公式如下：

$$\text{旅客人公里成本} = \frac{\text{客运支出总额}}{\text{旅客万人公里}} \text{（元/万人公里）}$$

$$\text{货物吨公里成本} = \frac{\text{货运支出总额}}{\text{货物万吨公里}} \text{（元/万吨公里）}$$

$$\text{换算吨公里成本} = \frac{\text{营业支出总额}}{\text{换算万吨公里}} = \frac{\text{客运支出总额} + \text{货运支出总额}}{\text{旅客万人公里} + \text{货物万吨公里}} \text{（元/万吨换算吨公里）}$$

（2）铁路运输成本采用分级核算。货物处理可实行一票到底，但是线路却是分散在基层段、所、铁路分局和不同的铁路局,运输成本由铁路局和分局逐级相加汇集计算不是通过专用账户,而是通过成本计算表进行。

(3) 根据铁路生产的特点进行成本分类。为考核分析铁路运输生产,了解不同线路、货物、列车运输方式的成本、铁路运输成本包含下列五项内容:

运输总成本:铁路、铁路局、铁路各分局为完成运输而发生运输总支出。

单位成本:单位运输产品负担的运输支出。

专项成本:不同列车级别(特快、直快等);席别(软硬席及卧铺等);货物类别(煤、铁、石油);整车、零担集装箱等运输成本。

作业成本:完成具体生产作业,如机车公里、机车台日、车辆公里、调车作业、取送车作业成本。

分线运输成本:对某一线路客货运输计算的运输成本。

由于铁路运输作业是由铁路线上许多基层单位分工协作、共同完成的,成本计算若是按月计算有一定的难度,因此,与工业企业不同,铁路运输成本中的单位成本和运输总成本各级必须按年或季度作为成本计算期进行计算,其他三类成本根据全路局、分局业务需要计算。

在计算铁路运输成本(即支出)时,货运成本的计算单位是千计费吨公里。客货运换算成本的计算单位是千换算吨公里。

在全部营业支出中,划分客、货运支出是计算客、货运单位支出的基础,对于铁路而言经常出现一趟运输存在客货兼营也是有的。因此,要从铁路的基层单位起,对每项营业支出进行分析和区别,直接计入客、货运支出。属于客货运共同性的支出,要按支出与客存货运量的关系,如客货机车的总重吨公里、总走行公里、客运列车公里、客货调车工作量和客货机车辆总重吨公里的比例进行分配。

(二) 铁路运输成本的核算项目

铁路运输企业为完成货物运输而发生的职工工资支出、材料、燃料、电力消耗及固定资产折旧费、各种服务管理费等,构成了铁路运输成本。铁路运输企业应对一定时期内发生的费用按一定成本计算对象汇集,以计算其运输总成本和单位成本。为核算方便将其项目细分为:职工薪酬、材料、燃料、电力、运输设备的折旧及其他,形成铁路运输营运成本项目。具体明细说明见第一篇铁路运输会计核算部分。

复习思考题

1. 运输业成本核算的特点?
2. 影响运输成本因素有哪些?
3. 公路运输成本的计算对象和成本计算单位是什么?
4. 水路运输成本核算项目有哪些?
5. 铁路运输成本核算的特点是什么?
6. 如何计算航空运输的总成本和单位成本?

第十三章 物流企业仓储成本核算与管理

■ 学习目标 ■

学习完本章,你应该能够:
1. 明确仓储的概念、作用
2. 掌握仓储成本的构成、分类
3. 掌握仓储成本的核算方式
4. 掌握配送成本、包装成本的核算方法

■ 基本概念 ■

仓储成本　持有成本　出货成本　配送成本　包装成本

第一节　仓储成本构成及分类

一、仓储概述

(一) 仓储的概念

"仓储"顾名思义,用仓库来储存物品,这个概念比较简单。企业商品的仓储是指商品从生产出来到进入消费领域这段期间,处于流通领域时所形成的"停滞"阶段。物流环节中的仓储就正好解决生产集中性与消费分散性的矛盾,也解决了生产季节性与消费常年性的矛盾,使供需平衡。仓储环节在物流活动中占有重要地位,仓储成本是仅次于运输成本或者说与运输并列的物流成本内容。

仓储是保护、管理、储藏物品的物流活动,是包含库存和储备在内的一种广泛的经济现象,也是一切社会形态都存在的经济现象。在物流体系中,经常会涉及库存、储备及仓储几个概念,而且也是经常被混同使用,严格来说,三个概念在某种时候是一致的,但是我们必须明确其中的不同。库存是指处于储存状态的物品,广义的库存还包括处于制造加工状态和运输状态的物品。储备是指储存起来以备急需的物品,可细分为当年储备、长期储备和战略储备。仓储是保护、管理和储藏物品。虽然平时比较易混淆这三者的概念,但很显然,物流企业的工作就是围绕仓储活动而展开的。

在任何社会形态中,对于不论什么原因、什么种类形成停滞的物资,在没有生产加工、消费、运输等活动之前或活动结束之后,必须能够在一定时间内存放起来,这就形成了仓储。仓储是以改变物的时间状态为目的的活动,是物流活动的重要环节,它具有物资保护、调节供需、调节运能、实现配送等功能,被称为物流过程的调节阀。

仓储在物流体系中处于静态环节,因此也被人称为时速为零的运输。随着经济的发展,短、小、少、快的需求方式出现后,生产方式也朝着JIT模式在发展,趋向于多品种、小批量的柔性生产方式。物流的特征也由少品种、大批量变为多品种、小批量、多批次。仓库的功能也从单纯维护物品的保管,提升为生产制造的后续延伸,重视流通功能的实现,明确仓储只是在物流供应链环节体系中的一个节点。物流实体在化解其供求之间的时间上的矛盾的同时,也创造了新的时间上的效益。因此,仓储功能相对于整个物流体系来说,既有蓄水与调节的作用,更重视创值与增效的功能。

(二) 仓储在现代物流业中的作用

1. 降低成本、提高效益

虽然仓储会增加人工及管理费用,但同时也可以提高运输和生产的效率,在仓储环节可以根据客户的要求进行加工处理后,按照多品种、小批量的运输要求进行整合运抵市场或客户手中,相对降低了运输和管理成本。在市场需求不确定的情况下,生产企业储备一定量的产品可以有效防止缺货成本的产生,衔接供给和需求这两个过程,通过集中配送也有利于形成运输线路的整体优化,达到降低运输成本的目的。

2. 调节供求

产品的生产常受季节、时令的影响,具有季节性的特点,但产品需求和消费却有可能是连续的,因此仓储就有助于调节这一存在的供需之间的矛盾,同时也可以起到调控物品价格的作用,生产企业可以储存必要物品以备急需。另外仓储还有在对象的处理上起到缓冲作用,比如生产企业向社会提供的大批量、少品种的商品,而面对具体的批发商或零售商则是小批量和多品种的,仓储起到中间缓冲的配送作用。

3. 调节市场营销服务

企业为获取市场份额,赢得消费者的支持并得到客户的长期忠诚,一般都会采取快速客户反应战略,而这项战略的实施必须借助仓储的作用。因为将产品在靠近顾客的地方进行仓储能够有效防止缺货现象的发生,缩短货物运送的路程和时间,从而提高客户服务质量。

4. 把握质量检验关

仓储可以起到再次质量检验的作用。生产企业通常在出厂时会进行质量检验,而在货物仓储环节对产品质量的生产后期检验,起到市场防火墙的作用,如:在货物入库时进行质量检验看货物是否符合仓储要求,严禁不合格产品混入库场;仓储产品不发生物理化学变化等。

5. 生产的后续准备

仓储能够在货物进入市场前完成整理、包装、质检、分拣等程序,这样就可以缩短后续环节的工作时间,加快货物的流通速度。柔性生产方式使多品种、小批量、多次运送成为主流,也会提高物流费用,运输的规模效应被削弱。

（三）仓储支出内容

仓储虽有上述的诸多有利性，但是对于物流活动而言，还会给企业带来一系列的成本支出，对这些支出的管理也是物流信息管理的重点。

1. 固定费用支出

仓库的投资建设、仓库的管理、仓库的人员工资支出等，这些费用支出对于物流企业而言占据着比较大的比例。制造企业将物品交由仓储企业等第三方物流企业之后，一般不会再投资或自建仓库等设施了。

2. 陈旧损失和跌价损失

物品在库存期间可能受到各种影响，发生各种物理的、化学的、生物的、机械的变化而造成损失，这些损失会引起物品丧失部分或全部的价值或使用价值，以及物品由于错过销售最佳时机而发生的不得不引发的降价行为引起的损失。这里必须明确这些损失的原因，以区分哪些是货主承担的，哪些是仓储部门（物流公司）承担的。成本核算必须分清不同企业。

3. 利息和机会成本

这主要是指物品占用的利息，作为机会成本考虑，一般而言是针对货主企业来说，存货占用的资金无法用于其他项目的活动以收取更高的收益而给企业带来损失。对于物流企业而言主要是指出现仓储管理等垫资行为时应该核算的利息等机会成本。

4. 保险费

保险费用必须区分货主物品的保险和仓库设施设备的保险。货主物品的保险一般由货主自己承担，而仓库保险则是由仓库经营者（主要指物流企业）负责。

二、仓储成本的构成

仓储成本是在储存物资的一系列活动中发生的相关支出。从社会物流的角度来看仓储成本占据了物流总成本中除去运输成本外的另一个很大比例，物流成本的高低也取决于仓储成本的大小。

仓储成本由两大部分组成：(1)仓储设施与设备的使用成本，如自有仓库设备的折旧费、修理费，租赁仓库的租金，公共仓库的收费等；(2)仓储作业成本，如仓库工作人员的人工费、货物出入库时的验货费用、物品日常养护费用、作业损耗以及承接加工业务所发生的加工费用等。

企业获得仓库容量的方式可概括为三种，即自建仓库、租用仓库和利用公共仓库。这三种仓库的权属不同，企业获得仓库设施设备使用权的方式也不同，由此发生的支出在归属上也不同。本书主要认识和区分物流企业的仓储成本。

（一）自有仓储成本

自有仓库的产权与使用权归属于建造企业，企业在其仓库内开展材料、备品配件以及产品的仓储活动，仓储成本伴随着企业活动而发生。具有费用项目多、发生频繁的特点。自有仓储成本可以归纳为按一定方法计算的设施设备的使用成本和仓储作业中实际发生的各项作业支出。这类成本对于制造或流通企业以及物流企业都会发生，随着物流专业化的推广，可以预见仓库会逐渐集中到专业综合的物流企业手中。

（二）租赁仓储成本

租赁仓储的作业特点是企业通过支付租金获得仓储设施设备的使用权，然后在仓库中自行开展仓储作业活动。所以租赁仓储成本也由两个部分组成。

1. 支付的租金

这部分支出是企业为获得仓储设施设备的使用权而发生的成本，在本质上属于仓储设施设备的使用成本。如果仓库也是物流企业租赁来的，那么这个租金成本也是仓储成本。

2. 仓储作业成本

这部分成本的发生时间和构成内容则更多地针对的是仓储物流企业。可按照作业成本法的要求，进行成本核算，明确区分物流作业成本和管理成本。

（三）公共仓储成本

公共仓储是专业物流仓储企业为制造业和流通业提供的仓储货物管理的服务形式，在这种方式下物品的储存、保管甚至流通加工等相关作业均由专业物流仓储企业完成，生产企业只需按期支付仓储费用。所以企业如果使用公共仓库存储货物，其储存成本只有按合约支付的仓储费用。对于物流企业进行成本核算来说必须明确其中的内涵：存储费、搬运费和附加成本。物流企业对存储在公共仓库的货物一般按储存空间和储存时间以及流通加工数量来计算存储费，按使用设备或人工来计算装卸搬运费，并在存储费和搬运费的基础上按一定的费率计算附加成本，作为仓储的维护成本如：取暖费、照明费、设备折旧、保险费和税金，这相当于固定成本。

三、仓储成本的分类

货物在仓储中的成本开支主要体现在货物保管的各种支出上，一部分是为保管而进行的仓库设施和设备投资和维护耗费，另一部分则是用于仓储作业所消耗的物化劳动和活劳动。这些在货物存储过程中的劳动消耗是商品制造的进一步延伸，最终体现在商品价值上。根据货物在仓储过程中的支出，可以将仓储费用分成以下八类。

（一）保管费

为存储货物所开支的货物养护、保管等费用，它包括用于商品保管的货架、货柜的费用支出，仓库场地的租金、税金等。

（二）职工薪酬

职工薪酬应包括各类人员的固定工资、奖金、补贴及福利费等，包括住房基金、医疗基金（保险）、退休基金等。

（三）折旧费

对仓库固定资产按折旧期分年提取，这包括库房、场堆等基础设施的折旧和机械设备的折旧。不同的设施(设备)的年折旧额是不同的,基础设施的折旧较低,一般以30年为期;而设备的折旧率较高,折旧年限根据设备的技术性能可取5—20年。为使仓库技术水平具有竞争力,可采用加速折旧的方法,以尽快收回投资,加速设施(设备)的更新与改造。

(四) 修理费

对仓库设施、设备和运输工具的修理费可按年限提取,用于设施、设备和运输工具的定期大修。每年的大修基金可以按设施、设备和运输工具的投资额规定3%—5%的比率提取。

(五) 电力和燃、润料费

作为动力用的电力和燃料开支按照装卸、搬运货物的吨数(亦可按件数)分摊。照明用电则按照明面积和规定的仓库照明亮度确定。用于设备润滑的材料可按设备的要求计算。

(六) 铁路线、码头租用费

如果仓库企业所使用的铁路线和码头不属于自己,则应按协议规定来支付这些设施的租用费用。若是港口企业则可按照租金金额作为收入数据,核算其中成本。

(七) 货物仓储保险费

为应付仓储企业在其责任期限内因发生货物灭失所造成的经济损失,有必要对仓储的货物按其价值和存储期限进行投保,这笔开支也是仓储成本的重要组成部分。

(八) 其他业务开支

除上述开支外,仓储成本中还应包括管理费(用于办公、业务处理,管理人员工资,人员培训等),营销费(如企业宣传、广告以及其他促销手段所需的支出),水煤电话等开支。

第二节 仓储成本核算方式与管理

一、入库成本的核算

(一) 入库业务

货物的入库业务是指货物进入库场储存时所进行的卸货、搬运、清点数量、检查质量、装箱、整理、堆码、办理入库手续等一系列作业。货物入库的基本要求:根据货主的正式入库凭证,清点货物数量,检查货物和包装质量,检验货物标志,按照规程安排货物入库存放。

入库业务按其工作程序可分为:入库前准备、接运、验收、入库。

1. 入库前准备

货物入库前的准备工作一般包括以下四个方面。

(1) 熟悉入库货物。仓储业务、管理人员应认真查阅入库货物资料,掌握入库货物的品种、规格、数量、包装状态、单位体积、到库时间、存期、理化特性、保管要求等。

(2) 掌握仓库情况。了解货物入库期间和保管期间仓库的库容、设备、人员的变动情况,根据入库货物的性能、数量、类别,按分区保管要求,核算所需要的货位面积(仓容)大小,确定存放的货位,留出必要的验收场地。

(3) 合理组织人力,制订计划。根据货物入库的数量和时间,安排好货物验收人员、搬运堆码人员,制订仓储计划以及货物入库工艺流程,确定各个工作环节所需的人员和设备。根据货物情况、仓库情况、设备情况根据仓储计划,将任务下达到各相应的作业单位、管理部门。

(4) 做好准备。仓库人员要及时进行货位准备,如发现货位的货架损坏应及时通知修理或重新安排货位,并准备验收器具、用品。点检入库货物的数量、质量、包装,以及堆码所需的点数、秤重、测试等器具。准备苫垫及劳保用品。根据入库货物的性质、数量和储存场所的条件,核算并准备所需的数量及劳保用品。

2. 入库业务的接运和验收

(1) 数量的检查。主要检查进货数量与合同数量是否一致,是否有残、损、变质物品存在。

(2) 品质的检查。参照商品的特性,检查品质、外观、颜色、式样、包装方法及规格。

(3) 按合同条件接受。按照合同的要件对照说明书,确认是否吻合。

3. 入库

入库业务时要考虑配合先进先出情况,予以收货。

(二) 收货

货物入库应经过接货、装卸搬运、分票、验收入库、堆码、办理交接手续、登账制卡(或输入计算机)等一系列操作过程;整个这一过程便是收货作业。对收货作业进行合理的准备和组织,才能做到有序、及时和准确。以下简单介绍收货过程中主要环节的工作。

1. 货物点收

这是收货的第一道工序,由仓库收货人员与运输人员进行货物的交接。在货物运达之前,库场收货人员应根据堆存计划或与客户签订的存储合同详细地了解:票数、货名、数量、尺寸、标志、性质和包装等情况。货物运到库场后,根据货主或运输单位开列的有效凭证(如货运单和交接清单),先将大件(即整件货物)数量清点核准。对于货物品种单一、包装大小一致、数量较多的货物,采用集中堆码点数的方法。集中堆码点数是先将货物按一致的垛形整齐地堆放在库场上,然后根据长、宽、高各方向上的件数相乘便可得货堆总件数。

2. 检查货物包装、标志并办理交接手续

在对货物进行大数点收时,应对每件货物及其标志进行检查,以鉴定货物包装是否完整、牢固,有无破损、受潮、油污等情况,并仔细核对货物标志,看是否与单证记载相符。相符即可办理交接手续。库场收货人员对于满足收货要求的,可在交接清单上签收,并写上需要注明的情况,以便分清仓库与运输部门的责任。对于不符合收货要求的,可在交接清单上注明,并拒收货物。

3. 货物质量验收

一般物流企业(库场)只对货物的包装质量进行验收,而不拆开包装检查其内在质量。但如货主有此要求,库场则可根据与货主签订的协议,对货物的内在质量进行检查,一般采用抽检的方法,并对检查结果做详细记录。

4. 办理货物入库手续

货物验收后,由保管员或收货员根据验收结果在入库单上签收,并将货物存放的库房号、货位号标注在入库单上,以便记账、查货和发货。经复核签收的多联入库单分别由仓库保管员、记账员以及货主保存。

货物入库手续办完后保管会计根据保管员签收的入库单,将有关项目详细登录在货物保管账上,保管账应正确反映货物进出数和结存数。

(三) 入库成本核算分析

入库环节的成本核算应按照固定成本和变动成本来区分。固定成本主要是指装卸搬运设备的折旧费、照明费、管理费、辅助设备的折旧费用等。

变动成本主要是指接货过程中与货物数量有关的苫垫、托盘、燃料、润料的消耗以及接货、检货、拉货、堆高机的人工成本等等。

入库成本若按照一般传统成本核算方式进行的话,成本核算项目不多,但由于成本分配的主观性,建议使用作业成本法进行成本分析。针对进货验收作业、进货入库作业、叉车进货作业、EOS 作业、拣货准备作业、拣货作业等进行作业成本分析。

以验收作业为例,验收作业的分配成本计算方法,主要是验收过程中所使用的托盘数量作为分摊工具。

$$\text{每托盘货物验收作业成本} = \frac{\text{验收成本总额(包括人工耗费成本+折旧费+耗材等)}}{\text{托盘数(各作业之和)}}$$

其他进货入库作业如叉车进货作业、拣货准备作业都可以按照验收方式进行核算。

二、持有成本的核算

仓储持有成本是指为保持适当的货品库存而发生的成本,对于物流企业而言主要是指仓库拥有或保管货品而产生的成本。多数情况下,货品的权属并不属于物流企业。这些成本按习性分类可以分为固定成本和变动成本。

(一) 固定成本

(1) 仓库及仓储设备的折旧。对固定资产的折旧一般按年度提取,按月核算,不同设施及设备折旧年限不同,一般国家有相应的标准,基础设施的折旧一般为 30 年,设备的折旧期限一般为 5—20 年。

(2) 仓储设施设备的大修费用。一般按其投资额的 3%—5% 提取。

(3) 仓库职工薪酬。基本从业人员的工资主要包括固定工资、各种补贴、福利等及国家规定的各种保险、住房基金等。根据业务而增加的人员除外。

以上这些费用是指物流公司所持有的固定成本。

(二) 变动成本

仓储持有变动成本的大小取决于仓储数量的多少,如仓储物品的毁损和变质损失、保险费用、搬运装卸费用、挑选整理费用等。仓储作业活动中变动成本的内容复杂多样,实务中,企业将它简化为储存费、装卸费、送货费等,经过包装或加工的货品,其成本项目中相应增加包装费或加工费等内容。变动成本的计算以单位作业量的储存费、装卸费、送货费等费用数据为基础。即

$$变动储存费 = 单位作业量的储存费 \times 实际作业量$$
$$变动装卸费 = 单位作业量的装卸费 \times 实际作业量$$

公式中实际作业量数据可以通过企业内部的统计账表获得,而单位作业量成本则根据历史水平或行业平均水平加以确定。

保有或持有物品阶段的成本消耗,包括保管过程的耗费、保管过程中的流通加工费用、人工费用、补货作业成本。

在仓储作业中对于搬运、补货作业成本可由单位面积作为分配基准。由于仓储面积在无变动的情况下,单位面积仓储作业成本可由包含人事管理成本、折旧费、耗材等仓储作业成本总额除以仓储总面积获得。

$$单位面积仓储作业成本 = \frac{仓储作业成本总额(人工耗费成本+折旧费+耗材等)}{各作业区面积}$$

补货业务使用叉车设备的:

$$补货作业单位成本 = 补货作业总成本 \div 托盘数$$

补货业务采用人工方式的:

$$补货业务单位成本 = 补货作业总成本 \div 补货搬运箱数$$

三、出货成本的核算

(一) 出货业务

1. 出货方式

(1) 托运:根据货主事先送来的发货凭证转开商品出库单或备货单,交仓库保管员做好货物的配货、包装、集中、整理、待运等准备作业。并由仓库保管员(或理货员)与运输人员办理点验交接手续,由运输人员负责将货物运往车站、码头。

(2) 提货(或取样):由提货人凭货主填制的发货凭证,用自己的运输工具到仓库提货(或取样)。仓库会计根据发货凭证转开货物出库单。仓库保管员按证单配货,经专人逐项复核货物的名称、规格、等级和数量等后,将货物当面点交给提货人员,并办理交接手续,开出门单,提货人员提走货物。

(3) 移仓:因业务或保管需要而将储存的货物从某一仓位转移到另一仓位的出货方式。移仓分内部移仓和外部移仓。内部移仓填制企业内部的移仓单,并据此发货;外部移仓则根据货主填制的货物移仓单结算和发货。

(4) 过户:在不转移仓储货物的情况下,通过转账变更货物的所有者的一种出货方式。货物过户时,仍由原货主填制正式的发货凭证,仓库据此做过户转账处理。

2. 出货要求

出货业务首先要求准确,出货准确与否关系到仓储服务的质量。在短促的出货时间里

做到准确无误,这要求在出货工作中认真核对提货单,从配货、包装直到交货人或运输人的过程中,要注意环环复核。其次要求及时,无故拖延出货会增加违约成本。为掌握出货的主动,应注意与货主保持联系,加强与运输部门的联系,预约承运时间,各岗位的责任人员应密切配合,认真负责,便能保证发货的及时性。最后,出货安全。在货物出库作业中,要注意安全操作,防止作业过程中损坏包装,或震坏、压坏、摔坏货物。同时,应保证货物的质量,对同种货物做到先进先出。对于已发生变质的货物应禁止发货并同时告知货主。

3. 出货准备和程序

原件货物的包装经多次装卸、堆码、翻仓和拆检后,会受损,当不适应运输要求时,仓库必须视情况进行加固包装和整理工作。遇到有些货物需要拆零后出库,仓库应为此事先做好准备,备足零散货物,以免因临时拆零而延误发货时间。有些货物则需要进行拼箱,应做好挑选、分类、整理和配套等准备工作。对从事装、拼箱或改装业务的仓库,在发货前应根据性质和运输部门的要求,准备各种包装材料及相应的衬垫物,并准备好钉箱、打包等工具。对于待出库的商品,应留出理货场地及准备装卸搬运设备,以便运输人员的提货发运。最后,合理安排出货作业。出货作业涉及人员较多,处理时间较紧,工作量较大,进行合理的人员组织是完成出货的必要保证。

(二)出货作业程序

验单:审核货物出库凭证,应注意审核货物提货单或调配单内容,特别注意是否有被涂改过的痕迹。

登账:对于审核无误的出库货物,仓库货物会计即可凭所列项目进行登记,核销存储量,并在发货凭证上标注发货货物存放的货区、库房、货位编号以及发货后的结存数等。同时,转开货物出库单,连同货主开制的商品提货单一并交仓库保管员查对配货。

配货:保管员对出库凭证进行复核,在确认无误后,按所列项目和标注进行配货。配货时应按"先进先出"、"易坏先出"、"已坏先出"的原则进行。

包装:在货物出库时,往往需要对货物进行拼装、加固或换装等工作,都会涉及货物的包装。对货物包装的要求是,封顶紧密,捆扎牢固,衬垫适当,标志正确、清楚。这项工作在大型仓库中应由专职人员负责。

待运:包装完毕,经复核无误的待出库货物需集中到理货场所,与理货员办理交接手续,理货员复核后,在出库单上签字或盖章。然后填制货物运单,并通知运输部门提货发运。

复核:复核货物出库凭证的抬头、印鉴、日期是否符合要求,经复核不符合要求的货物应停止发货。对货物储存的结余数进行复核,查看是否与保管账目、货物保管卡上的结余数相符。对于不符的情况应及时查明原因。

交付:仓库发货人员在备齐商品,并经复核无误后,必须当面向提货人或运输人按单列货物逐件点交,明确责任,办理交接手续。在货物装车时,发货人员应在现场进行监装,直到货物装运出库。发货结束后,应在出库凭证的发货联上加盖"发讫"印戳,并留据存查。销账:上述发货作业完成后,需核销保管账、卡上的存量,以保证账、卡、货一致。

(三)出货成本核算分析

由于出货作业包括出货准备、整理、拉货上车、运输、卸货以及出货车辆维护和指派等一系列作业。根据上述作业方式和准备程序，可对这些作业的成本资料进行追踪和归集。如果这些作业的归集比较困难，可将这些作业合并为一项出货作业。出货成本主要包括整理、审核、搬运货的人工，内部运输车辆、工具等的维修费、折旧费，以及有关油料费、保险费。

四、仓储成本控制与管理

如前述仓储成本是物流总成本的一个重要组成部分，对整个物流成本的高低有很大影响，许多货主企业会运用JIT模式对于存货进行管理，而对于物流企业来说，如果能够通过有效的仓储成本控制，有效降低仓储作业成本，提高效率，在对于仓库的招商、招租竞争中处于非常有力的地位。仓储成本控制措施主要有以下四点。

第一，优化仓库布局，减少库存点，削减不必要的固定费用。从运输成本、仓储成本和配送成本总和的角度来考虑仓库的布局问题，可使总的物流成本达到最低。仓储成本管理中很重要的一点是努力使各项成本之和最低，而不强求或无法使某一项成本最低。

第二，实施有效管理。仓储管理尽量建立信息处理设备。通过计算机的流程优化，了解客户的存货进出货的频率和时间节拍，合理安排存货布局，更好地堆放和储藏物品，节约保管费用，方便装卸搬运，提高仓库利用率。并定期盘点货物，掌握物品的账实对应，了解部分物品因自然原因引起的物品损失。

第三，仓储企业尽量作为制造业的延伸，增加物流企业的附加价值作业，如改标签、改包装等流通加工业务尽量承揽到物流企业中，此时应注意流通加工业务的人工费、材料费的管理也必须按作业成本管理的方法按不同客户的要求和成本支出实施成本管理。

第四，仓储管理中必须明确某项仓储方法是什么？其可能的成本支出是多少？是否存在更方便的低成本方法可以完成其功能？要求仓储管理部门定期定点地进行反复检查。

第三节　与仓储活动相关联的其他成本

一、配送成本的概念与核算

物流配送是物流业务中处于末端的直接面对服务对象的部分，其部分业务可分属于运输和仓储之中，核算配送成本更关注的是在配送中心（或仓库内部）的活动，并且由于配送本身也是一个基本系统，故本书也单独设节予以介绍。

（一）配送的定义

配送是指在经济合理区域范围内，根据客户要求，对物品进行拣选、加工、包装、分割、组配等作业，并按时送达指定地点的物流活动。配送成本也应该是这一系列作业成本之和。

配送是物流系统中一种特殊的、综合的活动形式，包含了物流中若干功能要素的一种物流活动。从物流角度来说，配送包含了集货、储存、拣货、配货、装货等一系列狭义的物流活动，也包括运送、送达和验货等以送货上门为目的的商业活动。从配送活动的实施过程上看,配送是"配"和"送"的有机结合,"配"包含了对货物的集中、分拣和组配业务活动,"送"则包含了以各种不同形式将货物送达至客户指定地点,实现门对门的物流需求。

部分的配送则还以流通加工活动为支撑,在配送中心(如上述仓库中)完成生产制造的延伸,则其内容更广。严格来讲,整个物流活动如果没有配送环节,就不能成为完整的物流活动。在现代企业中配送还能够使企业获得客户对产品需求的重要信息,这是生产、销售、流通企业梦寐以求的信息数据。

(二)配送的功能

完整地讲,配送由备货、储存、分拣、配货、包装、加工、配装、配运、运输、送达服务、车辆回程等各项基本作业构成,这些作业中大部分是在配送中心完成的,离开配送中心送达客户手中,返回才是完成配送业务,即配送功能的实现是通过配送中心的作用活动体现出来的。所以配送的功能也可以理解为配送中心的功能,是集货、分货、流通加工等功能的综合。配送中心具有以下十项功能。

1. 集货

集货也称备货,是将分散的或小批量的物品集中起来,以便进行规模化运输、配送的作业。配送中心将分散于生产企业的产品集中在一起,通过分拣、配货、配装等环节向多个用户进行发送。通常包括进货计划、组织货源、订货或购货、集货、进货、储存保管等基本业务。同时,也可以把各个用户所需要的多种货物有效地组合或配装在一起,形成经济、合理的批量,实现高效率、低成本的商品流通。在生产制造型企业中,集货一般由企业的销售部门或企业的配销中心负责,供应配送一般由采购部门完成。而专业的物流公司配送企业则可以非常好地完成集货职能,在逐渐实施的专业化管理中专业物流公司的作用会取代一般生产企业部分的职能。

2. 储存

储存是指配送中心为保证配送的资源,利用仓储设施在一定时期存储一定量的商品,按用户要求及时将各种配装好的货物送交到用户手中,调节供需。无论是工商企业还是物流公司的配送,都采用集中储存的方式。配送中心的储存控制功能是集分散库存于一体,在取得集中规模效益的同时,还能帮助企业有效地控制库存货物数量,减少过高的库存所造成的资金积压和物流成本的上升。因此配送中心须掌握客户和供应商的信息,实现存货成本控制。

3. 订单处理

订单处理是指配送企业从接受订货或配送要求开始到货物发运交客户为止,整个配送作业过程中,有关订单信息的工作处理包括:接受客户订货和配送要求,审查订货单证,核对库存情况,下达货物分拣、配组、输送指令,填制发货单证,登记账簿,通知用户,办理结算,退货处理等一系列与订货密切相关的作业流程。

4. 分拣

分拣是指将需要配送的货物按品种、出入库先后顺序进行分门别类堆放的作业。由于配送中心面对广泛的用户,且用户之间存在差异性,因此,对所需货物进行规模性分离、拣选,送入制定的发货区(库内地点),从而可满足客户订单品种及数量要求。因此,分拣是保证配送质量的一项基础工作,成功的分拣,能大大提高配送的服务质量和速度。

5. 配货

配货是指使用各种拣选设备和传输装置,将存放的物品按客户要求分拣出来,配备齐全,送到指定发货地点。配货的作业速度和出错率,直接影响配送的作业效率及顾客满意程度。完善送货、支持送货的准备性工作,是不同配送企业在送货时进行竞争和提高自身经济效益的必然延伸,也是送货向高级形式发展的必然要求。

6. 配装

配装是指在单个客户配送数量不能达到车辆的有效载运负荷时,需将不同客户的配送货物进行搭配装载。进行搭配装载可以充分利用运能、运力。配送有别于一般性的送货就在于进行配装可以大大提高送货水平及降低送货成本。在配送中心的作业流程中安排配装,把多个用户的货物或同一用户的多种货物合理地装载于同一辆车上,从宏观面上说还可以减少交通流量,改善交通拥挤状况。微观面上说正是物流专业企业存在的原因所在。

7. 运输服务管理

配送活动的运输从物流环节来看,分为干线运输和末端运输即配送运输。如前所述,干线运输一般是指大规模、远距离、高效率的运输,其采用运输方式根据渠道可包含全部五种运输方式:铁路、水路、航空、公路和管道运输。而配送中心提供的运输服务即运输中的末端运输,是支线运输,是短距离、小规模、高频度的运输方式,一般通过公路的汽运方式将货物送到客户那里,配送环节的运输满足的是一个较小区域内分散的客户的需求。因此如何组织最佳路线,如何使配装和路线选择有效搭配成为配送运输的工作要点,也是配送业务中能够降低成本的一个节点。

8. 配送加工

配送加工是按照客户的要求所进行的流通加工作业,其目的主要是为了降低风险,扩大和提高经营范围和配送服务水平,同时增加货物价值,它是指从生产过程中分离出来,延伸到流通领域的加工活动。加工形式主要有切割加工;分装、分选、混合加工;组装;贴、改标签和包装等类型。在配送中心对流通环节进行加工,目前可能还不具有普遍性,但是随着物流企业的增值业务的需求增加和加工能力的完善,会越来越多。

9. 送达管理

将配好的物品运输到大客户手中并不算配送工作的结束,由于送达货物和客户接受货物之间往往还会出现不协调,会使配送工作前功尽弃。为了圆满地实现货物运输的移交,有效、方便地处理相关手续并完成结算,必须提高配送管理水平,同时应讲究卸货地点、卸货方式得以圆满完成等送达服务。该环节是与客户面对面的过程,客户服务水平的高低决定了企业能否留住现有的顾客及吸引新顾客,也直接影响着企业的市场份额和物流总成本及品牌力。

10. 信息处理及回程管理

为满足快速反应要求、提高配送效率,配送中心的整个业务活动必须严格按照客户的订货计划或通知、各用户的订单、库存准备计划等进行有效操作,同时对配送业务的回程进行掌控。一般情况下,在执行完配送业务之后,车辆安全返回,就是一次较好的业务环节,但是在第三方物流体系中,为了避免车辆的回程空驶现象发生,尽量在回程发出地与其他运输业务对接,并将配送过程中可回收包装物、废弃物及次品运回,以避免发生二次往返,提高车辆的利用率,这些活动过程都需要借助于信息系统处理来完成。

二、配送成本的核算

(一) 配送成本的构成

配送成本是在配送活动中发生的各项费用之和,在经济内容上,它仍然由人工成本、机械成本、动力消耗等支出构成。配送成本一般产生于配送中心、配送运输两个环节,具体可按上述成本的各功能来分析其成本支出。

根据配送业务流程,配送成本是由各项环节的成本组成的:配送运输成本、储存保管成本、分拣成本、配送及流通加工成本、包装成本等。具体包括各功能的人工工资、设备运行费用、工具及耗损材料费用、分拣配货装卸搬运费用、车辆设备等的租赁费、保险费用、仓库设备等的折旧费用、维修费用、行政办公费用、发生资金借贷时的财务费用、商务交易费用(包含交接时的单证处理费用)等。

(二) 物流配送成本的计算

如上所述,配送成本是配送过程中所支付的费用总和。根据配送流程及配送环节,配送成本实际上包含备货成本、储存成本、分拣成本以及配装成本等内容,按客户要求加工的货物,其配送成本中还应包含流通加工成本。即

$$配送成本 = 备货成本 + 储存成本 + 分拣成本 + 装配成本 + 流通加工成本$$

1. 储存成本的估算

商品储存活动始于商品入库验收,止于商品出库复核。储存成本中包含有入库、出库作业成本以及商品在库保管成本。公式如下:

$$单品储存成本 = 单品入库成本 + 单品出库成本 + 单品在库保管成本$$

商品入库成本是仓库在商品验收入库时进行的收货检验、数量清点、卸货搬运和办理入库手续等一系列业务活动中所发生的费用总和;商品出库成本是指在仓库根据出库凭证而进行验单、配货、复核、发货等一系列业务活动中所发生的费用支出的总和。实际工作中,为简化计算,企业通常先汇总各项出库、入库作业成本,然后按货物储存量平均分摊。出入库费用按出入库作业计算成本,可参照上节内容。

$$单品入库成本 = 入库费用发生额 \div 该批商品入库数量$$
$$单品出库成本 = 出库费用发生额 \div 该批商品出库数量$$

商品在库保管成本包括仓储人工、材料和用品消耗支出、库存损耗、仓租费用等费用。其中仓储人工、材料和用品消耗支出可合并称为保管作业成本。实际中,配送中心通常先汇总在库保管的各项作业成本,按一定方法计算单品货物在库保管成本,然后依据出库货物总量计算其保管总成本。单品货物在库保管成本构成如下:

$$单品在库保管成本 = 单品保管作业成本 + 单品在库损耗费用 + 其他费用$$

租用仓库的配送中心在计算单品货物在库保管成本时,上述公式中还应加上"单品在库租赁费用"(即仓租费)项目。

因配送中心储存的货物在重量、体积或价值上存在较大差异,因而货物保管作业成本的

计算有按重量分摊和按价值分摊两种方法。

(1) 按重量分摊计算。

$$单品保管作业成本 = 单品重量 \times 保管作业成本分摊率 \times 商品在库天数$$
$$保管作业成本分摊率 = 保管作业成本总额 \div 日平均存储量$$

对于租用仓库的配送中心,货物的储存成本中还应包含仓库租金。

单品仓租费用按如下公式计算:

$$单品仓租费用 = (月仓储费 \times 单品重量 \times 商品在库天数) \div (30 \times 日平均存储量)$$
$$日平均存储量 = 逐日实际储存商品累计重量 \div 当月实际天数$$
$$商品在库天数 = 商品出库日期 - 商品入库日期$$

公式中,月仓租费指按月支付的仓储租金,相对于储存量来说它是一个固定成本,将其分摊至每个商品,即为单品仓租费用。所有单品的仓租费用在一个月内的发生额总和等于月仓租费。商品入库日期可以从入库单中读取,商品出库日期可以从出库单中读取,商品在库天数可由入库日期和出库日期的间隔天数计算出来。

[例13-1] 某物流企业按重量计算货物单品保管作业成本,该货品的重量为300吨,保管成本总额为9 000元,租用仓库租金21 000元,仓库货物日平均存储量为70 000吨;该货物平均在库天数为10天,全月按30天计算,假设货物无损耗。该货物的单品在库保管成本计算如下:

保管作业成本分摊率 = 9 000 ÷ 30 ÷ 70 000 = 0.00429(元/日·吨)
单品保管作业成本 = 300 × 0.00429 × 10 = 12.87(元)
单品仓租费用 = (21 000 × 300 × 10) ÷ (30 × 70 000) = 30(元)
单品在库保管成本 = 12.87 + 30 = 42.87(元)

按重量计算单品在库保管成本适用于体积小、重量大、单位价值较小的物品。

(2) 按价值分摊计算。

$$单品在库保管成本 = 单品进价 \times 平均保管成本分摊率$$
$$平均保管成本分摊率 = 保管成本总额 \div 日平均库存商品总值$$
$$单品仓租费用 = (月仓租费 \times 单品价值 \times 商品在库天数) \div (30 \times 日平均库存商品总值)$$
$$日平均库存商品总值 = 逐日实际存储商品累计价值 \div 当月实际天数$$

单品在库损耗费用则根据作业中实际发生的损耗额直接计入不同货物的保管成本。按价值分摊计算单品保管成本,适用于体积大或单位价值高的货品。

2. 分拣成本的估算

分拣成本是指分拣机械及人工在进行货物分拣过程中所发生的各种费用。机械化程度高时必须考虑设备的折旧费、动力费、修理费及部分人工费用;机械化程度不高、分拣业务主要靠人工完成的企业,其分拣成本中主要是由人工费用以及分拣中领用的低值易耗品成本等项目构成。因此配送环节的分拣成本,必须按照规定的成本计算对象和成本项目,计入分拣成本。

(1) 职工薪酬,指按规定支付给分拣作业的员工的标准工资、奖金及津贴等,可根据"工资分配汇总表"和"职工福利费计算表"中分配的金额计入分拣成本。

(2) 修理费,指对分拣机械进行保养和修理所发生的工料费用,可根据"辅助生产费用分配表"中分配的分拣成本金额计入成本。

(3) 折旧费,指分拣机械按规定计提的折旧费,可根据"固定资产折旧表"中分拣机械提取的折旧金额计入成本。

(4) 其他,指不属于以上的直接费用。如"低值易耗品发出凭证汇总表"中分拣成本领用的金额计入成本。

(5) 分拣间接成本,主要是指配送分拣管理部门为管理和组织分拣业务,需要由分拣成本负担的各项管理费用和业务费用。可根据"配送管理费用分配表"核算。

货物的分拣成本若采用计件的方法计算,可根据历史数据和经验,确定单件货物的人工分拣费用,结合某一客户的实际送货数量,计算该客户的分拣成本。通常可由列表的方式进行计算,如表13-1所示。

表13-1 分拣成本计算表

编制单位：　　　　　　　　　　　年　月　　　　　　　　　　　　　单位:元

项 目	计算依据	合 计	分拣品种		
一、分拣直接费用					
职工薪酬	工资福利分配表				
修理费	辅助生产费用分配表				
折旧费	固定资产折旧计算表				
其他	低值易耗品发出凭证汇总表				
二、分拣间接费用	配送管理费用分配表				
分拣总成本					

对于分拣成本的考核可以使用标准成本与实际成本差异分析以及本期分拣成本与上期分拣成本降低额的比较进行分析处理。

3. 流通加工成本的估算

流通加工成本是指配送中心在按客户要求对物品进行加工活动时所发生的各项支出,主要由材料费用、人工费用、设备折旧及修理费等费用构成。流通加工成本的计算由成本汇集和分配两部分组成,成本归集是汇总加工支出的过程,通过此环节形成加工总成本;成本的分配是指月末加工费用在完工物品和尚未完工物品中分配的过程。具体可分成三部分:流通加工处理费用、流通加工人工费用、流通加工制造费用。

(1) 流通加工材料费用。这是指流通加工过程中所消耗的直接材料费用,包括材料、燃料和动力等,材料和燃料可以根据全部的领料凭证汇总编制"耗用材料汇总表"确定,外购动力费用可根据有关凭证确定。对于直接材料的处理必须分清某一成本计算对象的费用,并单独列出,以便直接计入该加工对象的产品成本计算单;属于几个加工成本对象共同耗用的直接材料费用,应当选择适当的方法,分配计入各加工成本计算对象的成本计算单中。

(2) 流通加工人工费用。这是指流通加工中直接进行生产的工人工资、奖金、福利等(含计时工资、计件工资等),可根据当期的"工资结算汇总表"等来确定。

(3) 流通加工制造费用。流通加工制造费用是物流中心设置的生产加工单位,为组织和管理加工所发生的各项间接费用。通过设置制造费用明细账,按照加工客户单位分别开设,并按照费用明细账设专栏组织核算。主要包括流通加工单位管理人员的工资、福利费等,以及生产加工单位的房屋、建筑物、机器设备等的折旧和修理费,生产单位固定资产租赁费、机物料消耗、低值易耗品摊销、取暖费、水电费、办公费、差旅费、保险费、检验费、季节性停工和设备修理期间的停工损失,以及其他制造费用。

流通加工的制造费用的格式可以参照工业企业的制造费用的一般格式。

实际中,对于加工工艺简单的流通加工,如分包、套裁、挂标签等,会出现当月没有完工的情况,可参照成本会计中的核算方法处理。如月末在产品不计价法、定额法、约当产量法等,都可以适用。根据月末计算的流通加工成本分别计算其总成本和单位成本。物流配送企业在月末应编制流通加工成本计算表,参考格式如表13-2所示。

表13-2　流通加工成本计算表

编制单位:　　　　　　　　　　　　年　月　　　　　　　　　　　　　单位:元

项目	计算依据	合计	流通加工品种	
			甲产品	乙产品
直接材料费				
直接人工费				
制造费用				
流通加工总成本				
流通加工单位成本				

以物流企业某配送中心的加工业务为例,说明流通加工成本的计算。

[例13-2]　某配送中心外接一项加工增值业务,需对甲产品进行工艺处理,其工艺过程为单步骤流水线加工,原材料为一次投入。12月份甲产品完工200件,月末在产品94件。在产品完工程度为30%。月初在产品材料费250元,人工费920元,制造费用640元。本月发生的材料费7 000元,人工费38 080元,制造费用61 360元。该企业采用品种法计算加工成本;采用约当产量法分配完工产品和月末在产品加工成本。

该企业流通过程加工成本计算如表13-3所示。

表13-3　流通加工成本计算表

编制单位:　　　　　　　　　　　　年　月　　　　　　　　　　　　　单位:元

成本项目	月初在产品	本月费用	成本费用合计	分配率	完成产品加工成本	月末在产品加工成本
材料费	250	7 000	7 250	24.66	4 932	2 318
人工费	920	38 080	39 000	170.90	34 180	4 820
制造费用	640	61 360	62 000	275.53	54 338	7 662
合计	1 810	106 440	108 250	466.27	93 450	14 800

表 13-3 中数字计算采用成本会计中的成本核算方法。采用约当产量比例法,应将月末在产品数量按照完工程度折算为相当于完工产品的产量(即约当产量),然后再按照完工产品产量与月末在产品约当产量的比例计算完工产品成本和月末在产品成本。原材料一般是在开工生产时一次投入。因而月末在产品在分摊产量费用时完工程度相当于100%,其他各项加工费用仍按月末在产品完工程度折算的约当产量比例法计算。具体计算如下:

在产品约当产量 = 在产品 × 完工百分比 = 80 × 30% = 24

$$\text{某项费用分配率} = \text{该项费用总额}/(\text{完工产品产量} + \text{在产品约当产量})$$

材料费用分配率 = 7 250 ÷ (200 + 94 × 100%) = 24.66(件)
人工费用分配率 = 39 000 ÷ (200 + 94 × 30%) = 170.90(件)
制造费用分配率 = 62 000 ÷ (200 + 94 × 30%) = 271.69(件)

$$\text{完工产品该项费用} = \text{完工产品产量} \times \text{该项费用分配率}$$

流通加工完工成本材料费 = 200 × 24.66 = 4 932(元)
流通加工完工成本人工费用 = 200 × 170.90 = 34 180(元)
流通加工成本制造费用 = 200 × 271.69 = 54 338(元)

$$\text{在产品该项费用} = \text{在产品约当产量} \times \text{该项费用分配率}$$

或

$$\text{在产品该项费用} = \text{该项费用总额} - \text{完工产品该项费用}$$

月末在产品成本材料费用 = 7 250 − 4 932 = 2 318(元)
月末在产品成本人工费用 = 39 000 − 34 180 = 4 820(元)
月末在产品成本制造费用 = 62 000 − 54 338 = 7 662(元)
流通加工总成本 = 4 932 + 34 180 + 54 338 = 93 450(元)
流通加工单位成本 = 943 450 ÷ 200 = 467.25(元)

4. 单品送货成本的计算

送货环节发生的送货费用主要由燃料、动力、人工和运输损耗等项目构成。单品送货成本的计算比较复杂,这是因为一次出车所送货物品种繁多,费用在各种产品之间分配的计算量会非常大。为了简化计算,实际工作中配送中心可按配载商品的重量、体积等特征作为标准,采用不同的计算方法。

(1) 重量、体积相近的货物配载,单品送货成本的计算时,对重量、体积相近的货物配载时,其对单件货物送货成本的计算,只需要将送货总成本平均分摊到送货数量。

$$\text{单品送货成本} = \text{送货总成本} ÷ \text{整车送货数量}$$

$$\text{某客户的送货成本} = \text{其送货数量} \times \text{单品送货成本}$$

(2) 实行轻重配装,对单品送货成本的计算,配送中心应充分利用车辆有效容积,取得最优配送效果,可将不同容积和重量的货物混装,以实现货物的满载。对于混装的货物,企业可参照按"1 吨重货物所占容积不超过 2 立方米的货物,按重量计算其吨公里;对于 1 吨重货物所占容积超过 2 立方米的,按容积计算其立方米公里"的原则,选用不同的标准分摊计算单位货物的送货成本。

① 按重量计算公式如下:

$$\text{吨公里成本} = \text{一次出车的总成本} ÷ (\text{单车实际载重吨位} \times \text{一次出车的路程公里数})$$

其中:

$$\text{一次出车的总成本} = \text{燃料费} + \text{装卸费}$$

$$\text{燃料费} = \text{运行公里数} \times \text{标准耗油量(升/公里)} \times \text{标准油费(元/升)}$$

单品配送成本＝单品重量×单品配送距离×吨公里成本

单品配送距离＝某配送中心到门店的路程(公里数)

② 按容积计算公式如下：

立方米公里成本＝一次出车的总成本÷(单车实际载重总容积×一次出车的路程公里数)

其中：　　　　　　　一次出车的总成本＝燃料费＋装卸费

燃料费＝运行公里数×标准耗油量(升/公里)×标准油费(元/升)

单品配送成本＝单品容积×单品配送距离×立方米公里成本

单品配送距离＝某配送中心到门店的路程(公里数)

实际计算中，单车实际载重吨位和单车实际载重总容积，在车辆满载情况下为车辆数据库中的最大载重量和最大容量；许多情况会是车辆没有达到满载情况，则核算单车配送上所有商品重量和容积的总和即可。

第四节　包装成本的概念与核算

一、包装作业概述

根据国家标准对包装的定义：包装是在流通过程中保护商品、方便运输、促进销售，按照一定方法而采用的容器、材料及辅助物等的总体名称，也指为了达到上述目的而采用容器、材料和辅助物并施加一定技术方法等的操作活动。

(一) 包装的作用

包装可以保护商品、提高作业效率、传递信息和作为营销手段。

1. 保护商品

包装能起到保护商品的重要作用，保证商品不会因颠簸等原因而散落、遗失；能使商品在装卸搬运中承受一定的机械冲击力；在储存过程中，良好的包装能抵御储存环境对商品的侵害。为满足被保护商品的要求，应考虑产品自身的特性和外部条件及物流环境。

这主要是指被保护品的价值、易损情况和外界的自然环境如温度等对物品的影响，及物流作业环境下可能遇到的不同物流活动而招致商品损坏，如振动、碰撞、挤压等而引起的破损、压碎、变形等情况。

2. 提高物流作业效率

包装能提高运输工具的装卸能力，降低运输难度，提高运输效率；有利于采用机械化、自动化装卸搬运作业，减小劳动强度和难度，加快装卸搬运速度；储存时能方便及时交接和验收，缩短收、发货时间；便于商品堆码、叠放；节省仓库空间，进而提高仓库利用率。

3. 传递信息

信息传递日益重要，对于包装的物品的识别、跟踪和管理信息传递，已成为保证物流渠道畅通的重要一环。包装最明显的信息传递作用是，在收货入库、拣选和出运查验过程中，包装箱上的信息可以帮助物流工作人员快速地识别商品。

包装上的信息主要是指包括制造商、产品名称、容器类型(如盒、瓶等)、件数、通用的产品代码(Universal Product Code,UPC)等数据。另外装卸说明书上也会提出货品装卸的要求和注意事项,如玻璃容器、温度限制、堆垛要求、放置方向、潜在的环境要求等;若是危险货品(如化学品),相应在包装上还有对渗漏和损伤情况的说明或随附材料中。

随着物流信息化的发展,物流包装还起到了货物的跟踪查验作用。具有跟踪系统识别代码的包装,能够在收货、储存、发货、运输等各个环节过程中实时把握,对于物流公司和货主企业而言,可随时了解货物的物流确切位置,降低货差,掌握搬运情况,提高工作效能。

4. 营销手段

这里所指营销手段是指无声的营销。客户通过看包装上的信息、大小、颜色、外形等获得感官上的第一印象,客户观察外包装就可了解物品情况。

(二) 包装的种类

包装的门类繁多、品种复杂,不同理化性质的物品和不同运输工具的要求,使包装在设计、选料、技术、形态等方面出现多样化的特点。通常来说有以下两种分类方法。

1. 按在流通中的功能分类

包装按其在流通领域的功能分为工业包装和商业包装。工业包装是以运输、装卸、储存为主要目的的包装,形式上常用箱、包、盒或桶等工具将特定商品和零部件成组化,以提高操作管理效率。物流包装的主要作用是保障商品的安全,方便储运装卸,提高物流效率及服务水平。商业包装也叫零售包装或客户包装,主要是根据零售业的需要,作为商品的一部分或为方便携带所做的包装。其实这两者的划分并不明显。

2. 按包装形态层次差别分类

包装按其形态层次分为单件包装、内包装和外包装。单件包装是直接盛装和保护商品的最基本的包装形式,属于商业包装的范畴。内包装是单件包装的组合形式,在流通过程中起到保护商标、简化计量和方便销售的作用。外包装是商品的外层包装,起到方便运输、装卸和储运,减少损耗,保证商品牢固完整,便于检验等作用。

二、包装作业成本的构成与核算

包装是生产的终点和物流的起点,包装成本在流通费用中占有相当大的比重一般都有10%左右,有的商品如礼盒包装费用比甚至高达40%—50%。因此,加强包装费用的管理与核算,可以降低物流成本,提高企业及社会的经济效益。

(一) 包装作业成本的构成

在物流过程中,大多数商品都必须经过一定的包装后才能进入流通。因而,为了方便正常流转,企业都会在商品的包装上投入一定的费用。对于物流企业来说,包装成本一般包括以下六个方面。

1. 包装材料成本

包装材料成本是指用于包装商品的各项主要材料、辅助材料的成本。常用的包装材料有木材、纸、金属、塑料、玻璃、自然纤维和合成纤维等,包装材料功能不同,成本相差也大。

包装材料多为外购,极少数是自制的。

包装材料成本在整个包装成本中占有较大的比重,它的高低决定着包装总成本的水平。企业必须结合实际情况及包装物的功能特点,选择合适的包装材料。对能分清归属的,可直接计入各种材料成本;不能分清的,可根据各种材料的特点,采用一定的分配标准,分配计入购货中材料的材料成本。分配标准按材料的重量、体积等来进行分配。并在确保包装功效的前提下,实现包装材料成本的合理节约。

2. 包装机械费用

包装机械的应用不仅可以极大地提高包装的劳动生产率,也大幅度地提高了包装的质量水平,避免了由于人工的个人操作水平问题而影响包装质量,也改善了人工的劳动条件。包装机械费用主要是指包装机械的维修费和折旧费。维修费是指包装机械发生损坏,进行修理时支出的费用。折旧费是指包装机械因在使用过程中的损耗,按照会计核算固定资产的原理,即定期定量转移到包装成本中的那一部分价值。影响包装机械折旧的主要因素有包装机械的原值、预计使用年限、预计净残值、计提折旧的采用方法等。物流包装机械一般采用年限平均法计提折旧。根据企业会计准则,一旦决定采用某种折旧方式,中途不得随意改变。

3. 包装技术费用

包装技术是指在包装时采用的特定技术措施,如缓冲包装技术、防潮、防霉包装技术等。这些技术措施的设计、实施所支出的费用,即为包装技术费用,包含了包装技术取得费用和包装技术的成本。包装技术实施费用是指采用该包装技术时耗用的内包装材料费和其他辅助费用。这些支出应以实际支出额为标准。

4. 包装人工费用

在实施包装作业过程中,从事包装作业的工人与其他有关工作人员的工资福利、奖金、津贴、保险和补贴等费用支出构成了包装人工费用。包装人工费用的计算,必须有准确的原始记录资料,包括工资卡、考勤记录、工时记录、工作量记录等原始凭证。会计部门根据劳动合同等有关规定和企业规定的工资标准、工资形式、奖励津贴等制度,以及有关原始资料计算每个包装工人及其他有关人员的工资。其总额即为包装人工总成本。

5. 其他辅助费用

除了上述主要费用以外,物流企业有时还会发生一些其他包装辅助费用,如包装标记、标志的设计费用、印刷费用、辅助材料费用、赠品费用等。

6. 与包装有关的管理费等间接费用

与包装有关的管理费用包括相关的办公费、差旅费、会议费以及其他杂费。

(二) 包装作业成本的计算

1. 包装材料成本的计算

物流企业包装材料的取得,主要有外购和自制两个途径。

(1) 购入包装材料成本的计算。物流企业的包装材料除少数自制外,大部分是通过采购取得的。根据财政部门颁布的《企业会计准则》,外购包装材料的成本包括以下内容:

A. 购买价格。购买价格指企业购入包装材料所支付的价款。企业有购入的包装材料,若销售方没有提供折扣的,其购买价格就是发票注明的金额;若有购货折扣的,实际成本应按扣除折扣后的金额计算。

B. 材料入库前发生的各种附带成本。附带成本指企业购入包装材料时所支付的除材料价款以外的其他支出。按现行会计制度的规定,附带成本具体包括:运杂费(包括运输费、装卸费、保险费、仓储费等)、运输途中的合理损耗、入库前的挑选整理费和按规定应计入包装材料成本的税金以及其他费用。

[例13-3] 某物流公司购进某包装材料800个,发票注明金额为4 400元,货款以支票支付,并以现金支付运费90元。则该包装材料的成本为

包装材料总成本=4 400+90=4 490(元)

材料的单位成本=4 490÷800=5.61(元/件)

(2) 自制包装材料成本的计算。自制的包装材料,按自制过程中发生的各项实际支出作为其成本。

(3) 发出包装材料成本的计价。发出包装材料成本的计算方法有先进先出法、全月一次加权平均法、移动加权平均法、个别计价法等方法,这些方法在具体计算和适用上各有特点。物流企业对商品进行包装,一般为外包装,其目的是为了提高装卸搬运、运输的效率和保护商品,所以包装并非物流企业运营的主要业务,因而在发出包装材料的计算上一般采用全月一次平均法或分批实际进价法。

① 全月一次平均法。全月一次平均法是以期初结存材料金额与当期收入材料金额之和除以期初结存材料数量与当期收入材料数量之和,计算出加权平均单价,从而确定发出材料和期末结存材料成本的计算方法。全月进货批次较多、且进货价格变化较大时可采用此法。计算公式如下:

材料期末加权平均单价=(期初结存材料金额+当期收入材料金额)

÷(期初结存材料数量+当期收入材料数量)

当期发出材料成本=当期发出材料数量×材料期末加权平均单价

② 分批实际进价法。分批实际进价法是对每一批次购进的包装材料分别记载其购进数量和价格,实际发出材料时,按发出材料所属的批次选择单位进价,据此计算其实际成本的成本计算方法。全月购进批次不多时,可采用此法计算包装材料的成本,必须建立并执行严格的材料分类登记管理制度,详细记载每类、每一批次的材料进价和库存数量,以便快速和准确查找发出材料的单位成本。

2. 包装人工费用的计算

包装人工费用根据"工资、福利分配汇总表"的有关数字,直接计入包装成本。在实行计件工资制的企业,应付工人的计件工资等于工人完成的合格品数量与计件单价的乘积。由于一个工人可能会在同一月份内从事多家客户的多种包装作业,作业计件单价各不相同,则需逐一计算相加。计件工资计算如下:

应付计件工资=∑(包装数量×包装该种货物的单价)

[例13-4] 某包装责任小组包装A产品2 500件,计件单价0.8元,包装B产品1 400件,计件单价1.3元,经检验达到企业要求合格的数量为:A产品2 490件,B产品1 380件。则该责任小组员工的计件工资总额为

人工费用＝2 490×0.8＋1 380×1.3＝3 786(元)

不合格品待处理修正后,再行计入。

3. 包装机械费用的计算

(1) 维修费。对包装机械、包装工具进行维护修理时的工料费应计入包装成本中。包装机械在操作过程中所耗用的机油、润滑油,于月终根据油料库的领料凭证直接计入包装成本。

[例 13-5] 某公司包装组 2009 年 1 月保养修理包装机械领用备品配件、润料及其他材料 4 000 元,包装机械在运行和包装操作中耗用机油润滑油 600 元。

本月维修费＝4 000＋600＝4 600(元)

(2) 折旧费。包装机械的折旧按规定的分类方法和折旧率计算计入包装成本。包装机械折旧的计算方法较多,简化起见常用平均年限法。

[例 13-6] 某公司包装机械原值为 80 000 元,预计使用 14 年,预计净残值率为 4%,每月应提折旧如下:

包装机械年折旧率＝(1－4%)/14×100%＝6.857%

月折旧率＝6.857%÷12＝0.5714%

月折旧额＝80 000×0.5714%＝457.14(元)

4. 包装技术费用和其他辅助费用的计算

包装技术费用和其他辅助费用按实际支出计入包装成本中。

[例 13-7] 某物流公司包装组 2009 年 3 月为包装物品消耗装卸搬运作业 300 操作吨,装卸组运作单位成本为 0.5 元/操作吨,当月包装作业应分摊的装卸搬运作业成本为

包装作业应分摊的装卸搬运作业成本＝300×0.5＝150(元)

(三) 包装总成本的计算

物流企业的包装总成本是以上各项成本费用之和,即包装材料费用、包装机械费用、包装技术费用、包装人工费用和其他辅助费用之和。

复习思考题

1. 仓储成本包括哪些内容?
2. 出入库成本核算需经过哪几个步骤?
3. 什么是配送成本?包含几个细分内容?
4. 什么是包装成本?包装成本的构成有哪些?
5. 如何理解流通加工成本?

第十四章 物流企业的预算管理及成本控制

■ 学习目标 ■

学习完本章,你应该能够:
1. 明确预算的作用、内容
2. 了解预算的一般编制方法
3. 掌握弹性预算的概念、编制方法
4. 掌握零基预算的概念、编制方法
5. 掌握标准成本的制定与差异分析

■ 基本概念 ■

预算 弹性预算 概率预算 零基预算 标准成本 成本控制

第一节 预算管理概述

一、物流企业预算的编制内容

物流成本核算的目的是未来更好地进行物流成本管理,如果能够对物流成本进行事先的预算与分配管理,在预算的基础上,对物流成本进行控制并提出相应的物流成本改进措施,这样就能够把对物流成本的控制从事后的核算提到事前的控制范畴。

要想取得事前的管理工作,就必须按照基本计划目标所需的资源为目的,提出计划的数字化体现,这就要依靠预算来实现。因此,预算就是根据未来的企业目标而制定的以货币量度表示的企业全部计划的综合说明。

(一)编制物流企业预算的作用

物流企业同一般制造业、流通业一样也有经营目标,也会提出预算要求。预算规定了企业各级部门经济活动的依据和考核经营业绩的标准。预算管理的作用可以分为计划、控制、绩效考评三个方面。

1. 计划

计划首先要确定企业在计划期内的主要经营目标,如目标利润、预期的投资报酬率、运输额的销售目标、仓储的存货目标、市场占有率等,通过预算的编制,企业的总体目标得以分解和落实,各职能部门可以分清本部门在实现企业总体目标过程中的具体任务。

各级部门与企业总体目标之间存在着局部与整体协调的关系。企业目标与各部门的目标的一致性是不会自动出现的,需要进行适当的协调。尤其是销售部门、仓储部门、流通加工包装部门、装卸搬运部门与财务部门的资金运用的分歧以及成本费用的控制。编制预算的目的之一就是要协调各运营部门的分歧。做好物流成本的预算可以在事前掌握物流成本现状、预计物流成本时,掌握充分的主动性,从而保证物流计划准确可靠、完善物流成本的绩效考核和达到物流成本的降低。

2. 控制

全面预算是控制各项经济活动的尺度。编制预算是企业经营管理的起点,也是控制日常经济生活的依据。各个部门编制预算时,需要分析和说明所提出的计划和应支出的金额,这种分析和说明每项需要的支出是否合理,能否起到成本控制的作用。实践证明:企业认真编制切实可行的预算,并以其控制各项经济活动,就可以避免不必要的支出,降低成本费用,增加收入和尽可能地创造利润。预算编制的有效,还可以起到激励各部门职工的积极性和聪明才智,而简单、强制实施的预算则可能起到相反的作用。

3. 绩效考评

经过确定的各项成本预算数据,可以作为评估物流工作完成任务情况的一种尺度。对各个物流部门及其主管的成本控制绩效,一般都以成本预算为标准进行衡量、评估,因此上述预算也一定是根据各企业的具体实际情况而编制的,可用来考核各部门的工作量,也会是最有说服力的。

(二)预算编制的内容

物流成本的预算应根据物流系统成本控制与绩效的需要,并分解到各具体业务部门、各具体物流项目。并在日常的成本核算过程中分别实施对各种物流成本耗费形式的物流成本进行核算,同时对发生的实际物流成本与预算进行比较,以分析其成本差异,从而达到预算的目的。

预算实际上是一整套预计的财务报表和有关的附表。主要是用来规划计划期间经济活动及其成果。具体可以分为几种常用类型,如固定预算法、弹性预算法、零基预算法等。

所谓固定预算法是指预算的业务数值固定不变,或者某一营业期内的数值固定不变。按经济内容具体细分包含有业务预算、财务预算、资本支出预算三个项目。

物流企业的业务预算可以按照物流的具体部门进行编制(如仓储部门、运输部门),进一步还可以按照业务性质、地区、客户的服务对象进行编制,更进一步可以按照物流的成本项目(燃料费、人工费、办公费、折旧费等)。每一种形式的物流成本预算都可以按照更细的预算项目进行细化。

物流业同制造业不同的一个显著的地方就是由于网点设置的需要,其分支部门分散至全国乃至世界,因此编制物流成本预算必须考虑到其特殊性。可以按照物流项目的支付形态来分类。细化编制内容如图 14-1 所示。

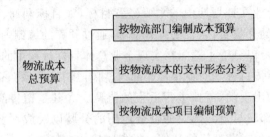

图 14-1 物流成本总预算的分类

二、物流企业预算的一般编制方法

由于企业的业绩评价的来源多半是根据预算的有关数据,因此预算编制的好坏,预算的编制对象及预算编制的内容都同业绩评价有关。

通常采用的固定预算法是指在业务量一定的情况下编制的,以物流功能为例编制物流成本预算。物流功能主要包括运输成本预算、仓储成本预算、包装成本预算、搬运成本预算等等。

(一) 运输成本预算

运输成本包括本企业运输成本和外包企业运输成本两部分。由于部分企业并不能将全部业务单独由本企业完成,必须以外包的方式转移部分业务给其他物流企业。所以外包企业的运输费可按直接支付的运输费计算。如是陆路运输则按汽车的标准运费乘以运输吨公里计算确定;其他火车、航运、航空都可按各自的标准编制预算。

而本企业的运输费用则需要根据具体支付的有关费用确定预算数。如有随运输业务量的变化而成正比例变化的运输费(燃料税费、维修费、轮胎费等);也一定存在不随业务量变化的固定成本(运输工具的折旧费、保险费)等。应该有所区别预算内变动成本和固定成本,区分不同成本类别,有利于实施有效的成本管理。

(二) 仓储成本预算

仓储成本预算是继运输成本预算之后业务量比较大的预算。仓储成本预算也包含了自有仓库和租赁仓库。若某些物流企业并不拥有非常大的仓库时,在某种场合比如仓储业务量增大自身存放不了时,也会出现仓库租赁的需求状况。这种情况只需要根据仓库面积或仓储货物量的多少(包括货物保险费)之间支付相应的仓储费即可,该仓储费也称保管费。

自有仓库的仓储成本预算则要编制更细化的内容。对于自己拥有的仓库仓储费,也必须严格区分变动成本和固定成本。变动仓储费包括转库搬运费、检验费、挑选整理费、库存物质损耗等。固定仓储费包括设备折旧费、维修费、管理人员的职工薪酬、保险费等。

(三) 流通加工费

流通加工是指物流企业在获得制造业的存储货物后在仓库中进行的增值业务,能够从客户手中获取业务收入,而物流企业则要消耗包括流通环节在内的各项支出,这些支出费用也分为直接成本和间接成本。直接成本是与流通加工业务量之间有关的,包括直接材料费、直接人工费。间接费用包括与流通加工有关的共同费用,同样也是间接材料费、间接人工费。直接材料费和直接人工费一般为变动成本与流通加工的业务量成正比例。而流通加工的设备折旧费等则为固定成本,流通加工业务广义地说包含了改包装、贴标签物流增值业务等,根据历史数据比较容易确定流通加工的商品数量和单位加工成本,也就比较容易作预算,而间接成本则按照共同成本的分配标准确定单一商品的间接成本。以此编制流通加工预算。

上述按照功能编制的功能成本预算可按月、季、年度细分编制,不同时间编制的预算方法应该一致,保持可比性。

第二节　物流企业物流成本特殊预算方法

一、弹性预算编制方法

(一)弹性预算的定义

在企业应用固定预算法编制企业的物流成本预算时,由于是针对固定的业务量,相对比较简单。但是在实务中常常会遇到实际业务量与预算业务量有一定偏差时,各项目的成本预算数与实际数就丧失了可比基础,尤其是市场波动比较大时,出现偏差的可能性更大,为弥补按固定预算法出现的缺陷,开发出了弹性预算法。也可以认为固定预算法只是弹性预算中的其中一个业务量所对应的预算内容。

弹性预算费就是指在编制成本预算时预先估计期内业务量可能发生的变动,编制出一套能够适应多种业务量的成本预算,以便分别反映在各业务量的情况下所应支出成本水平的一种预算。由于这种预算随着业务量的变化而变化,本身具有弹性,因此称为弹性预算法。

(二)弹性预算的工作原理

弹性预算的基本工作原理是把成本按成本习性分类:一是变动成本,另一为固定成本。在按照实际业务量进行预算编制时,固定成本一般不变;不同的业务量只需要对应不同的变动成本即可。如前所述可用变动成本法的数学模型 $y=f(x)$ 来表示。通常情况下用一元一次方程式来表示成本与业务量之间的关系:

$$y=a+bx$$

其中,y 为变动成本总额(元),a 为固定成本总额(元),b 为单位变动成本(元/单位业务量),x 为业务量。

(三)弹性预算的特点

弹性预算与按照计划预定的预算期间内应达到的某一活动水平为依据而编制的固定预

算(或静态预算)相比,有如下显著的特点:

(1)能够适应不同经营活动情况的变化。弹性预算不是预算固定不变的,它是随着业务量的大小而相应调整,具有一定的伸缩性,有一定的余地,扩大了计划的适用范围。

(2)使预算执行情况的评价与考核建立在更加客观和可比的基础上。

(3)弹性预算是建立在成本按变动性分类的基础上的,它承认各种不同的成本同业务量之间不同的数量关系。因此用它来控制成本,准确可靠。

必须注意弹性预算的固定成本是在此范围内不变的。

(四)弹性预算的编制方法

对于物流成本的弹性预算的编制,首先要选择合适的业务量计量单位,确定一定的业务量范围,然后根据各项物流成本项目与业务量之间的数量关系,按照成本习性的原则区分变动成本和固定成本,在此基础上确定各项目的预算总额及单位成本预算。

1. 业务量的计量单位

业务量的计量单位应以选择通用、方便为原则。对于陆路运输成本的预算而言,吨公里为计量单位,对于航空、航运也可采用千吨、千公里等大单位;对于仓储成本预算,可以选择货物周转量(托盘数、吨等)为计量单位。

2. 确定业务量变动范围

确定业务量变动范围应充分满足业务量实际可能的变动需要。可将业务量范围确定在正常的业务量的60%—120%之间;或者根据本企业的历史实际数据的最高业务量和最低业务量分别作为业务量的上、下限;也可根据经营管理层的风格偏好而确定乐观和悲观的预算数作为业务量范围的上、下限。

3. 选择弹性预算的表达方式

物流成本的弹性预算通常采用列表法来表示,其特点是直观、方便。如表14-1所示。

表14-1 物流成本弹性预算表　　　　　　　单位:元

费用项目	业务量(吨公里)				
	500	525	550	575	600
变动成本	250	265	280	295	310
半变动成本	60	68	76	84	92
固定成本	2 500	2 500	2 500	2 500	2 500
总成本合计					

弹性预算必须遵循变动成本在一定业务量范围内成正比例变化,而固定成本则在此范围内保持不变。超出这一范围,则固定成本、变动成本的划分会发生变化。

[例14-1] 若以表14-1数据为例对应每公里价格为7元,简化起见将半变动成本归入变动成本核算不再进行分解,这里重点指分析按照弹性预算法编制的表14-2。

表 14-2　海大物流公司弹性预算利润

20××年　　　　　　　　　　　　　　　　　　　　　　　单位：元

业务量（公里）	500	525	550	575	600
业务额	3 500	3 675	3 850	4 025	4 200
变动成本	310	333	356	379	402
边际贡献	3 190	3 342	3 494	3 646	3 798
固定成本	2 500	2 500	2 500	2 500	2 500
营业利润	690	842	994	1 146	1 298

弹性预算可运用于多种内容，比如仓库量的预算，搬运量的预算等。一般多对应于多种业务量时常用。

二、概率预算编制方法

弹性预算虽然考虑了预算期内不同业务量水平，但在各种不同的业务量水平下的有关运费单价、变动成本、固定成本等都是确定的，因此弹性预算仍属于确定性预算。但是构成预算的各个变量，在预算期内通常也可能是不确定的，特别是燃油价格随着国际市场的实时波动而变动的情况下尤其如此。在这种情况下，只能做出一个近似的估计，估计它们在一定范围变动时，在这个范围内有关数值可能出现的概率如何。然后按照各种可能性的大小加权平均计算，确定有关指标的预算期内的期望值，从而形成所谓概率预算。

以下举例说明概率预算的编制方法。

[例 14-2]　海大物流公司将在下年度运送货物，经测算，预计 20××年度内该企业的运送量可能达到 2 000 吨千公里或者 3 000 吨千公里，其概率分别为 0.5、0.5；运送单价可能达到 20 元/吨千公里或 18 元/吨千公里，其概率分别为 0.4、0.6；单位变动成本可能达到 12 元或 11 元，其概率分别为 0.7 或 0.3；固定成本总额为 10 000 元。根据上述资料，确定预计该货运公司的预计利润的期望值如表 14-3 所示。

表 14-3　海大物流公司的 20××年概率预算表　　　　　　　　单位：元

单 价	货运量	变动成本	固定成本	利 润	联合概率	利润期望值	组合
(1)	(2)	(3)	(4)	(5)	(6)	(7)	(8)
20(p=0.4)	2 000 (p=0.5)	12(p=0.7)	10 000	6 000	0.14	840	1
		11(p=0.3)	10 000	8 000	0.06	480	2
	3 000 (p=0.5)	12(p=0.7)	10 000	14 000	0.14	1 960	3
		11(p=0.3)	10 000	17 000	0.06	1 020	4
18(p=0.6)	2 000 (p=0.5)	12(p=0.7)	10 000	2 000	0.21	420	5
		11(p=0.3)	10 000	4 000	0.09	360	6
	3 000 (p=0.5)	12(p=0.7)	10 000	8 000	0.21	1 680	7
		11(p=0.3)	10 000	11 000	0.09	990	8
合　计						7 750	

表 14-3 的计算表明,当单价为 20 元、业务量为 2 000 吨千公里,单位变动成本为 12 元,固定成本为 10 000 元时,可实现利润为

2 000×(20—12)—10 000=6 000(元)

而这种情况出现的联合概率为 0.4×0.5×0.7=0.14

由此可得到这种情况下的利润的期望值为 6 000×0.14=840(元)

当然这只是其中的一种可能。可用同样的方法对其他各种组合依次进行计算,然后进行汇总,最后可求的利润的期望值为 7 750 元。由于这种期望值考虑了各种可能性,因而它更能符合客观情况。

利润期望值也可以通过分别确定单价、业务量和单位变动成本的期望值来进行计算:

单价=20×0.4+18×0.6=18.8(元)

业务量=2 000×0.5+3 000×0.5=2 500(吨千公里)

单位变动成本=12×0.7+11×0.3=11.7(元)

然后正式编制该企业的 20××年的利润概率预算如表 14-4 所示。

表 14-4　海大物流公司 20××年利润概率预算表　　　　　　　单位:元

项　目	预期值
销售收入(18.80×2 500)	47 000
变动成本(11.70×2 500)	29 250
边际贡献	17 750
固定成本	10 000
预期利润	7 750

三、零基预算编制方法

预算的编制按照是否以基期为参考基础可分为增量预算和零基预算两类。增量预算是比较传统的一种预算方法,主要是依据上年度的预算值与实际值的比较,经过差异分析后进行编制下一个预算期的预算值,这种方法比较充分考虑了过去的各种因素的变动。这些因素的变动和影响也会受到内、外部各种状况的干扰,并不准确而不得不多次修订。

零基预算则不同于传统的预算编制方法。其全称为"以零为基础编制的计划和预算"。主要还是以控制间接费用为主。零基预算对于任何一笔预算支出,不是以现有的费用水平为基础,而是一切以零为起点,从根本上考虑它们的必要性及其数额的多少。这样,就能够使所编制的预算更切合当期的实际情况,从而使预算充分发挥其控制实际支出的作用。

零基预算的具体编制方法,一般可分为如下几个步骤:

(1)根据本企业的计划期的目标和任务,如费用成本目标等,列出在计划期内需要发生哪些费用项目,并说明费用开支的目的性,以及需要开支的具体数额;

(2)将每一项费用项目的支出进行成本效益分析即综合评价、权衡轻重缓急,然后按先

后顺序排列、分层次等级。一般以必不可少的业务即发生的费用为第一层次,必须优先保证;然后依据业务内容和费用大小,依次列为第二层次和第三层次等,提供给决策层参考;

(3) 按照上一步骤所定的层次和顺序,结合可动用的资金来源,分配资金,落实预算。

由于不依据前期的数据,没有过去的条条框框的限制,不受现行预算的束缚,相对而言能够充分发挥各级管理人员的创造性,而且还能大大节约费用,特别适合用于那些较难分辨其产出的服务性部门如物流业务部门,对于物流成本中发生的诸多不合理的地方,就可以撇开过去的历史数据实施零基预算。但是零基预算也存在预算编制量过于繁重,资源分配的多少比较容易受部门之间的影响。

[例 14-3] 海大物流公司仓储部按照零基预算编制方法编制管理费用,经过管理部门和全体职工的反复酝酿,确定了如下的费用项目及数额:

1. 仓库租金　　　　　　6 000 元
2. 行政管理人员薪金　　5 000 元
3. 自动化仓储设备研发费 5 500 元
4. 交际应酬费　　　　　5 500 元
5. 办公费　　　　　　　3 000 元

按照管理会计成本习性的要求分析,上述五项费用中,房租、行政管理人员薪金和办公费为约束性固定成本,该费用的数额确定后不再更改,而研发和交际应酬费为酌量性固定成本,因此可将上述三项作为第一层次确保的费用,对第二层次的研发、交际应酬费两项费用再按照成本效益原则区分排序。该企业的成本效益分析如表 14-5 所示。

表 14-5　海大物流公司仓储部的成本效益分析　　　　　　　　　　单位:元

项目	成本	收益	成本收益比
研发费	1 000	3 000	1∶3
交际应酬费	1 000	1 000	1∶1

根据表 14-5 研究开发费排序在交际应酬费之前。如果该企业的管理费用总额是受限的,总额只有 20 000 元,即并没有能够按照要求如数实现,因此要按照排序进行一次分配。先扣除约束性固定成本 20 000−6 000−5 000−3 000=6 000 元,然后才在研发和交际应酬费中分配如下:

研究开发费应分配资金=[6 000/(3 000+1 000)]×3 000=4 500 元

交际应酬费应分配资金=[6 000/(3 000+1 000)]×1 000=1 500 元

故仓库的管理费用预算可做如下排序:

1. 仓库租金　　　　　6 000 元
2. 行政管理人员薪金　5 000 元
3. 办公费　　　　　　3 000 元
4. 自动化设备研发费　4 500 元
5. 交际应酬费　　　　1 500 元
   合计　　　　　　　20 000 元

由于一切支出均以零为起点进行分析研究,因而编制预算的工作量较大,费用较昂贵,而且评级和资源分配具有不同程度的主观性,易引起部门间的矛盾,只能每四五年编制一次零基预算,以后适当调整,以减少浪费和低效。零基预算对于广告费、培训费等固定性支出费用的预算编制以及事业型费用支出的编制尤为有效。

第三节 物流企业的标准成本概述

一、标准成本的概念

物流标准成本是物流成本控制的准绳,是对各项物流成本开支和资源耗费所规定的数量限度,是检查、衡量实际物流服务成本水平的依据。所谓的标准成本是指通过仔细测定、以每单位业务为基础表述的可达到的或可接受的业绩水平上的应有成本,也就是成本管理的目标值。

物流企业要进行物流成本控制必须建立标准成本系统,该系统应该由标准成本制定、差异分析和财务处理三个部分组成。物流标准成本指作为物流成本计划中规定的各项指标,这些指标通常都比较综合,不能满足具体的控制要求,这就是必须规定一系列的具体的标准。这些标准可以采用计划指标、预算法、定额法等。对于实际发生的成本,根据标准成本这一预定的尺度,将其分解为体现标准的部分和偏离标准的部分,可以使企业管理者和员工加强成本意识,研究差异,确定其产生原因,并尽可能采取措施对成本加强控制。

二、标准成本的分类

实务中物流标准成本可按照选取的适用水平分为有目标性质的理想标准成本、正常应用的标准成本和基本不变的标准成本三类。

(一) 理想的物流标准成本

理想的物流标准成本是指在现有的技术、最优的设备运作条件下,所发生的成本水平作为标准成本。所谓理想的物流成本是意味着实际发生的成本水平应达到的现有条件理想的最低限度,是理论上的业绩标准、物流运作要素的理想价格和可能实现的最高经营能力利用水平。所谓理论业绩标准,是指在物流运作过程中不浪费任何物流运作要素的消耗,最熟练的员工全力以赴工作,不存在任何损失和浪费情况下的最优业绩。最高物流运作经营能力利益水平,是指理论上可能达到的设备利用程度,只扣除不可避免的机器维修、品种更新、设备调整等时间,而不考虑产品或者服务销路不佳、物流运作技术故障等造成的影响。理想价格则是指原材料、人工等物流运作要素在计划期间最低的价格水平。因此这种标准是脱离实际的,为目标预期,在实际工作中极少使用,无法作为考核的依据。

(二) 正常的物流标准成本

它是根据企业的正常的生产能力以有效经营条件为基础而编制的标准成本。可以采用企业过去较长时期内实际数据的平均值,并根据计划期一般应该发生的物流运作要素消耗量、预计价格和预计物流运作经营能力利用程度而制定出来的标准成本。在制定这种标准成本时,把物流运作经营活动中一般难以避免的损耗和低效率等情况也计算在内,使之符合下一计划期的实际情况,这样这种标准成本对于管理人员和一般员工来说,经过努力可以达到。因而在实际工作中能充分发挥其应有的作用,也在实际中得到最广泛的应用。

（三）基本的物流标准成本

它是以实施标准成本第一年度或选定某一基本年度的实际成本作为标准成本,用以衡量以后各年度的成本高低,据以观察成本的升降趋势。这种基本标准成本一经制定,只要物流运作基本条件没有发生重大变化,一般多年不变。可以使各个时期的成本以此标准为基础进行比较。所谓物流运作的基本条件的重大变化是指物流服务的物理结构变化、重要的原材料和人力价格的重要变化,技术和工艺的根本变化等。只有这些条件发生变化,基本标准成本才需要修订,才能够与过去数据进行有效比较。

第四节　标准成本的制定

标准成本的准确性对标准成本系统的实施成效关系极大,因而在确定标准时要求较全面地实行技术经济分析,为标准成本系统的有效性奠定坚实的基础。

物流企业的标准成本同样由直接材料成本、直接人工成本和间接费用所构成,因而也应根据这些项目的特点分别制定其标准成本。

在物流标准成本制定时必须明确无论是哪一项成本,都将涉及用量标准和价格标准。用量标准和价格标准的乘积才是标准成本。

用量标准包括单位材料的消耗标准、单位物流人工工时,用量标准可以采用现场测试的方法,考虑一定的损耗百分比。价格标准包括物流服务所耗的材料单价、小时工资率、小时费用分配率等,有关运输、验收等服务成本设定分配率,加计入标准价格之中。

一、物流企业的人工成本核算

人工成本主要是指物流企业中直接从事物流业务的人工费用的支付。衡量人工成本的标准应按照用量标准和价格标准两方面的乘积来确定。

$$直接人工的标准成本＝单位业务的标准工时×标准小时工资率$$

直接人工的用量标准是指物流企业提供物流服务的标准工时。确定提供某种服务所需的直接服务工时,需要按服务的运作顺序分别进行,然后加以汇总。标准工时是指在现有物流运作技术条件下,提供某种服务所需要的时间,包括直接服务操作必不可少的时间,以及必要的间隙和停止,如工间休息、调整设备时间、不可避免的不良服务耗用工时等。标准工时应以生产记录和动作与时间的作业依据为基础,参考历史统计资料来确定,但应根据情况的变化和对历史记录中可能包含的无效和低效因素,进行必要的调整与剔除。

直接人工的价格标准是指标准工资率。它可能是指预定的工资率,也可能是正常的工资率。如果采用计件工作制,如搬运装卸、流通加工等,标准工资率是预定的每项服务支付的工资除以标准工时,或者是预定的小时工资。直接人工操作所需技能的差别性也会影响每小时标准工资率;若采用月工资制,则需根据月工资总额和可用工时总量来计算编制工资率。

二、物流企业的材料费核算

物流企业的材料费用不像制造企业那样占据很大部分,主要是物流服务过程中消耗的包装、运输、仓储环节中消耗的燃油费、线材、托盘、轮胎等。直接材料的用量标准的确定应通过分析测算,确定用于产品生产所需耗用的直接材料的品种和数量,具体方法可以采用统计方法、工业工程方法和其他技术分析方法确定,对于必须所耗的材料费用中应该包括必不可少的消耗以及难以避免的损失。

直接材料的价格标准是预计下一个计划期实际需要支付的直接材料的单位成本。制定材料价格标准时,应当充分研究市场环境及其变化、运输质量要求、运价变化等因素,尤其是当下流行的适时制管理要求货主企业尽量地小批量订货使物流企业的运输次数会有所增加,比如燃料的消耗等计算必须明确清晰。

在分别确定直接材料的标准数量和标准价格后,可用下式计算直接材料的标准成本:

$$直接材料的标准成本 = 单位业务的材料标准数量 \times 材料标准价格$$

三、物流企业的服务费用的核算

服务费用是指除直接材料和直接人工之外的,涉及物流业务的服务费用。物流服务费用的标准成本是按服务的种类分别编制,然后将同一服务涉及的各班组服务费用标准加以汇总,得出整个服务费用的标准成本。各部门的服务标准成本进一步分为变动服务费用和固定服务费用两部分。类似于制造业的制造费用。

(一) 变动服务费用的标准成本

变动服务费用的标准成本也可分为数量标准和价格标准。变动服务费用的数量通常采用单位服务直接人工工时标准,它在直接人工标准成本制定时已经确定。有的企业自动化程度比较高也可采用机器工时或其他数量标准。作为数量标准的计量单位,应尽可能与变动服务保持较好的线性关系。

变动服务费用的价格标准是每一工时变动服务的标准分配率,一般可由变动服务费用预算和直接人工总工时计算求得。

$$变动服务标准分配率 = 变动服务费用预算总额 \div 直接人工标准总工时$$

确定了数量标准和价格标准之后,两者相乘即可得出变动服务费用标准成本:

$$\begin{matrix}变动服务\\费用标准成本\end{matrix} = \begin{matrix}单位服务直接\\人工的标准成本\end{matrix} \times \begin{matrix}每小时变动服务\\费用的标准分配率\end{matrix}$$

各业务小组的变动服务标准成本确定之后,可汇总出单位服务的变动服务费用标准成本。

（二）固定服务费用标准成本

固定服务费用的数量标准和变动服务的数量标准相同，包括直接人工工时、机器工时、其他数量标准等。该数量标准在制定直接人工数量标准时已经确定。

固定服务费用的价格标准是其每小时的标准分配率，它根据固定服务费用预算和直接人工标准总工时来计算获得。

$$固定服务费用分配率 = \frac{固定服务费用预算总额}{直接人工标准总工时}$$

确定了数量标准和价格标准之后，可获得固定服务费用的标准成本：

$$\frac{固定服务}{费用标准成本} = \frac{某服务直接}{人工标准工时} \times \frac{每小时固定服务}{费用的标准分配率}$$

各业务小组固定服务费用的标准成本确定之后，可汇总出单位的固定服务费用标准成本。

汇总以上确定的直接材料、直接人工和服务费用的标准成本，按具体业务加以汇总，就可确定有关服务的完整的标准成本。一般物流企业会编制"单位业务标准成本卡"，各具体业务部门在提供物流服务时可进行比较、检验，并作为各级物流业务部门，包括会计部门作为使用材料、外派员工等核算业务的依据。

四、物流企业标准物流成本差异分析

上述物流标准成本只是一种预计成本，实际物流服务过程中可能会有种种原因与事先制定的标准成本不符，其差异就是标准成本的差异，直接材料、直接人工和物流服务费用的标准成本差异又可根据其各自的特点进行系统的分析，从而查明差异形成的原因和责任者，以便于及时采取有效措施，改善成本状况。

标准成本差异又可细分为有利差异和不利差异。

所谓有利差异即：实际成本－标准成本＜0；不利差异即：实际成本－标准成本＞0。换言之，实际过程多消耗了成本即为不利，少消耗成本即为有利。

根据前述的标准成本的制定内容可以进一步细分为直接材料差异、直接人工差异和物流服务差异，进而进行数量差异和价格差异等细分。差异分析分类如图14-2所示。

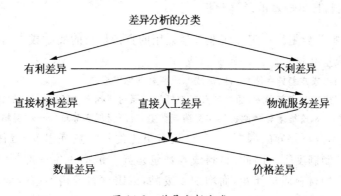

图14-2 差异分析分类

一般而言,差异分析总是由数量或者价格的变动影响而造成的,故一般分析模式为

标准数量×标准价格 ……①
实际数量×标准价格 ……②
实际数量×实际价格 ……③

其中②-①即为数量差异:

$$数量差异=实际数量×标准价格-标准数量×标准数量$$
$$=(实际数量-标准数量)×标准价格$$

③-②为价格差异:

$$价格差异=实际数量×实际价格-实际数量×标准价格$$
$$=实际数量×(实际价格-标准价格)$$

由于标准成本按直接材料、直接人工和物流服务分别制定,所以,差异的计算也应从三个方面来进行。

(一) 直接人工标准成本的差异分析

直接人工成本差异,是指一定物流业务量所耗用的直接人工实际成本与标准成本之间的差额,由于直接人工成本是工资率与人工工时耗用量相乘的结果,因此,直接人工成本差异包括工资率差异和人工效率差异。

$$直接人工效率差异=(实际人工小时-标准人工小时)×标准人工工资率$$
$$直接人工工资率差异=实际人工小时×(实际人工工资率-标准人工工资率)$$

影响直接人工效率变动的因素是多方面的,如果是由于生产部门安排不周,把操作技艺不高的员工派去处理复杂的工作,使实际工作时间超过标准工时,这应该由生产部门负责,但是如果采购了不适用的材料,使工作时间多花费了,或是由于生产工艺过程的改变,需延长或缩短加工时间,这些都不是生产部门所能控制的因素,应由相关部门负责,故应区别不同情况,分清责任。

如果企业签订的工资合同没有改变,工资率之所以变动是由于生产中升级或降级使用不同工资等级的员工所引起的,如将技术熟练、工资级别高的员工安排在不需要高技术的工作岗位上,就必然出现不利的工资率差异。

(二) 直接材料标准成本的差异分析

直接材料成本差异是指一定物流业务量耗用的直接材料的实际成本与标准总成本之间的差异,由材料数量和材料价格差异所组成。

$$原材料总成本差异=原材料实际成本-原材料标准成本$$
$$原材料成本数量差异=(原材料实际消耗量-原材料标准消耗数量)×原材料标准单价$$
$$原材料成本价格差异=原材料实际消耗数量×(原材料实际单价-原材料标准单价)$$

形成材料成本数量差异的因素较多,一般有员工的技术熟练程度、责任感、设备的完好程度、产品质量控制制度等。因此,材料成本数量差异一般应由生产部门负责,但有时也会由其他部门造成,如材料质量问题,而增加了废品,或因材料规格不符合要求而造成大材小用而引起的用料过量,则应由采购部门负责。

造成材料价格差异的因素较多,如采购数量、交货方式、运输工具、材料质量和信用条件

等。一般来说，材料价格差异应由采购部门负责，因为如果采购部门都能够按预定的标准加以控制，一般不会出现差异。但有些差异则是采购部门无法控制的，如生产上临时需要进行少量或者紧急采购时，因不能享受数量折扣或改变运输方式等，这种原因产生的差异应由造成这种原因的部门负责。

（三）物流服务费标准成本的差异分析

按照成本习性的要求将此分为变动物流服务费和固定物流服务费，因此差异分析也就包括两部分。

1. 变动物流服务费用的差异分析

变动物流服务费用差异，是指一定业务量的业务所耗实际变动性物流服务费与标准变动性服务费用的差额。由于变动物流服务费是由许多明细项目组成，所以，一般要事先编制弹性预算，然后按预算额控制实际费用的发生。弹性预算是根据每项费用每小时预计耗用额和可能发生的不同业务量（工时）编制的，由于单位业务变动性物流服务费用的标准水平也是根据标准分配率和标准工时相乘得到的，因此，变动物流服务费用差异也是由分配率差异和效率差异所组成的。

（1）变动性物流服务费用耗费差异。也称开支差异、分配率差异或变动性物流服务费用预算差异，是指由于单位时间实际支付的变动性物流服务费（实际分配率）偏离了预算规定的每小时耗用额（标准分配率）而造成的变动性物流服务费用的差额。在成本分析中，类似于材料价格差异和人工工资率差异，计算公式如下：

$$变动性物流服务费用耗费差异 = 实际工时 \times (实际分配率 - 标准分配率)$$

（2）变动性物流服务费用效率差异。是指在单位时间支付的变动性物流服务费用不变的情况下，因实际机器工时（或人工工时）偏离标准工时所产生的差异额。在成本差异分析中类似于材料数量差异和直接人工效率差异。计算公式如下：

$$变动性物流服务费用效率差异 = (实际工时 - 标准工时) \times 标准分配率$$

2. 固定性物流服务费用的差异分析

固定性物流服务费用差异是指一定的实际发生的固定物流费用与标准固定性物流费用之间的差额。由于固定性物流服务费用是在相关范围内不随业务量变化而变化的费用，因此单位物流服务费用中负担固定物流服务费用正好与业务量成反比例变动。企业管理部门由于对物流服务的定价或者其他方面的考虑，需要有一个人为的、稳定的固定费用分配率，即一个工时或一件产品、一项服务应分担多少固定预算费用。但是固定费用一般用固定预算进行控制的。在完全成本法下制定标准成本时，对于固定性物流服务费用，应根据预算额和预算工时定出一个固定物流服务费标准分配率。

$$固定性物流服务费用标准分配率 = 预算固定新服务费用 / 预算工时$$

预算工时是根据企业或工作现场正常物流服务能力，人为确定的工时总数。而实际工时与预算工时是经常不一致的。但实际工时小于预算工时时，说明服务能力的利用程度达到预算规定的水平，即有一部分服务能力没有被利用；反之，实际工时大于预算工时时，说明服务能力利用程度超过了预算规定的水平。虽然固定物流服务费用不随业务量增减而变化，但由于实际工时与预算工时的差异会相对造成固定性物流服务费用的超支或节约。这种因服务能力的利用程度使固定预算物流服务费用相对地超支或节约的数额,我们称之为固定性物流服务费用生产能力利用差异。因此,在固定性物流服务费用差异中,不仅包括像变动性物流服务费用的耗费差异和效率差异,还包括物流服务能力利用差异,这三种差异的关系如下:

标准工时×标准分配率 ……①
实际工时×标准分配率 ……②
预算工时×标准分配率 ……③
实际工时×实际分配率 ……④

其中:②－①为固定性物流服务费用效率差异;
③－②为固定性物流服务费用能力差异;
④－③为固定性物流服务费用耗费差异;
④－①是固定性物流服务费用总差异。

上述各项中,预算工时和标准工时的区别是,预算工时是在编制预算时,根据企业正常物流服务情况,人为设定的工时总数。而标准工时,是根据单位服务应耗的工时标准计算得出的全部业务的工时标准。

标准工时＝单位服务工时标准×服务业务量

因此差异分析公式如下:

固定性物流服务费用效率差异＝实际工时×标准分配率－标准工时×标准分配率
＝(实际工时－标准工时)×标准分配率

固定性物流服务费用能力利用差异＝预算工时×标准分配率－实际工时×标准分配率
＝(预算工时－实际工时)×标准分配率

固定性物流服务费用耗费差异＝实际工时×实际分配率－预算工时×标准分配率
＝实际固定性物流服务费用－预算固定性物流服务费用

固定性物流服务费用总差异＝实际工时×实际分配率－标准工时×标准分配率
＝实际固定性物流服务费用－标准固定性物流服务费用

企业固定性物流服务费用是由各个部门发生的,所以,固定性物流服务费用应就每个部门分别编制,其实际发生额也应每个部门分别记录。标准分配率和实际分配率也应每个部门分别确定和计算,固定性物流服务费用差异也应就每个部门分别进行,方便考核各部门的业绩,也为成本控制提供方便。

固定性物流服务费用耗费差异产生的原因主要有:临时增加固定资产,超计划增加管理服务人员,过高或过低地摊销或计提费用等。

固定性物流服务费用能力利用差异,一般不能说明固定性物流服务费用的超支或节约,只反映企业服务能力的利用程度而相对造成的经济后果,一般会由于服务定价高,材料、电力供应不足或整个经济不景气影响了业务量。至于固定性物流服务费用效率差异,由于其分配率是按照直接人工小时或机器小时计算的,所以其原因与直接人工效率差异产生的原因相同。只有应对各种不同的差异具体分析有利与不利的差异原因,才能实施有效的成本控制。

第五节 物流成本日常控制

一、物流企业物流成本日常控制原则

通过对物流企业的成本习性分析、本量利分析和预算管理、标准成本系统等成本管理方法之外,更应该在日常的物流业务运营过程中,需要通过各种物流管理的技术和方法的应用,来实现物流的高效运营和成本的控制。实施有效的物流成本控制,必须遵循以下原则。

（一）节约原则

节约是指对人力、物力和财力的节省,它是提高经济效益的核心,也是物流成本控制的最基本原则。

（二）全面原则

在物流成本控制中实现全面原则,具体来说,有如下几个方面的含义：

(1) 全过程、全方位控制。物流成本控制不限于生产过程,而是从生产向前延伸到投资、设计,向后延伸到用户服务成本的全过程。不仅对各项费用发生的数额进行控制,而且还对费用发生的时间和用途加以控制,讲究物流成本开支的经济性、合理性和合法性。

(2) 全员控制。物流成本控制不仅要有专职物流成本管理机构的人员参与,更要发挥全体员工在物流成本控制中的重要作用。

（三）责、权、利相结合原则

物流成本控制必须贯彻责、权、利相结合的原则,才能真正发挥效益。企业管理层在要求企业内部各部门完成物流成本控制职责的同时,必须赋予其在规定的范围内有决定某项费用是否可以开支的权力,否则无法进行物流成本的控制,另还要定期对物流成本绩效进行评估,据此实行奖惩,以充分调动各部门和员工进行物流成本控制的积极性和主动性。

（四）目标控制原则

目标控制原则是指企业管理当局以既定的目标作为管理人力、物力、财力和各项重要经济指标的基础。物流成本控制是目标控制的一项重要内容,即以目标物流成本为依据,对企业经济活动进行约束和指导,力求以最小的物流成本获取最大的利润。同时,企业日常出现的物流成本差异原因千差万别,管理人员对异常差异实行有目标的控制,有利于提高物流成本控制的工作效率。有目标并进行重点把握控制是企业进行日常控制所采用的一种专门方法。

二、物流企业物流成本日常控制内容

在实际工作中,物流成本的日常控制可以按照不同的对象进行。一般来说,物流成本的

日常控制对象可以分为以下两种主要形式。

(一)以物流成本的形成过程为控制对象

即从物流系统(或企业)投资建立、产品设计(包括包装设计)、材料物资采购和存储,产品制成入库和销售,直到售后服务,凡是发生物流成本费用的各个环节,都要通过各种物流技术和物流管理方法,实施有效的成本控制。

物流企业初期建立时会遇到厂址或者仓库地选择、物流设备购置、物流系统布局规划等过程,物流企业主要还是考虑土地成本的因素对建立仓库等配送中心的选择的影响,除土地成本的因素之外还要根据物流系统进行合理布局,如是否建立全国性物流网络的布局或者建立区域性物流网络的布局等设计问题,物流选址现在比较流行运用线性规划法等数学模型进行定量分析,这将优化如何确定物流配送中心的选址以及运输工具的配置要求;物流设备的购置也需要考虑人力和机械的合理配置,以及自动化程度的要求,经济规模的要求等要素,分析投资配置的经济临界点。

(二)以运输、储存、装卸、配送、包装等物流功能作为控制对象

也就是通过对构成物流活动的各项功能进行技术改善和有效管理,从而降低其所消耗的物流成本费用。

运输是物流所有功能中最重要的一项功能,运输成本控制的好坏与否,直接影响了物流总成本的高低。对影响运输成本的因素通过不同货物的形状、价格、运输批量、交货日期、到达地点等货物运输要素进行合理化安排,通过选择合适的运输工具,减少运输环节,可以减少无谓的装卸搬运作业,尽量组织直运到客户手中,可减少二次运输,节约运输开支。

运输成本的控制还可根据不同运距情况分别处理。对于不同运距可以选择不同的运输工具,从前几章可知:空运运费高、陆路其次、铁路运输便宜、水运最低。但是从运量来看水运却最大。

储存是仅次于运输的第二大物流成本。物流企业的储存成本主要是使用仓库时发生的仓库维护费、出入库和库存的操作费、仓库折旧、租赁仓库的租金等。由于物流企业并不拥有货物,所以没有一般货主企业通常考虑的存货占用资金的利息问题。物流企业储存成本的控制主要有仓库的选择问题,结合运输成本分析时的配送中心的建立一并考虑。

配送中心(配送点)的建立涉及仓库选址以及配送成本的控制问题,配送活动是物流活动得以最终实现的重要环节,是处于物流的末端直接面对服务对象的比较关键的环节。配送成本是整个配送活动中各环节所发生的各项费用之和,一般产生于配送中心、配送运输两个环节,具体包括配送运输费用、存储保管费用、分拣费用、配送及流通加工费用、包装费用等。细分有资本成本分摊、支付利息、职工薪酬、行政办公费、商务交易费、自有车辆设备运行费、保险费、工具以及损耗材料费、分拣装卸搬运作业费、车辆租赁费等。配送成本同样适用于成本习性分析。

除以上两种成本控制对象划分之外,物流系统还可以按照责任会计的处理方法对各责任中心(如运输车队、装卸班组、仓库等)、各成本发生项目(人工费、水电气费、折旧费、利息费、委托物流成本等)进行日常的成本控制,而这些成本控制的方式往往是建立在前面所述

的物流成本管理系统的各种方法基础上的,需要与物流成本的经济管理技术有效结合起来运用。

三、物流成本日常控制方法

物流企业的物流成本的控制方法主要关注控制活动的细节,每一个物流活动的细节决定了企业的物流成本控制的成败。货主企业的生产过程也会遇到物流环节,比如采购环节、生产环节、销售环节和售后环节等。由于现代企业比较追求各自的盈利目的,多采用多频率、少批量的订货模式,而站在物流企业的立场来看,虽然会有部分的外包业务收入,但是也会被高频率的运输、装卸活动拖累,也是一项工作量大、成本高的高成本物流。

如何在保持物流企业收入的同时,降低物流成本,这是真正做到物流乘数效应的关键,否则只是反映出高频度的物流活动而已,整个宏观物流成本费用并不会降低。物流企业必须明确到底是哪个货主提供了利润,哪个货主在消耗自己的成本,如果不清楚这一点,对于货主企业提出的外包费用(即物流企业的销售收入),就没有任何的谈判依据,从成本核算的角度去考虑,企业与客户双方都必须明确改进物流服务与提供物流服务的关系。知道了物流成本,企业与客户在交涉物流服务时就容易在服务形式、服务水平要求上达成一致,合适、合理的物流服务水平则反映了该水平的物流成本。

日常的成本控制环节必须首先考虑对物流成本影响大的因素,然后才是其次。对于物流活动成本,主要还是依据物流的投入要素来分析控制其支出的程度。每一个物流活动对应处理的货品可计算出每个客户的单位成本,从而可以计算出每个客户的总成本。

物流活动的投入要素主要有人工费、材料费、空间费、设备费等等。主要涉及的活动范围还是时间和空间的移动。

[例14-4] 日常物流成本控制的要点分析可以比较细化,也可以在不同的行业内进行分类处理,根据日本中小企业厅公布的物流成本计算手册,结合我国物流成本的不同构成分类进行列举和分析如下。

1. 物流总成本的日常控制
①销售成本率是否超过同类企业?②是否环比有所增加?

2. 人工成本的日常控制
构成比率:①人工成本构成比率变化是否比同类企业高?②是否环比有所增加?
管理者:①管理人员是否超过必要的人数?
②操作者是否能够胜任所担当的工作?
③规定的操作工艺流程作业是否合适?
④办公室、仓库是否过度分散?
员工:①女性员工相对比较困难的操作作业是否比较多?
②是否充分利用临时员工?
③是否开展操作业务的简单化、定型化?
④操作工艺是否编制?
人工费单价:①各员工阶层的单位工资是否比同类高?

　　　　　　②是否有零散业务导致加班增加？
　　　　　　③高薪者是否在从事简单作业？
作业效率：①仓库的机械化是否已开展？
　　　　　②仓库的作业位置场所条件是否不好？作业效率是否低下？
　　　　　③进货迟滞的原因造成持货的时间是否增加？
　　　　　④紧急出货的原因使作业变更频发？

3. 配送费

构成比率：①配送费的比率是否比同类企业高？
　　　　　②配送费是否环比增加？
支付运费：①支付的运费是否环比增加？
　　　　　②紧急出货（配送）现象是否增加？
　　　　　③是否开展送货竞价制度？
　　　　　④是否按照计划配送？
　　　　　⑤是否实施与其他企业的共同配送？
车辆费：①车辆使用费、维持费是否环比增加？
　　　　②本企业的装卸效率是否低下？装卸期间的货物持有时间是否较多？
　　　　③给客户的送货卸下时间和等待时间是否增加？
　　　　④高频率的配送使运行距离/月是否增加？

4. 保管费

构成比率：①保管费是否比同类企业高？
　　　　　②保管费是否环比增加？
支付保管费：①支付的保管费是否环比增加？
　　　　　　②库存量是否环比增加？
　　　　　　③交易商品的品种是否环比增加？
　　　　　　④仓库租金是否同近邻比较并交涉过？
支付作业费：①支付作业费是否环比增加？
　　　　　　②进货延迟、出货指令延迟等原因使"等待时间"增加了？
包装材料费：①包装材料费是否环比增加？
　　　　　　②仓库、配送的货物整理基准是否完备？货物保全工作是否正在开展中？
本企业仓库费：①是否开展有效利用棚、移动棚、中高层货堆场使保管效率提高？
　　　　　　　②仓库内的空间（尤其是上部空间）是否浪费？
库存利率：①过剩货品、滞销品是否编制表册，是否开展削减活动？
　　　　　②是否按照正常的库存基准在订货？

5. 信息处理费

构成比率：①信息处理费用的构成比率与同类企业相比是否高？
　　　　　②信息处理费用环比是否增加？
信息设备费、消耗品费、通信费：①不必要的打印是否在处理中？
　　　　　　　　　　　　　　　②各信息设备是否有效利用？

③使用过的打印用纸是否再利用？

6. 其他费用

构成比率：①其他费用的比率与同类企业相比是否高？

②其他费用支出环比是否增加了？

③是否有其他特别需要花费的支出？

7. 其他

物流品质：①误入（品种、数量）是否增加？

②欠货是否增加？

③迟送是否增加？

④作业员工处理货物是否认真爱惜？

⑤物流作业是否有差错？

当然，以上的物流成本控制主要还是针对物流业中的运输保管活动过程展开的。对于其他如零售业、制造业中的物流活动同样也可在一定的范围内参考进行成本控制。明确一点：日本对于构成比率的控制主要不是与同类企业进行比较，而是与某一标准模型进行比较以衡量其比率的高低，由于标准模型的设定随着人员素质、原材料价格的快速变化，以及我国各区域的不同，在目前还无法设定一个比较合适的放在任何企业去比较都有效的数量模型，故建议与同类企业比较较为合适。

复习思考题

1. 物流成本预算的方法有哪些？
2. 物流服务成本可分解为哪些成本？
3. 什么是物流标准成本？其标准成本的设定是如何实施的？
4. 日常物流成本控制关注哪些要点？

第十五章 物流企业的作业成本管理

■ 学习目标 ■

学习完本章,你应该能够:
1. 了解作业成本计算方法的体系
2. 掌握作业成本核算与作业成本管理的概念
3. 掌握作业成本管理与价值创造的关系

■ 基本概念 ■

作业成本　成本动因　作业优化

第一节　物流作业成本法概念

一、作业成本法的诞生

作业成本法作为当今管理会计理论前沿研究的热点领域之一,备受人们的关注,尤其是作业成本法引入到物流领域更是如此。作业成本法的诞生主要是突破了传统成本核算的不适应性,特别是物流服务费用的耗费分配上。

随着科学技术和经济环境的重大变化,人们不断提出新的要求来适应新的变化。在技术方面,以计算机为主要特征的高新技术不断被移植入生产领域,生产领域中新技术的广泛应用,极大提高了生产效率和产品质量,同时也改变了制造业的产品成本结构,使得直接生产成本比重下降很快,而间接费用的比重却大幅度上升,在大幅度上升的间接费用中与产量无关的比重很大,使过去间接费用分配中以产量为基础的方法无法得到应用,更重要的是分配核算后的数据会导致决策失误。因此,一个能够合理分配成本的方法就显得异常迫切。

同时在社会经济层面,人们对产品的追求也不再趋于同一化,顾客需求化生产逐步替代了"低成本、高产量"的大规模生产模式,"顾客化生产"的特点是少批量、多品种和个性化的生产要求,企业也被迫要求做出满足顾客要求的迅速反应,否则会被社会淘汰。

这样在多种因素的作用下以"作业"为基础的成本计算方法也就应运而生。在会计理论上最早提出作业成本法的概念是美国人埃里克·科勒(Eric Kohler)教授。他在1952年编著的《会计师词典》中就首次提出了,作业、作业账户、作业会计等概念。理论上研究作业会计的第一部著作是 1971 年的乔治·斯托布斯的《作业会计计算和投入产出会计》。由于当时的经济社会的发展还没有到间接费用大幅增长的阶段,故该论著并没有引起人们的过多反响。直到 20 世纪 80 年代后期,随着 MPR、CAD、CAM、MIS 的广泛应用,首先在美国的制造业中感觉到成本数据的严重扭曲。经美国芝加哥大学的库珀和哈佛大学的卡普拉在对美国企业实地调研后,于 1988 年提出以作业为基础的成本核算方法,并撰写了大量论文加以推广。

现代物流业正是以满足顾客需求为代表的一种产业。物流业是制造业的进一步的延伸,是把未来看作是为满足客户需求而设计的、具有密切联系的作业集合,由设计、生产、销售存储、运输等作业构成,形成一个起始于企业供应商,经过企业内部,最后形成为客户提供产品或服务的由此及彼、由内到外的作业链。作业链通常表现为价值链作业的转移,最后形成转移给企业外部的总价值。

二、作业成本法的概念体系

传统成本理论的成本概念揭示了成本的价值耗费,但没有反映成本形成的动态过程,它是将各种资源的耗费直接计算和分配到最终的成本核算对象上。但是现代社会的许多产业已经脱离完全的直接生产制造,企业的许多组织资源并非都用于构成产品的实物形态,而是用于各种非直接的辅助作业活动,然后再转化为产品上的,比如订单处理、验货、质量检查、机器设备的调整、保管等,在传统成本核算上是把这些资源耗费称为间接费用,而现在这些费用的比例会愈来愈大,在有的企业已上升到 70% 左右。这样如果还按照传统成本理论中的,借助于一个分配基准常用的如人工工时或人工工资总额或生产数量等,分配到产品(成本核算对象)上时,就会影响成本核算的准确性。

作业成本法既是一种成本核算方法,又是一种管理思想,广义地说它包括两大方面的内容:作业成本计算法和作业成本管理。作业成本计算方法是一种着眼于"作业",依据作业资源的消耗情况(资源动因)将资源成本分配到作业,再依据作业对最终成本的贡献方式(作业动因)将作业成本最终归集到产品,由此得出最终产品成本的成本计算方法。作业成本管理同样也必须基于"作业",根据作业成本计算法的计算过程,对生产过程甚至整个企业内部的作业链和价值链进行分析,从而达到改进生产及整个企业内部工作流程的目的。作业成本计算方法引入了许多新的概念。

(一) 资源

资源是成本的源泉,一个企业的资源包括直接人工、直接材料、生产维持成本、间接费用以及生产过程以外的成本(如销售费用等)。如对于装卸作业而言,其发生的装卸人员的工资及其他人工费支出,装卸设备的折旧费、维修费、动力费等都是装卸作业的资源费用。一般而言,资源可分为货币资源、材料资源、人力资源、动力资源以及厂房设备资源等。资源成本信息的主要来源是总分类账。

（二）作业

作业是指组织内为完成既定任务而进行的一项消耗资源的活动或工作。作业成本法中的作业是指企业为生产产品或提供劳务而进行的某项生产经营或某道生产工序，是企业为提供一定量的产品和劳务所消耗的原材料、人力、技术、方法和环境的集合体，是汇集资源消耗的第一对象，是连接资源和产品成本的中介。比如订单处理、产品质量检验、包装、装卸搬运、运输、收货、验货、机器调整等都属于作业的范畴。

从不同角度还可以对作业进行分类，可以更有效地进行成本管理。如可以按照作业完成的职能将其分为后勤作业、生产作业、质量作业和协调作业。按照作业的执行方式和性质，可将作业分为重复作业和不重复作业、主要作业和次要作业、必要作业和酌量作业、增值作业和不增值作业等等。而最常见的分类方法是按照作业的受益对象，将作业分为单位水平作业、批量水平作业、产品水平作业和维持水平作业。

1. 单位水平作业

这是指生产单位产品时所从事的作业，它能使每单位产品都受益从而使产品产量增加，如对每一产品的检验、每一个商品的包装等作业。这种作业的成本与产量成正比例变动。

2. 批量水平作业

这是指与产品的生产批量相关并能使一批产品受益的作业，如为装卸每批产品进行的设备调整、订单处理等作业。这种作业的成本与产品批数成正比例，而与每批产品的产量无关。

3. 产品水平作业

这是指为支持该种产品的生产并使该种产品受益而从事的作业，这种作业的目的是服务与各项产品的生产与销售，如为生产特定产品而从事的产品工艺设计、材料清单编制等作业。这类作业与产品的产量与批次无关，仅与产品品种相关。

4. 维持水平作业

这是为支持各种产品的生产，使各项生产条件保持正常工作状态而发生的作业，如企业管理、库房维修等作业。这类作业与产品的种类、批次和产量都无关。

作业成本法中的作业的确定是从成本核算、成本管理的角度来考虑的。通常并不一定与生产经营活动的作业完全一致。一般而言，作业的划分比较细，就可增加成本的核算准确性。但是也必须明确作业的划分过细，会增加相应的成本处理和实施的成本花费，因此要分析和按照成本效益原则来确定作业的层次。

（三）成本动因

成本动因是成本驱动因素的简称。它由库珀和卡普兰于1987年提出，他们认为作业成本法要把间接成本与隐藏其后的推动力联系起来，这种推动力就是"成本动因"。因此也可以这样认为，所谓成本动因就是决定成本产生的那些活动或事项，是系统资源向作业、作业向系统最终产出分配成本的分配标准。成本动因可按照具体内容进行分类。

1. 根据成本动因所起的作用，可分为资源动因和作业动因

（1）资源动因，是反映作业消耗资源的情况，作为资源分配到各作业的标准。关于动力

资源,比如水、电、燃气等资源成本,主要与其从事各项作业所使用的度数有关的消耗数就是一个资源动因,可以按照度数向各作业分配。如果人工方面费用主要与从事各项作业的人数有关,那么就可以按照人数向各子中心(作业成本库)分配人工方面的费用。这样,从事各项作业的人数,就是一个资源动因。

(2)作业动因,是反映产品消耗作业的情况。可以作为作业中心的成本分配到产品中的标准,是各项作业被最终产品或劳务消耗的方式或原因。如订单处理这项作业,其作业成本与其产品订单所需的处理份数有关,那么订单处理份数就是一个作业动因,就可以按照订单处理份数向产品分配订单处理作业的成本。又如,机器调整这项作业,其作业成本与产品所需的机器调整次数有关,那么机器调整次数就是一个作业动因,就可以按照机器调整次数向产品分配机器调整这项作业的成本,诸如此类等。

2. 成本动因按照动因的性质及相关性分类

按此要求,成本动因可分三类:交易性成本动因、延续性成本动因、精确性成本动因。

(1)交易性成本动因,是指计量发生的频率,例如设备调整次数、订单数目等,但所有的产出物对作业的要求基本一致时,可选择交易性成本动因。如某运输企业:安排一次某型号的配送或处理同一型号产品的入库,所需要的时间和精力与配送了多少产品或入库的数量无关,则安排次数和处理次数就为交易性成本动因。

(2)延续性成本动因,它反映完成某一作业所需要的时间。如果不同数量的产品所要求的作业消耗的资源显著不同时,则应采用更为精确的计量标准。对于流通加工环节的工艺流程简单的业务如贴标签等,每次对其所进行的设备调整的时间较短,而工艺流程复杂的业务如改包装等所需要的设备调整时间较长。如果以设备调整次数作为成本动因的话,则可能导致作业成本核算的不实,此时以设备调整所需要的时间作为成本动因更为合适。

(3)精确性成本动因,即直接计算每次执行每项作业所消耗资源的成本。在每单位时间里进行设备调整的人力、技术、资源等存在显著差异的情况下,则可能需要采用精确性成本动因,直接计算作业消耗资源的成本。

(四)作业中心

作业中心是负责完成某一项特定产品制造功能的一系列作业的集合。作业中心既是成本汇集中心,也是责任考核中心。一般而言,作业中心是基于管理的目的而不是专门以成本计算为目的而设置的或划定的,传统制造企业的经营过程被习惯地分为材料采购、产品生产和产品销售这三个环节,而按照作业成本法计算理论,这三个环节都可以称为作业中心。但是,作业成本法如面临变化了的制造环境,这种划分就显得过于简单,已经不能满足成本计算和成本管理的需要。主要体现在:

(1)在适时制生产方式下,一个大型企业通常分设若干制造中心。这些制造中心既是可能生产直接对外销售的产品,也可能是为下一个制造中心生产半成品,成为适时制下制造过程的独立环节。因而,作业中心是相对制造中心划定设立的。

(2)在适时制生产方式下,材料采购并不构成独立的生产环节,此时,材料采购的目的非常明确,就是保证某一个作业中心生产的适时需要,材料采购工作由制造环节外的工作演化为制造环节内的工作,每一个作业中心都有专司材料供应的人员和手段。

(3) 依据工作组合可独立性和工作组合的可分解性,我们可以也只能据此把一个制造中心划定为若干个作业中心。正因为可独立,作业中心可以成为作业责任考核的对象,而可分解性则反映了制造中心包含若干作业中心的状况。

例如原材料接受作业中,材料接受、材料入库、材料存储保管等都是相互联系的,并都可以归于材料处理作业中心。

强调作业中心是作业成本计算的对象,是基于作业考核的目的。因为作业成本计算法既是成本计算方法,也是责任考核方法。

(五) 成本对象

成本对象是指成本归集的对象,可分为最终成本对象和中间成本对象。最终成本对象即企业的最终产品或劳务,它需要归集所有权转移之前的所有成本、费用,其归集的成本、费用需与收入配比。中间成本对象是指在企业内部分配和归集的成本、费用的对象,如企业内部的辅助生产部门,作业成本系统中的作业中心。

(六) 作业链和价值链

企业的生产经营过程是由各种作业所构成的。这些作业是前后有序、相互联系的有机整体。企业为了满足顾客的需要而建立的一系列前后有序、相互联系的作业集合体就成为作业链,作业链同时表现为价值链,作业的按次序完成,即是价值的积累。

价值链是分析企业竞争优势的基础,按照作业成本法的基本原理,产品消耗作业,作业消耗资源,于是就有了如下的关系:每完成一定量的作业就消耗一定量的资源,同时又将一定量的价值的产出转移到下一作业,照此逐步结转下去,直至最后一个步骤将产品提供给顾客。作业的转移同时伴随着价值的转移,最终产品是全部作业的集合,同时也体现了全部作业价值的集合。因此,作业链的形成过程,同时也还是价值链的形成过程。价值在作业链上各作业之间的转移形成一条价值链。

通过对作业链和价值链的分析,可以分辨出增值作业和非增值作业。由于非增值作业消耗了资源却不增加产品价值,故应尽量消除这些作业。而对于增值作业,也应努力提高作业效率,同时经常进行重新评估以确保这些作业确实增值。

因此,通过物流作业流程的作业链和价值链的分析,可以不断改善成本管理,挖掘成本潜力,从而减少资源浪费。

第二节 物流作业成本法的核算及应用

一、作业成本计算方法的核算原理

从上一节可知,现代企业都可以由一系列的作业所组成,企业每完成一项作业均要消耗一定的资源,产品成本实际上就是生产产品及将产品转移至消费者的全过程所发生的作业成本之和。因此按照"决策相关性"理论基点,作业成本法就可以归纳为"作业消耗资源,产品消耗作业"的基本原理,即生产导致作业的发生,作业导致费用和成本的发生。

作业成本法的思想就是将着眼点放在作业上,以作业为核算对象,依据作业对资源的消耗情况将资源的成本追溯到作业,再由作业依据成本动因分配到产品成本的积累过程中,从而得出最终产品成本。

作业成本法与传统成本法的最大区别在于:对间接成本,后者采用主观的分配方法,确定一个分配率,然后将它们归集分配到产品中;而前者是利用作业作为中介,将间接成本先分配到作业中心,再将作业成本分配至最终成本对象。

二、作业成本核算的基本步骤

（一）确认成本核算对象

明确成本核算的具体对象,如包装业务的品种、提供的劳务等作为计算对象。

（二）确认作业中心

这一步骤只是集中归集过程。在作业成本计算法下,价值归集的方向受两方面的限制:一是资源种类;二是作业中心种类。

资源被确定后,企业应当设立资源库,将一定会计期间的资源耗费归集至资源库。设置资源库时,有时需要将一些会计明细账目结合成一个资源库,有时需要将一些被不同作业的消耗的明细账分解开。

如果某些企业的会计科目能够分成非常细化的子科目的话,就可以非常容易从会计科目中直接明确资源耗费。而当某些会计科目并没有记录非常明确的细化子科目时,则必须在现行的会计准则的要求下,分别估算有关资源耗费。如:对于人工费,可以按照工资标准乘以约当职工人数计算,即某员工在某项作业上花费了多少时间,那么就按照该作业时间来计算其作业工资,其他福利、奖金、保险等一般按照企业的具体政策估算,如一定比例等;再如有关车辆、设备设施的折旧费支出,可按其行驶里程、使用年限等计提折旧,这些一般可参照企业会计准则的要求;而有关材料、燃料支出,可以按照实际成本核算。

确定作业,首先要进行作业分析,必须明确作业的划分不一定与企业的各职能部门对应,有些作业是跨部门的,而有些部门则可能需要完成几项作业。针对不同作业中心进行作业筛选,按照重要性原则及成本效益原则,对于成本影响大的作业可予以保留,对于成本影响不大的作业则予以合并,作业的划分要详略得当,以此形成作业中心,当然也不可过分细分作业中心,必须考虑成本核算的工作量。

作业形成后,要为每一项作业设立一个作业成本库,然后将资源耗费分配至作业成本库,建立起作业和资源之间的对应关系。因此依据作业特性与产品作业消耗的方式和原因,作业可分为三大类:专属作业、共同消耗作业和不增值作业。

不增值作业是指某项企业希望消除并且能够消除的作业,认定为不增值作业。

专属作业是指为某种特定产品或劳务提供专门服务的作业。专属作业资源耗费价值直接由该特定的产品或劳务负担,不需要按成本动因分配至成本计算对象,正如直接耗费直接计入成本计算对象一样。

共同耗费作业是指同时为多种产品或劳务提供服务的作业,需要按不同的作业动因分配至成本计算对象。共同消耗作业按不同的成本动因可再分为单位水平动因作业、批量动因作业、产品水平动因作业以及维持水平作业。

(三) 确定资源动因

确定资源动因,合理建立作业成本库。选择确定合理的成本动因,把在作业价值链上所发生的全部间接费用,通过分析、归集,建立作业成本库。值得注意的是,作业成本库一般按作业中心而非单个作业设置。如在物流企业中有:订单作业、采购作业、进货作业、生产作业、质量检验作业、仓储作业等。包括人工成本、处理成本、货架、托盘、物流箱、输送带、自动分流设备、折旧费(设备和仓库等的)、维修成本、燃料费、信息费用等。由于作业数量多,会导致核算作业的繁琐,所以要合理选择作业数量。

在作业成本计算法下某项资源耗费能够直接确定为某一特定产品或劳务或能够清楚其发生的领域即最终成本计算对象所耗费,则直接计入最终成本计算对象或作业成本库,这时不需要确认资源动因和成本动因,这项资源耗费就是直接成本。

而某项资源从最初开始消耗即呈现混合耗费的形态,则需选择合适的量化依据将资源分配至各项作业。此时就需要选择资源动因,而这个量化依据就是资源动因。对于资源如职工医疗保险、动力、房屋租金、折旧等,可选择的资源动因为职工人数、耗电数、房屋面积、设备价值等。

基本核算公式如下:

$$资源动因分配率 = 某项资源耗费 \div 该项资源耗费的动因量$$
$$某项作业应分配的资源耗费 = 该项作业所耗费的资源动因量 \times 资源动因分配率$$
$$某项资源耗费 = 耗费该项资源的作业成本之和$$

[例 15-1] 某物流企业 12 月份人工费用支出为 80 000 元,其主要的作业可划分为入库、检验、流通加工和管理,从事上述 4 项作业的人数分别为 9 人、7 人、9 人、7 人。分析各项作业成本。

资源耗费就是 80 000 元,资源动因就是作业人数。

人工费支出分配率 = 80 000 ÷ (9+7+9+7) = 2 500

入库作业分配的人工费 = 9 × 2 500 = 22 500(元)

检验作业分配的人工费 = 7 × 2 500 = 17 500(元)

流通加工作业分配的人工费 = 9 × 2 500 = 22 500(元)

管理作业分配的人工费 = 7 × 2 500 = 17 500(元)

各项作业人工费之和 = 22 500 + 17 500 + 22 500 + 17 500 = 80 000(元)

在成本分配的过程中,各资源库价值要根据资源动因逐项分配至各作业中,这样就为每一个作业库按资源类别设立资源要素,将每一个作业库的各作业资源要素价值相加就形成了作业成本库价值,资源与作业之间的对应关系就建立起来了。

(四) 确定作业动因并计算成本分配率

按作业中心将各资源成本归集到各个作业成本库后,需要选择恰当的成本分配基础,即作业动因,以分配作业成本库的成本。选择作业动因就是根据成本产生的原因,选择分配作业中心成本的标准。

因此我们知道,作业动因是将作业库成本分配到产品或服务中去的标准,也是将作业耗费与最终产出相沟通的中介。既然作业是依据作业动因确认的,就每一项作业而言,其动因也就已经确立,成本核算在这一步骤也无障碍。例如机器检修作业的作业动因可选择机器的检修次数。我们只需将该作业成本除以当期的检修次数即可得到分配率。

分配率公式如下:

$$成本分配率 = 该作业中心的成本合计数 \div 预计成本动因单位数$$

将此分配率乘以某批产品或劳务所用的检修次数即可得到应计入该批产品或服务时成本计算单"检修"这个成本项目中的价值。

确定作业动因要注意两点:

(1) 成本动因与实际作业消耗之间的相关性。作业成本计算方法的核心思想是根据每种产品或服务消耗的作业成本动因量来将作业成本分配给产品或服务,成本分配的准确性就依赖于作业的消耗与成本动因的消耗之间的关联关系。而这两者的关联性愈强,成本扭曲的可能性就被大大降低。

(2) 成本动因的可计量性及合理性。由于作业成本法选择了比传统以产量为基础的成本核算系统的成本动因要多许多,这样就必须明确,所选择的成本动因要能够量化,及能够计算,例如进货验收、仓储作业、拣货等其成本动因可分别选择托盘数、体积及所占空间、拣货次数。另外必须注意的是成本动因的信息是否容易获取,为了减少与成本动因有关的计量费用,应尽量采用数据容易获得的成本动因。

(五) 计算汇总各成本计算对象

把分配至成本对象的各项作业成本加总即可得到成本对象的总成本,除以其产量即可得到单位成本。

三、作业成本核算例

这里借用西泽修教授在《物流活动的会计与管理》中的一个经典的汽车运输案例来说明作业成本法的应用方法。

[例15-2] 某企业的自有汽车运输活动,基本资料如下:运输里程为290公里,货物以托盘运载,每一托盘可装载24个产品,每车可装载32个托盘共768个产品。对此,运输作业进行作业成本计算分析。

另外物流成本单价如下:人工费:1单位(分)30日元;燃料费:1升105日元;设施费:1分钟叉车17日元;货车运行每公里55日元。

该运输环节共可分为10个作业,运输环节各作业及作业动因分析如表15-1所示。

表 15-1 作业及成本动因分析

作业编号	作业名称	作业过程描述	成本动因 人工费	成本动因 设备费
1	开车前检查	开车前对各种机件的检查	所需时间	
2	使用叉车进行托盘装载	使用叉车,操作员一人用托盘装载产品	所需时间	所需时间
3	关车门	固定好装载完成的产品,关车门、封好	所需时间	
4	事务作业	开车前,进行"出车"等事务作业	所需时间	
5	开动	开车发动	所需时间	
6	按线路行驶	使用驾驶员一人,按路线行车	所需时间	行驶距离
7	开车门检查	到达后,开车门,检查产品	所需时间	
8	卸下托盘	使用叉车卸下托盘	所需时间	所需时间
9	清扫	清扫货车	所需时间	
10	事务作业	进行后期事务处理	所需时间	

由于表 15-1 所示的成本动因是所需时间,下面再列表 15-2 按照物流作业种类对汽车(货车)的运输时间进行分析。

表 15-2 货车运输时间分析表

标准时间	物流作业的种类	成本动因实际数=总作业时间= 人数×次数×单位作业时间
货车装载开动的标准时间	1. 开车前检查	1×1×3.0=3.0(分)
	2. 使用叉车进行托盘装载	1×32×1.5=48.0(分)
	3. 关车门	1×1×2.0=2.0(分)
	4. 事务作业	1×1×5.0=5.0(分)
	5. 开动	1×1×8.0=8.0(分)
	装载、开动合计时间	66.0 分
到达卸货的标准时间	6. 驾驶员按路线行驶时间	1×1×420.0=420.0(分)
	7. 开车门和卸货检查	1×1×2.0=2.0(分)
	8. 卸下托盘	1×32×1.5=48.0(分)
	9. 清扫货车	1×1×5.0=5.0(分)
	10. 事务作业与管理	1×1×10.0=10.0(分)
	到达、卸货合计时间	65.0 分
	总作业时间	66+420+65=551(分)
其他费用标准	燃料费	公里数÷平均公里标准=总耗量 290 公里÷5 公里/升=59 升①

依据上述数据编制物流作业成本核算表,如表 15-3 所示,该货品为 768 个,若一次送完,则运输费的合计数额为 40 202 日元,平均每个需 52.3 日元。那么按照分两次运输的话,

---

① 该案例涉及的燃料费、人工费数据仅供参考,我国应用需变更我国实际消耗,这里只了解变化率即可。

运输费用应该相同。但是若按照作业成本法来计算,就可以发现如果分为两次运输,每次配送 384 个小时,可以发现除托盘装上、卸下的作业费与货车运行作业费之外的成本会倍增,使得运输费用成为 75 892 日元,即平均每个 98.8 日元,增加 47 日元,增加率为 89.46%。

表 15-3　物流成本计算表

费　用	运输作业	一次运输时的运输费	二次运输时的运输费
人工费	托盘装上、卸下	96 分×30 日元/分=2 880 日元	96 分×30 日元/分=2 880 日元
	货车运行	455 分×30 日元/分=13 650	455 分×2×30 日元=27 300 日元
燃料费	供货车使用	58 升×105 日元/升=6 090 日元	58 升×2×105 日元/升=12 180 日元
设备费	使用叉车	96 分×17 日元/分=1 632 日元	96 分×17 日元/分=1 632 日元
	使用货车	290 公里×55 日元/公里=15 950 日元	290 公里×2×55 日元/公里=31 900 日元
总运输费 运输单价 增加额(率)	(768 个)	40 202(日元) 40 202÷768=52.3(日元)	75 892 日元 75 892÷768=98.8 日元 98.8−52.3=46.5(增加额) 98.8−52.3=46.52 46.52÷52=89.46%(增加率)

注:96=48.0+48.0;455=551−96。

第三节　物流作业成本管理

作业成本计算法能够更明确间接费用的准确核算,但是它的运用并不仅仅于此,已经进一步深入到企业管理层面。作业成本管理是通过成本动因分析、作业分析和业绩计量来实现的。

一、作业管理的内容

(一) 作业分析

要进行作业管理,首先要进行作业分析,弄清引起作业的原因,管理人员必须要深入作业现场,作业投入就是为取得产出而有作业消耗的资源,对于所消耗的作业要做如下分析。

1. 分析作业是否增值

分析作业是否增值要从顾客和企业两个角度来看。作业能给顾客或企业任何一方带来价值就可以认定为是增值作业。反之,既不能给顾客也不能给企业带来增值的作业就是非增值作业。

2. 分析重点作业

为完成企业所有任务的作业通常有许多,对这些作业进行逐一分析必然要消耗大量的人力和物力,因此根据重要性原则只需对那些相对于顾客或企业来说是比较重要的作业进行分析,按照消耗成本金额的大小进行排序,金额大的可以初步认定为重点作业,起码也是重点消耗大户,必须重点关注。

3. 分析作业的有效性

关注了重点作业,还必须按照成本效益原则的方法进行选择,因为增值作业未必一定是有效的或最佳的。对于作业有效性的分析,就是对作业执行情况的分析。通过业绩计量,与其他企业进行比较、或完成情况(质量、作业时间)进行比较,判断某项作业是否有效。从这一角度能够分析出高效作业和低效作业。所谓高效作业就是完成效率高成本费用低的作业,而对低效作业则是必须改进的可降低成本的作业。

比如待工作业,这是一种原材料或在产品在等待下一个工序耗费时间和资源的作业,如果时间、地点、人工安排合理,就不应该出现或直接消除该作业;再比如仓储作业,如果真正实施JIT管理模式,零存货就得以实现,仓储作业也就多余。

通过作业分析,在确认企业价值的增值作业与非增值作业的基础上,对于非增值作业应该尽量消除,对于增值作业应该提高其产出效率。

4. 分析作业之间的关系

物流活动的各种作业之间是相互联系的,某一项作业的减少或消除,可能会引起其他作业的增加,从而增加作业成本,如原材料检查作业,如果将其消除,同时又要保证原材料的质量,则在一定条件下势必增加供应商的作业。因此,企业进行作业管理时,最好将单个作业放在"作业链"或"价值链"上进行管理,这个链必须是作业完成时间和重复次数最少,理想的作业链应当是作业与作业之间环环相扣,而且每次必要的作业只在最短的时间内出现一次。

(二)作业成本计算

企业进行作业管理首先应明确作业的耗费,作业成本计算是作业成本管理的基础,并贯穿作业管理的始终。

(三)动态改进

作业管理不仅是一项管理工作,更重要的是要求不断改进企业作业活动的动态过程,通过利用作业成本计算提供的信息,可以消除非增值作业,进一步改进增值作业,如进行作业选择和作业改善,促进企业成本管理水平的不断提高。

作业选择是指在相互竞争的策略下的不同作业组之间做出选择。不同的策略会产生不同的作业。例如,不同的产品设计策略可能需要截然不同的作业,由于作业产生成本,每一产品设计都有相应的一组作业及相关成本,因此,在其他条件相同的情况下,应选择最低成本的设计策略。

作业改善是指降低作业所需要的时间和资源。这种成本节约方法主要是针对于改善必要作业的效率,或作为短期策略改善非增值作业直至将其消除。如生产准备作业就是一项必要作业,常被用来作为能够用更少的时间和资源来完成作业的例子。

(四)业绩计量和评价

评价作业的执行情况,对于提高盈利能力为目的的管理至关重要。业绩计量描述了作业所做的工作及作业所取得的结果。他们能够提供有关作业时间消耗的情况,也能够提供如果满足外部顾客需要的信息。同时将作业实际耗费的情况与预算进行比较,评价业绩。业绩可以是财务性的,也可以是非财务性的。作业业绩指标集中于三个方面:效率、质量、时间。效率集中体现作业投入与作业产出的比例关系。质量关注第一次执行时能否就把作业做好。如果作业产出有缺陷,可能需要重复作业,这样就产生非必要成本,同时降低了效率。执行作业的时间要求也非常关键。较长的时间通常意味着更多的资源消耗及对顾客需要的较差反应能力。时间业绩指标倾向于非财务性的,而效率和质量指标则既有财务的又有非财务性的。

二、作业优化

进行作业管理,其实就是不断改善成本,作业管理被认为是有效的成本改善的方法之一。通过资源动因和作业动因分析,实现作业重构和优化,就是一个不断改善的过程。

（一）成本动因分析

1. 资源动因分析

资源动因分析就是分析作业消耗资源的情况,分析评价各项物流作业有效性的方法。作业的有效性是指作业消耗资源的必要性、合理性。通过对物流作业成本计算提供的作业成本资料的分析,找到各作业的成本,分析作业和其各组成项目的关系,揭示哪些资源是必需的,哪些资源是可以减少的,哪些需要重新配置,从而确定如何降低作业消耗资源的数量,进一步降低作业成本。比如作业人数、作业时间是否可以减少?材料是否可以在保质前提下更价廉?人员效率和设备利用率是否可以进一步提高?等等。

2. 作业动因分析

作业动因分析是分析各作业对产出的贡献,评价各项作业增值性的方法。通过对物流作业成本计算提供的作业成本资料分析,寻找系统各产出消耗作业成本,揭示哪些作业是必需的,是否有存在减少的可能?如何确定减少产出作业的数量,从而在总体上降低各作业成本和物流总成本。

通过资源动因和作业动因的分析,对物流作业的有效性和增值性有了比较明确的认识,可以寻求降低成本的途径。如除减少作业所消耗的时间和资源,提高增值作业的效率,减少或消除非增值作业以外,选择成本最低的作业,可以实现资源共享和作业共享,合理配置资源。

（二）优化作业

所谓优化就是在作业分析和成本动因分析之后所进行的作业改善。优化的过程就是重新配置作业的过程,优化的目的就在于合理减少作业时间、提高作业质量、减少作业成本。一般而言,首先要选择优化作业对象,重点选择有潜力的作业实施优化,如成本较高、作业时间较长的增值作业,对其他作业影响较大的作业等等。其次提高作业效率,可从缩短作业周期,依靠作业环节的协调来实现,如提高作业人员的熟练程度、改善作业方式、优化作业安排、加强设备维护及更新,可极大提高作业产出率,从而减低成本,提高质量。

(三) 作业成本管理例

对于上节中例15-2,同样可以运用作业成本管理的理念来分析。

[**例15-3**] 对于表15-2的数据中的成本动因的构成比率进行分析可编制表15-4。表中我们可以发现作为成本动因的1次装上卸下的时间,需要96分钟,而这个作业是否为有效率的作业是值得探讨的。

对于装上卸下作业以外的运输作业也可以按同样的成本动因所要时间,进行构成比率核算,发现所要时间的76.2%被货车运行所占据,另外还有17.4%是由装上卸下所占据,而这货物的装上卸下一定是非增值作业,那么就可以初步看到这就是需要改善的地方。

现在配送中心应对装上卸下作业所采取的方法是低台阶采用叉车搬运需要32次,而对应高台阶,采用伸缩是动力传输机连续搬运只需原来的1/3即可。即节约了64分(=96分×2/3)。同样人工费也就节约了1 920日元(=2 880日元×2/3)。叉车运用到其他地方更可以节约1 632日元。

表15-4 运输作业的成本动因构成比率

运输作业	成本动因(所要时间)		构成比例
	细分	合计	
货车运行	420分	420分	76.2%
托盘装上卸下	48分+48分	96分	17.4%
事务作业	5分+10分	15分	2.7%
货车开动	8分	8分	1.5%
货车清扫	5分	5分	0.9%
固定货物及开关车门	2分+2分	4分	0.7%
开车前检查	3分	3分	0.6%
合计		551分	100%

关于货车运行,如果运行时间或运行路线的变更能够削减20%的话,那么人工费就可以节约2 730日元(=13 650×20%)。不仅仅是人工费,燃料费和设备费也可以得到节约,如果货车运行和货车的使用作为成本动因的运行距离,运行路径的变更可以节约20%的话,燃料费可节约1 218日元(=6 090×20%),设备费3 190日元(15 950×20%),合计就是7 138日元(=2 730+1 218+3 190)的节约。根据这样的思想,物流作业管理的结果可编成表15-5。总计可节省10 190日元(=3 052+7 138)或25.3%(=10 190÷40 202)的成本削减。

表 15-5　根据物流作业成本管理降低成本

费用	运输作业	1次运输时的运输费	根据改善后的增减
人工费	托盘装上卸下	96 分×30 日元/分＝2 880 日元	△1 920 日元(注 1)
	货车运行	455 分×30 日元/分＝13 650 日元	△2 730 日元(注 2)
燃料费	货车运行	58 升×105 日元/升＝6 090 日元	△1 218 日元(注 2)
设备费	叉车使用	96 分×17 日元/升＝1 632 日元	△1 632 日元(注 1)
			＋500(注 3)
	货车使用	290 公里×55 日元/公里＝15 950 日元	△3 190 日元(注 2)
运输费	合计	40 202 日元	△10 190 日元 (△25.3%)

注 1：装上卸下时间缩短 1/3。

注 2：运行时间削减 20%。

注 3：动力传输机代替。

三、作业成本管理的企业价值创造

如前所述，作业成本法是建立在以下两个前提之上的：(1)作业消耗资源；(2)产品消耗作业。这里只对其在企业业绩方面的作用进行讨论。

物流企业的作业成本管理(Activity-Based Cost Management，简称为 ABCM 或 ABM)是指把管理重心深入到作业层次，以"作业"作为企业管理的起点和核心的一种新的管理方法。它通过对作业链进行分析，尽可能消除"不增值作业"，改进"增值作业"，优化"作业链"和"价值链"，最终增加"顾客价值"和"企业价值"。目的是使企业不断地改进工作，降低成本。

作业成本管理的最大特点是企业把自己定位于价值链中的某一个点，这个点如何变化，作业都会相应引起作业链上的成本、收入、利润的变化，企业为了突出自己的竞争优势，就有必要构造具有自身特色的价值链，使价值链中的每一项子活动具有高度差异化的潜力或者能够为降低成本作出贡献，同时更关键的是能够把企业竞争实力和缺陷的活动单独列示，从而实现扬长避短。

值得强调的是，一个企业的价值链绝不是孤立存在的，对于一个孤立的物流企业而言，它的价值链是指从货主取得货物，仓储到发货这一物流价值消耗形成中的一系列作业的集合体。但是从最终用户的角度来看，企业在采购、生产、销售、配送，再到客户手里这一过程是一个完整的价值链体系，而参与物流仓储、配送的企业只是整个价值链中的一个环节，所以可认为一个企业无法横跨整个价值链体系。必须清楚价值链分析不等同于增值分析。

增值分析要根据价值链体系来分析，否则会出现增值分析要么过早结束、要么过晚开始。比如物流企业仅仅从货物入货开始进行成本分析，就会忽略物流企业与货主企业的关系，而这种关系被充分利用，则很可能为物流企业带来更多的商业机会。从作业链的角度出发，作为制造业的后端延伸，把货主企业的包装、贴标签业务等流通环节的增值业务，延揽到物流企业，则货主企业减少了不必要的加工环节，却给物流企业带来了增值业务。

作业链(价值链)分析比较强调双赢、多赢，克服了增值业务分析中的时间与局限，货主企业与物流企业能够在合作的基础上达到提高企业竞争力的过程是非常重要的。

作业成本管理用作业绩计量是指描述作业所做的工作和作业所取得的结果。它们能提供有关作业实际消耗的情况,也能提供作业是如何满足内外部顾客需要的信息。同时将作业实际耗费的情况与预算进行比较,评价业绩。通过业绩计量和评价,使企业各方面的生产经营活动处于不断改进的状态中。

从另一方面来看,与其说作业成本管理能够作为业绩评估的工具,不如说通过作业成本管理创造了企业价值,明确增值部分和发现非增值部分就是最好的业绩评价,在整个价值链中,如果企业某部门或责任中心的工作重心都在非增值部分,很显然业绩不可能提升。

复习思考题

1. 如何理解物流作业中心、成本动因?
2. 作业成本计算的步骤是怎样的?
3. 作业成本计算与作业成本管理有何区别?
4. 如何理解作业成本管理的企业价值创造?
5. 物流作业成本计算的核算原理?

第十六章 物流企业责任会计、绩效评估与内部会计控制

■ **学习目标** ■

学习完本章,你应该能够:
1. 了解分权与责任会计的关系
2. 明确责任会计的基本内容
3. 掌握责任中心的内容及概念
4. 掌握物流企业绩效评价的内容
5. 掌握物流企业内部会计控制要求

■ **基本概念** ■

责任中心　责任成本　可控成本　经济附加值　平衡附加值

第一节　物流企业的责任中心

一、分权管理与责任会计

现代大型的第三方物流企业均为综合性企业,多种所有制和多元化的发展使得分支机构分布广泛,组织机构复杂。企业组织规模扩大,复杂性增加,传统的集中管理模式由于其应变能力差,无法满足迅速变化的市场需求而逐渐被现代分权管理模式所取代。由于分权管理本身也需要制约,这就需要在企业内部建立一套有效的责任会计制度来配合分权化管理的有效实施。它按授权范围大小将企业内部划分为不同的责任单位(责任中心),明确其责、权、利,以责任预算、控制和责任业绩考核为内容,将相关信息反馈给有关部门和高层管理者。

(一) 分权管理的主要优点

所谓分权管理,是指企业高层管理当局将一定的经营管理决策权下放到有关的下属单位,各下属单位就本部门生产经营活动的成果向上级管理部门负责。

1. 有利于提高企业的应变能力

企业应对内外部环境的变化,通过分权管理,管理者能够随时跟踪内外部环境,这样能使企业在环境对它施加影响前采取相应的行动。决策制定权下放到企业内部各个部门的管理者(或专家)后,这些反映企业环境变化的信息对部门管理者具有更强的时效性。这些部门分支机构能够有效把握机会和应对外部变化做出快捷和有效的反应。

2. 有利于企业作出高质量的决策

决策的质量会受到可获取信息的质量的影响。由于规模大的跨国公司在不同市场、地域的扩展,最高层管理者很难了解具体情况。而中低层管理人员由于直接感受经营环境,如,不同法律体系和风俗的影响,而随着公司产品多样化、市场细分化,要一个人或少数高层处理和利用所有的信息是不可能的。因此,公司的发展需要专业人才,并且不仅让他们做参谋,更应让他们到自己所擅长的第一线去,领导工作。因此,实施分权管理更有利于企业作出正确的决策,更应把决策权放在需要信息、储存信息和选取、加工信息的地方。

3. 信息的专门化

这是指这种对信息的掌控与各种沟通的障碍形成了专门化的信息,中低层的管理者要将其所拥有的所有相关信息都传递给高级管理者非常困难,信息的传递需要时间,并且高级管理者要完全理解全部信息并快速地做出完全正确的判断也几乎是不可能的。现在的市场是信息化的市场,谁能在第一时间内获得信息并迅速做出反应,谁就能在市场竞争中占有优势。而信息的层层上传、下达,很可能延误时机。纷繁的事务可能使他们忽视那些战略性的决策。而这些中长期的战略性决策正是企业的生死存亡的关键。

因此,高级管理层的管理人员应把注意力放在政策性和战略性的决策上,允许下级管理人员做出一些必要的经营决策,当然这些决策应与最高管理层制定的目标决策保持一致。

4. 提高下级管理者的积极性

一般来说,如果下级管理人员发觉他们的作用仅仅是执行上级的指令,他们的聪明才智就很难得到发挥,若在执行任务时能够赋予一定自主权,则能够有效调动各级管理人员的积极性和创造性,从而群策群力,使全体管理类人员完成上级任务的同时也体现出自身的价值,同时也使基层管理人员得到了应有的锻炼、培养和激励。

(二)责任会计的基本内容

企业愈是下放管理权,就愈要加强内部管理,各个有一定规模的企业纷纷按其权力的大小划分为一个个责任中心,实行分权管理。但是有时也会出现各分权单位之间既有自身利益,又无法像一个完整的独立的组织去经营,分权单位的行为不仅会影响其自身的经营业绩,而且还会影响其他分权单位的经营业绩甚至是企业整体的利益。

因此,在实行分权管理的情况下,如何协调各分权单位之间的关系,使各分权单位之间以及企业整体与分权单位之间在工作上和目标上达成一致,以及如何对分权单位经营业绩进行计量、评价和考核,就显得非常重要。而把授予各种权限下放的同时也赋予一定责任以及对其业绩进行计量、评价方式,将企业划分成各种不同形式的责任中心,并建立起各个以责任中心为主体,以责、权、利相统一的机制为基础,通过信息的积累、加工和反馈而形成的企业内部的严密的控制制度,即为责任会计制度。

责任会计制度实质上是企业为了加强内部经营管理责任而实施的一种早期的内部控制制度,是把会计资料同各级有关责任单位紧密联系起来的信息控制系统。

责任会计的内容包括责任会计制度的建立和实施。

1. 责任会计制度的建立

建立责任会计首先要划分责任中心,根据授权范围的大小,划分为成本中心、利润中心、投资中心三种形式,同时明确其权责和范围。其次要确定业绩评价的方法和标准。根据全面预算所确定的生产经营总目标,按照责任中心进行层层分解和落实并为每个责任中心选择预算的形式,各预算作为考核各责任中心的依据;而业绩评价的标准应可控、可计量、可协调,如考核的尺度应当为可控成本、可控利润等。

2. 责任会计的实施

要实施责任会计制度,首先编制责任预算,按照业务预算、财务预算等编制责任预算,具体落实到每个人应负的责任;其次制定完善的内部转移价格,可分清和正确地评价各责任中心的工作业绩,对各责任中心之间相互提供的劳务(或产品)都应该进行结算,这就需要根据各责任中心的特点,对企业内所转移的各种产品或劳务合理地制定内部转移价格,分析、评价和报告业绩。这就要求企业建立健全信息系统,制定合理有效的奖惩制度。责任预算一经确定,就要按责任中心建立的一套完整的日常记录、计算和积累有关责任预算执行情况的信息跟踪系统,对实际执行情况进行跟踪反映,并定期编制业绩报告,比较预算和实际的差异,并分析差异的原因和责任的归属,据此评价考核各中心的业绩,提出改进的措施和实行奖惩的建议。

(三) 责任中心

1. 物流责任中心的概念

如前所述,责任中心是分权管理的基本单位。实行分权经营的企业,为了进行有效的内部控制,日常经营决策权被层层下放到企业的各个部门,同时对这些下层部门落实相应的责任,使这些部门权责相符。这种既承担一定的经济责任,又享有一定权力和利益的企业内部部门称为责任中心。责任中心的确立是企业采用分权经营管理模式的必然产物。

因此,不论是综合性物流企业或综合性生产、制造企业的下属物流分部同样也会实行责任中心的划分,为了对物流活动实行有效的业绩评价,通常都按照统一领导、分级管理的原则,将企业的经营过程划分为若干责任单位,并明确其应承担的经济责任、权力和利益,简单说,责任中心就是承担一定经济责任,并享有一定权力和利益的各级组织和各个管理单元。大的可以是运输分部、仓储分部、配送分部等,小的可以划分至运输小组、运输个体、驾驶员、仓库保管员、搬运员等。

2. 物流责任中心的特征

(1) 物流责任中心是一个责、权、利相结合的实体。它意味着每个物流责任中心都要对一定的财务指标承担完成的责任;同时,赋予物流责任中心与其所承担责任的范围和大小相适应的权力,并规定出相应的业绩考核标准和利益分配标准。

(2) 物流责任中心具有承担经济责任的条件。它有两方面的含义:一是物流责任中心具有履行经济责任中各条款的行为能力;二是物流责任中心一旦不能履行其经济责任,能对其后果承担责任。

(3) 物流责任中心秉承可控性原则。每个物流责任中心只能对其责权范围内可控的成本、利润和投资回报承担责任,在物流责任预算和业绩考核评价中也只应包括可控的项目。

(4) 物流责任中心要求能够单独考核。由于物流责任中心是业绩考评的最小单位,因此要求具有相对独立的经营业务和财务收支活动便于单独核算。这也是物流责任中心得以存在的前提条件。物流责任中心还要划清责任,只有既划清责任又能单独核算的物流内部单位,才能作为一个物流责任中心。

3. 责任中心的划分

责任中心的划分与确立是实施责任会计的基础。在分权经营下,划分责任中心通常与决策权力的分配和专门性信息的传递与分享方式联系在一起。通过责任中心的划分,可以把企业总预算分解到掌握一定决策权力和拥有一定专门性信息的各个责任人。从实践情况看,责任中心大致可以划分为三大类:成本中心、利润中心、投资中心。

(1) 物流成本中心。

成本中心是指对成本或费用承担责任的责任中心。它不会形成可以用货币计量的收入和利润,因而不对收入、利润或投资负责。成本中心一般包括企业内部从事物流活动的采购、仓储、流通加工、配送和运输等部门以及给予一定费用指标的管理部门。

成本中心的应用范围最广,从一般意义出发,在企业的活动过程中凡有成本费用发生,需要对成本费用负责,并能实施成本费用控制的单位,都可以成为一个成本中心。成本中心的规模不一,各个较小的物流成本中心可以共同组成一个较大的物流成本中心,各个较大的成本中心又可以共同构成一个更大的成本中心。从而,在企业形成一个逐级控制,并层层负责的成本中心体系。

物流成本中心可分为广义和狭义之分,狭义的即为对劳务提供资源的耗费负责的责任中心,广义的成本中心除狭义的成本中心之外,还包括那些非生产性的以控制经营管理费用为主的责任中心即费用中心。

① 物流成本中心必须是所提供的劳务或流通加工的产品稳定而明确,并且已经知道单位产品所需要的投入量的责任中心,其成本发生的数额可以通过技术分析相对可靠地估算出。物流成本中心包括提供物流服务、商品包装和流通加工过程中发生的直接材料、直接人工、间接服务费用等。

物流成本中心的考核指标,是既定产品质量和数量条件下的预算(或标准)成本。成本中心不对生产能力的利用程度负责,而只对既定产量的投入量承担责任。成本中心必须按规定的质量、时间标准和计划来进行生产,在保证产品质量和数量的前提下考核其可控成本,这个要求是"硬性"的,很少有伸缩余地。

② 物流费用中心适用于那些产出物不能用财务指标来衡量,或者投入和产出之间没有密切关系的管理部门,这里所说的管理部门是指企业的大多数职能部门,包括物流供应部门、人事部门、会计部门等。其是否发生以及发生数额的多少是由管理人员决定的,核算内容主要包括各种物流管理费用和某些间接成本项目,如就供应部门来说,其责任成本包括两方面的内容:一是采购成本,二是本部门的可控经费支出。这些费用的发生主要是为企业物流活动提供一定的专业服务,物流的投入量与产出量之间没有直接关系。费用的控制应着

重于预算总额的审批。

(2) 物流利润中心。

物流利润中心是指既要发生成本,又要取得收入,还能根据收入与成本计算利润的一种责任中心。可根据其利润的多少来评价该中心的业绩。物流利润中心也包括单独核算的物流配送中心,如物流企业分布在不同地域的各个子公司等。

通常,利润中心被看成是一个可以用利润衡量其一定实际业绩的组织单位。但是,并不是可以计量利润的组织单位都是真正意义上的利润中心,也不是必须创造现实营业利润的组织才算利润中心。从根本目的上看,利润中心是指管理人员有权对其供货的来源和市场的选择进行决策的单位。

因此,物流利润中心一般有两种形式。

① 自然利润中心。这种利润中心虽然是企业内部的一个责任单位,但它既可以向企业内部其他物流责任单位提供劳务或服务,也可像一个独立经营的单位那样,直接向外界市场提供劳务或服务,即其功能与独立企业相近,如企业内实现独立核算的运输、配送等物流部门。

自然利润中心的收入主要包括当期的产品销售收入、加工收入、其他业务收入。自然利润中心的利润是企业利润总额的组成部分,自然利润中心的利润发生增减变动,企业利润总额也随之发生相应的变动。

② 人为利润中心。这种利润中心仅对本企业提供各种服务,不面向市场开展业务。成为人为利润中心应具备两个条件:首先,该中心可以向其他责任中心提供劳务或服务;其次,能为该中心的劳务或服务确定合理的内部转移价格,以实现公平交易、等价交换。

企业物流活动开展中的许多物流部门都可以转化为人为物流利润中心。人为物流利润中心一般也应具备相对独立的经营权,即能自主决定本中心的劳务或服务的种类、数量和质量、作业方法、人员调配、资金使用等。人为利润中心的利润不是企业从市场销售中获得的已实现的利润,而是企业内部各责任中心互相提供产品或劳务,按照内部结算价格结转形成的利润,是没有真正实现的利润。

(3) 物流投资中心。

投资中心是对投资负责的责任中心。它既要对成本、收入和利润负责,又要对投资的效果负责。投资中心需要做出决定的不仅仅包括产品的组合、价格制定、生产方法的短期经营决策,而且还包括投资规模和投资类型的长期决策。

由于投资目的也是为了获得利润,所以投资中心包含了利润中心,但投资中心拥有投资决策权,能够独立地运用所掌握的资金,有权购置和处理固定资产,扩大和缩小生产能力等;所以它的控制区域和职权范围比利润中心要大得多,在这里,投资中心扩展了利润中心的概念。它与物流利润中心相比较,区别有二。

① 权力不同。物流利润中心没有投资决策权,它只是在企业物流投资形成后进行具体的经营;而物流投资中心则不仅在经营管理上享有较大的自主权,而且能相对独立地运用所掌握的资产,有权购建或处理固定资产,扩大或缩减现有的经营能力。

② 考核办法不同。考核物流利润中心业绩时,不考虑投资多少或占用资产的多少,即不进行投入产出比较;相反,考核物流投资中心业绩时,必须将所获得的利润与所占用的资

产进行比较。

投资中心是最高的责任中心,不仅具有最大的决策权,也承担最大的责任。投资中心是分权管理模式最突出的表现。一些大型物流公司下属的事业部制的子公司、分公司都可以是投资中心。

从以上几种责任中心的形式来看,成本中心承担单一责任,而利润中心和投资中心承担的是复合责任。利润中心既对成本负责,又对收入负责。投资中心在对利润负责的基础上还需要对投资效益负责。但其基本点是相同的,即其所承担的责任与所赋予的权利是一致的。

二、责任中心成本分析

在责任中心存在的各种分类的成本称谓,在这里必须界定明确,比如责任成本、可控成本、产品成本等等。

(一)责任成本

责任成本是指由特定的责任中心所发生的各项可控成本之和。当将企业的经营责任层层落实到各责任中心后,就需对各责任中心发生的可控耗费进行核算,以正确反映各责任中心的经营业绩,这种以责任中心为对象进行归集的成本叫做责任成本。各责任中心的责任成本,并不是该单位发生的一切费用,而是其中可控制的部分。

(二)责任成本与产品成本

责任成本与产品成本是两个完全不同的概念。

责任成本是以特定的责任中心作为成本计算对象来归集和分配费用的,其原则是:谁负责,谁承担;产品成本则是以产品作为成本计算对象来归集和分配费用的,其原则是:谁受益,谁承担。

产生上述差异的原因,从根本上说是由这两种成本计算目的和用途的不同所决定的。产品成本是为了反映和监督产品成本计划的执行情况,是实施经济核算制的重要手段;而责任成本则是为了评价和考核责任预算的执行情况,是控制生产耗费和贯彻经济责任制的重要手段。

表 16-1　产品成本与责任成本的区别

区别的标志	责任成本	产品成本
计算的对象	责任中心	产品
计算的原则	谁负责,谁承担	谁受益,谁承担
计算的内容	可控成本,但不可控成本只作为参考指标	可控成本和不可控成本
计算的目的和用途	旨在评价和考核责任预算的执行情况;作为控制生产耗费和贯彻内部经济责任制的重要手段	旨在反映产品成本计划的执行情况;作为实施经济核算制的重要手段

（三）责任成本与可控成本

责任成本的归集要遵循以可控性为原则，这是责任成本的最重要特点。所谓可控性，是指产品在生产经营过程中所发生的耗费能否为特定的责任中心所控制。如对于材料消耗，生产部门一般只能控制其耗用量，而不能控制价格，因在考核业务部门时只能以耗用量为其考核内容。根据成本的可控性，首先必须将成本划分为可控成本和不可控成本。凡是责任中心能够控制的各种耗费称为可控成本，凡是责任中心不能控制的耗费则为不可控成本。各责任中心的可控成本，主要是指在成本中心的可控成本，其应具备如下三个条件：(1)责任中心能预知将要发生的各种成本费用；(2)责任中心能通过自己的行为加以调节、控制各种成本费用；(3)责任中心通过一定的计量手段能确切计量发生的各种成本费用。

同时，还必须明确，成本的可控性是就特定的责任中心、特定的期间和特定的权限而言的，成本可控性不是绝对的，而是相对的。要视具体的责任主体、责任层次和成本发生的时间而定：一个责任中心的不可控成本，可能是另一个责任中心的可控成本；下一级责任中心的不可控成本，对于上一级责任中心来说却可能是可控的；今天不可控的成本，在过去可能是可控的；等等。

因此所谓可控成本，是指在特定时期内，特定责任中心能够直接控制其发生的成本。对于某个责任中心来说，一项耗费为其可控成本的条件是：该中心能掌握它发生的时间；能计量它发生的金额；能控制和调节它的发生；能影响它的成本高低。

凡不满足这些条件的，即为不可控成本。属于某个责任中心的各项可控成本之和，即为该中心的责任成本。

（四）责任成本与其他成本分类之间的关系

成本不仅可按可控性分类，也可按其他标志分类。一般说来，成本中心中的变动成本大多是可控成本，而固定成本大多是不可控成本。管理人员工资属于固定成本，但其发生额在一定程度上可以为部门负责人所决定或影响，因而，也可能作为可控成本。从成本发生同各个成本中心的关系看，各成本中心直接发生的成本是直接成本，其他部门分配的成本是间接成本。一般而言，直接成本大多是可控成本，间接成本大多是不可控成本。

三、物流企业责任成本控制

（一）物流责任成本预算的编制

物流责任成本预算是责任会计目标的定量分析，是业绩考评的重要依据，是责任会计的重要组成部分。前述的物流全面预算规定了整个企业的生产经营各方面的总目标和任务，而"责任预算"明确了各个责任中心各自的分目标和任务，其目的正是为了保证全面预算的实现。所以"责任预算"是"全面预算"的落实和具体化，全面预算是责任预算编制的依据，因此两者的预算总额应是相等的。

物流企业的责任预算成本确定后，应采用一定的方法进行分解，将其分解落实到各成本中心中去，成为各自的责任成本预算，责任成本预算分解通常有两种方法。

1. 完全成本分解法

所谓完全成本法，就是将成本中心中当期费用预算按照各项消耗定额在各种产品（服务）之间进行分配，计算各种服务的单位成本和总成本。

2. 变动成本分解法

所谓变动成本分解法，就是将各成本中心的全部费用按照成本习性要求分为变动成本预算和固定成本预算两部分。并将变动成本预算按照各项消耗定额在各种服务（产品）之间分配，将固定成本预算按照可控区域直接在各责任中心之间进行分配；然后由各成本中心将本中心生产的产品或提供的劳务所分配的变动成本及本中心可控的固定成本进行汇总，编制成责任成本预算；最后再将责任成本预算按照费用要素进行分类，编制成按要素反映的产品成本预算。

（二）物流责任成本的核算

物流责任成本的计算是以物流责任中心为对象归集各中心的可控成本，将各中心的不可控成本分摊到应承担责任的责任中心。责任成本计算的内容比较单纯，就是计算责任中心当期发生的可控成本，将费用归集到各责任中心。在各责任中心存在共同发生耗费的情况下，应妥善解决间接成本在有关物流责任中心之间的合理分配问题。

物流责任成本核算体系的具体内容包括：

（1）责任中心的明确划分。按照物流企业内部各部门的性质与特点，划分责任成本层次和责任中心。

（2）根据责任成本计算的要求搞好各项基础工作，如原始凭证的设计、填制和设备的购置、内部零部件转移价格的制定等。

（3）各种内部控制制度的建立和完善等。

物流成本中心业绩考核应以物流责任报告为依据，将实际成本与预算成本或责任成本进行比较，确定两者差异的性质、数额以及形成的原因，并根据差异分析的结果，对各物流成本中心进行奖惩，以督促各物流成本中心努力降低成本。

（三）物流责任报告

物流责任报告是责任会计的重要内容之一，也称为业绩报告。它是揭示物流责任预算与实际执行差异的内部会计报告。其目的是将物流责任中心的实际数据与预算数据相比较，以判别其业绩。

物流责任成本报告是以可控成本为重点，同时，也列示不可控成本，其目的是使成本中心的负责人能了解同他有关的成本全貌。

物流利润中心责任报告要将收入与变动成本和固定成本相比较，获得边际贡献和经营净收益，并将实际与预算相比，求出差异系数，以此评价利润中心的工作业绩。

物流投资中心责任报告除了将收入与成本相比较求出经营净收益外，还要列示投资报酬率及销售盈利率。

物流责任报告由于主要是为物流企业内部提供信息，与财务报告相比，无论在报告对象、报告形式及报告时期等方面都有其特点,完全符合管理会计的要求,不对外进行披露,这里不再详述其不同点。

责任中心实际发生的责任成本与责任成本预算之间的差异,反映着各责任中心对责任成本进行控制的效果,将考核与奖惩结合起来,可以强化对各责任中心的责任约束,进一步提高其降低成本的积极性。因而,责任成本业绩报告一般按责任中心的可控成本的各明细项目列出其预算数、实际数和差异数,这三栏报告中反映的项目不仅限于金额指标,还可包括实物、时间等对评价中心业绩有帮助的其他指标。由于责任中心的划分具有多个层次,所以对处于中、上层次的责任中心而言,责任报告还必须对下属责任中心的成本进行汇总。常见的责任成本业绩报告如表16-2所示(限于篇幅,利润中心与投资中心的责任报告表略)。

表 16-2　流通加工组责任成本报告

××年××月

单位:元

项　目	预　算	实　际	差　异
可控成本:直接材料	××	××	××
直接人工	××	××	××
维修费	××	××	××
物料费	××	×××	××
其他	××	××	××
合　计	××	××	××
不可控成本:设备折旧	××	××	××
房屋租金	××	××	××
其他待分配费用	××	××	××
合　计	×××	××	××
总　计	×××	××	××

编制物流责任成本报告时,可以突出报告各物流责任中心的可控成本,也可以尽量写出不可控成本,将不可控成本作为业绩报告的参考资料,以便较为完整地反映各物流责任中心在一定期间内耗费的经济资源。

以责任成本差异考核和评价物流成本中心的业绩是一种简便有效的方法。但必须防止片面鼓励降低成本的做法,因为在合理制定的预算或标准成本的基础上,降低成本的可能性是极为有限的,超过一定限度,必然引起产品服务质量下降。

第二节　物流企业绩效评价

业绩考评本身包含了财务和非财务的两个方面,由于财务指标都由企业本身公布,因此由财务指标组成的管理会计中的财务业绩指标主要应将分析的重点放在企业的短期和长期的获利能力、经营效率和经营过程中运用资本和其他资源的有效性等传统业绩评价指标上,同时应充分关注新型的多方面的非财务指标。而非财务指标既可以通过责任会计体系的责任成本、利润、投资回报等指标的完成情况进行考核,也可以借助于作业成本管理和经济附加值等方法进行评估。目前企业管理中业绩评估的方法也越来越多。

一、责任中心的业绩评价

在实行了分权管理,建立责任会计体系后,对每个责任中心进行考评也就成为理所应当的事了,由于责任中心被划分为三个层次,每个层次也都有一定的评价指标进行考核。

(一) 成本中心的业绩评价

由于成本中心的成本核算是指成本中心的可控成本的计算,物流企业的责任成本控制主要是目标(预算)成本降低额和目标成本(预算)降低率,其中目标成本的降低额的分析包括了可控成本总额差异分析及单位成本可控差异分析。

可控成本总额差异是责任中心可控成本的实际总额与预算总额比较后的结果,实际成本大于预算成本,通常称为不利差异;实际成本小于预算成本称为有利差异。对于差异数按成本项目进行分析,找出差异原因,并作为责任中心业绩评定的依据。

实际单位产品可控成本＝实际可控成本总额÷实际产品产量
预算单位产品可控成本＝可控成本预算总额÷计划产品产量
单位产品可控成本差异＝实际单位产品可控成本－预算单位产品可控成本
目标成本降低率＝目标成本降低额÷目标成本×100%

单位产品可控成本差异的有利与否的判定方法同可控成本总额一样,即实际大于预算为不利,反之则为有利。

[例16-1] 某成本中心运输甲产品,可控成本预算数为30 000元,实际成本总额28 500元,计算运输量400件,实际运输375件,试评价该成本中心的工作业绩。

可控成本总额差异＝实际可控成本总额－预算可控成本总额＝28 500－30 000＝－1 500元。此为有利差异,成本得到节约。

但是由于该成本中心的实际运输量小于25(400－375)件,表现为不利差异。至此,我们还不能马上得出结论,需进一步分析如下:

单位可控成本差异＝28 500÷375－30 000÷400＝76－75＝1(元)为正数,说明单位成本超支,表现为不利差异。

出现这种情况主要是运输量没有完成计划数量所致,与成本降低没有关系。该成本中心并没有完成任务。同样目标成本降低率应该对应实际完成数进行核算。

(二) 利润中心的业绩评价

利润中心的业绩评价主要是通过一定期间实现的利润与责任预算所确定的预计数进行比较,并进行差异分析。

利润中心的考核指标是责任利润,而责任利润由于管理会计的分类方法不同而有多种含义,由于管理会计中对边际贡献的重视程度要优于销售利润,因此利润中心的考核,同样也是如此:主要考核可控边际贡献、部门边际贡献、税前部门利润。

1. 可控边际贡献

可控边际贡献也称部门经理可控边际,是部门经理在其权责范围内有能力控制,因而应对其负责的全部边际贡献,因此可控边际贡献是较为符合"责任利润"概念的指标,主要用于评价利润中心负责人的经营业绩,因此也必须对经理人员的可控成本进行评价、考核。可控边际贡献公式如下:

$$可控边际贡献 = 营业收入总额 - 变动成本总额 - 部门经理可控的可追溯固定成本$$
$$= 边际贡献 - 部门经理可控的可追溯固定成本$$

2. 部门边际贡献

部门边际贡献又称部门毛利,该指标反映利润中心为整个企业实际作出的贡献,公式如下:

$$部门边际贡献 = 营业收入总额 - 变动成本总额 - 部门经理可控的可追溯固定成本$$
$$- 部门经理不可控但高层部门经理可控的可追溯固定成本$$
$$= 部门毛利 - 部门经理不可控但高层管理部门可控的可追溯固定成本$$

3. 税前部门利润

税前部门利润,是将部门边际贡献调整到与整个企业税前利润相一致的指标,明确部门与企业自己还有共同成本存在,全部的利润中心都能够弥补企业的共同成本时,企业才真正获利,具体公式如下:

$$税前部门利润 = 部门边际贡献 - 分摊的企业共同费用$$

责任利润概括利润中心的业绩存在着不全面的缺陷,上级部门分摊下来的共同费用存在着分摊的主观性,利润中心只是反映了该部门的贡献,未能实现业绩创造的功能,容易使部门领导更多关注本部门的、短期的业绩。这些弊病事先要有所防备。

(三) 投资中心的业绩评价

投资中心除了要考核成本中心、利润中心的相关指标以外,还要考核投资报酬率、剩余收益指标。

1. 投资报酬率

投资报酬率是投资中心的净利润与部门占用投资的比例,是投资中心常用的一个指标,是股东用来衡量企业是否健康运转的指标。公式如下:

$$投资报酬率 = \frac{净利润}{占用投资} = \frac{净利润}{销售收入} \times \frac{销售收入}{占用投资} = 销售利润 \times 投资周转率$$

[例 16-2] 某投资中心有关数据如下:

销售收入　　　　　　1 000 000 元
营业利润　　　　　　100 000 元
经营资产(期初)　　　400 000 元
经营资产(期末)　　　600 000 元

该投资中心的经营资产的平均占用额 = (400 000 + 600 000) ÷ 2 = 500 000(元)

$$投资报酬率 = \frac{100\ 000}{1\ 000\ 000} \times \frac{1\ 000\ 000}{500\ 000} \times 100\% = \frac{100\ 000}{500\ 000} \times 100\% = 20\%$$

投资报酬率可按不同的口径计算:(1)分子净利润指未扣减利息、所得税的净利润,而分母占用的投资按平均占用额计算;(2)分子净利润中扣减利息,分母投资总额中扣除负债。投资报酬率的计算公式告诉我们提高投资报酬率的几种途径:(1)扩大销售量,在现有的生产能力条件下,提高达到保本后的销售量,可以使销售增加的比例多于成本增加的比例,从而增加利润,提高投资报酬率;(2)减少营业资产,降低流动资产占用;(3)降低成本,通过降低固定成本和单位变动成本,增大利润。

投资报酬率可以说是比较全面评价各项经营活动的综合性质量指标,能够揭示投资中心的销售利润水平,还能够反映资产的使用效果。当然它也有其局限性,比如短期效应,部门管理者更注重短期的回报,会忽视长期的利益,也会由于短期的利益因素拒绝利于长期的新调整项目的开发。对此人们又利用另一个指标——剩余收益来考核投资中心。

2. 剩余收益

剩余收益是指投资中心的营业利润,减去其经营资产按规定的最低报酬计算的调整报酬后的余额,这里规定的最低报酬率一般是指各投资中心的平均报酬率或企业预期的报酬率。这一指标的含义是只要投资收益超过平均或期望的报酬额,企业和投资中心就都是有利的。具体公式如下:

$$剩余收益=净利润-经营资产\times 规定的最低报酬率$$

以剩余收益来评价和考核投资中心的业绩,有两个优点:一是可以消除利用投资报酬率进行业绩评价所产生的缺陷,促使更上级管理者重视对投资中心业绩绝对金额的评价;二是可以鼓励投资中心更容易接受比较有利的新投资项目,使部门目标与企业整体目标趋于一致。剩余收益的缺陷是也会导致短期行为的发生,同时剩余收益是个绝对量指标,很难直接比较各个责任中心的业绩。

二、经济附加值评价法

经济附加值(Economic Value Added,简称 EVA)又称经济增加值,是美国思腾思特咨询公司于 1982 年提出并实施的一套以经济增加值理念为基础的财务管理系统、决策机制及激励报酬制度。它是基于税后营业净利润和产生这些利润所需资本投入总成本的一种企业绩效财务评价方法。

经济附加值可以有效避免投资报酬率和剩余收益的短期行为,事实上经济附加值就是一个特殊形式的剩余收益,是全年收益减去全年资金使用的总成本的差额。其基本公式如下:

$$EVA=税后经营利润-投资\times 资本成本率$$

上式中,税后经营利润是指税前利润乘以(1-所得税率)的结果,而投资则指总资产扣减流动负债,再加上长期性支出(如研究开发费、职工培训费等)。

如果 EVA 是正数,表示该公司是盈利的;如果 EVA 是负数,则表示该公司的资金正在减少。从长远的角度来看,只有不断地创造资本的公司才能生存,EVA 指标同样也用于评价投资中心的经营业绩,能够鼓励管理者使用现有的和新增的资金去获得更大的利润。EVA 指标的重要特征就在于它强调税后利润和资金的时间成本。

使用 EVA 指标的关键就在于如何计算资金成本,也是 EVA 最突出最重要的一个方面。在传统的会计利润条件下,大多数公司都显示盈利。但是,许多公司实际上是在损害股东财富,因为所得利润是小于全部资本成本的。EVA 纠正了这个错误,并明确指出,管理人员在运用资本时,必须为资本付费,就像付工资一样。考虑到包括净资产在内的所有资本的成本,EVA显示了一个企业在每个报表时期创造或损害了的财富价值量。换句话说,EVA是股东定义的利润。假设股东希望得到15%的投资回报率,他们认为只有当他们所分享的税后营运利润超出15%的资本金的时候,他们才是在"赚钱"。

因此,确定经济附加值指标的关键就是如何计算资金成本。根据前述公式主要计算等式右边资金的加权平均成本及资金总额。

(一)确定资金的加权平均成本

为了计算资金的加权平均成本,首先必须明确各种投资资金的来源,会计上典型的资金来源就是负债和权益资本。负债本身就是一种借贷资金,其本身就是规定有一个利率,比如企业向银行等金融机构借入五年期的年利率为10%的长期借款,所得税率为25%,那么这一笔借款的税后成本就是=0.1-(0.25×0.1)=7.5%。而权益资本则是一笔以机会成本来验算这一笔投资,如股东的平均收益率比国债利率高4%,如果国债的利率是8%,那么股权的平均成本就是12%,通过每种融资方式的比例与它的资金成本率,就可以计算出全部资金的加权平均成本。计算公式如下:

资金的加权平均成本 = $\sum$(某种融资在总融资额中所占的比例 × 该项融资的资金成本)

(二)确定资金总额

计算资金使用成本所需的另一个内容就是资金总额。资金总额包括固定资产的投资如仓库房屋、搬运机器等资金额,及一些预期可能会有长期回报的其他支出如研发投入和职工培训等。

[例16-3] 海大物流公司去年的税后利润为90万元,该公司有三个融资来源:40万元年利率为8%的长期借款;48万元的年利率为9%的企业债券;700万元的普通股,普通股的资金成本是12%(国债利率8%+风险利率4%)。海大物流公司的资金总额是2 000万元,所得税税率为25%,用EVA指标分析该公司的业绩。

400 000+480 000+7 000 000=7 880 000(融资总额)

400 000÷7 880 000=0.051;480 000÷7 880 000=0.061;7 000 000÷7 880 000=0.888

首先计算加权平均成本=400 000×5.1%×8%+480 000×6.1%×9%+7 000 000×
88.8%×12%
=1 632+2 632.2+745 920
=750 184.2(资金成本)

EVA=900 000-750 184.2=149 815.8>0

说明该公司在扣除资金成本后还有盈利,换言之,该企业增值了。

三、平衡计分卡法

传统的物流业绩评价系统是建立于静态的财务指标基础上的,面对物流活动日益复杂的内外部环境,单纯的财务指标已难以全面评价公司各物流部门的经营业绩。20世纪90年代以来,西方各大公司发现传统的财务经营业绩指标与方法越来越阻碍公司业务(包括物流业务)的发展。例如,管理层为了达到投资利润率和预算利润而故意减少研究费用、设备更新维护费用、员工培训费等,采购部门为了避免发生更不利的价格差异而购买质差价廉的原材料,生产部门为了避免不利的产量差异而增加生产使存货增加等等。因此,许多企业开始探索新的业绩评估方法,着重于研究用于衡量企业在顾客、服务、业务流程、产品质量、市场战略、人力资源等业绩的非财务评价指标,形成对企业总体的业绩评价系统,平衡计分卡就是这样一个评价系统。

（一）平衡计分卡及其内容

平衡计分卡由财务、顾客、内部经营过程、学习和成长四个方面组成,强调非财务指标的重要性,通过对这四个各有侧重又互相影响的业绩评价来沟通目标、战略和企业经营活动的关系,实现短期和长期利益、局部利益与整体利益、战略与战术、内部与外部、财务与非财务衡量方法等诸多方面的平衡。

平衡计分卡最突出的特点是:将企业的远景、使命和发展战略与企业的绩效评价系统联系起来,把企业的使命与战略转变为具体的目标和测评指标,实现战略和绩效的有机结合。企业财务指标的改进必须根植于非财务性因素,为充分发挥平衡计分卡的作用。

依照平衡计分法的框架,对物流业绩评价可以从四个方面进行观察和评估。

1. 财务视角

平衡计分法保留有财务方面的内容,是因为财务指标对表述可计量的经济结果的已发生方案是有价值的。财务业绩指标能反映企业物流的策略。业绩对净利润的提高与否具有帮助,以及物流战略及其执行对于股东利益的影响。由于物流的主要财务目标涉及盈利、股东价值实现和增长,平衡计分法相应地将其财务目标简单表示为生存、成功、价值增长三个方面。

表 16-3　平衡计分卡财务业绩

财务业绩评价		
目　标	评价指标	可量化模型
生　存	现金净流量、速动比率	物流业务收入中的现金流入－现金流出（流动资产－存货）÷流动负债
成　功	权益净利率	净利润÷平均净资产
增　长	相对市场份额增加额	物流业务在规定的评价期内收入增加额÷在规定的评价期内同行业总收入的增加额

注：上述评价指标以投资中心的物流部门为例。

财务层面的业绩评价涵盖了传统的业绩评价方式。但是财务层面的评价指标并非唯一的或最重要的,它只是企业整体发展战略中不可忽视的要素中的一部分。现代物流的整体发展战略立足于长期发展和获取利润的能力,并非只看近期的利润。

2. 内部经营评价

作为企业赖以生存的一个重要资源就是内部资源,即物流企业具有的内部经营能力,包括产品特性、业务流程、软硬件资源等。企业物流的内部业务业绩来自企业的核心竞争力,即如何保持持久的市场领先地位,较高的市场占有率的关键技术与策略、营销方针等。企业应当清楚自己具有哪些优势,如高质量的产品和服务、优势的区位、资金的来源、优质的物流管理人员等。这是物流业绩评价体系中最能反映其行业特色的,需要结合物流特点和客户需求共同确定。具体评价目标和指标如表16-4所示。

表16-4 平衡计分卡内部经营

内部经营评价		
目　标	评价指标	可量化模型
价格合理	单位进货价格	每单位进货价格
可得性	存货可得性	缺货率、供应比率、订货完成率
作业绩效	速度 一致性 灵活性 故障与恢复	完成订发货周期速度 按时配送率 异于合同配送需求满足时间、次数 退货更换时间
可靠性	按时交货率 对配送延迟的提前通知 延期订货发生次数	按时交货次数÷总业务数 配送延迟通知次数÷配送延迟次数 延期订货发生次数
硬件配置	网络化(采用JIT、MRP等物流管理的客户)	使用网络化物流管理的客户数÷所有客户数
软件配置	优秀人员(完成常规任务的时间、质量、专业教育程度)	雇员完成规定任务的时间 雇员完成规定任务的差错率 接受过专业物流教育的雇员数÷雇员总数

3. 客户评价

企业物流经营活动的开展,不仅仅是为了获得财务上的直接收益,而且还要考虑战略资源的开发与保持。这种战略资源包括外部资源和内部资源两种。其中,外部资源即客户,为企业带来了物流服务产品的市场,这也是企业战略性成长的需求基础。而客户层面业绩的评价,就是对企业赖以生存的外部资源开发和利用的业绩进行衡量。具体来说是指企业进行客户开发的业绩和对客户的获利能力的衡量。这种评价主要考虑两个方面:一是客户对物流服务满意度的评价,二是企业的经营行为对客户开发的数量和质量的评价。为有效地发挥平衡计分法的作用,这些目标被转化成具体评价指标如表16-5所示。

表 16-5 平衡计分卡客户视角

客户评价		
目　标	评价指标	可量化模型
市场份额	市场占有率	客户数量产品销售量
保持市场	客户保持率、货物收发差错	保留或维持同现有客户关系的比率
拓展市场	客户获得率、配送正确率	新客户的数量或对新客户的销售额
客户满意	客户满意程度、索赔情况	客户满意率、索赔率
客户获利	客户获利能力	份额最大客户的获利水平、客户平均获利水平

　　市场份额反映了物流单位在商品市场上所占的业务比例,市场份额可以通过客户数量、花费的金额或售出的货物量来计算,尤其是对于目标客户群来说,这个指标显示了一个企业在目标市场上的占有情况。根据目标客户所进行的业务量计算的市场份额指标在一定时期内受客户所提供的业务总量的影响,也就是说,由于客户提供给供应商较少的业务,目标客户的业务份额将会减少。企业可以针对每个客户和每个市场份额,计量他们获得多少服务。当企业想把目标客户控制在其生产范围内购买产品及服务时,这样的指标就使企业成为市场的焦点。

　　保持市场可以通过考察物流单位与客户的关系程度的方法来进行衡量。很明显,在目标客户群里保持或增加市场份额的理想方法是在这个范围里增加现有的客户,以此来计算保留或维持同现有客户关系的比率。

　　拓展市场可以用物流单位赢得新客户及业务的比率来衡量。企业在寻求扩大业务的过程中,通常是想增加其目标范围内的客户,客户获得既可以用新客户的数量来计算,也可以通过在目标范围内对新客户的总销售额来计算。

　　保持市场和拓展市场指标都是结果指标,它们显示了物流活动是否成功地满足了客户的需要,因此客户满意度指标是这些结果指标中最为关键的,企业目前运行得怎样,或者退而言之,它与客户的关系怎样,都反馈在客户满意程度指标上。

　　客户获利能力的指标能揭示哪些客户是不产生利润的。例如:新赢得的客户很可能是不获利的,因为企业为获得一个新的客户必须进行大量的促销活动,这笔活动经费应当从销售大量产品与提供服务的盈余中扣除。获利能力的生命周期成为决定是保留还是放弃目前不获利客户的基础。

4. 创新与学习的评价

　　虽然客户层面和内部层面已经着眼于企业发展的战略层次,但都是将评价重点放在物流活动现有的竞争能力上,而创新与学习层面则强调了企业不断创新,并保持其竞争能力与未来的发展势头,因此无论是管理阶层还是基层职员都必须不断地学习,不断地推出新的物流产品和服务,并且迅速有效地占领市场。

　　对于业务不断地学习和创新会不断地为客户提供更多价值含量高的产品和服务。减少运营成本,提高企业物流的经营效率,扩大市场,找到新增附加值的机会,从而增加股东价值。物流创新和学习的评价目标和指标如表16-6所示。

表 16-6　平衡计分卡学习成长

创新与学习的评价		
目　标	评价指标	可量化模型
信息系统方面	员工获得足够信息	成本信息及时传递给一线员工所用时间
员工能力管理方面	员工能力的提高，激发员工的主观能动性的创造力	员工满意率、员工保持率、员工的培训次数
调动员工积极性	激励与能力指标、员工贡献率	员工建议数量、员工建议被采纳或执行的数量
业务学习创新	信息化程度、研发投入、单人单车收入	研究开发费增长率、信息系统更新投入占销售额的比率÷同业平均更新投入占销售额的比率

（二）平衡计分法的运用程序

第一，确定公司物流目标及策略。公司物流目标要简单明了，且对每一部门都有意义。

第二，成立平衡计分委员会或小组。该组织负责解释公司物流目标及策略，负责建立分类衡量指标。

第三，确定最重要的业绩衡量指标。根据不同时期公司物流的具体目标灵活确定评价指标。

第四，公司内沟通与教育。利用刊物、电子邮件、公告栏、标语、会议等多种形式，让各阶层管理者知道公司物流的使命、目标、策略与评价指标。

第五，制定评价指标具体数字标准，并纳入计划、预算之中。

第六，制定与平衡计分法相配套的奖励制度。如海大物流公司每年将奖金（或薪金的10%）与平衡计分法相结合，其中财务指标奖金额占50%。该公司与平衡计分法挂钩的各类指标的奖金权重如表16-7所示。

表 16-7　某公司平衡计分法项目权重

类别权重	评价指标	权　重
财务(60%)	利润（与竞争者比较）	18.0
	投资报酬率（与竞争者比较）	18.0
	成本降低率（与计划比较）	18.0
	新市场销售成长率	3.0
	现市场销售成长率	3.0
客户(10%)	市场占有率	2.5
	客户满意度	2.5
	经销商满意度	2.5
	经销商利润	2.5
内部业务(10%)	订货完成率	10.0
创新、学习(20%)	员工工作环境与满意度	10.0
	员工技能水平	7.0
	信息系统更新率	3.0

第七,不断采用员工意见,修正平衡计分表并改进公司物流策略。

必须明确现实企业是无法确定统一的绩效评价指标体系,也不存在统一的权重,一切因企业组织而异,并没有固定的模式可以套用。因为具体企业组织面临各种不同的战略定位和管理要求。应该说战略绩效评价对每个企业组织都是独特的,必须按每个企业组织的需要和特点量体裁衣。平衡计分卡只是为企业构建绩效评价系统提供了基本框架和思路。

第三节 物流企业内部会计控制

一、内部会计控制概述

(一)内部会计控制的定义及适用范围

内部控制按照其控制的目的不同,可分为会计控制和管理控制。会计控制与保护财产物资的安全性、会计信息的真实性和完整性以及财务活动合法性有关;管理控制与保证经营方针、决策的贯彻执行,促进经营活动经济性、效率性、效果性以及经营目标的实现有关。会计控制与管理控制有时是指同一件事。

所谓的内部会计控制,是指单位为了提高会计信息质量,保护资产的安全、完整,确保有关法律法规和规章制度的贯彻执行等而制定和实施的一系列控制方法、措施和程序。据此,内部会计控制规范的内容至少有与控制目标有关的控制方法、控制措施、控制程序、控制制度、管理规程及实施细则。

内部会计控制适用于国家机关、社会团体、公司、企业、事业单位和其他经济组织。因此,物流企业也一定要求按照内部会计控制原则进行管理。必须明确内控的适用范围,主要把握好两点:(1)不适用于个人的活动。因为它是针对一个组织或一个单位制定的;(2)所有的组织或单位,只要存在着资金收支活动和财产物资的流动,都要遵守内控规范的规定。这就是说,由于内部会计控制的控制对象是资金收支和资产的流动,因此也就包含了全部企业,同样也适用于物流企业。建立适合本单位业务特点和管理要求的内部会计控制,并组织实施,单位负责人对本单位内部会计控制的建立、健全及有效实施负责。

当然对于其他具体业务的控制规范,有特定业务的单位就执行,没有特定业务的就不必执行。比如,物流企业存在承揽物流业务与收款控制,就存在规范问题,当然这是针对企业设计的,其他企业只要有承揽(或销售)业务都要遵守。但是,对于非经济组织而言,比如说,社会团体和行政部门根本就不存在销售这类业务,当然也就不需要遵守。

(二)我国内部会计控制规范体系的整体框架

就目前来看,我国发布的内部会计控制规范体系有两个层次:第一层是基本控制规范,主要是对内部会计控制的目标、原则、内容、方法等进行规范。这些内部控制中最基本的内容,对其他具体业务的控制规范起着统驭的作用。第二层是具体业务、具体项目的控制规范。这一层次的控制规范分为两类:一类是按照业务过程设置的控制规范。比如采购与付款控制、销售与收款控制等;另一类是按照实物设定的控制规范,比如固定资产控制、货币资金控制、工程项目控制等。这两种控制规范的控制角度和着力点是不同的。前一类是侧重于过程规范性的控制,后者则是侧重于实物的安全性、完整性的控制。但是,这两类控制规范在内容上又是相互联系的。这种联系可以高度地概括为"一个是过程,一个是结果"。通常情况下,如果过程管理规范的话,那么结果就是安全可靠的。

(三) 内部会计控制的基本原则

根据《基本规范》的规定,内部会计控制应当达到如下基本目标:规范单位会计行为,保证会计资料真实、完整。堵塞漏洞、消除隐患,防止并及时发现、纠正错误及舞弊行为,保护单位资产的完全、完整。确保国家有关法律法规和单位内部规章制度的贯彻执行。

实施内部会计控制应当遵循如下基本原则:

(1) 内部会计控制应当符合国家有关法律法规和《内部会计控制基本规范》,以及单位的实际情况;

(2) 内部会计控制应当约束单位内部涉及会计工作的所有人员,任何个人都不得拥有超越内部会计控制的权力;

(3) 内部会计控制应当涵盖单位内部涉及会计工作的各项经济业务及相关岗位,并应针对业务处理过程中的关键控制点,落实到决策、执行、监督、反馈等各个环节;

(4) 内部会计控制应当保证单位内部涉及会计工作的机构、岗位的合理设置及其职责权限的合理划分,坚持不相容职务相互分离,确保不同机构和岗位之间权责分明、相互制约、相互监督;

(5) 内部会计控制应当遵循成本效益原则,以合理地控制成本,达到最佳的控制效果。

(6) 内部会计控制应随着外部环境的变化、单位业务职能的调整和管理要求的提高,不断修订和完善。

二、内部会计控制的内容与方法

我国内部会计控制规范的主要内容十分丰富,涉及范围也十分广泛,大到单位的组织结构设计,小到某笔业务的操作手续。从已经发布的和正在征求意见的各个控制规范来看,我国的内部会计控制规范主要着眼于会计控制,然后在此基础上延伸到其他管理环节。每个控制规范都包括了如下五个方面的内容。

第一,总则。主要介绍每个控制规范的目的、制定依据、适用范围、实施细则的制定,以及实施中的责任人等。

第二,岗位分工和授权批准。主要介绍针对每一种业务,单位应该设置哪些岗位,如何配备人员,各个岗位应该授予哪些权力等。

第三,具体的控制和控制方法。这一部分内容,因每个控制规范之间差别比较大,控制对象不同,其所采用的控制程序和控制方法也不同。

第四,监督与检查。主要是介绍如何对内部控制制度的执行情况和执行效果进行监督与检查。

第五,附则。主要是介绍每项规范的解释权和生效日期等。

(一)内部会计控制具体的基本内容

1. 货币资金的内部会计控制

这是对单位货币资金的收支、保管等所进行的控制。货币资金本身也是单位的一项实物资产。我国内部会计控制规范考虑到货币资金控制比较重要,所以单独从实物资产中独立出来,作为一项独立的控制内容处理。

货币资金包括以货币形态存在的所有的资产,既包括库存现金,也包括各种银行存款。按照基本规范理解,建立货币资金收支和保管业务的授权批准制度,货币资金业务的不相容岗位应当分离,加强货币资金的保管。

2. 实物资产的内部会计控制

这是对单位所持有的实物资产的控制。所有的实物资产都在此范畴内。总体上分成两类:存货和固定资产。具体控制规范又分为:存货控制和固定资产控制。无形资产的控制则比照执行。但是,建设项目不在此控制范围。

3. 对外投资的内部会计控制

这是指所有以盈利和获取控制权为目的的投资活动。判断一项投资主要是观察两点:一是资金或实物资产是否流出单位,二是这种流出是否以获取经济利益为目的。如果不是以获取经济利益为目的,那么这种资金或实物的流出就具有捐赠的性质,不属于投资的性质。对外投资控制包括单位所有对外的投资活动,既包括股权投资、债券投资,也包括其他形式的投资。但是,担保不包括在内,即便是在提供担保时收取了对方的经济利益。

4. 工程项目的内部会计控制

主要是以形成固定资产、扩大生产能力为目的的建设项目的控制。工程项目有两个基本特征:一是投资建造时间比较长,金额比较大;二是以获得、扩张单位的产能,形成固定资产为目的。各种自建项目、委托建造项目的控制都在控制范围之内。

5. 采购与付款的内部会计控制

这指对单位的采购活动和支付过程所进行的控制。理解该项控制要注意两点:一是该控制属于过程性控制或手续性控制,其控制的着眼点在于采购的程序。至于采购回的存货以及支付的资金,则分别在存货控制和货币资金控制中加以规范;二是该项控制是从实物的进入和货币资金的流出两个方面进行。该项控制包括整个采购的全部过程,从请购开始一直到货物的入库验收和资金的支付。但是,存货和货币资金不在该项控制范围之内。该项控制要注意与存货控制和货币资金控制的相互衔接。

6. 筹资的内部会计控制

这指对单位的筹资活动所进行的控制。这里的筹资活动,既包括发行股票性的筹资,也包括借款和发行债券性的筹资。单位筹资活动的结果必然是使货币资金增加,即货币资金流入单位。但是货币资金本身的控制不包括在这里。

7. 销售与收款的内部会计控制

这指对于货物、劳务销售和货款回收的控制。理解该项控制,需要注意两点:一是该项控制也是一种过程控制,二是该项控制有货物流出和货币资金流入两个控制对象,表现为一进一出。该项控制是对销售过程设置的,所以其控制范围在销售过程中。这里要注意:货物本身和货币资金本身的控制不包括在该控制范围之内。

8. 成本费用的内部会计控制

这指对单位产品成本和各种费用进行的控制。这是从资金消耗和物资消耗的角度进行的控制。单位所发生的各种成本费用都在此控制范围之内。成本费用控制是从资金流出的角度进行的,目的是节约开支。至于采购、建造的实物资产,则由存货控制、固定资产控制和工程项目控制来进行。后者控制的主要目的是为了保证资产的安全和有效使用。

9. 担保的内部会计控制

这指对单位对外担保所进行的控制。这种控制的着眼点在于控制措施的制定。本规范主要是针对对外担保进行的,对于单位自己的抵押、质押等保证的控制不在本控制之内。

(二) 内部会计控制的方法及特征

内部会计控制其范围直接涉及会计事项各方面的业务,主要是指财会部门为了防止侵吞财物和其他违法行为的发生,以及保护企业财产的安全所制定的各种会计处理程序和控制措施。例如,由无权经管现金和签发支票的第三者每月编制银行存款调节表,就是一种内部会计控制,通过这种控制,可提高现金交易的会计业务、会计记录和会计报表的可靠性。

内部会计控制的方法主要包括:不相容职务相互分离控制、授权批准控制、会计系统控制、预算控制、财产保全控制、风险控制、内部报告控制、电子信息技术控制等。

1. 不相容职务相互分离控制

不相容职务主要包括:授权批准、业务经办、会计记录、财产保管、稽核检查等职务。不相容职务相互分离控制要求按照不相容职务相分离原则,合理设置会计及相关工作岗位,明确职责权限,形成相互制衡机制。

2. 授权批准控制

授权批准控制要求单位明确规定涉及会计及相关工作的授权的范围、权限、责任等内容,单位内部的各级管理层必须在授权范围内行使职权和承担责任,经办人员也必须在授权范围内办理业务。

3. 会计系统控制

会计系统控制要求单位依据《会计法》和国家统一的会计制度,制定适合本单位的会计制度,明确会计凭证、会计账簿和财务会计报告的处理程序,建立和完善会计档案保管和会计工作交接,实行会计人员岗位责任制,充分发挥会计的监督职能。

4. 预算控制

预算控制要求单位加强预算编制、执行、分析、考核等环节的控制,明确预算项目,建立预算标准,规范预算的编制、审定、下达和执行程序,及时分析和控制预算差异,采取改进措施,确保预算的执行。预算内资金实行责任人限额审批,限额以上资金实行集体审批。严格控制无预算的资金支出。

5. 财产保全控制

财产保全控制要求单位限制未经授权的人员对财产的直接接触,采取定期盘点、财产记录、账实核对、财产保险等措施,确保各种财产的安全完整。

6. 风险控制

风险控制要求单位树立风险意识，针对各个风险控制点，建立有效的风险管理系统，通过风险预警、风险识别、风险评估、风险分析、分析报告等措施，对财务风险和经营风险进行全面防范和控制。

7. 内部报告控制

内部报告控制要求单位建立和完善内部报告控制，全面反映经济活动情况，及时提供业务活动中的重要信息，增强内部管理的时效性和针对性。

8. 电子信息技术控制

电子信息技术控制要求运用电子信息技术手段建立内部会计控制系统，减少和消除人为操纵因素，确保内部会计控制的有效实施；同时要加强对财务会计电子信息系统开发与维护、数据输入与输出、文件储存与保管、网络安全等方面的控制。

（三）内部会计控制的检查

1. 内部专门机构或专门人员的监督检查

单位应当重视内部会计控制的监督检查工作，由专门机构或指定专门人员具体负责内部会计控制执行情况的监督检查，确保内部会计控制的贯彻实施。内部会计控制检查的主要职责是：第一，对内部会计控制的执行情况进行检查和评价；第二，写出检查报告，对涉及会计工作的各项经济业务、内部机构和岗位在内部控制上存在的缺陷提出改进建议；第三，对执行内部会计控制成效显著的内部机构和人员提出表彰建议，对违反内部会计控制的内部机构和人员提出处理意见。

2. 中介机构或相关专业人员的评价

单位可以聘请中介机构或相关专业人员对本单位内部会计控制的建立健全及有效实施进行评价，接受委托的中介机构或相关专业人员应当对委托单位内部会计控制中的重大缺陷提出书面报告。

3. 财政部门的监督检查

国务院财政部门和县以上地方各级人民政府财政部门应当根据《会计法》和《内部会计控制基本规范》，对本行政区域内各单位内部会计控制的建立和执行情况进行监督检查。

三、如何实施内部会计控制

物流企业要实行内部会计控制，重点应当在授权批准、会计记录、资产保护、预算、风险控制和报告制度等重要环节组织实施。

（一）授权批准控制

授权批准是指单位在处理经济业务的过程中必须经授权批准以进行控制。企业每一层的管理人员既是上级管理人员的授权客体，又是对下级管理人员授权的主体。

授权标准的形式通常有一般授权和特别授权之分。一般授权是办理常规性的经济业务的权力、条件和有关责任者做出的规定，这些规定在管理部门中采用文件形式或在经济业务中规定一般性交易办理的条件、范围和对该项交易的责任关系。在日常业务处理中可以按照规定的权限范围和有关职责自行办理。特别授权是指授权处理非常规性业务,比如重大筹资行为、投资决策、股票发行等。

(二) 会计记录控制

会计记录控制的要求是保证会计信息反映及时、完整、准确、合法。一个单位的会计机构实行会计记录控制,要建立会计人员岗位责任制,对会计人员进行科学的分工,使之形成相互分离和制约的关系。经济业务一经发生,就应对记载经济业务的所有凭证进行连续编号,通过复式记账,在两个或两个以上相关账户中进行登记,以防止经济业务的遗漏、重复,揭示某些弊端问题。

(三) 资产保护控制

资产保护控制主要包括接近控制、盘点控制,广义上说,资产保护控制,可以包括对实物的采购、保管、发货及销售等各个环节进行控制。

接近控制指严格控制无关人员对资产的接触,只有经过授权批准的人员才能够接触资产。如现金、银行存款、其他货币资金、有价证券和存货等变现能力较强的资产必须限制无关人员直接接触,间接接触可通过保管、批准、记录及不相容职务的分离和授权批准控制来达到。

盘点控制是指对实物资产进行盘点并将盘点结果与会计记录进行比较,盘点结果与会计记录如不一致,可能说明资产管理上出现错误、浪费、损失或其他不正常现象。

(四) 预算控制

预算控制是内部控制的一个重要方面。经过批准的预算,各部门都必须严格履行,完不成预算,将要受到处罚。预算控制也是一个系统,该系统的组织由预算编制、预算执行、预算考核等构成。预算控制的内容可以涵盖单位经营活动的全过程,包括筹资、融资、采购、生产、销售、投资、管理等诸多方面,也可以就某些方面实行预算控制。

预算的执行层由各预算单位组织实施,并辅之以对等的权、责、利关系,由内部审计部门负责监督预算的执行,通过预算的编制和实施,检查预算的执行情况,比较分析内部各单位未完成预算的原因,并对未完成预算的不良后果采取改进措施。

(五) 风险控制

企业所面临的风险按形成的原因一般可分为经营风险和财务风险两大类。

经营风险是指因生产经营方面的原因给企业盈利带来的不确定性。如供应方面的风险,企业自身新产品、新技术开发试验的不成功,生产组织不合理等因素带来的生产方面的风险,包括自然环境变化,国家税收调整以及其他宏观经济政策的变化等方面等因素,都会直接或间接地影响企业正常经营活动。企业应采取有效的内控措施加以防范。

财务风险是指由于举债而给企业财务成果带来的不确定性,对财务风险的控制关键是要保证有一个合理的资本结构。

(六) 编制业绩报告控制

业绩报告也称责任报告,是单位内部各级管理层掌握信息,加强内部控制的报告性文件。业绩报告是为单位内部控制服务的,编制业绩报告必须与单位内部的组织结构和其他控制方式相结合,明确反映各级管理层负责人的责任。业绩报告可以有日报、周报、月报、季报、年报等,并通过文件的形式予以规定。

复习思考题

1. 分权的目的是什么?
2. 责任中心、责任成本的概念是什么?
3. 责任中心分为哪三个中心,各有什么特点?
4. 业绩评价的概念、方法是什么?
5. 如何理解平衡计分卡?
6. 如何理解企业内部会计控制?

第三篇 物流企业会计与财务管理

物流企业财务管理篇

第三篇

第十七章 物流企业理财概述

■ 学习目标 ■

学习完本章,你应该能够
1. 论述物流企业资金运动
2. 论述企业目标与管理财务内容
3. 计算时间价值
4. 度量风险价值
5. 资本资产定价与 CAPM 模型应用
6. 分析物流公司的实际财务状况

■ 基本概念 ■

资金运动　股东财富　时间价值　风险价值　资本资产定价模型

第一节　物流企业财务管理的目标

一、物流企业资金运动

（一）资金运动

物流企业进行运输、储存、装卸、搬运、包装、流通加工、配送、信息处理等基本经营活动,必须拥有一定数量的资金。物流企业的资金,是以货币表现的,用于再生产过程的周转、创造物质财富的价值,随着再生产的不断进行而不断地运动。企业经过有关机关批准,可以与国内的企业、事业单位、经济组织或与国外的企事业单位等经济组织合资经营,从这些单位取得资金;企业可以通过募集股权,发行股票筹措资金建立股份公司。企业经过批准,还可以通过信贷或租赁等融资方式,从国内外金融机构或企业单位借入资金;经过有关机关批准,还可以发行债券筹措资金。企业按照规定取得的资本公积、提取的盈余公积、分得的税后利润是企业自有资金,也是企业经营的一项重要资金来源。

企业筹措的资金,其最初形态是货币资金。企业从一定的来源取得资金,是企业资金运动的起点,也是企业组织运输生产和流通的物质前提。物流企业从不同的来源取得的资金,在投入经营后,不断变化其资金形态。企业使用已取得的资金购置各种生产资料,如兴建机场、码头、车站、仓库、厂房等房屋及建筑物,购买飞机、船舶、车辆,及与其配套的各项设备,这样,资金的大部分就转化为物资形态。这是资金的垫支。购买房屋、建筑物、飞机、船舶、配套设备等所占用的资金,形成固定资产。购买器材物资所占用的资金,以及货币资金和应收款项,形成流动资产。有的企业还购买专利权、专有技术,有的还向土地主管部门购买土地使用权,它们形成企业的无形资产。固定资产是企业的主要劳动手段。劳动手段在运输生产过程中可以较长期地发挥作用,并保持其实物形态,直至丧失其使用价值。它的价值则在使用中,按照磨损的程度,逐渐地、部分地分次转移到所生产的产品价值中去,并通过产品销售收回资金,使磨损的价值得到补偿,一直到它的使用寿命结束,才实现价值的全部转移,重新购建固定资产。固定资产的运动形式,表现为固定资产的购建损耗价值部分转移,当固定资产实现全部价值的转移和补偿后,固定资产就完成一次周转。

(二)物流企业资金运动动态流程

基于物流企业的产品是为客户提供一系列的服务,在物流企业,由于产品的生产、销售与消费发生的同时性,没有脱离生产过程而存在的实物产品,资金的循环与周转只经历供应过程与营运过程两个阶段。以港口企业码头服务为例:

(1)供应过程,即营运准备过程。港口企业在进行营运生产前,要根据生产计划,准备装卸生产设备,并储备生产所需的燃料、材料物资,并保有一定数量的货币资金备付各项支出。在这一营运准备过程中,企业的货币资金随着水运设施的建设、装卸工具的购置,部分转化为固定资金;随着燃料、材料物资的采购,部分转化为储备资金。

(2)营运过程,包括营运生产与营运结算两个并行的环节。在营运生产环节,物流企业因营运生产而发生各种费用支出,企业的资金形态也因营运生产发生变化。随着燃料、材料、备件等物资的耗费,部分储备资金转化为生产资金;随着港口设施、装卸工具的耗费,部分固定资产以折旧的形式转化为生产资金;随着人力资源的耗费,部分货币资金以支付职工薪酬的形式转化为生产资金。在营运结算环节,企业又以收费票据为依据,按标准计算,分别向货主方和航运方收回应收的营运收入,使在营运生产环节发生的一切耗费都得以补偿,所有结算中的资金转化为货币资金而又进入到下一营运准备过程。从图17-1可见,企业"产品"的生产、销售与消费的同时性,集中表现在营运结算环节。

二、物流企业财务管理内容

(一)企业财务关系

1. 建立企业财务管理制度原则

企业必须实行资本权属清晰、财务关系明确、符合法人治理结构要求的财务管理体制,并建立有效的内部财务管理级次。

(1)资本权属清晰,即通常所说的企业产权明晰。就是明确所有者权益的归属。例如,

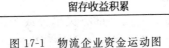

图 17-1 物流企业资金运动图

国有及国有控股应当取得国有资产产权登记证,明确其占有的国有资本金额及管部门公司制企业应当通过公司章程、出资证明书、发行不记名股票等方式,明确其股东及出资额。

(2) 财务关系系明确,指企业与财政部门的财务隶属关系应当是清楚的。各级人民政府及其部门、机构出资的企业与财政部门的财务关系,在2006《企业财务通则》第七条作出了明确规定。其他内资企业,包括集体所有制企业、私营企业和非国有控股的混合所有制企业,以及外商投资企业,一般按属地原则确定财务关系。即与企业工商注册的行政管理机关同一级次的财政部门,作为其主管财政机关。主管财政机关也可根据实际需要,授权下级财政机关行使财务管理。

(3) 符合法人治理结构要求。企业财务管理体制是法人治理结构的重要组成内容,因此其设计应符合法人治理结构要求。构建法人治理结构,应遵从法定、职责明确、协调运作、有效制衡等原则。企业在法律法规等国家规定的制度框架内,享有一定的弹性。

2. 建立企业财务管理制度

企业财务管理制度内容主要包括:企业财务决策制度、企业财务风险制度与企业财务预算制度。

(1) 企业财务决策制度:企业的财务决策,就是企业按照既定的财务目标,通过对财务管理环境的分析,利用定性与定量的决策方法,从若干可行的备选方案中选择最优方案的过程。企业应当建立财务决策制度,明确决策规则、程序、权限和责任等。法律、行政法规规定应当通过职工(代表)大会审议或者听取职工、相关组织意见的财务事项,依照其规定执行。应当建立财务决策回避制度,对投资者、经营者个人与企业利益有冲突的财务决策事项,相关投资者、经营者应当回避。

(2) 企业财务风险制度:企业的财务风险,是指在各项财务活动过程中,由于内外部环境及各种难以预料或控制的不确定因素的作用,财务状况具有不确定性,使企业在一定时期内所获取的财务收益与预期收益发生偏离的可能性。在市场经济条件下,财务风险是客观存在的,它贯穿于企业各个财务环节,是各种风险因素在企业财务上的集中体现。企业应当建立财务风险管理制度,明确经营者、投资者及其他相关人员的管理权限和责任,按照风险与收益均衡、不相容职务分离等原则,控制财务风险。

(3) 企业财务预算制度:企业财务预算,就是企业依据战略要求和发展规划,在财务预测、决策基础上,利用价值形式对未来一定期间内的财务活动进行规划和安排,以明确财务目标,落实财务管理措施,并提供财务考核以及奖惩标准的一种管理手段。企业应当建立财务预算管理制度,以现金流为核心,按照实现企业价值最大化等财务目标的要求,对资金筹集、资产营运、成本控制、收益分配、重组清算等财务活动,实施全面预算管理。

(二) 企业财务活动

物流企业的财务活动,是指物流活动实施过程中所需资金的使用、收入、分配及投放和筹资等一系列活动。物流企业的财务管理要综合考虑各个环节,实现资金的有效配置。

1. 筹资管理

物流企业筹资活动是指物流企业向外部有关单位或个人,以及从物流企业内部筹措和集中经营所需资金的财务活动。资金是物流企业进行生产经营活动的必要条件。筹措资金是物流企业的基本财务活动,是资金活动的起点,是决定资金活动规模和企业经营发展程度的重要环节。

筹资是企业资金的融通,它主要研究和解决如何筹集投资所需要的资金,包括向谁筹集、以什么方式筹集、在什么时候筹集、筹集多少资金。筹资必须做好筹资分析。筹资分析一般包括资金来源分析、资金成本分析、利率与汇率风险分析以及筹资方案比较分析。企业的资金来源按产权关系可以分为权益资金和借入资金。一般来说,企业完全通过权益资金筹资是不明智的,不能得到负债经营好处,因为负债的比例大则风险也大,企业随时可能陷入财务危机。因此,筹资决策的一个重要内容是确定最佳的资本结构。企业的资金来源按使用的期限可分成长期资金和短期资金。长期资金和短期资金的筹资速度、筹资成本、筹资风险使企业所受到的限制不同,因此,筹资决策要解决的另一个重要内容是安排长期资金和短期资金的比例关系。

筹资决策与投资及股利分配有密切关系,筹资的数量和时间取决于投资的需要,而筹资的总量也要考虑到投资的总量,筹资的成本率就是投资的最低要求收益率。在利润分配中,也必须考虑到企业投资与筹资的需要。

2. 投资管理

物流企业取得资金以后,必须将资金投入使用,以谋求最大的经济利益,否则,筹资活动就失去了效用。企业投资可以分为扩大企业经营规模而购买流动资产、固定资产和无形资产的投资以及对外投资两种。无论是物流企业购买内部所需的资产,还是对外投资,都需要支付现金。而当物流企业变卖其对内投资形成的各种资产或收回其对外投资时,则会产生资金的收入。这种因投资而产生的资金收付,便是由投资引起的理财活动。

3. 营运资金管理

物流企业为用户提供运输、储存、装卸、搬运、包装、流通加工、配送、信息处理等物流服务时,首先需要支付材料费、人工费、水电费、运输费、维护费、一般经费、特别经费和委托物流费等。

其次,由于为用户提供物流服务,会取得运输服务收入、储存服务收入、装卸服务收入、搬运服务收入、包装服务收入、流通加工服务收入、配送服务收入、信息处理服务收入等物流服务收入。如果物流企业现有资金不能满足物流业务的需要,物流企业还需要向金融等部门筹集资金。可见,物流企业从事物流业务的各个环节,都会发生资金的收付活动。因企业经营物流业务、提供物流服务而引起的物流财务活动,就是物流资金的运营活动,也可以称为物流资金活动。

物流企业的营运资金,主要是为满足物流企业提供日常物流活动的需要而垫付的资金,物流营运资金的周转与物流业务的经营周期具有一致性。在一定时期内物流资金周转越快,物流企业用相同数量的资金,会为用户提供更多的物流服务,也会取得更多的物流业务收入,获得更多的利润。因此加速资金周转,提高资金使用效率,也是物流财务管理的目标之一。

4. 成本管理

成本费用管理(简称成本管理)是指对物流企业经营过程中各项费用的发生和成本的形成所进行的预测、计划、控制、核算和分析评价等管理工作,以此来节约费用的行为。成本费用,就其经济实质来看,是产品价值的重要组成部分,是物化劳动与活劳动(C+V)两部分价值的等价物;从资金运动过程来看,它反映的是物流企业经营过程和资产使用中的资金耗费。从物流企业来讲,加强成本管理,努力降低产品成本有着非常重要的意义。

5. 收入与分配管理

物流企业通过提供物流业务服务取得的收入,首先用来弥补物流业务活动发生的各项物流成本支出,然后缴纳流转税,其余部分为企业的物流业务利润。企业取得的物流业务利润,需要做如下分配:缴纳所得税,弥补以前年度亏损,支付各种税收罚款和滞纳金,提取盈余公积金,然后向投资者分配利润。随着物流业务利润分配的进行,物流企业资金或退出企业或留存在物流企业中,都会影响物流企业的资金运动,这不仅表现在物流资金运动的规模上,而且表现在物流资金运动的结构上。因此,如何合理地确定分配比例和分配方式,以使企业长期利益最大,也是物流企业财务管理的主要内容之一。

第二节　理财价值计量方法

一、时间价值

在物流企业财务管理过程中,必须要掌握一些关键的理财计算技术方法,并将其用于物流企业的各项财务活动中。

(一) 资金时间价值定义

资金时间价值是指资金在生产和流通过程中随着时间推移而产生的增值。它也可被看成是资金的使用成本。资金不会自动随时间变化而增值,只有在投资过程中才会有收益,所以这个时间价值一般用无风险的投资收益率来代替,因为理性个体不会将资金闲置不用。

资金时间价值的表现形式有两种:其一,是绝对数形式。即表现为有价值单位的数值,例如利息;其二,是相对数的表现形式。即表现为无单位的百分数形式。它所反映的是一定量的增值额占投资资金额的比重,例如:银行利率＝利息/筹资额。

(二) 资金时间价值的计算方法

资金时间价值的计算具体包括两方面的内容:一方面,是计算现在拥有一定数额的资金,在未来某个时点将是多少数额,这是计算终值问题。终值,又称本利和,是指资金经过若干时期后包括本金和时间价值在内的未来价值;另一方面,是计算未来时点上一定数额的资金,相当于现在多少数额的资金,这是计算现值问题。现值,又称本金,是指资金现在的价值。

资金时间价值的计算有两种方法:一是只就本金计算利息的单利法;二是不仅本金要计算利息,利息也能生利,即俗称"利上加利"的复利法。

(三) 单利

单利是指只对借贷的原始金额或本金支付(收取)的利息。我国银行存款一般是按照单利计算利息的。

1. 单利终值

单利终值是本金与未来利息之和。

$$F=P(1+i\times n)$$

其中,F 为终值;P 为本金;n 为计息的期数;i 为利率。

2. 单利现值

单利现值是资金现在的价值。单利现值的计算就是确定未来终值的现在价值。

(四) 复利

复利,就是不仅本金要计算利息,本金所生的利息在下期也要加入本金一起计算利息,即通常所说的"利滚利"。

1. 复利终值

复利终值是指一定数量的本金在一定的利率下按照复利的方法计算出的若干时期以后的本金和利息。

$$F=P(1+i)^n$$

2. 复利现值

复利现值是指未来一定时间的特定资金按复利计算的现在价值。即为取得未来一定本利现在所需要的本金。由终值求现值,称为折现,折算时使用的利率称为折现率。

(五) 年金

年金是指一定时期内一系列相等金额的收付款项。如分期付款赊购、分期偿还贷款、发放养老金、支付租金、提取折旧等都属于年金收付形式。按照收付的次数和支付的时间划分,年金可以分为普通年金、先付年金、递延年金和永续年金。

1. 普通年金

普通年金是指每期期末有等额的收付款项的年金,又称后付年金。普通年金的终值是指一定时期内每期期末等额收付款项的复利终值之和。普通年金现值是指一定时期内每期期末收付款项的复利现值之和。

2. 先付年金

先付年金是指每期期初有等额的收付款项的年金,又称预付年金。先付年金终值是指一定时期内每期期初等额收付款项的复利终值之和。先付年金现值是指一定时期内每期期初收付款项的复利现值之和。

3. 递延年金

递延年金是指自第 $m(m>1)$ 期起的一定时期内,每期期末等额收付的系列款项。也可以称为延期年金。从这个定义中,可以看出它和普通年金十分相似,唯一不同在于在一个计算期间中,普通年金的第一笔是产生在第一年末,而它则产生在第一年后的某一年中。例如:自第三年起每年末要偿还贷款 6 000 元。可以认为,它是普通年金的特殊形式。

4. 永续年金

永续年金是指无终止期的年金。前面三种年金,无论计算期长多少,都是有终点的。如 10 年、20 年甚至 50 年。但是这种永续年金没有终点。其实是期限趋于无穷的普通年金。它也是普通年金的特殊形式。

二、风险价值

投资活动是一种典型的风险活动,而且这种风险,既有可能获得收益,也有可能发生损失。

(一) 资金风险价值定义

风险价值也称为风险报酬。所谓风险价值是这里所讲的投资额外利润或损失,是与资金时间价值相比较而言的,指资金筹集与使用中的各种不确定因素导致企业取得的额外利润或遭受的额外损失。因此,资金风险价值与资金时间价值是既相互联系而又相互区别的。

风险报酬一般有两种表示方法:风险报酬额和风险报酬率。但在财务管理中,风险报酬通常用相对数——风险报酬率来加以计量。

从理论上讲,投资报酬是由无风险报酬、通货膨胀贴补和风险报酬三部分组成的。投资报酬可表示为

$$投资报酬(R) = 无风险报酬 + 风险报酬 + 通货膨胀贴补$$

无风险报酬是指将投资投放某一投资项目上能够肯定得到的报酬。无风险报酬有以下特征:(1) 预期报酬的确定性,或者说无风险报酬是必要投资报酬中肯定和必然会得到的部分;(2)衡量报酬的时间性。

风险报酬是指投资者由于冒着风险进行投资而获得的超过资金时间价值的额外报酬。风险报酬具有以下特征:(1)预期报酬的不确定性;(2) 衡量报酬的风险性,也就是说,风险报酬只与风险有关。

通货膨胀贴补,又称通货膨胀溢价,它是指由于通货贬值而使投资带来损失的一种补偿。通货膨胀贴补率有以下特点:(1) 预期贴补率的不确定性;(2) 通货膨胀贴补的补偿性;(3)通货膨胀贴补的货币性。

风险报酬率是投资者因承担风险而获得的超过时间价值率的那部分额外报酬率,即风险报酬与原投资额的比率。风险报酬率是投资项目报酬率的一个重要组成部分,如果不考虑通货膨胀因素,投资报酬率就是时间价值率与风险报酬率之和。

(二) 资金风险价值计量

单项投资风险,具体指某一项投资方案实施后,将会出现各种投资结果的概率。因承担单项投资风险而获得的风险报酬率就称为单项投资风险报酬率。除无风险投资项目(国库券投资)外,其他所有投资项目的预期报酬率都可能不同于实际获得的报酬率。对于有风险的投资项目来说,其实际报酬率可以看成是一个有概率分布的随机变量,可以用期望报酬率与标准离差量化。

1. 期望报酬率

期望值是随机变量的均值。对于单项投资风险报酬率的评估来说,我们所要计算的期望值即为期望报酬率,期望投资报酬率的计算公式为

$$\overline{K} = \sum_{i=1}^{n} K_i P_i$$

其中:$\overline{K}$ 为期望投资报酬率;K_i 为第 i 个可能结果下的报酬率;P_i 为第 i 个可能结果出现的概率;n 为可能结果的总数。

2. 方差、标准离差和标准离差率

按照概率论的定义,方差是各种可能的结果偏离期望值的综合差异,是反映离散程度的一种量度。方差可按以下公式计算:

$$\delta^2 = \sum_{i=1}^{n} (K_i - \overline{K})^2 \cdot P_i$$

标准离差则是方差的平方根。在实务中一般使用标准离差而不使用方差来反映风险的大小程度。一般来说,标准离差越小,说明离散程度越小,风险也就越小;反之,标准离差越大则风险越大。标准离差的计算公式为

$$\delta = \sqrt{\sum_{i=1}^{n} (K_i - \overline{K})^2 \cdot P_i}$$

标准离差是反映随机变量离散程度的一个指标,但我们应当注意到标准离差是一个绝对指标,作为一个绝对指标,标准离差无法准确地反映随机变量的离散程度。解决这一问题的思路是计算反映离散程度的相对指标,即标准离差率。标准离差率是某随机变量标准离

差相对该随机变量期望值的比率。其计算公式为

$$V = \frac{\delta}{\bar{K}} \times 100\%$$

其中：V 为标准离差率；δ 为标准离差；$\bar{K}$ 为期望投资报酬率。

3. 风险价值系数和风险报酬率

标准离差率虽然能正确评价投资风险程度的大小，但还无法将风险与报酬结合起来进行分析。假设面临的决策不是评价与比较两个投资项目的风险水平，而是要决定是否对某一投资项目进行投资，此时就需要计算出该项目的风险报酬率。因此还需要一个指标来将对风险的评价转化为报酬率指标，这便是风险报酬系数。

风险报酬率、风险报酬和标准离差率之间的关系可用公式表示如下：

$$R_R = bV$$

其中：R_R 为风险报酬率；b 为风险报酬系数；V 为标准离差率。

在不考虑通货膨胀因素的影响时，投资的总报酬率为

$$K = R_F + R_R = R_F + bV$$

其中：K 为投资报酬率；R_F 为无风险报酬率。

三、资本资产定价与 CAPM 模型应用

（一）资本资产定价意义

风险和收益的关系非常密切，如何衡量和把握市场对风险的回报十分重要，这也决定了什么样的投资回报率才值得投资（至少从理论上而言）。以下结合资本资产定价模型的基本原理探讨其在企业实践中的意义。

在对资本资产定价模型（Capital Asset Pricing Model，CAPM）进行分析之前首先要对资本资产的含义进行说明：资本资产从广义上而言应该是能够为投资者带来未来收益的资产，既包括金融资产，也包括其他各种形式的资产。

资本资产定价模型的基本假设是：

首先，这个投资组合包含了市场上的所有资产，即将整个市场看作一个大的投资组合。这样的组合被称为证券市场组合。其次，由于这样一个组合代表了市场上所有的资产，市场组合的贝塔系数必然具有平均水平的系统风险，换句话说，即贝塔系数为 1.0。

在这样的一个基本架设前提条件下，资本资产定价模型可以通过证券市场线（SML）推导出来（推导过程略）。

资本资产定价模型的表达式为

$$E(R_i) = R_f + [E(R_m) - R_f] \times \beta_i$$

CAPM 说明资本资产价值的内容包含以下三个方面：

（1）纯粹的货币时间价值。这部分价值是由无风险的利率 R_f 来衡量的，是无风险让度货币的报酬。

（2）系统风险的收益。这部分价值是由市场风险溢酬来决定的，公式为 $[E(R_m) - R_f]$，是市场所提供的用以弥补时间价值之上的因为承担平均系统风险而给予的收益部分。

（3）特定资产的系统风险程度。这部分价值回报是由 β_i 来衡量的，是相对于平均风险而言，体现在特定资产上的系统风险水平。

正确理解资本资产定价模型对于指导实践工作有着十分重要的意义，具体体现在以下两个方面：

（1）风险在所有的企业决策中都具有至关重要的意义，所以要对资产风险和回报的关系有比较清醒的认识。资本资产定价模型可以计算出在金融市场上承担风险所带来的报酬；从最低要求的意义上而言，任何公司所进行的任何新投资的预期收益至少应该不低于金融市场上为同样风险的资产所提供的收益。

（2）正确理解资本资产定价模型可以有助于确定未来现金流的合理折现率。只有比在同样风险条件下金融市场所提供的预期收益率还要优越的投资才是有意义的投资，那么，合理的折现率应该是同金融市场上具有相同的贝塔系数的投资进行比较得出的。也就是说，一个新项目的合理折现率是一项投资要想具有吸引力所必须具有的最低要求收益率。

（二）模型应用

资本资产定价模型主要应用于资产估值以及资源配置等方面。

1. 资产评估：判断证券是否被市场错误定价

在市场均衡状态下，根据资本资产定价模型求得的 $E(R_i)$ 与根据股票现金流估价模型求得的 $E(R_i)$ 应有相同的值，以此确定均衡期初价格。将现行的实际市场价格与均衡的期初价格进行比较。两者不等，则说明市场价格被误定，被误定的价格应该有回归的要求。

2. 资源配置

根据对市场走势的预测来选择具有不同 β 系数的证券或组合以获得较高收益或规避市场风险。

证券市场线表明：β 系数反映证券或组合对市场变化的敏感性。当有很大把握预测牛市到来时，应选择那些高 β 系数的证券或组合（高 β 系数的证券将成倍地放大市场收益率）；在熊市到来之际，应选择那些低 β 系数的证券或组合，以减少因市场下跌而造成的损失。

第三节 物流企业财务分析

一、财务分析概述

（一）财务分析的定义

财务分析是指以财务报表和其他资料为依据和起点，采用专门方法，分析和评价企业的过去和现在的经营成果、财务状况及其变动，目的是了解过去、评价现在、预测未来、帮助利益关系集团改善决策。

编制财务报表的目的，就是向报表的使用者提供有关的财务信息，从而为他们的决策提供依据。但是财务报表是通过一系列的数据资料来全面地、概括地反映企业的财务状况、经营成果和现金流量情况。对报表的使用者来说,这些数据是原始的、初步的,还不能直接为决策服务。因此,报表的使用者应根据自己的需要,使用专门的方法,对财务报表提供的数据资料进一步加工、整理,从中取得必要的有用的信息,从而为决策提供正确的依据。

(二)财务分析的目的

财务报表的主要使用人有七种,他们的分析目的不完全相同:投资者(潜在投资者)主要分析企业的资产和盈利能力;债权人为决定是否给企业贷款,主要分析偿债能力、盈利能力;经理人员为改善财务决策而进行分析,涉及的内容最广泛;供应商通过分析,看企业能否长期合作;政府通过分析了解企业的税收情况,遵守法规和市场秩序的情况、职工收入和就业情况;雇员和工会通过分析判断企业盈利与雇员收入、保险、福利三者是否相适应;中介机构评价企业过去的经营业绩,衡量企业现在的财务状况、预测企业未来的发展趋势。

二、财务分析内容

财务分析内容一般可分为四个部分:企业偿债能力分析、企业营运能力分析、企业获利能力分析和企业市场价值分析。通过以上四部分的分析,就可以对企业的财务状况有一个全面的了解。

(一)偿债能力分析

偿债能力是指企业偿还各种到期债务的能力。通过偿债能力的分析能揭示一个企业财务风险的大小,因此它是企业财务分析的一个重要方面。偿债能力包括短期偿债能力和长期偿债能力。

1. 短期偿债能力分析

短期偿债能力是指企业偿还流动负债的能力。流动负债是指一年内或一个营业周期内应偿还的债务,这部分负债对企业的财务风险影响较大。如果企业缺乏短期偿债能力,不仅无法获得有利的进货机会,而且还会因无力支付短期债务,而被迫变卖其他资产,甚至导致破产。一般流动负债需要用流动资产清偿,所以,可以通过分析企业流动负债与流动资产之间的关系来判断企业的短期偿债能力。评价企业短期偿债能力的指标主要有流动比率、速动比率及现金比率。

(1)流动比率。流动比率是企业流动资产与流动负债的比率。其计算公式为

$$流动比率=流动资产/流动负债$$

这个比率是衡量短期偿债能力最通用的比率。根据经验,企业的流动比率一般在2左右是比较合适的。流动比率太低表明企业缺乏短期偿债能力;流动比率过高虽然说明短期偿债能力强,但过高的流动比率可能是存货积压或滞销的结果,也可能是拥有过多的现金未能很好地在经营中运用。物流企业的流动性要求相比于一般的企业更高,所以该比率值要求更大一些。

(2)速动比率。速动比率也被称为酸性测试比率,是速动资产与流动负债的比率。在使用流动比率评价短期偿债能力时,存在一定的缺陷,即没有考虑到流动资产的结构。如果

流动比率较高,而流动资产的流动性却很低,那么企业的短期偿债能力依然很差。速动比率的提出弥补了这个缺陷。其计算公式为

$$速动比率 = 速动资产/流动负债$$
$$速动资产 = 流动资产总额 - 存货 - 预付款 - 递延资产$$

上式中的速动资产指那些几乎立即可以用来偿还债务的流动资产。存货一般不包括在内,因为存货的变现能力较差,变现需要较长时间,而且还可能发生残次等损失。至于预付款,只能节约现金的支付不能变现,也不包括在内。

传统经验认为速动比率以 1 为佳,在实际分析中,要根据企业的实际情况而定。一般认为这个比率在 1 以上比较稳妥,但也不是绝对的,因为行业不同,速动比率具有较大的差异性,有些以现金销售为主的行业应收账款较少,因此该行业的速动比率可能会小于 1,物流企业流动资金较多,通常速动比率大于 1。

(3) 现金比率。现金比率是企业现金类资产与流动负债的比例。现金类资产包括货币资金和市场交易频繁易于变现的短期有价证券。其计算公式为

$$现金比率 = 货币资金 + 短期有价证券/流动负债$$

现金比率反映企业的直接支付能力,因为现金是企业偿还债务的最终手段。因而,较高的现金比率反映企业有较好的支付能力,但是过高的现金比率意味着未能充分利用企业的资产。

2. 长期偿债能力分析

长期偿债能力是企业偿还长期债务的能力。对于企业的长期债权人而言,他们在关心短期偿债能力的同时,更关注企业的长期偿债能力。反映企业长期偿债能力的指标主要有资产负债率、产权比率及已获利息倍数。

(1) 资产负债率,又称为负债比率,是企业的负债总额与资产总额的比率。其计算公式为

$$资产负债率 = \frac{负债总额}{资产总额}$$

资产负债率反映了企业偿还债务的综合能力,这个比率越高,企业的偿债能力越差,反之越强。同时,它又被称为财务杠杆,对风险和利润有放大的作用。企业负债比例过高,企业的财务风险就比较高。

(2) 产权比率。产权比率是负债总额与所有者权益之间的比率。其计算公式为

$$产权比率 = \frac{负债总额}{股东权益总额}$$

该指标反映由债权人提供的资本与股东提供的资本的相对关系,它可以揭示企业的财务风险以及股东权益对债权人权益的保障程度。该项比率越低,表明企业的长期偿债能力越强。一般说来,所有者资本大于借入资本为好。

(3) 已获利息倍数。已获利息倍数也称利息保障倍数,是息税前利润与利息费用的比率。其计算公式为

$$已获利息倍数 = \frac{息税前利润}{利息费用} = \frac{税后净利润 + 所得税 + 利息费用}{利息费用}$$

已获利息倍数反映了企业的经营所得支付债务利息的能力。如果这个比率太低,说明企业难以保证用经营所得来按时按量支付利息,这会引起债权人的担心。通常要求已获利

息倍数大于1,否则就难以偿付债务及利息。银行在向企业贷款时常常考察这个比率。

(二) 物流企业营运能力分析

企业营运能力是指企业资金的利用效率,可以通过企业资金的周转状况来反映。通过营运能力分析可以从一个侧面了解企业的营业状况和经营管理水平。反映企业营运能力的指标主要有存货周转率、应收账款周转率等。

1. 存货周转率

这是企业一定时期的销售成本与平均存货的比率。其计算公式为

$$存货周转率 = \frac{销售成本}{平均存货}$$

$$平均存货 = \frac{期初存货余额 + 期末存货余额}{2}$$

这个比率说明当期存货周转的次数。由存货周转率可进一步计算存货周转天数。其计算公式为

$$存货周转天数 = \frac{360}{存货周转率}$$

存货周转率(周转天数)说明了一定时期内企业存货周转的状况,可以反映企业的销售效率和存货使用效率。通常,一定时期内的存货周转率越高,说明存货周转速度快,企业销售能力强,占用在存货上的资金少。如果存货周转率偏低,其原因可能是存货控制不力,导致存货的过度购买;也可能是销售减少,导致存货滞销。

2. 应收账款周转率

是企业销售收入与应收账款平均余额的比率。其计算公式为

$$应收账款周转率 = \frac{销售收入}{应收账款平均余额}$$

$$应收账款平均余额 = \frac{期初应收账款 + 期末应收账款}{2}$$

公式中,销售收入是指扣除销售退回、折扣、折让后的净额。

应收账款平均收账期表示账款周转一次所需天数。其计算公式为

$$应收账款平均收账期 = \frac{360}{应收账款周转率}$$

应收账款周转率是评价应收账流动性的重要财务指标,反映了企业应收账款的变现速度和管理效率。一般来说,应收账款周转率越高,收账期越短,说明收账速度快,资产流动性好,可能出现的坏账也少。资产的流动性加强,短期偿债能力就加强,在一定程度上可以弥补流动比率低的不利影响。但应收账款周转率过高,可能是企业的信用政策过严,付款条件过于苛刻,这样可能会限制销售量的扩大,从而影响企业的盈利水平。这种情况往往表现为存货周转率同时偏低。该比率的值和企业赊销条件中规定的信用期限和催款方针有直接的关系。

(三) 获利能力分析

企业获利能力关系到所有者能否得到股利、欠债权人的债务能否偿清,同时,它也可以从一个侧面反映企业资本的保值增值情况。无论是债权人、投资者或管理者都十分关注企

业的获利能力。评价企业获利能力的指标主要有销售利润率、总资产投资回报率及权益回报率等。

1. 销售利润率

销售利润率包括销售毛利率和销售净利率。

销售毛利率是毛利与销售收入的比率,计算公式为

$$销售毛利率=\frac{毛利}{销售收入}=\frac{销售收入-销售成本}{销售收入}$$

销售毛利率直接反映了企业获取利润的能力。该比率越大,说明净销售收入中销售成本占的比重越小,企业获取利润的能力越强。

销售净利率是企业税后净利润与销售收入的比率,我们通常说的销售利率就是指销售净利率。计算公式为

$$销售净利率=\frac{净利润}{销售收入}$$

销售净利率直接反映了企业获取净利润的能力。该指标说明了企业扣除包括税收在内的所有成本费用因素后的盈利能力。将上述两个比率结合起来分析,可以了解企业的成本费用控制能力。

2. 总资产投资回报率

也称资产收益率、资产报酬率,是企业在一定时期内的净利润与平均资产总额的比例,计算公式为

$$总资产投资回报率=\frac{净利润}{平均资产总额}$$

$$平均资产总额=\frac{期初资产总额+期末资产总额}{2}$$

总资产投资回报率是反映企业资产综合利用效果的指标。这一比例越高,说明资产利用效果越好,整个企业的获利能力越强,经营管理水平越高。

3. 权益回报率

也称权益报酬率,是企业在一定时期内的净利润与平均股东权益总额的比例,计算公式为

$$权益回报率=\frac{净利润}{平均股东权益总额}$$

$$平均股东权益总额=\frac{期初股东权益总额+期末股东权益总额}{2}$$

权益回报率是反映股东投资收益水平的指标。该项比率越高,说明股东投资的收益水平越高,获利能力越强;反之,则收益水平低,获利能力弱。如果企业的负债比率上升的同时,权益报酬率也上升,则说明管理者利用了更多的负债来为股东创造利润,体现为负债对利润的放大作用。

(四)物流企业市场价值分析

对于发行股票的上市公司,通常还对其进行市场价值的分析。评价市场价值的指标主要有每股盈余、市盈率和股利分配率。

1. 每股盈余

$$每股盈余 = \frac{净利润 - 优先股股利}{发行在外的普通股平均股数}$$

2. 市盈率

这是指普通股的每股市价与当期每股收益的比率,计算公式为

$$市盈率 = \frac{普通股每股股价}{普通股每股盈余}$$

市盈率反映了投资者对企业的股票获取1元利润所愿支付的价格。该比率值越高,说明投资者对公司的发展前景充满信心,愿意为每股收益付出较高的价格。通常一些成长性好的企业的市盈率较高。市盈率的实际含义为投资者投资的回收期。而回收期越长,投资风险越大,所以过高的市盈率,可能意味着较高的风险。

3. 股利支付率

$$股利支付率 = \frac{每股股利}{每股盈余} \times 100\%$$

$$每股股利 = \frac{现金股利总额 - 优先股股利}{发行在外的普通股股数}$$

股利支付率主要取决于公司的股利政策,公司的现金量比较充裕,且目前没有更好的投资项目,则会倾向于发放现金股利;反之,则可能会少发股利或将资金用于投资。

(五) 综合财务分析

财务综合分析的方法主要有两种:杜邦财务分析体系法和沃尔比重评分法。

1. 杜邦分析法

杜邦分析法利用几种主要的财务比率之间的关系来综合分析企业的财务状况,这种分析方法最早由美国杜邦公司使用,故名杜邦分析法。杜邦分析法是一种用来评价公司盈利能力和股东权益回报水平,从财务角度评价企业绩效的一种经典方法。其基本思想是将企业净资产收益率逐级分解为多项财务比率乘积,这样有助于深入分析比较企业经营业绩。

杜邦分析法有助于企业管理层更加清晰地看到权益资本收益率的决定因素,以及销售净利润率与总资产周转率、债务比率之间的相互关联关系,给管理层提供了一张明晰的考察公司资产管理效率和是否最大化股东投资回报的路线图。

杜邦分析法的基本思路:

首先,权益净利率是一个综合性最强的财务分析指标,是杜邦分析系统的核心。

其次,资产净利率是影响权益净利率的最重要的指标,具有很强的综合性,而资产净利率又取决于销售净利率和总资产周转率的高低。总资产周转率是反映总资产的周转速度。对资产周转率的分析,需要对影响资产周转的各因素进行分析,以判明影响公司资金周转的主要问题在哪里。销售净利率反映销售收入的收益水平。扩大销售收入,降低成本费用是提高企业销售利润率的根本途径,而扩大销售,同时也是提高资产周转率的必要条件和途径。

再次,权益乘数表示企业的负债程度,反映了公司利用财务杠杆进行经营活动的程度。资产负债率高,权益乘数就大,这说明公司负债程度高,公司会有较多的杠杆利益,但风险也高;反之,资产负债率低,权益乘数就小,这说明公司负债程度低,公司会有较少的杠杆利益,

但相应所承担的风险也低。

杜邦分析法中的几种主要的财务指标关系为

净资产收益率（ROE）＝资产净利率（税后净利润/总资产）×权益乘数（总资产/总权益资本）

资产净利率（税后净利润/总资产）＝销售净利率（税后净利润/销售总收益）×资产周转率（销售总收益/总资产）

净资产收益率（ROE）＝销售净利率（NPM）×资产周转率（AU，资产利用率）×权益乘数（EM）

从企业绩效评价的角度来看，杜邦分析法只包括财务方面的信息，不能全面反映企业的实力，有很大的局限性，在实际运用中需要加以注意，必须结合企业的其他信息加以分析。主要表现在：

（1）对短期财务结果过分重视，有可能助长公司管理层的短期行为，忽略企业长期的价值创造。

（2）财务指标反映的是企业过去的经营业绩，衡量工业时代的企业能够满足要求。但在目前的信息时代，顾客、供应商、雇员、技术创新等因素对企业经营业绩的影响越来越大，而杜邦分析法在这些方面是无能为力的。

（3）在目前的市场环境中，企业的无形知识资产对提高企业长期竞争力至关重要，杜邦分析法却不能解决无形资产的估值问题。

2．沃尔比重评分法

亚历山大·沃尔在本世纪初出版的《信用晴雨表研究》和《财务报表比率分析》中提出了信用能力指数的概念，他选择了七个财务比率即流动比率、产权比率、固定资产比率、存货周转率、应收账款周转率、固定资产周转率和自有资金周转率，分别给定各指标的比重，然后确定标准比率（以行业平均数为基础），将实际比率与标准比率相比，得出相对比率，将此相对比率与各指标比重相乘，得出总评分。

沃尔比重评分法有两个缺陷：一是选择这七个比率及给定的比重缺乏说服力；二是如果某一个指标严重异常时，会对总评分产生不合逻辑的重大影响。

复习思考题

1．简述物流企业资金运动，并指出物流企业资金运动的特征。
2．简述物流企业财务管理内容。
3．简述物流企业理财的目标。
4．什么叫时间价值？如何计量？
5．什么叫风险价值？怎样度量风险，并根据风险大小利用资本资产定价模型计算投资者的必要或预期回报率？
6．怎样从偿债能力、营运能力、获利能力等方面来解析与诊断公司的财务现状？

第十八章 物流企业融资管理

■ **学习目标** ■

学习完本章,你应该能够
1. 了解物流与资本市场
2. 熟悉物流企业融资方式

■ **基本概念** ■

资本市场　资金成本　财务杠杆　资本结构

第一节　物流与资本市场

一、资本市场的含义与特点

(一)资本市场定义

资本市场是融通长期资金的市场,是指一年期以上的资金融通活动的总和。具体是指期限在一年以上的金融资产交易市场,其交易目的主要是为满足资金需求者中长期资金需要,是为实现社会扩大再生产而进行资本积累的一种长期资金市场。也就是以一年期来划分的范围界定,它既包括了股票市场、一年期以上的国债和企业债券市场,也同时包括了一年期以上的中长期信贷市场,还可以包括非证券的产权购并交易市场。需要说明的是本章在认同一年期为界的概念界定的同时,更为根本的就是从货币和资本的原意出发,对资本市场概念界定主旨着眼于盈利性,区别于货币市场的流动性。本书对物流金融创新的财务管理则另辟一章叙述。

(二)资本市场特点

资本市场作为市场经济中资本融通的专业市场,由于自身的特殊性,具有与其他市场不同的特点。资本市场的一般特点主要表现为:(1)资本市场是非物质化的市场;(2)资本市场是充分竞争的市场;(3)资本市场是风险转移的市场;(4)资本市场是透明性、公开性的市场;

(5)资本市场是公平性的市场。

随着近些年来世界经济的发展、科学技术的进步、人类知识的更新,以及理论研究的深化,资本市场又具有了许多新的特征,人们对资本市场的特征又有了新的认识。资本市场的现代特征主要表现在以下几个方面:(1)资本市场是市场化程度最高的市场;(2)资本市场是以"信息"为轴心的市场;(3)资本市场具有"虚拟性"和"泡沫化"的天性;(4)资本市场是以知识经济为基础、智力资本作用最重要的市场;(5)资本市场是心理因素作用显著的市场;(6)资本市场是科技含量最大、网络化程度最高的市场。

二、物流与资本市场

(一)我国物流企业的融资发展背景

目前,我国中小企业已超过 1 000 万家,数量占企业总数的 99%,产值占 60%,税收 43%,但是中小企业融资只占 30%左右,出现了中小企业资金需求旺盛而供给不足的局面。同时,随着物流市场的迅速扩大,各类物流企业在我国如雨后春笋般大量出现。我国的物流企业大多面临规模小、实力弱、经营管理落后的问题。面临日益激烈的行业竞争和国外同行的压力,这些企业除了必须从传统物流向现代物流进行转变外,企业规模也应向大型化和国际化的方向发展。物流企业的转型和壮大都需要大量的资金支持,从我国物流企业现状来看,大规模的资金需求依靠物流企业自身是难以筹集的,而通过资本市场或者金融机构筹集资金同样存在着一些障碍。

(二)我国物流企业融资障碍分析

1. 物流企业经济效益低下,偿债能力不足

造成我国物流企业效益低下的原因是多方面的,主要有两个方面:一是政策性因素。在计划经济时期,物流行业执行国家指令、实行政策性经营,充当政府调剂物资的运输工具,在其运行过程中,形成大量政策性负债,经济体制转变后,国家财政对物流企业政策性负债没有进行适当的补贴。二是自身因素。在经济转轨过程中,部分物流企业没有适时转换经营角色,缺乏竞争意识,自身发展意识淡薄,在市场竞争中形成经营性亏损。同时,在计划经济时期,物流企业注重社会效益而忽视了企业效益,无法积累利润。经济体制转变后,物流企业普遍存在"重消费,轻积累"的倾向,短期行为比较严重,真正用于企业自身发展的资金较少。由于自身发展资金长期不足,物流企业在市场经济竞争中丧失发展动力,造成物流行业经济效益普遍低下。物流企业经济效益低下导致资产负债比例较高,难以从银行取得信贷资金,更不容易从资本市场筹集资金。

2. 物流企业融资渠道单一,融资结构不完善

现代市场经济条件下,企业应从单一的融资渠道转向多元化的渠道,比如依靠自身积累、向银行和其他金融机构借款、发行债券和股票等多种融资方式并举,并充分利用资本市场,直接向社会筹集资金,这是物流企业的融资方向,也是一个必然的趋势。

但是,我国资本市场设置门槛过高,金融部门在贷款过程中均实行"谨慎性原则",首先

考虑的是资金的安全性,并建立了一套手续繁杂的审批程序,同时实行严格的财产抵押担保制度。而物流企业由于自身发展的限制,经济效益普遍低下,依靠自身的实力不足以提供担保,而且担保连带责任重大,很少有单位或个人愿为物流企业提供担保。在办理财产抵押过程中,抵押登记和评估费用较高,而贷款抵押率较低。一般房产抵押率为70%,生产设备抵押率为50%左右,动产抵押率为20%—30%,而专用设备抵押率只有10%,物流企业的资产主要由专用设备构成,贷款抵押率明显较低,同时金融部门还要根据企业的经济效益和信用度来调整贷款抵押率,并且抵押物品还要满足金融部门的其他要求,在这种体制下,物流企业融资额度十分有限。由于金融部门贷款门槛较高,融资费用较高,贷款抵押率较低,现行信贷机制大大压制了物流企业的融资需求。其次,金融部门注重"盈利性",在信贷过程中倾向于"短、平、快"项目,而物流企业属于国民经济基础行业,投资回收期较长,金融部门通常不愿对其贷款。

3. 产权不明晰,公司治理结构不完善

我国物流企业大多为国有企业,产权不明晰,缺乏人格化的所有者,即没有真正的人格化所有者监督企业的经营活动,并为此承担企业经营活动的后果。公司治理结构不完善将造成企业缺乏有效的内部监督机制,激励和约束不够,企业的经营效率不高,经营效益低下,使企业的融资问题雪上加霜。即便一些"完成"公司制改造的物流企业,法人治理结构也不完善,董事会、监事会和经营管理层并未形成相互依赖、相互约束的制衡机制,"一把手一言堂"的局面并未得到根本改变。

目前物流企业资金困难、融资渠道不畅,并不是产生问题的根本原因,而是物流企业现代企业制度尚未真正建立,经营机制落后,缺乏效率所产生的一个结果。如果微观的企业制度基础不完善,单靠资源的输入是难以解决根本问题的,并将造成资源的极大浪费。因此,解决融资问题,必须以完善的企业制度为基础。

4. 社会信用危机

社会信用危机是物流企业融资的一个外在不利因素,影响到金融部门的对外贷款,产生"惜贷"心理,究其原因,主要有以下几点:(1)经济普遍不景气,企业负债偏高,在向市场经济转轨过程中难以适应市场经济的要求;(2)企业信用意识淡薄,有意拖欠银行贷款本息,多头开户,分散资金,逃避监督;(3)企业借改制之名,恶意逃避银行债务。社会信用的危机影响国民经济的健康运行,金融机构为了防范金融风险被迫采取严格的审查程序,并制定一系列贷款条件和担保措施,将一些有强烈融资需求的企业拒之门外。物流企业也被这些条件和措施限制在门外。同时,由于社会信用危机的影响,企业间资金相互拖欠问题也比较严重,制约着物流企业与其他企业之间的融资。

5. 社会各界对物流重视程度不够

长期以来,受"重生产,轻流通"思想的影响,国家财政对物资流通行业的基础设施建设投资力度明显不够。造成我国物流基础设施建设明显滞后于国民经济建设,对我国经济建设造成瓶颈效应。另一方面,受传统经济体制的影响,我国企业界对物流业缺乏足够的认识,多数企业对生产和管理比较重视,但忽视购运和储运等流通环节。虽然近几年来市场掀起物流热潮,地方政府和有关职能部门也在积极研究发展我国物流的对策,部分企业开始发展现代物流。但是,"物流"这一概念引入我国时间较短,进入实践领域需要一个过程。长期

以来,由于社会各界对物流的重视程度不够,对物流企业的融资也产生一定的负面影响。

(三)资本市场对物流业发展的推动方式

随着中国参与全球经济的节奏加快,中国已经成为"世界工厂",在全球采购、全球制造、全球销售的背景下中国正在成为"全球物流中心港",这将为中国物流行业带来数千亿美元的市场机会,也是国际金融资本看好中国物流业的重要原因,中国物流行业高速发展的时期已经到来,资本市场关注发展趋势。资本市场对物流业发展的推动方式主要有以下几种:

1. 发起上市

(1) 主板市场,对股份公司上市有严格要求的、传统的证券交易市场。这一市场对上市公司的股权结构、资产规模、盈利状况、市场前景等都规定了一定的标准。目前我国的沪深交易市场可以称为主板市场,在主板市场的基础上又发展出二板市场。二板市场是为那些达不到主板市场上市标准的创业型中小企业服务的证券交易市场。

(2) 二板市场,二板市场又称创业板,即第二股票交易市场,是指主板之外的专为暂时无法上市的中小企业和新兴公司提供融资途径和成长空间的证券交易市场,是对主板市场的有效补给,在资本市场中占据着重要的位置。在创业板市场上市的公司大多从事高科技业务,具有较高的成长性,但往往成立时间较短,规模较小,业绩也不突出。创业板市场最大的特点就是低门槛进入,严要求运作,有助于有潜力的中小企业获得融资机会。在中国发展创业板市场是为了给中小企业提供更方便的融资渠道,为风险资本营造一个正常的退出机制。同时,这也是我国调整产业结构、推进经济改革的重要手段。对投资者来说,创业板市场的风险要比主板市场高得多。当然,回报可能也会大得多。

2. 买壳上市

所谓买壳上市,是指一些非上市公司通过收购一些业绩较差、筹资能力弱化的上市公司,剥离被收购公司资产,注入自己的资产,从而实现间接上市的目的。买壳上市分为两个阶段:(1)收购上市公司;(2)重组,包括资产剥离和资产注入。

买壳上市的目的是实现间接上市。具体运作是指非上市公司通过收购"壳"公司,获得上市公司的控股权之后,再由被收购的上市公司通过配股等"反向收购"的方式,注入优质资产,达到母公司间接上市的行为。这里的"壳"实质上是一个公司的上市资格。买壳上市一般能带来企业业绩的提升,有的会产生脱胎换骨的变化。一般通过买壳上市后,壳公司在二级市场会被投资者重新认识,引起股价的上扬。所以说,买壳上市是二级市场一个永恒的题材。由于买壳上市可带来横向购并、纵向购并及混合购并,从而有利于优势企业的规模化、多元化的发展。所以,物流企业依托资本市场进行资产重组是实现融资的又一条有效途径。

第二节 物流企业融资方式

物流企业的融资方式主要有权益融资、债务融资与融资租赁三类。这里需要说明的是,由于物流企业的融资租赁具有特殊性与复杂性,本章重点介绍权益融资、债务融资,对融资租赁不再作介绍,具体在第三章中细述。

一、权益资金融资

（一）权益融资与特点

权益性筹资或称为自有资金,是指企业通过发行股票、吸收直接投资、内部积累等方式筹集资金。企业采用吸收自有资金的方式筹集资金,一般不用还本,财务风险小,但付出的资金成本相对较高。

权益融资特点表现为：

第一,权益融资筹措的资金具有永久性特点,无到期日,不需归还。企业资本金是保证项目法人对资本的最低需求,是维持项目法人长期稳定发展的基本前提。

第二,权益融资筹措的资金具有法定性特点,企业资本金是依法委托法定验资机构并出具验资报告。权益所有者人以红利形式分得企业利润,并承担管理责任。

第三,它是负债融资的基础。权益融资是项目企业法人最基本的资金来源。它体现着项目法人的实力,是其他融资方式的基础,尤其可为债权人提供保障,增强公司的举债能力。

（二）权益资金的融资途径

权益资金的融资途径主要是吸收直接投资、发行股票、内部积累等方式。

1. 吸收直接投资

吸收直接投资是指企业按照"共同投资、共同经营、共担风险、共享利润"的原则来吸收国家、法人、个人、外商投入资金的一种筹资方式。它是非股份有限责任公司筹措资本金的基本形式。

吸收直接投资中的出资者都是企业的所有者,他们对企业具有经营管理权。企业经营状况好,盈利多,各方按出资比例分享利润,但企业经营状况差,连年亏损,甚至破产清算,投资各方则按其出资比例在出资限额内承担损失。

吸收直接投资,投资者的出资方式主要有：现金投资、实物投资、工业产权投资、土地使用权投资等。投入资本的出资方式除国家规定外,应在企业成立时经批准的企业合同、章程中有详细规定。

吸收直接投资的优点是：

(1) 有利于尽快形成生产经营规模,增强企业实力。

(2) 有利于获取先进设备和先进技术,提高企业的生产水平。

(3) 吸收直接投资根据企业经营状况好坏,向投资者进行回报,财务风险较小。

吸收直接投资的缺点是：

(1) 资本成本较高。特别是企业经营状况较好和盈利较多时,向投资者支付的报酬是根据其出资的数额多少和企业实现利润的多少来计算的。

(2) 容易分散控制权。采用吸收直接投资,投资者一般都要求获得与投资数量相适应的经营管理权,如果达到一定的比例,就能拥有对企业的完全控制权。

2. 内部积累

自我积累则是指通过创业企业自身的活动获得盈利,是企业的税后利润积累进一步发展所需资金。内源融资具有以下特点：

（1）自主性。内源融资获取的资金是公司的自有资金，公司在使用这部分资金时具有较大的自主权，受外界的制约和影响较小。

（2）有限性。内源融资获取资金的多少取决于公司经济效益的高低，公司经济效益高，内源融资的规模较大；反之则较小。

（3）低成本性。内源融资的资金来源于公司内部积累，相当于现有股东对公司的再投资，股东对这部分投资的回报要求是非硬性的，也就是说，当公司未来经济效益好，多得股利时，这部分多得的股利是原有投资带来的还是内部积累带来的，是不宜分清的，因此，从某种意义上讲，公司可以无偿地使用这部分资金，进而可以认为这部分资金是低成本的。不过，内源融资存在机会成本。

（4）低风险性。内源融资的低成本性决定了它不存在支付风险，因而具有低风险性特点。

自我积累的缺点：企业自我积累是由企业税后利润所形成，积累速度慢，不适应企业规模的迅速扩大，而且自我积累存在双重征税问题。虽然这种筹资方式使业主权益增大，资金所有权与经营权合二为一，但税负却最重。

3. 发行股票

通过发起首次公开上市向公众出售股票。首次公开上市是企业股票面向公众的初次销售。当企业上市后，它的股票要在某个主要股票交易所挂牌交易。首次公开上市是企业重要的里程碑。

二、债务资金的融资

（一）债务资金融资概述

债务融资定义：债务融资是公司向其债权人筹措资金的一种方式。债权融资获取的资金形成公司的债务，代表着对公司的债权。债权融资发生于公司生命周期的任何时期。债权融资包括公司发行债券、向银行借款、商业信用以及其他应交、应付的款项等。

债权融资具有以下特征：

（1）债权融资取得的资金形成公司的负债，因而在形式上采取的是有借有还的方式。对于负债，公司不仅要向债权人支付利息，即资金使用费，而且在债务到期时还要向债权人偿还本金。

（2）债权融资能够提高公司所有权资金的回报率，因而具有财务杠杆作用。

（3）债权融资的成本可计入公司财务费用，冲减应税所得额，因而具有税盾效应。

（4）债权融资形成债权人对公司的债权控制。债权控制是一种相机控制，即如果公司付得出债务，控制权就掌握在公司手中；如果公司付不出债务，控制权就自动转移到债权人手中。

债务资金的融资方式：借款与债券。其中，银行信贷融资是许多中小物流企业普遍采用的一种借款筹资方式。

(二)银行信贷融资

1. 银行信贷融资概述

(1)信贷资金的提供者。

银行作为我国金融机构的主体,是各类企业筹集资金的重要来源。我国银行分为商业性银行和政策性银行。商业银行以盈利为目的,为企业提供信贷服务;政策性银行则根据国家宏观调控政策,对特定企业提供政策性贷款,不以盈利为主要目的,但也遵循成本收益原则。目前,我国信贷资本的主要提供者是商业银行。我国的商业银行包括国有商业银行、其他商业银行以及区域性商业银行和外资银行几种类型。

(2)银行信贷的分类。根据贷款时间是否超过一年,可分为短期借款和长期借款。

(3)银行信贷融资的特点:一是融资速度快。因为银行贷款的手续相对于发行债券和股票要简单;二是弹性大。一些贷款的条件可以通过谈判决定;三是成本较低。贷款的利率要普遍低于债券利率,而且筹资费用也较少。

(4)企业贷款的目的。银行信贷融资可以满足企业经营活动中的资金需求,其筹资成本相对固定,规模弹性具有一定灵活性,只要企业的收益率高于贷款利率,就可以通过财务杠杆的作用,扩大企业经营规模,同时通过调整贷款的取得和偿还时机,来保持合理的资本结构,控制财务风险。

2. 短期借款

短期借款是指企业向银行借入的期限在一年之内的借款。根据偿还方式不同,可分为一次性偿还借款和分期偿还借款;根据利息支付方式不同,可分为收款法借款、贴现法借款和加息法借款;根据有无担保品,可分为抵押借款和信用借款等。

(1)信用条件。

根据现代商业银行的通行做法,银行等金融机构在发放短期借款时往往带有一定的信用条件,主要包括:

① 信贷限额。信贷限额是银行对借款人规定的无担保贷款的最高额。信贷限额的有效期由银行通过对企业的信用分析确定。通常,在批准的信贷限额内,企业可以随时取得银行贷款。但是,当企业的信誉恶化时,银行可以不承担法律责任地降低甚至拒绝按信贷限额提供贷款。

② 周转信贷协定。周转信贷协定是指银行具有法律义务承诺提供不超过某一最高限额的贷款协定。在协定的有效期内,银行必须无条件地满足企业在任何时候提出的不超过最高限额的借款要求,同时,企业为享有周转信贷协定的权利,对贷款限额的未使用部分需向银行支付一定的费用。

③ 补偿性余额。补偿性余额是银行要求企业在银行中保持按贷款限额或实际使用额一定比例计算的最低存款余额。从银行的立场来看,补偿性余额可以降低贷款风险;而对借款企业来说,补偿性余额提高了贷款的实际利率。

④ 借款抵押或质押。银行向财务风险较大以及信誉不佳的企业借款时,有时需要向借款企业索要抵押或质押品以示担保。如果借款企业不能按期偿债,银行有权处理抵押品。银行根据抵押或质押品的面值决定贷款金额,一般为面值的30%—90%。对借款企业来说,

抵押或质押贷款的成本高于非抵押或质押贷款；同时，银行管理抵押或质押品也往往要付出一定的手续费。

⑤ 偿还条件。借款的偿还条件是指企业还款的方式，是到期一次性偿还还是在借款期内等额偿还。分期等额偿还会使企业贷款的实际利率提高，因此对企业不利；而银行则希望采用分期等额偿还方式，因为一次性偿还会加重企业的财务负担，银行承担较大的风险。

(2) 借款利率与支付方法。

短期借款利率多种多样，利息支付方式也有多种。

① 借款利率，即银行对符合国家产业引导政策、经营效果好的企业贷款所实行的政策性名义利率，也就是贷款的最低限。浮动优惠利率：根据市场条件的变化和其他短期利率的变动而调整变化的优惠性利率。非优惠利率：即一般贷款利率。非优惠利率经常是在优惠利率的基础上加一定的百分比，以保证银行的经营成果。

② 利息支付方式。

收款法：企业在借款到期时向银行支付利息的方法，是最常见、最普遍的一种。

贴现法：银行向企业发放贷款时，先从本金中扣除利息部分，而到期只偿还本金的一种方法。在这种方式下，企业实际使用的贷款额只有本金减去利息部分后的余额，因此，贷款的实际利率高于名义利率。

加息法：银行发放分期等额偿还贷款时采用的利息收取方法。在这种方式下，企业实际上只平均使用了贷款本金的一半，但支付了全额利息。因此，贷款的实际利率约高于名义利率一倍。

3. 长期借款

长期借款是指向银行借入的使用期超过一年的借款。

(1) 保护性条款。

银行一般对期限长、风险大的长期借款，在合同中提出一些有助于保证贷款安全性的条件，即合同中的保护性条款。一般有三类：

① 一般性保护条款对借款企业流动资金保持量的规定；对支付现金股利和再购入股票的限制；对资本支出规模的限制；对企业的其他长期债务的限制，等等。

② 例行性保护条款。

企业定期向银行提交财务报表；不得在正常情况下大量出售资产；按期缴纳税金和清偿其他到期债务；不准以任何资产作为其他承诺的担保；限制高额成本费用支出，等等。

③ 特殊性保护条款。

贷款实行专款专用；限制高级职员的薪金和奖金总额；企业主要领导人在合同有效期内不得调离领导职务；企业主要领导人购买人身保险等。

(2) 偿还方式。

长期借款的偿还方式主要有：

① 定期支付利息，到期一次性偿还本金；

② 平时逐期偿还利息和小额本金，期末偿还大额本金。

4. 银行信贷融资的特点

(1) 融资速度快。因为银行贷款的手续相对于发行债券和股票要简单。

(2) 弹性大。一些贷款的条件可以通过谈判决定。

(3) 成本较低。贷款的利率要普遍低于债券利率,而且筹资费用也较少。

(三) 债券

1. 债券的概念及基本要素

债券是债务人为借入资本而发行的、约定在一定期限内向债权人还本付息的一种债务凭证。在我国,非公司制企业发行的债券称为企业债券,股份有限公司和有限责任公司发行的债券称为公司债券。无论是企业债券还是公司债券,大多是长期债券。债券的基本要素是指债券上必须载明的基本内容,是明确债权人和债务人权利和义务的主要约定。尽管债券的种类繁多,但其基本的要素是大致相同的,通常包括面值、利率、付息期、到期日等。

(1) 面值。债券的面值是指债券的票面价值,是债务人对债权人在债券到期后偿还本金的数额,也是债务人对债权人按期支付利息的计算依据。债券面值包括币种和票面金额两个基本内容。

(2) 利率。债券的利率是指债券利息与债券面值的比率,也是债券发行公司承诺在一定时期后支付给债券持有人资金使用报酬的计算标准。债券利率一经确定,在偿还期内一般是不变的,并大多采用年利率表示。

(3) 付息期。债券的付息期是指发债公司支付利息的时间,可以是债券到期一次性支付,也可以是在债券偿还期内分期(如 1 年、半年或 3 个月)支付。不论债券利息是一次性支付还是分次支付,由于债券面值和债券利率是固定不变的,因此,在整个偿还期内的付息额是不变的。

(4) 偿还期。债券的偿还期是指债券发行日至到期日止的时间。债券偿还期通常由公司根据自身对资金需求的期限和资本市场的各种因素确定。公司长期债券的偿还期多在 5 年以上。债券偿还期越长,债券利率也就越高。

2. 债券的种类

(1) 记名债券与无记名债券。

① 记名债券。记名债券是指在债券票面上记有持有人的姓名或名称的债券。这种债券转让时由债券持有人背书并向发债公司登记,发债公司凭债券上记有的姓名或名称或背书以及其印鉴偿还本息。

② 无记名债券。无记名债券是指在债券票面上不记有持有人姓名或名称的债券。这种债券的还本付息以债券为凭证,一般实行剪票付息,转让时无需背书。

(2) 担保债券、抵押债券与信用债券。

① 担保债券。担保债券是指发行债券的公司以第三者的财产或信用作为担保而发行的债券。担保人通常是发债公司的母公司或资信较高的公司,担保采用背书或签订合同的方式,在发债公司不能履行还本付息的义务时,担保人代为履行还本付息的义务。

② 抵押债券。抵押债券是指发行债券的公司以自己的特定财产作为抵押而发行的债券。作为抵押债券抵押品的财产应在抵押债券契约中详细写明。当发行债券的公司破产时,债券持有人拥有处理抵押财产的权利即抵押权,以收回自己的投资。

③ 信用债券。信用债券是指发债公司凭借自身信誉而发行的债券,这是一种无担保和

抵押的债券。这类债券通常是由信誉良好的大公司发行,债券利率相对较高。

(3) 固定利率债券与浮动利率债券。

① 固定利率债券。固定利率债券是指在债券存续期内利率固定不变的债券。在市场利率处于最低点,且预期市场利率会上升时,发行这类债券有利于公司降低融资成本。

② 浮动利率债券。浮动利率债券是指在债券存续期内,约定利率浮动比例,根据市场利率变化而定期调整利率的债券。通常,在市场利率波动幅度较大时,发行此类债券有助于在投资者和发债公司之间分摊利率风险。

(4) 一次性还本付息债券与分期还本付息债券。

① 一次性还本付息债券。一次性还本付息债券是指债券到期时一次性还本付息的债券。这是一种最常见的债券。

② 分期还本付息债券。分期还本付息债券是指分期偿付债券本息的一种债券。这种债券又分为两种形式:一种是债券的本金和利息分期偿付;另一种是债券的本金分期偿还,债券的利息到期一次性支付。实际上公司很少发行这类债券。

(5) 收益债券、可转换债券与附有认股权债券。

① 收益债券。收益债券是一种混合债券,既具有一般债券的性质,即有固定的到期日,清偿权在优先股之前,又与一般债券不同,即只有公司获利时才可获取利息。对发债公司而言,不必承担固定的利息负担。通常,这类债券的利率较高。这种债券不能保证使投资者获得固定的报酬,因而并不受投资者欢迎,一般是在公司改组时发行。

② 可转换债券。可转换债券是指根据债券契约的规定,债券持有人可以在规定的时间内,按照规定的转换比例或转换价格,将债券转换为发债公司股票的一种债券。可转换债券的利率较一般债券的利率低。

③ 附有认股权债券。附有认股权债券是指发债公司发行的、附带债券持有人在规定的时间内按特定的价格认购公司股票的债券。附有认股权债券的利率较一般债券利率低。

3. 债券发行

(1) 发行债券的资格和条件。

我国《公司法》规定,股份有限公司、国有独资公司和两个以上的国有企业或其他两个以上的国有投资主体设立的有限责任公司,具有发行公司债券的资格。公司发行债券的条件是:

① 股份有限公司的净资产额不低于人民币 3 000 万元,有限责任公司的净资产额不低于人民币 6 000 万元。

② 累计债券总额不超过净资产的 40%。

③ 最近 3 年平均可分配利润足以支付公司债券 1 年的利息。

④ 筹资的资金投向符合国家产业政策。

⑤ 债券利息率不超过国务院规定的利率水平。

⑥ 国务院规定的其他条件。

(2) 债券发行价格。

债券发行价格是指发债公司发行债券时所使用的价格,也就是债券原始投资者购入债券时的价格。债券的发行价格与债券的面值可能是一致的,也可能是不一致的,取决于债的票面利率与市场利率是否一致。债券发行价格的经济含义是债券面值和各年支付利息按债券发行当时的市场利率折现成的现值,其基本计算公式如下:

$$债券发行价格 = \sum_{t=1}^{n} \frac{年利息}{(1+市场利率)^t} + \frac{面值}{(1+市场利率)^t}$$

式中,n 表示债券偿还期限;t 表示债券支付利息的次数。

(3) 债券契约。

债券契约包括两部分:一是发债公司与投资者签订的原始契约,二是发债公司与债券发行机构(受托人)签订的信托契约。其主要内容有保护性条款、赎回条款和偿债基金条款等。

① 保护性条款。保护性条款是保护投资者利益的条款。保护性条款通常对发债公司的某些行为做出限制,防止发债公司有任何形式的对债权人产生不利效果的行为。

② 赎回条款。赎回条款是规定发债公司在债券到期前有按约定的价格提前收回债券的选择权的条款。赎回债券的价格一般高于债券的票面价值,两者之间的差额形成赎回溢价。赎回条款的订立增加了公司筹资的弹性,即在市场利率下降时,发债公司可发行成本较低的债券以取代已发行的高成本的债券。但是,赎回条款对投资者的利益构成损害。因此附有赎回条款的债券,其利率要高于同质的无赎回条款的债券的利率,否则,将难以吸引投资者购买。

③ 偿债基金条款。偿债基金条款是指规定发债公司可通过设立偿债基金的办法定期偿还一定比例的债务的条款。偿债基金是发债公司为保证债券到期偿还或提前偿还而设立的专项基金。其形成方式主要有两种:一是按固定金额或已发行债券额的一定比例提取;二是按税后利润或销售收入的一定比例提取。偿债基金条款的订立,使得发债公司每年都可以用积累起来的偿债基金偿还部分债务,避免债券到期集中偿还债务而可能使公司出现资金短缺的情况。可见,偿债基金条款为发债公司偿还债务提供了保障,从而保障债权人的利益。因此,国外有些国家和地区在有关法规中要求发债公司在债务契约中设立偿债基金条款。发债公司也以在债务契约中设立偿债基金条款作为吸引投资者的手段。

第三节 资金成本与融资方式选择

一、资金成本的性质及其作用

资金是企业从事生产经营的必备要素,在市场经济条件下,企业筹措和使用资金就要付出代价。资金成本就是为筹集资金和使用资金而付出的代价,它包括资金占用费和资金筹集费。

资金占用费,是指企业在生产经营、投资过程中因使用资金而付出的费用,包括资金时间价值和投资风险报酬的费用,例如,向银行借款所支付的利息、发放股票所支付的股息等等,这是资金成本的主要内容。这些经常发生的资金占用费,因使用资金数量的多少和时期的长短而变动,属于变动性费用。

资金筹集费,通常是指企业在筹措资金过程中为获取资金而付出的花费,例如资金使用者在发行股票、债券过程中所支付的印刷费、注册费、代办费以及向银行贷款的手续费等等。它通常是在筹措资金时一次支付的,在资金的使用过程中不再发生。因此,它属于固定性费用,可视作筹资数额的一项扣除。

资金成本是现代财务管理中的一个重要概念。这个概念可以从两方面理解:从融资角度看,它是企业筹集资金所必须付出的代价,也是资金提供者(股东或债权人)所预期获得的报酬率;从投资角度看,它又是企业投资者所要求的最起码的报酬率。企业在投资中只有获取并超过资金成本以上的更多报酬,才能称投资成功。因此,在财务管理中,资金成本是投资决策中所要求的最低可接受的报酬率,是衡量投资成功与否的基本尺度。

二、资金成本的计算

资金成本可以用绝对数表示,也可以用相对数表示。在实际中,一般以相对数表示,也就是表示为使用资金所负担的费用与扣除筹集费用后的筹集资金净额的比率,称为资金成本率。其公式表示如下:

$$资金成本率 = \frac{资金占用费}{筹资总额 - 资金筹资费} \times 100\%$$

企业筹资的资金来源渠道不同,其资金成本的计算也不同。因此,在预测筹资项目的资金成本时,有必要在计算个别资金成本率的基础上,才能计算综合资金成本率。其中,个别资金成本是指各种长期筹资的成本,一般有债务资金成本、优先股资金成本与普通股资金成本。由于资本预算决策分析是在"税后"的观念上进行的,故每项资本成本都统一调整为税后成本。

(一) 个别资本成本率

1. 债务资金成本

(1) 长期借款的资金成本。

各种长期借款的资金成本主要是借款利息,借款中还会发生筹资手续费等筹资费用,一般以借款总额百分率计算。因为利息费用按规定在所得税前列示。因此,企业借款的实际资金成本率应为税后资金成本率。其计算公式为

$$K_b = \frac{I_t(1-T)}{L(1-F)}$$

上式中,K_b 指长期借款资金成本;I_t 指长期借款年利息;F 指长期借款筹资费用率;T 指企业的所得税税率;L 指长期借款本金额。

(2) 长期债券资本成本。

债券的资金成本主要是债券利息,由于债券利息在税前支付,具有减税利益。债券的筹资费用一般较高,主要包括申请发行债券手续费、债券注册费、上市费等。债券资金成本率可以通过债券估价公式估算:

$$P_0(1-F) = \sum_{t=1}^{n} \frac{I_t}{(1+K_d)^t} + \frac{M}{(1+K_d)^n}$$

上式中,P_0 指债券的市场价格;I_t 指第 t 年支付给债权人的年利息;M 指债券的到期值

或面值；K_d指债券的税前成本率(亦即债券的到期收益率)。

2. 优先股资本成本

优先股享有优先支付股利的权利，当企业资不抵债时，优先股股票持有人可先于普通股享有索赔权，由于优先股股利率固定，资金成本率计算比较简单。其计算公式为

$$K_p = \frac{D_p}{P_0(1-F)}$$

上式中，K_p指优先股成本；D_p指优先股每年的股利；P_0指发行优先股市场价格。

3. 普通股资本成本

普通股股权资本有两种来源：一是发行新的普通股；二是留存收益。通常，前者也可称为外部股权资本；后者则相应地称为内部股权资本。普通股股东的收益一般不固定，其股利要取决于企业的生产经营情况，因此，普通股的资金成本率的确定要考虑的因素较多，通常有多种方法估算，以相互参照，取一合理数值。

(1) 股利折现模型法。

从理论上说，普通股价值可定义为预期未来红利现金流按股东要求的收益率贴现后的现值。由于普通股没有到期日，故未来红利现金流是无限的。股利估价模型可表示为

$$P_0 = \sum_{t=1}^{\infty} \frac{D_t}{(1+K_s)^t}$$

上式中，P_0指当前普通股市场价格；D_t指预期第 t 年的现金红利；K_s指普通股资金成本率(普通股股东要求的收益率)。

如果现金红利以固定的年增长率 g 递增，且增长率 g 小于投资者要求的收益率，则普通股资金成本率为

$$K_s = \frac{D_1}{P_0} + G$$

如果是发行新的普通股，还应考虑筹资费率 F，则普通股资金成本率为

$$K_s = \frac{D_1}{P_0(1-F)} + G$$

(2) 资本资产定价模型(CAPM)法。

普通股资金成本也可以不通过估计企业的未来股利现金流进行计算，而是直接通过估计公司普通股的预期报酬率来计算，即利用资本资产定价模型(CAPM)来估计：

$$K_s = R_f + [E(R_m) - R_f] \times \beta_i$$

上式中，R_f指无风险报酬率(政府公债利率)；R_m指市场组合期望收益率；β_i指股票的系统风险。

(3) 风险溢价法。

根据风险与收益相匹配的原理，普通股股东要求的收益率，应该以债券投资者要求的收益率，亦即企业的税前债务成本为基础，追加一定的风险溢价。因此，普通股资本成本可以表述为

$$K_S = K_d + RP_s$$

上式中，K_d指债务资金成本；RP_s指股东对预期承担的比债券持有人更大风险而要求追加的收益率。

以上三种方法，股利折现模型法比较适用红利发放比较稳定的企业。采用此法，在实践

中遇到的主要困难在于估算未来现金红利的预期增长率。应用资本资产定价模型(CAPM),在估测无风险报酬率、市场组合期望收益率和股票的系统风险即β系数时,关键是描述投资者头脑中的预期,因为正是这些预期决定了资产如何定价,实际中可以从投资咨询公司获得有关投资者预期的信息。风险溢价法,估算关键是估计风险溢价 RP_s,但 RP_s 并无直接的计算方法,只能从经验中获得信息。总之,股利折现模型法和资本资产定价模型(CAPM)法,理论具有较可靠的依据,但在实际应用中显得比较复杂。风险溢价法,在理论上比较"粗糙",但应用上比较简单明了且便于操作。因此,在实际中,三种方法可以综合使用。

[例 18-1] 某公司普通股当前市价为每股 15 元,该公司普通股股东最近一年收到每股 1.5 元的现金红利,他们预计公司的现金红利能以每年 2% 的增长率持续增长。此时市场平均股票收益率为 14%,无风险收益率为 8%。企业股票的 β 值为 0.7。公司债券收益率 10%。另外根据咨询统计,大部分股票投资者要求相对于公司债券,股票的风险报酬率大约在 1.5%—3% 之间。本例取风险报酬率为 2%。求该公司普通股资金成本率。

按股利折现模型计算:

$$K_s = \frac{1.5 \times (1+2\%)}{15} + 2\% = 12.2\%$$

按资本资产定价模型(CAPM)计算:

$$K_s = 8\% + 0.7 \times (14\% - 8\%) = 12.2\%$$

按风险溢价计算:

$$K_s = 10\% + 2\% = 12\%$$

用上述三种方法计算的结果,该公司普通股资金成本 k 在 12%—13% 之间。通常可以取其平均值:

$$K_s = \frac{12.2\% + 12.2\% + 12\%}{3} = 12.13\%$$

(二) 加权资金成本率

企业筹资的资金渠道不同,其资金成本率也不同。在决策运用时,如果以某一种资金成本作为依据,就可能会造成决策失误。计算加权平均资金成本率就是为了保证决策项目有一个合理的资金结构,并尽可能使加权平均资金成本率有所降低。

计算加权平均资金成本率就是将各筹资渠道的个别资金成本率及相应的筹资数额加权平均。其计算公式为

$$WACC = \sum_{i=1}^{n} W_i \times K_i$$

上式中,W_i 指第 i 种资金在总资本中所占比例;K_i 指第 i 种资金的税后资金成本率。

三、边际资本成本

边际资本成本是指每增加一个单位资本而增加的成本,它用于衡量追加筹资时所引起的加权平均资本成本变化。筹资规模在一定范围内,加权平均资本成本保持不变,但当追加

后的筹资额超过了这个范围,加权平均资本成本就会上升。这里涉及筹资突破点这个概念。筹资突破点指的是,在保持一定加权平均资金成本不变的条件下能筹集到的资金总额度。在筹资突破点内筹资,原有的加权平均资金成本不变,一旦筹资额突破筹资突破点,即使维持现有的资本结构,资金成本也会上升。

$$筹资突破点 = \frac{可用某一特定成本筹集到的某种资金额}{该种资金在资本结构中所占的比重}$$

第四节 物流企业筹资决策

一、杠杆利益

（一）经营杠杆

在企业生产经营过程中,产品需求的波动或产品售价的变动,会使得企业销售额发生相应波动。企业之所以承担经营风险,在于企业投入了固定成本,因此无法根据市场需求和产品售价的波动及时调整生产,销售额的小变动会引起企业利润的较大变动,这就是通常所说的经营杠杆效应。经营杠杆系数是用以衡量经营风险的一个指标。具体来说,由于经营杠杆的作用,若销售额增长,企业利润增长会更快;若销售额减少,企业利润减少也更快。这是因为：产品成本包括固定成本和可变成本,在一定时期和一定产量范围内,固定成本总额通常不变,假定产品不存在积压现象,随着产品销售数量增加,每单位产品中所分摊的固定成本下降,而每单位产品的可变成本是一定的,那么单位产品利润就会上升,所以利润增长率超过销售数量增长率;如果产品销售数量减少,那么情况就是相反的。经营杠杆系数的大小表示销售量每变动一个百分点,企业息税前利润（在扣除利息和所得税之前的企业利润）变动的百分点,公式为

$$DOL = \frac{\Delta EBIT/EBIT}{\Delta Q/Q}$$

上式中,DOL 指经营杠杆系数；EBIT 指息税前利润；Q 指变动前的销售量。

上式将经营杠杆系数表示为弹性形式,在给定产品固定成本的情况下,经营杠杆系数说明了销售量增长（减少）引起息税前利润增长（减少）的幅度。其中暗含了四个前提：(1)分析期内,总固定成本不变;(2)分析期内,单位可变成本不变;(3)分析期内,产品销售价格不变;(4)企业的成本—销售—利润为线性关系。

如果已知企业的固定成本、单位可变成本和产品价格,经营杠杆系数也可以通过下式计算：

$$DOL = \frac{Q(P-V)}{Q(P-V)-F}$$

或者

$$DOL = \frac{S-VC}{S-VC-F}$$

上式中,P 指销售量为 Q 时的产品价格；V 指单位产品的变动成本；F 指产品的总固定

成本；S 指产品的销售额；VC 指产品总变动成本。

由上面的公式可知，如果保持其他因素不变，产品销售额一定时，经营杠杆系数会随着固定成本的增加而增大；固定成本投入一定时，经营杠杆系数会随着产品销售额增加而减小。

(二) 财务杠杆

当企业债务一定时，随着息税前利润的增加，每一单位的利润所负担的利息就会减少，从而使得股东收益有更大的增加，股东收益增长率会超过利润增长率，这就是财务杠杆效应。财务杠杆效应可以用财务杠杆系数来反映，以此衡量财务风险。理论上，财务杠杆效应有正效应和负效应，前者是指随着财务杠杆系数提高，普通股每股收益提高；后者是指随着财务杠杆系数提高，普通股每股收益反而减少。当债务资金成本率低于企业息税前资产报酬率的时候，财务杠杆发挥正效应。财务杠杆系数的大小表示企业息税前盈余每变动一个百分点，企业每股收益变动的百分点，用公式表达为

$$DFL = \frac{\Delta EPS/EPS}{\Delta EBIT/EBIT}$$

上式中，DFL 指财务杠杆系数；EPS 指普通股每股收益。

或者简化为

$$DFL = \frac{EBIT}{EBIT - I}$$

上式中，I 指债务利息。

可以看出，保持其他因素不变，当企业息税前利润一定时，企业举债越多，利息费用越高，财务杠杆系数就越大；当利息费用一定时，企业息税前利润越少，财务杠杆系数越大。而财务杠杆系数越大，企业承担的财务风险就越大。

(三) 复合杠杆

综合考虑两种杠杆效应，经营杠杆放大了销售额的波动，而财务杠杆则放大了息税前利润的波动，从而使企业的每股收益（即股东收益率）发生更大幅度的波动。很多时候将经营杠杆系数和财务杠杆系数结合起来衡量企业在生产、融资决策中面临的总风险，称为总杠杆作用，其大小用经营杠杆系数和财务杠杆系数的乘积来反映，称为总杠杆系数。

$$DTL = DOL \times DFL = \frac{Q(P-V)}{Q(P-V) - F - I}$$

或者表示为

$$DTL = \frac{S - VC}{S - VC - F - I}$$

从某种意义上说，销售额代表了企业的生产成果，普通股每股收益则代表了企业股东的收益。通过投融资资金链，股东实现了对企业生产成果的利益要求。由于杠杆效应的存在，股东收益率会高于企业销售增长率，但同时股东收益的波动程度也高于企业销售增长的波动。也就是说，股东在享受高收益的同时，也承担了高风险。经营杠杆和财务杠杆将销售收入的波动一步步放大，由于杠杆作用的存在，企业息税前利润变动幅度大于销售收入变动幅度，而每股收益的变动幅度大于企业息税前利润。经营杠杆由企业的生产决策决定，财务杠

杆由企业的融资结构决定,实际操作中,需要考虑两者的综合效应,即总杠杆作用。在销售额增加、前景看好的时候,企业倾向于利用高杠杆系数,可以增加固定成本投入来提高经营杠杆,也可以扩大企业负债来提高财务杠杆;在销售额呈现下降趋势的时候,过高的杠杆系数会使股东蒙受损失、企业无力偿还负债,可以通过相反的措施以减少风险。

二、资本结构

(一)资本结构定义

资本结构是指企业各种长期资金筹集来源的比例和构成关系。企业的资本由债务资本和权益资本构成。一般来说,债务资本成本要低于权益资本成本,但是过度举债会提高企业的财务杠杆,从而使企业股东面临的风险增大,企业价值下降。资本结构理论就是研究企业如何确定总资本中债务资本与权益资本的比例,从而实现企业价值最大化。

(二)资本结构的影响因素

如何安排与规划公司资本结构,这是一个极其复杂的问题,会受许多因素的制约和影响。在设计企业资本结构时,必须充分考虑诸因素,具体来说,主要可分为外部因素和内部因素两大类。

1. 公司内部因素分析

(1) 公司未来销售的成长率和稳定性。一个公司未来的销售是影响资本结构的重要因素。如果公司的销售成长快,必然产生较多的现金流量,对投资者(无论是股权投资者还是债权者)具有深刻的吸引力,使追加筹资比较容易。因此,销售成长率很高并且比较稳定的公司一般就可以设计较高的资产负债率,因为如果销售稳定,则可更多地负担固定的债务费用;如果销售有周期性,则能否负担的债务费用不易把握,将冒较大的风险。

(2) 投资项目性质和生产技术配备能力与结构。确定持合理的筹资来源结构,应从投资项目的建设周期、现金流、公司自身实际生产经营能力、技术状况出发。投资项目建设期短,现金净流量多,生产经营状况好,产品适销对路,资金快,资产负债比率可以适当高一些;而那些存货积压严重、资金周转缓慢的公司,确定高的资产负债比率是危险的。另外,产品结构比较单一的企业,权益资本的一般应大一些,因为这类公司内部融通资金的选择余地较小;相反,产品结构多样化的企业,因内部融通资金的余地较大,可适当提高自有资本的比例。

(3) 获利水平。获利能力越大、财务状况越好、变现能力越强的公司,就越有能力负担财务上的风险。因而,随着公司变现能力、财务状况和获利能力的增进,举债融资有吸引力。反之亦然。

(4) 股利决策。公司的股利决策也是一种融资政策。不同的股利决策下可以设计不同的资本结构。如实施高股利决策和剩余股利决策,就应该与较高的负债经营相匹配。低股利决策和不规则股利决策下应该慎重推行风险较高的资本结构。

(5) 资金使用结构。考虑公司资金使用结构,重点是公司流动资产与固定资产的数量关系,因为固定资产的变现性比流动资产的变现性要差得多。同时也不能忽视有形资产与无形资产的结构比率,有时无形资产并不能成为负债经营和筹集长期资金的物资担保。

(6) 公司管理人员对公司权力和风险的态度。如果管理人员不愿使公司的控制权稀释,则可能不愿增发新股票,而尽量采用债务融资。如果管理人员讨厌风险,那么可能较少利用财务杠杆,尽量减少债务资金的比例。

2. 公司外部因素的分析

(1) 宏观经济环境和状况。在不同的宏观经济环境下公司应采取随机应变的财务策略。在宏观经济增长条件下或政府鼓励投资时期,提高企业负债率,充分利用债权人的资金来从事投资和经营活动,可以增强企业发展的能力,获得较高的经济效益,公司有能力承担较大还款和付息压力,也就可以冒较大的筹资风险。反之,在经济处于衰退时期,应当采取紧缩负债经营的政策,减少遭受损失和破产的风险,谋求较低的盈利。

(2) 公司所处的行业状况。公司的行业属性是决定其资本结构水平的重要因素。如钢铁、金融、地产等行业,破产风险较小,即使破产,其投资本金的损失也不会太大,故可以保持较高的资产负债水平;而电子、化工等高科技行业,投资风险较大,保持太高的资产负债率或太多的流动负债是不明智的。在竞争激烈行业中的公司,其负债经营比率应低一点,以谋取稳定的财务状况。

(3) 金融市场的运行状态。现代企业财务尤其是筹资与金融市场水乳交融,财务资本结构决策的重要的外部因素就是金融市场的运行状态。如果货币市场相对资本市场来说发达、完备、健全,可以适当提高流动负债的比重,因为增加流动负债的规模,可适当降低筹资成本。反之,就需扩大长期资金的规模,以减少筹资风险。金融市场活跃、股价高涨时期则以股本筹资为主。

(4) 在公司所有者、债权人、经营者、社会等有关方面能够接受和承担的风险范围。一般来说,公司举债经营比率偏高,对整个社会经济发展有不利的影响,容易导致公司本身经济效益下降、亏损和破产,加深整个社会经济发展的不稳定,引起通货膨胀,不利于产业结构的转变。因此,公司财务结构应依公司所有者、债权人、社会大众等社会各方面普遍接受的风险而定。

3. 最优资本结构下的筹资决策与例示

所谓最优资本结构是指在一定条件下使企业加权平均资金成本最低,企业价值最大的资金结构。由资本结构理论分析知道,利用负债资金具有双重作用,适当利用负债,可以降低企业资金成本,但当企业负债比率太高时,会带来较大的财务风险。为此,公司必须权衡财务风险和资金成本的关系,确定最优的资本结构。从理论上讲,最优资金结构是存在的,但由于企业内部条件和外部环境经常发生变化,寻找最优资本结构十分困难。下面我们探讨的有关确定资金结构的方法,以帮助公司财务管理人员确定合理的资金结构。

(1) 比较资金成本法。

企业在做出筹资决策之前,先拟定若干个备选方案,分别计算各方案加权平均的资金成本,并根据加权平均资金成本的高低来确定资本结构的方法,叫比较资金成本法。

[例 18-2] 某企业有以下三个筹资方案选择,相关资料测算后汇总入表 18-1。

表 18-1　各筹资方案筹资额与资金成本汇总表　　　　　　　　单位:万元

筹资方式	筹资方案Ⅰ			筹资方案Ⅱ			筹资方案Ⅲ		
	筹资额	筹资结构	资金成本	筹资额	筹资结构	资金成本	筹资额	筹资结构	资金成本
长期借款	60	12%	6%	70	14%	6.5%	70	14%	7%
债券	140	28%	8%	150	30%	8%	130	26%	8.5%
普通股	300	60%	14%	280	56%	15%	300	60%	14.5%
合　计	500	100		500	100		500	100	

根据表 18-1 提供的资料,分别测算三个方案的加权平均资金成本,比较其高低,以确定最佳筹资方案,即最优资金结构。

方案Ⅰ加权平均资金成本为:$WACC = 6\% \times 12\% + 8\% \times 28\% + 14\% \times 60\% = 11.36\%$

方案Ⅱ加权平均资金成本为:$WACC = 6.5\% \times 14\% + 8\% \times 30\% + 15\% \times 56\% = 11.71\%$

方案Ⅲ加权平均资金成本为:$WACC = 7\% \times 14\% + 8.5\% \times 26\% + 14.5\% \times 60\% = 11.89\%$

从以上计算结果知,方案Ⅰ的加权平均资金成本最低,所以,选用方案Ⅰ。也就是说,该企业应保持 40% 债务与 60% 权益的资本结构。

比较资金成本法计算简单,通俗易懂,是确定最优资本结构的一种常用方法。但因所拟订的方案数量有限,故有把最优筹资方案疏忽的可能。

(2) 息税前盈余与每股收益(EBIT-EPS)分析法。

负债的偿还能力是建立在未来盈利能力基础之上的。公司的盈利能力,一般用息税前盈余(EBIT)表示。负债筹资是通过它的杠杆作用来增加股东财富的。因而在确定最优资金结构时不能不考虑它对股东财富的影响。公司某一期间股东财富一般用每股收益(EPS)来表示。将确定最优资金结构与每股收益(EPS)联系起来,分析两者之间的关系,进而来确定合理的资金结构的方法,这种方法称息税前盈利—每股收益(EBIT—EPS)分析法,简写为"EBIT—EPS 分析法"。这种方法因为要确定每股盈余的无差异点,所以又称每股收益无差异点法。

[例 18-3] 万利公司现准备筹集 500 万元资金,以扩大再生产之需,扩大规模后公司达到的息税前盈利(EBIT)为 300 万元。现有两个筹资方案可供选择:(1)全部发行普通股每股面值为 50 元,面值发行;(2)发行利率为 7% 的公司债券。

表 18-2 列示了原资金结构和筹资后资金结构情况。

表 18-2　万利公司资金结构变化情况表　　　　　　　　单位:万元

筹资方式	原资本结构	增加筹资后资本结构	
		增发普通股	增发公司债券
公司债(利率7%)	1 000	1 000	1 500
普通股(面值50元)	2 000	2 500	2 000

续表

筹资方式	原资本结构	增加筹资后资本结构	
		增发普通股	增发公司债券
资本公积	2 500	2 500	2 500
留存收益	2 000	2 000	2 000
资本总额合计	7 500	8 000	8 000
普通股股数(万股)	40	50	40

公司增资后,当息税前盈余预计为300万元时,可计算两方案普通股每股收益。见表18-3。

表 18-3　万利公司资金结构变化与每股收益情况表　　　　　单位:万元

项　目	增发普通股	增发公司债券
预计息税前盈利(EBIT)	300	300
减:利息	70	105
税前盈余	230	195
减:所得税(50%)	115	97.5
税后盈余	115	97.5
普通股股数(万股)	50	40
每股收益(EPS)	2.3	2.43

从表18-3中可以看到,两种增资方案下,普通股每股收益不相等,当息税前盈余为300万元的情况下,利用增发公司债的形式筹集资金能使每股收益上升,这可能更有利于股票价格上涨,更符合理财目标。其实,这是反映了不同资本结构对每股收益的影响。

那么,究竟息税前盈余为多少时发行普通股有利,息税前盈余为多少时发行公司债有利呢?这就要测算每股收益无差异点处的息税前盈余,即负债平衡点时息税前盈余。

其计算公式:

$$\frac{(\overline{EBIT}-I_1)(1-T)-D_{P_1}}{N_1}=\frac{(\overline{EBIT}-I_2)(1-T)-D_{P_2}}{N_2}$$

上式中,$\overline{EBIT}$指每股收益无差异点处的息税前盈余;I_1、I_2指两种筹资方式下的年利息;D_{P_1}、D_{P_2}指两种筹资方式下的优先股股利;N_1、N_2指两种筹资方式下的普通股股数。

将表18-2、表18-3万利公司的资料代入上式得:

$$\frac{(\overline{EBIT}-70)(1-50\%)-0}{50}=\frac{(\overline{EBIT}-105)(1-50\%)-0}{40}$$

求得:$\overline{EBIT}=245$(万元)

这就是说,当盈利能力EBIT>245万元时,利用负债筹资较为有利;当盈利能力EBIT<245万元时,不应再增加负债,以发行普通股为宜。当EBIT为245万元时,采用两种方式无差别。现在万利公司预计EBIT为300万元,采用发行公司债的方式较为有利。

利用表18-2、表18-3的资料,还可绘制EBIT—EPS分析图,如图18-1。这更能一目了然地说明问题。

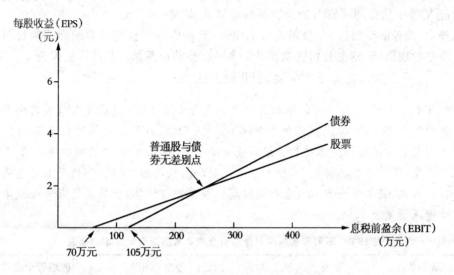

图18-1　EBIT—EPS无差异点分析图

在绘图时,选用的第一个点是当EBIT为300万元时,采用普通股融资的EPS为2.3元,采用债券融资的EPS为2.43元。另外一点,也可通过选取一定的EBIT来计算相应的两种筹资方式的EPS获得。在图18-1中,选取的是EPS为0时,那么,采用股票筹资时EBTT必须负担70万元的利息,而采用负债筹资必须负担105万元的利息,这样可以得出相应的两种筹资方式下的第二点。EBIT—EPS分析图简单明了,从图中可以看到,当EBIT大于300万元时,债券筹资的EPS大于普通股筹资的EPS;反之,当EBTT小于300万元时,普通股筹资的EPS大于负债筹资的EPS。而EBTT等于300万元时,两种筹资方式的EPS相等。

息税前盈余与每股收益(EBIT—EPS)分析法只考虑了资金结构对每股的收益影响,并假定每股收益最大,股票价格也就最高。但把资金结构对风险的影响置于视野之外,是不全面的。因为随着负债的增加,投资者的风险加大,股票价格和企业价值也会有下降的趋势,所以单纯地用EBIT—EPS分析法有时会做出错误的决策。但在资本市场不完善的时候,投资人主要根据每股收益的多少来做出投资决策,每股收益的增加也的确有利于股票价格的上升。

(3) 比较公司价值法。

比较公司价值法是在反映财务风险的条件下,以资金成本高低和公司价值的大小为标准,比较不同资本结构下的公司总价值,以判断公司最优的资本结构。下面是此种方法的基本原理。

① 计算公司的资金成本。

公司债务成本一般沿用本章第三节公式计算,假定公司的全部资金由债务资本与权益资本构成,所有筹资方式的筹资费用忽略不计。公司加权平均的资金成本计算如下:

$$K_w = K_b \times \frac{B}{V} + K_e \times \frac{S}{V}$$

上式中,S指股权资本价值;V指公司总价值。

② 计算公司总价值。

公司的价值由两部分组成,一部分是债务资本价值,一部分是权益资本的价值,即公司的总价值 V 等于债务的现值 B 加上股票的现值 S,即 V=B+S。

实务中,债务的现值(B)指公司的长期债务,其现值等于长期债券的面值与长期借款的本金。股票的现值(S)则按公司股票预计未来净收益贴现测算。其计算公式为

$$S=\frac{(EBIT-I)(1-T)}{K_s}$$

[例 18-4] 假设万利公司每年的息税前盈余为 500 万元,目前万利公司的全部资金都是利用发行股票筹集,股票账面价值为 2 000 万元。万利公司的所得税税率 40%。公司决策层认为调整目前不合理资本结构。经与投资银行协商,公司获悉最初的债务可以按 12% 的利息率筹集,因为随着负债增加,投资者的风险将相应增加,所以,其债务利息也必然随之上升。同样道理,股票资金成本也会相应提高。经调查与测算,目前的债务资金成本与股票资金成本情况详见表 18-4。

表 18-4　不同债务规模对债务资金成本与股票资金成本测算表

债务的价值 (百万元)	所有债务利息率(%) (K_b)*	股票的β值 (β)	股票资金成本(%) (K_s)**
0	—	1.10	14.40
3	12.0	1.25	15.00
6	12.0	1.35	15.40
9	13.0	1.45	15.80
12	14.0	1.60	16.40
15	16.0	1.80	17.20
18	18.0	2.10	18.40
21	20.0	2.75	21.00

* 与投资银行协商得出。

** 投资银行估计:$R_f=10\%$,$R_m=14\%$。

根据表 18-4 的资料,测算不同债务规模情况下公司市场总价值和加权平均资金成本。详见表 18-5 所示。

表 18-5　不同债务规模下公司市场总价值和加权平均资金成本测算表

债务的市场 价值(B) (百万元) ①	股票的市场 价值(S) (百万元) ②	公司的市场 价值(V) (百万元) ③	负债比例 (B/A) (%) ④	税前债务 成本(K_b) (%) ⑤	股票资金 成本(K_s) (%) ⑥	加权平均 资金成本 (K_w)(%) ⑦
0	20.833	20.833	0	0	14.4	14.40
3	18.560	21.560	13.915	12.0	15.0	14.032
6	16.675	22.675	26.461	12.0	15.4	13.453

续表

债务的市场价值(B)(百万元)①	股票的市场价值(S)(百万元)②	公司的市场价值(V)(百万元)③	负债比例(B/A)(%)④	税前债务成本(K_b)(%)⑤	股票资金成本(K_s)(%)⑥	加权平均资金成本(K_w)(%)⑦
9	14.544	23.544	38.226	13.0	15.8	13.090
12	12.164	24.146	49.698	14.0	16.4	12.911
15	9.070	24.070	62.318	16.0	17.2	13.162
18	5.739	23.739	75.825	18.0	18.4	13.593
21	2.286	23.286	90.182	20.0	21.0	14.146

注：① 抄表18-4"债务价值"一栏；
② 按公式 $S=(EBIT-I)(1-T)/K_s$ 计算；
③ 按公式 $V=B+S$ 计算；
④ 由 $B/(B+S)=B/A$ 求得；
⑤ 抄表18-4"债务利息率"一栏；
⑥ 抄表18-4"股票资金成本"一栏；
⑦ 由"$K_w=K_b \cdot B/V+K_s \cdot S/V$"计算。其中，$K_b$为税后债务资金成本，也就是将⑤栏乘(1-T)计算得出。

先观察公司价值的情况：如表18-5所示，在没有债务的情况下，万利公司的总价值为2 083.3万元，公司注入负债资金时，在债务达到1 200万元时，其总价值在不断增加至最高点。当债务超过1 200万元时，由于财务风险大幅度上升，债务成本和股票成本都大幅度增加，引起企业总价值下降。

再观察资金成本的变化：债务为1 200万元时，不仅是使公司总价值最大的资本结构，也是加权平均资金成本最低的资本结构。当公司没有债务时，加权平均的资金成本就是股票成本。最初使用较便宜的债务成本，可使加权平均资金成本降低，但当债务超过1 200万元时，资金成本就会上升。因此，债务为1 200万元的资本结构为该公司最优资金结构。

比较公司价值法是从没有债务开始，通过逐步增加债务来测试公司加权平均的资本金和比较公司总价值，从而得到最优的资本结构，这是一种比较好的方法，测试出的结果比较正确，有利于比较分析。缺点是计算过程比较麻烦。

复习思考题

1. 基于金融市场体系与功能，简述资本市场对物流企业融资的推动作用。
2. 什么是资金成本？什么是个别资金成本、加权平均资金成本和边际资金成本？
3. 什么是经营杠杆、财务杠杆及复合杠杆？
4. 公司所得税对公司资本结构选择产生什么影响？
5. 什么叫比较资金成本法、EBIT-EPS分析法和比较公司价值法？各方法有何优、缺点？

第十九章 物流企业融资租赁

■ 学习目标 ■

学习完本章,你应该能够
1. 了解融资租赁的基本知识
2. 熟悉船舶融资租赁基本运作
3. 计算融资租赁租金
4. 了解物流企业融资租赁的发展前景

■ 基本概念 ■

融资租赁　出租人　承租人　光租船　租金

第一节　融资租赁的基本知识

一、融资租赁的含义

融资租赁,又称金融租赁,或称完全支付租赁。它是指出租人根据承租人的说明及其确认的条件,与供货人订立协议,从供货人处取得设备,并与承租人订立租赁协议,给予承租人使用设备的权利,并据此收取租金的一种租赁交易。这一租赁方式,由于租赁公司支付设备的全部价款,等于向承租人提供了百分之百的长期信贷,所以称为融资租赁。又因在租赁期间,租赁公司通过收取租金的形式收回购买设备时投入的全部资金,包括成本、利息和利润,所以又称完全支付租赁。这种租赁方式是目前国际租赁贸易中使用最多、最基本的方式之一(见图19-1)。

承租人自行向制造厂商或其他供货人选定需要的设备,确定其品种、规格、型号、交货条件等,然后由租赁公司在与承租人签订租赁合同后,向该制造厂商或其他供货人按已商治好的条件,订购此项设备,订立购买合同并支付货款,租赁物件由供货人直接交承租人使用,承租人分期向出租人支付租金。融资租赁以承租人对租赁物件的长期使用为前提,租期与设备的有效寿命基本相同。在租赁合同有效期内,任何一方均不得单方面撤销合约,只有在租赁物件损坏或被证明为丧失使用能力的情况下才能终止合约。中途毁约的罚金是相当重

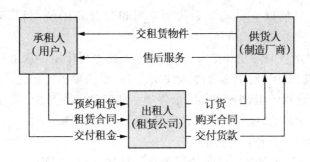

图 19-1　融资租赁图

的。有关设备的安装、管理、保养、维修、保险和财产税等,均归承租人负责。其中投保的险别,不仅包括设备的火险、盗窃和损坏险,还包括第三者构成的其他意外险。但设备磨损和毁坏的风险,仍由出租人承担。租赁合同工通常还预先估定该设备在租赁期满后的出售价值,即所谓残值。如届时在市场上的售价少于事先规定的残值,承租人应补偿租赁公司的这部分损失。

二、融资租赁的特征

融资租赁是一种独特的资金运动形式。融资租赁由于具有融资与融物双重职能,它的运动也就是以商业资金运动形式为基础,它包括了购入 G—W、租出 W—W、偿还 W—G' 三个阶段。这三个阶段之间是以商业资金的运动为中介的,表现为 G—W—W—G'—G_1',其中 G_1' 表示全部租金之和。公式的 G—W 和 W—W 阶段,表示出租人购进设备并将设备租给企业;中间阶段 W—G' 表示企业使用所租设备进行生产,并完成产品销售;最后阶段 G'—G_1,表示企业向信托机构偿还租金(本金和利息)。在这个运动的最初和最后阶段,都只表明资金在不同所有者之间的转让。融资租赁是融通资金与融通物资相结合的特殊类型的筹集资本设备的方式。其主要特征是:

(1) 传统租赁是出租人与承租人两方关系的交易,而融资租赁是涉及出租人、承租人和供货人(制造商或贸易商)三方关系的交易,三方密切关联,任何一方如果对设备条件或条款有所变动、修改或发生不履行或违反合同行为,就要影响到其他两方的利益。

(2) 在传统租赁中,只有出租方与承租方之间订立一个租赁合同,而融资租赁至少得有两个合同,一个是出租方与承租方之间订立一个租赁合同,另外是由出租方与供货方之间订立一个供货合同。这两个合同是相互联系、同时订立的,在两个合同的条款中都需明确规定相互间的关系、权利和义务。

(3) 融资租赁所租赁的设备是租赁公司根据承租人的设备清单和选定的厂家购买的,承租人参加谈判,设备按照承租人所指定的地点由供货人直接运交承租人,并由承租人验收,出租人凭承租人的验收合格通知书向供货人支付货款,而传统租赁中,用户不能自己选择制造商,因此一般租用的都是通用设备。

(4) 融资租赁是在所有权与使用权相分离基础上的一种信用方式。在整个租赁合同期内,租赁设备的所有权始终属于出租人,承租人在租赁结束时虽有留购、续租等选择权,但在租赁期间内,承租人只能以支付租金为代价获得租赁设备的使用权,而不得擅自处理该设备。

(5)融资租赁是融资与融物相结合的交易,融资起主要作用。从出租人的立场看,融通资金为承租人购进设备供其使用是目的,融物是手段,他主要关心的是收取租金。从承租人的立场看,向出租人融物使用,生产产品,出售产品获得利润是目的,通过融资手段,达到他使用物件、产生利润的目的,他所关心的是产品所得足以偿付租金且有盈余。两方的立场不同,但都需要资金才能达到各自的目的。

(6)在租赁期满时,承租人对设备的处置有三种选择权:留购、续租或退回。承租人可任选一种,并在租赁合同中订明。

三、融资租赁的主要方式

(一)自营租赁

自营租赁是指出租人应承租人的要求,自行筹措并购进承租人选择的设备或其他租赁物件,订立租赁合同,将购入的租赁物交承租人使用,出租人按期向承租人收取租金。

(二)转租赁

转租赁是指某一租赁公司以第一承租人身份从另一出租人(称为第一出租人)处租进某项设备或物件,然后又作为第二出租人将该租赁物转租给第三人(称为第二承租人)。

(三)回租

回租又称售后租赁,是购买和租赁相结合的一种融资租赁的方式,即承租人先将自己所有的或外购入的土地、建筑物或设备等可以用于出租的物件出卖给出租人,同时订立租赁合同再把该物租回使用,承租人支付的租金包括出租人购买租赁物时支付的买价、管理费、劳务费等。回租主要用于已使用过的设备,承租人的主要目的是在继续生产经营的前提下解决资金不足的问题。

(四)杠杆租赁

杠杆租赁又称平衡租赁。这种融资租赁方式的主要特点在于出租人自筹资金只占少数(20%—40%),而依靠从贷款处取得抵押贷款的财务杠杆作用即可拥有租赁物的所有权,享有对租赁物100%的税收优惠,因此得名"杠杆租赁"。又因为在这种融资租赁方式下一期租赁合同的租金总额与信贷总额是平衡的,故又称之为"平衡租赁"。杠杆租赁与其他融资租赁方式相比较,它所涉及的关系较多,至少要有三方当事人——出租人、承租人、贷款人,有时当事人可多达七方,除上述三方当事人外,还涉及制造商、物主托管人、契约托管人、经纪人等。交易形式比较复杂,涉及的金额也比较大。杠杆租赁大多涉及有效期为10年以上的高度集约型设备,如物流企业使用的飞机、船舶、卫星系统等。

（五）税务融资租赁

其主要做法与简单融资租赁基本相同，特点主要为：因租赁资产在承租人的项目中起着重要作用，该资产购买时在税务上又可取得政策性优惠，优惠部分可折抵部分租金，使得租赁双方分享税收好处，从而吸引更多的出资人。一般用于国家鼓励的大中型项目的成套设备租赁。

（六）结构式参与融资租赁

这是以推销为主要目的的融资租赁方式。主要特点是：(1)融资不需要担保，出租人是以供货商为背景组成的，没有固定的租金约定；(2)按照承租人的现金流量折现计算融资回收，没有固定的租期，出租人除了取得租赁收益外还取得部分年限参与经营的营业收入。

（七）委托融资租赁

这指出租人接受委托人的资金或租赁标的物，根据委托人指定的承租人办理融资租赁业务。在租赁期内租赁标的物的所有权归委托人，出租人只收取手续费，不承担风险。

（八）综合性租赁

综合性租赁是一种租赁与其他贸易方式相结合的租赁。如租赁与购买、租赁与补偿贸易、租赁与来料加工、租赁与加工装配等贸易方式相结合。这不仅可以减少承租人的外汇支出，还可以扩大承租人与出租人之间的贸易往来，使贸易与租赁业务共同发展。此外，也有既用设备又要求供应原料，然后将产品交出租人包销，用其包销所得资金的一部分支付租金。所谓与补偿贸易结合，指的是国外出租人把设备租赁给国内的承租人，承租人将租赁来的设备所生产的产品用来偿付租金。租赁与来料加工、来件装配结合指的是承租人向出租人接受来料加工的业务或来件装配业务，以收入来支付租金。目前，融资租赁的形式还在不断创新，层出不穷，如"有条件售卖与租购"，这种方式类似于以分期付款的方式购买设备，在付清最后一次租赁费后，设备所有权归承租者。又如"总租约"，是在租赁业务中，签订总合同，双方维持长期的供用关系，可以减少每次谈判签约的麻烦，节约时间等等。

四、融资租赁的功能

（一）从承租人的角度

(1) 在资金短缺的情况下引进设备，为企业（承租人）开辟了一个新的筹资渠道，企业可以先以较少的资金投入取得对所需设备的使用权，减轻了一次性支付大量投资的资金压力。

(2) 有利于提高企业的资金利用率。融资租赁使企业变固定资金（设备价款）为流动资金（租金），从而加速了资金的周转，提高了资金的利用率。同时，租金的分期偿付使承租企业的资本体现了时间效益：一是使用价值的超前增值，付出小部分价值就能获得对设备的全部使用价值；二是资金的滞后支付，用明天的钱还今天的债，用设备投入生产后创造的新价值偿付出租人。

（3）针对性强，手续较为简便，有利于企业及时取得技术改造所需的关键设备，并可使管理工作简化。

（4）避免因通货膨胀而造成损失。在当代世界经济发展中，通货膨胀已经成为一个普遍现象，只是各国的通货膨胀程度不同而已。由于通货膨胀势必提高货物成本和销售价格，设备价格必然会上涨。企业通过租赁方式引进设备是在订立租赁合同时就将全部租金固定下来，以今日的币值购进而以明年或后年、几年后的币值支付租金，不论以后发生通货膨胀，设备价格上涨，租金仍以原定数额支付，避免了由于通货膨胀和物价上涨等因素而造成的损失。

（5）金融与贸易结合，加快了引进速度。我国物流企业购买国内外设备，一般至少需要经过两个环节：首先是筹措资金环节，向银行申请贷款，经审查批准需要相当长的时间；第二个环节就是委托外贸公司（从国外引进设备）或向生产厂商采购设备（国产设备）。环节增多，手续必然增多，费用也就增加。利用租赁方式，融资与引进设备，都由租赁公司承担，一身兼任双重职能，使企业能迅速获得所需设备。时间就是金钱，早投产就能早收益，环节减少又可节省费用。并且采用租赁方式，承租人与生产厂商直接见面，直接参加洽谈，择优选订，承租企业可以取得满意的设备。

（二）从出租人的角度

（1）可以通过融资租赁进行投资，收取租金和利润。现在人们已经意识到租赁是一种特殊的融资手段，租赁公司往往是银行、信托公司等金融机构的附属部门。利用租赁贸易，可以扩大他们过剩的投资领域，即扩大他们的信贷业务。这样，他们不仅通过对租赁物件收取租金的形式，可以收回他们的全部投资和利息，并且通过提供服务，还可以赚取利润。

（2）通过融资租赁可扩大产品的销路。租赁公司也往往是大制造厂商的附属机构。因为国际融资租赁贸易，无异于设备出口，为了扩大产品销路，制造厂商往往通过国际租赁贸易来扩大产品的出口，加强对国际市场的影响。

（3）出租人可获得国家对租赁物件在税收上的优惠，从而增加收益。许多国家为了扶植现代租赁贸易的发展，在税收上作了一些特别规定，使出租人（也包括承租人）可获得国家在税收上的优惠。

五、融资租赁的程序

融资租赁的程序比较复杂，其主要过程包括九个方面。

（一）选择租赁公司，提出委托申请

当企业决定采用融资租赁方式以获取某项设备时，需了解各个租赁公司的经营范围、人力、资信情况，了解有关租赁公司的融资条件和租赁费率，分析比较，选择一家作为出租单位。然后企业可填写租赁申请书，申请办理融资租赁。租赁申请要详细说明需要租赁设备的类型、品种、规格、型号、性能等。企业还需要向租赁公司提供资产负债表、损益表等财务资料，以供租赁公司估算融资的风险程度。如果要从国外进口设备，还应提交进口设备的文件。

（二）选择租赁设备，探询设备价格

可以有几种做法：由企业委托租赁公司选择设备、商定价格；由企业与设备供应厂商谈判、询价、签署购买合同，然后将合同转给租赁公司，由租赁公司付款；经租赁公司指定，由企业代其订购设备，代其付款，并由租赁公司偿还货款；由租赁公司和承租企业协商合作洽购设备。

（三）签订购货协议

由承租企业和租赁公司中的一方或双方，与选定的设备供应厂商进行购买设备的技术谈判和商务谈判，在此基础上与设备供应厂商签订购货协议。

（四）签订租赁合同

由承租企业与租赁公司签订租赁设备的合同。如需要进口设备，还应办理进口手续。租赁合同是租赁业务的重要文件，具有法律效应。融资租赁合同的内容一般可分为一般条款和特殊条款两部分。一般条款主要包括：合同的性质、当事人身份、合同签订的日期；解释合同中所使用的重要名词；设备的名称、规格、数量、技术性能、交货地点及使用地点等；租赁设备交货、验收和税务、使用责任；租赁期限及起租时间；租金的构成、支付方式和货币名称。特殊条款主要规定：购货协议与租赁合同的关系；设备的产权归属；租期中不得退租；对于出租人和对承租人的保障；承租人违约及对出租人的补偿；设备的使用和保管、维修、保障责任；保险人；租赁保证金和担保；租赁期满对设备的处理。

（五）交货验收

设备供应厂商将设备发运到指定地点，承租企业要办理验收手续。验收合格后签发交货及验收证书交给租赁公司，作为其支付货款的依据。

（六）结算货款

设备供应厂商托收货款，租赁公司承付货款。

（七）投保

由承租企业向保险公司办理保险事宜。

（八）交付租金

承租企业按租赁合同规定，分期交纳租金。

（九）合同期满处理设备

承租企业根据合同约定，处理设备残值。

第二节 物流企业（运输船舶）融资租赁

融资租赁在物流运输企业运输船舶融资中广泛地应用，主要应用于船队更新的需要。

众所周知,建造船舶所需的巨额资金来源问题将是船东面临的主要问题,航运融资的主要来源有:债券融资、银行信贷或出口信贷、融资租赁(对船舶而言即光船租赁)等。一般来讲,船东投资建造船舶的资金来源主要是向商业银行和其他从事船舶抵押贷款的专业银行举债,但船舶贷款机构的放贷评估标准比较严格,特别是在经济形势低下时,有的银行紧缩了船舶贷款,有的银行则完全取消船舶贷款。我国自20世纪70年代初以来,船舶租赁融资方式逐步增加,作为一个有前途的融资方式,时常被我国船东所采用。

一、船舶融资租赁的概述

(一)船舶融资租赁各方关系

船舶的融资租赁是指出租人按照租赁协议将船舶长期出租给承租人,船舶在承租人占有控制下营运,并在租期内向承租人收取租金的一种经济行为。船舶的融资租赁是物流航运企业常用的融资方式之一。

在通常情况下,船舶的融资租赁是由银行或专业的租赁公司通过契约安排,提供造船资金,并取得船舶所有权,然后由该银行或租赁公司作为出租人将所造船舶租给航运公司使用,并从航运公司收取固定的租金。融资租赁所涉及的当事各方关系如图19-2所示。

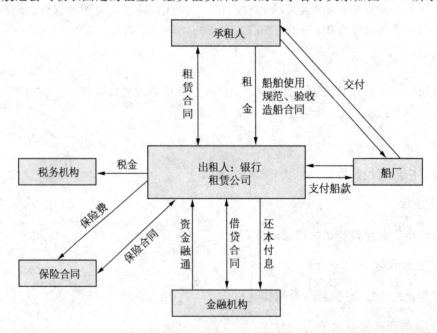

图 19-2 船舶融资租赁各方关系图

采用融资租赁方式,承租人支付的租金是按出租人的总成本为基础计算的。出租人的总成本一般包括船舶的价格(扣除船舶残值)、出租人筹措资金的利息、手续费等费用及收取的利润率。而利润率的高低同出租人能享受到的税收优惠成反比关系。

在船舶的融资租赁中,承租人自行配置船员、燃料、物料,从事经营管理,由出租人保留船舶所有权，做形式上的船东，承租人定期地向出租人支付租金。船舶的融资租赁的期限较长，一般是 10—15 年，与船舶的使用寿命相近。这期间，承租人除了不拥有船舶所有权外，在对船舶管理使用方面，可以当作自有船舶对待。船舶租赁是由出租人与承租人经过谈判，达成租船协议。通常做法是采用一种光船租船合同，经过修正其中的条款，如船舶租赁期、租费水平等，以满足租赁双方的要求。然后出租人按照承租人对船舶技术、设备、规范的要求，向造船厂订造船舶。虽然是由出租人与造船厂签订造船合同，但承租人可根据与出租人的协议，担任出租人在造船方面的代理人，即以船东的身份来处理与船厂的事务，以便使船舶技术和营运上的指标满足自己的要求。在船舶融资租赁业务费用分摊方面，由出租人承担船舶建造成本（如船舶造价、船价利息等），承租人则承担营运成本（如船员工资、备品物料、维修保养费用等）和航次成本（如燃油费、港口运河费等）。在租期内，承租人应定期地向出租人支付合同规定的租金。

在租期届满时，承租人可优先以低于市场的价格购买租赁船舶，使其真正成为自有船舶；亦可继续租赁，但租金将只是象征性的（如金额只是原先的 1/10）。虽然合同中的租赁期为 10 年或 15 年，但合同中经常订立了条款，使承租人能够在几年（如 4 年或 5 年）后的任何时候出售船舶，所获的收入与船舶账面价值的差额作为租金的回扣归承租人所有。这样，在船舶市场行情看好时，承租人希望出售船舶就可如愿以偿。

融资租赁的出租人一般是将买船作为物业投资的公司或是银行。他们无意涉足航运业务，只希望投资有一定的固定利润。银行之所以不愿提供购船贷款而采用融资租赁的方式，是因为船舶在租赁期满前，银行仍享有所有权，如果承租人不按时交纳某一期租金，作为船舶所有人的银行有权把船撤回来，因此他不怕船舶投资收不回来。一些造船厂也以出租人的身份出现。他们通过这种方式达到增加买主、扩大船舶销售的目的。我国广东的造船厂就曾以光租形式向外国客户销售油船。

（二）船舶融资租赁的概况

船舶融资租赁涉及租赁的实质、租赁的当事人、租赁中付出的代价等内容。

金融信贷与实物出租相结合。融资租赁的实质可视为金融机构为企业提供的一项长期贷款，企业既可在避免大量债务的前提下获得先进的设备使用权，又可融通所需资金。

融资租赁的当事人为造船厂（有些造船厂为了扩大船舶销售量，有时也以船舶承租人身份出现）、出租人和承租人。三方当事人签订两个合同，即造船合同（或买船协议）和租赁合同。租赁合同中规定各期应付的租费，租赁期满可继续使用的选择权，出租人与承租人双方的责任，以及租赁期结束后船舶的处置条款等。造船合同中，承租人虽然不是合同当事方，但有权选择造船厂，并以船东的身份对船舶的技术规范、质量、监造及验收等负责，保证船舶的各项技术经济指标符合自己的要求。

承租方在租赁中付出的代价包括：租金、利息（一般利息率高于银行拆借利率）、手续费、管理费以及所有船舶的保养维修费用。出租人可以要求诸如船舶进坞的期限等技术标准完全符合相关条款。

租赁双方不得退出或终止租赁，全部费用分期付款。租赁期满后，对承租人有几种选择，如：续订租赁合同，但租费大大降低；或承租人有权以预先同意的价格或目前的市价购买这一资产，取得对该船舶的所有权；或将船舶在市场上出售，其收益根据预先确定的方法在承租人与出租人之间分配。

二、船舶融资租赁的特点

（一）船舶融资租赁区别于一般融资租赁的特点

1. 船舶的所有权与使用权相互分离

航运公司在融资租赁过程中，船舶是按航运公司（即承租人）指定的船舶规范，由出租方出资建造的，在规定的租期内船舶的所有权属于出租人，承租人所获得的是船舶的使用权并且对船舶负有维修、保养以使之处于良好状态的义务。

2. 租金的分期支付

在船舶融资租赁中，其租金的支付方式是采取分期支付的方式。支付租金的次数和每次所支付的金额将由双方具体商定。租期结束时，租金支付的累计数大体接近现金购置船舶的金额，并有一部分表现为租赁公司的盈利。这种租金分期支付的特征，对于作为承租人的航运公司具有如下好处：第一，可以保证企业资金的流动性，加速资金周转，可以较少的投资取得较大的经济效益。第二，可以使航运企业获得资金时间价值的效益。因为航运公司只需支付一定的租金就可以提前获得船舶的全部使用价值，有利于提高航运企业的效益。同时，租金的支付滞后，实际上相当于用明天的钱偿还今天的债。在整个租期内，航运企业不但不受通货膨胀的影响，反而会相对收益。

3. 资金运动与物质运动结合在一起

船舶的融资租赁是以商品形态和资金形态相结合提供的信用，它在向航运公司出租船舶的同时，解决了航运公司的资金需求，具有信用、贸易双重性质。

4. 航运企业对船舶与船厂具有选择的权利和责任

在船舶的融资租赁中，作为承租人的航运企业有权选择所需的船舶及造船厂，出租方只是根据承租公司的要求出资建造船舶，然后给承租公司使用，对于船舶的技术规范、质量、数量、监造及验收等均由承租公司负责。

5. 租赁合同期较长

船舶融资租赁的合同期限相当于船舶的使用寿命期，一般为10—15年。合同一旦签订不可解约。

6. 承租人应承担一定的责任

在船舶融资租赁中，承租人在合同期内，对于船舶的维修、保养、保险和过失风险承担责任。

7. 合同期满后承租人有处理选择权

一般地，船舶租赁合同期满后，承租人有权根据合同条款处理船舶。

（二）船舶融资租赁与其他融资形式的区别

船舶的融资租赁，作为航运企业所具有的一种特殊的融资形式，不同于其他形式的融资。这主要体现在以下几个方面：

1. 融资租赁与银行借款的区别

首先，在船舶的融资租赁中，船公司直接借入的是船舶的使用权，同时相应解决了购置船舶所需要的资金；而用借款的方式融资时，船公司直接借入的是货币资金的使用权，并没有相应地获得船舶，只有通过购置才能获得船舶的使用权。其次，涉及的关系人不同。银行借款只涉及借贷双方当事人，一方贷出资金，一方借入资金，虽然借款人的目的是将借来的钱购买船舶，但贷款人不介入购买行为，与造船厂不发生关系；而融资租赁则不同，它涉及三方当事人都要直接发生关系。第三，信用的对象不同。银行借款的对象是货币，而融资租赁的对象是在船舶运用过程中的商品资金。提供信用的过程，即包含了货币资金转化为商品资金的过程。

2. 融资租赁与经营租赁的区别

（1）涉及的关系人不同。船舶的期租或承租只涉及出租人与承租人双方的关系；而融资租赁则涉及出租人、承租人和船厂等三方，即航运公司向出租公司提出需要建造某种类型的船舶，由出租公司出资建造，然后再出租给航运公司使用。出租人与承租人即航运公司订立的是租赁合同，出租人与船厂订立造船合同，然后由船厂将船舶直接交给航运公司。

（2）出租人的性质不同。在融资租赁中，出租人可以是商社、投资公司或银行等，这些企业都是非航运企业，而且他们对于航运业的经营业务也毫无兴趣，他们所关心的只是投资以收取回报，即其作为出租人的目的是为了获取收益；而在经营租赁中，出租人大多数都是航运公司或船东，即出租人本身就从事航运业，其出租船舶的目的是为了调整现有船队的结构，以获取更大的收益。

（3）对出租船舶的选择权不同。在经营租赁中，所租赁的船舶是出租人（即船公司）已经拥有的船舶，而后再向承租人出租，承租人没有要求订造船舶的选择权；而在融资租赁中，所租赁的船舶是租赁公司根据承租人提出的要求而订造的，承租人参与与船厂的谈判，船舶由船厂直接交付给承租人，并由承租人验收合格后，出租人凭承租人出具的验收合格通知书向船厂付款，所以选择权在承租人。

（4）租赁期限不同。经营租赁一般是短期租赁，按日计算租金，租赁期可以是一个航次、几个月或几年；而融资租赁是长期租赁，租赁期都在10年以上。

（5）租期满后，对船舶的处理不同。经营租赁期满后，船舶必须交还给出租人；而融资租赁期满后，承租人有船舶如何处理的选择权。

三、船舶融资租赁运作

（一）操作程序

[**例 19-1**] 下面以英国租赁为例来介绍船舶融资租赁方式的操作程序。

英国租赁（UK Tax Lease）是一种较新的融资方式。英国租赁的核心是通过利用英国税法中的免税规定，达到降低融资成本的目的。其特点是融资年限长（可达10年以上），提供100%融资（对已交船舶按公平市场价格融资，对在建船舶可以直接购买合同）且融资成本低。世界上虽然有很多国家都有类似的租赁方式,如美国、德国、日本、荷兰等,但以英国租赁的好处最大,其缺点是操作上也最复杂。

甲公司在某船厂订造了一艘散货船,由于当前干散货市场低迷,船舶经营极为困难,为了降低船舶资本成本,减轻企业财务压力,采取了如下融资租赁方式。

首先,选择合适的银行或租赁公司。通过报价及融资条件的比较,选择英国某银行A。然后,双方委托律师进行详细谈判,甲公司将船舶以市价1千万美元出售给银行A,银行A将买船款一次性付给甲公司。

其次,甲公司在巴拿马注册一家单船公司乙,作为承租人将该船舶光租回来,租赁期为12年。期末可再延期,中途也可提前终止租赁,但提前终止租赁的费用由甲公司承担。

最后,在英国注册一家丙公司,丙公司再将船舶从巴拿马乙公司光租回来,与甲公司签订船舶经营管理协议,交由甲公司具体经营管理,营运收入进入丙公司账户且费用也由丙公司承担。丙公司每3个月从营运收入中向乙公司支付租金,且租金额每3个月调整一次,乙公司每3个月向银行A支付租金,实际上是分期支付银行A的贷款。乙公司收取丙公司的租金与支付给银行A的租金之差即为船舶盈利。这一过程中,英国丙公司可从英国政府获得租金的税收减免优惠(见图19-3)。

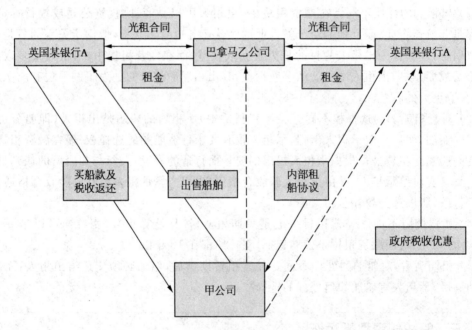

图 19-3　英国融资租赁各方关系图

(二) 融资流程

融资租赁涉及出租人、承租人和船厂三方。在融资租赁中,出租人与承租人即航运公司要订立的租赁合同,出租人与船厂要订立造船合同,然后由船厂将船舶直接交给航运公司。整个融资过程必然要有合同和融资文件。现以"贷款—转卖—租买"的融资方式加以说明。

1. 融资背景

A 航运公司向 B 商社融资,在 C 船厂订购一艘 4 万吨散货船,融资金额为船价的 95%。

涉及关系方:航运公司 A;航运公司下属公司 A1;航运公司属下单船公司 A2;商社 B;商社下属公司 B1;商社属下单船公司 B2;船厂 C。

2. 融资过程

"贷款—转卖—租买",融资过程可分为三个阶段:

(1) 签合同至交船—贷款:

由"商社下属公司 B1"向"航运公司属下单船公司 A2"提供 95% 船价的贷款,并通过"商社 B"向船厂 C 定造船舶。各方之间关系如图 19-4。

(2) 交船时—转卖:

"航运公司属下单船公司 A2"在接收船舶的同时又将其转卖给"商社属下单船公司 B2",作为 95% 船价贷款的抵偿。各方之间关系如图 19-5。

(3) 交船后到租买结束—租买:

"商社属下单船公司 B2"将船光租给"航运公司属下单船公司 A2",并双方签订租买协议,规定了光租 10 年后,"航运公司属下单船公司 A2"可将船买下。

"航运公司属下单船公司 A2"将船期租给"航运公司属下公司 A1"。

各方之间关系如图 19-6。

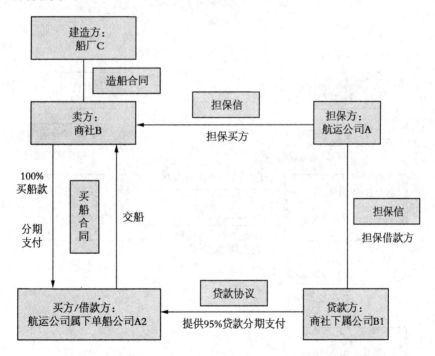

图 19-4 签订合同至交船前各方关系图

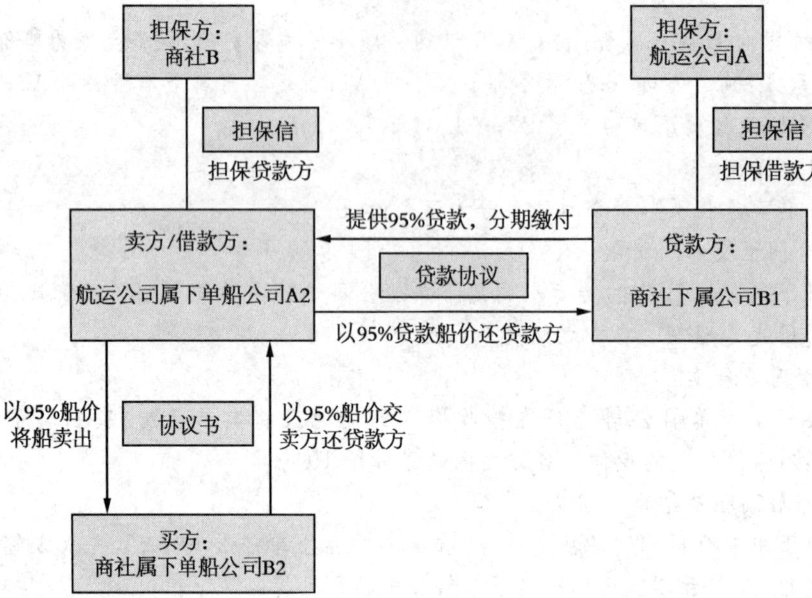

物流企业会计与财务管理

图 19-5　交船时各方关系图

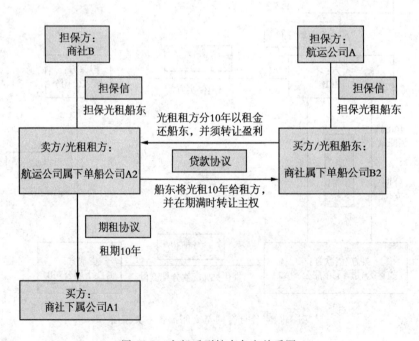

图 19-6　交船后到结束各方关系图

第三节　运输船舶融资租赁财务决策

一、融资租赁的决定因素

在分析决定一艘船舶是购买还是融资租赁时,必须考虑以下三个方面因素。

(一)融资成本

在多数情况下,租赁是比传统的贷款购买船舶更经济的一种融资方式。在许多海运国家,投资新船(有时甚至是旧船)的船东能够利用诸如降低公司税或投资减税等不同的政府鼓励措施。这些国家的船东付很少或者不交纳公司税,因为他们的应税利润为零。因而新的资本投资的税收减免对他们显然是不利的。但在一项租赁协议中,出租人为收取承租人的租费而取得资产,如果其应税收入很大,出租人可以索回所有权的全部税收减免,并通过减少租赁费与承租人共同享有这一有利条件。在决定选择租赁还是购买时,用于比较的现金流量是税后现金流量,这些现金流量发生在明显不同的时期,为了进行有效的成本比较,必须考虑现金流量的时间。为评价一个项目现在的成本以及今后的现金流量,可以使用净现值法。在对一项资产是租赁还是购入的决策中,根据财务标准成本,现税成本的现值为最低的方案将是最优的。

随着公司税率、租金率和折旧率的变化,贷款取得与融资租赁取得两种方案的税后成本现值也跟着变化,有时贷款取得高于融资租赁取得,有时又低于。一般情况下,融资租赁的租费与贷款利息一样,是分期支付的。所不同的是,利息支付随着贷款余额的减少而减少,而船舶融资租赁的租费每期都是相同的,在融资租赁中,租费可得到全部税收减免,而在贷款购船中,仅利息支出是免税的。

(二)现金流量

可能会出现融资租赁取得船舶的成本现值与贷款取得船舶的成本现值相差不大的情况,这时考虑现金流量这一因素就非常重要。现金流量会明显地影响融资租赁取得还是贷款购入的决策的结果。在这一方面,融资租赁取得船舶具有以下三个优点。

(1)融资租赁可以提供船舶建造价格的100%融资资金,这也避免了船东在贷款购买一条船舶时,需要支付一部分定金的负担。此外,融资租赁也可以对许多交船前的费用提供有关的资金,如利息费用、法律费用、合同费用和船舶建造管理费用等包括在船舶建造价格中的供需与船舶一起进行融资的资金。

(2)融资租赁取得船舶的租费支付期比贷款购入船舶的贷款偿还期一般要长得多,无疑会在船舶使用期中的前几年,产生优越的现金流量。在贷款购入船舶的方案下,前几年的本金和利息的偿还额是最高的,当然也不可否认,在融资租赁取得船舶的方案下,租费在船舶贷款期后的一个长时期内一直要支付下去。

(3)融资租赁取得船舶需支付的租费通常以年金为基础计算,在整个租期内产生相同的年支出。这样由于不像银行贷款利率那样波动,使船东能更准确地预测今后的现金流量。

(三) 时间因素的经济效益

假定一个企业要购置一艘昂贵的海船,若依靠本身积累资金,按照他的经营盈利情况,每年只够价款的 20%,这样要等 5 年才能凑满购置一艘海船的资金,建成一个生产运输单位。如果采取租赁方式,他每年积累的 20% 的资金,就可以作为租用一艘海船的租金。这样,5 年下来就可以建成 5 个运输单位。将上述两种方式作一比较如表 19-1 所示,就可以明显地看到租赁方式可以赢得时间,而时间的因素给企业带来的经济效益在某一阶段可以达到积累购买方式的 15 倍。

表 19-1 租赁方式和购买方式的比较   单位:万元

采用租赁方式			采用购买方式		
用作租赁的资金	生产单位	生产利润	用作购买的积累资金	生产单位	生产利润
□	○	△			
□	○	△△	□□		
□	○	△△△	□□□		
□	○	△△△△	□□□□		
□	○	△△△△△	□□□□□	○	△

说明:□代表每年积累的资金或租金;○代表一个生产运输单位;△代表每一个生产运输单位的年度利润。

二、租金的计算

(一) 租金的构成要素

1. 船舶的买价

除船舶本身的价值外,买价还应包括运费、保险费和进口关税(不论是 CIF 价还是 CFR 价,实际都由承租人负担)。在计算时,要剔除一笔估计值(残值)。残值是指租赁期满时该船在当时市场上的公平销售价格。剔除残值的原因是由于在租赁期满时,租赁公司将在市场上处理该尚有使用寿命的船舶,或由承租人留购收回这一部分投资。但我国的情况是:租赁公司在计算租金时,将船舶买价全部折完,不留余值。待合同期满时,由承租人以 1 元的名义价格买下。

2. 利息费用

由于租赁公司购买出租的船舶所筹措的本金,不管来源于何处,都需支付利息,因而在租赁成本内需包括利息这一项。其利息大小,取决于签订合同时金融市场的行情、资金的来源、租赁公司筹措资金的能力和利差风险费等因素。

3. 经营租赁项目必须的开支和手续费

这是一个可变的数字,可采用收取租赁船舶引进手续费的办法,解决必要开支的问题。在上述租赁费率的构成因素中,租赁船舶的买价是事先已定的,运费和保险费也是较固定的。因此,租赁费率的高低,主要取决于对设备残值的估计(我国融资租赁不存在残值的问题)、利息和手续费的多少。

(二)租金的计算方法

融资租赁中的租金,是承租人向出租人支付的费用。它由船舶造价、租赁期利息费用和租赁手续费用几部分构成。租金水平受利率、租赁期限、付租间隔期和支付货币种类等因素影响。具体计算如下:

1. 年金计算方法

船舶融资租赁的租金是采用现金流量贴现技术,确定每年的资本成本,将现金支出在船舶使用年限中进行分摊。出租人在租赁期间的每年成本相同,据以确定应收租金额。

2. 折现率的选择

租赁使用真正的利率,租赁公司在合同签订后可能会给出一个利率,但这个利率不是讨论出来的,而是根据租赁本金和偿还租金的现金流量加上交易过程中的一些损益推算出来的,是企业内部收益率(IRR),简称内含率。按照中国《企业会计准则第21号——租赁》的规定:"第十二条 承租人在计算最低租赁付款额的现值时,能够取得出租人租赁内含利率的,应当采用租赁内含利率作为折现率;否则,应当采用租赁合同规定的利率作为折现率。承租人无法取得出租人的租赁内含利率且租赁合同没有规定利率的,应当采用同期银行贷款利率作为折现率。"其计算方式为:"第十三条 租赁内含利率,是指在租赁开始日,使最低租赁收款额的现值与未担保余值的现值之和等于租赁资产公允价值与出租人的初始直接费用之和的折现率。"

3. 旧船价格重估

由于旧船价格一直处于变动之中,不论船龄有多长,其价值都有可能上涨或下跌,一些出租人通过价值重估而间接获利。一艘新船在几年内就出售,就保留着较高比例的最初价值。尽管这一比例与市场条件相联系,这时的残值对出租人来说十分重要,在计算船舶收益时就必须考虑。

三、实际操作中的几点问题

尽管融资租赁有着众多的优势,但它也不是没有缺憾的,以下的几点问题在实际操作过程中应注意:

(1)在进行融资租赁取得船舶时,对于船舶所有权问题,以及政治上的问题是需要考虑的重要的实际问题。船舶价格随时会发生重大变化,通过对取得和处置船舶时机的判断与选择,船东可利用船舶价格的变动取得丰厚的利润。但在融资租赁条件下,出售船舶的自由权被削弱了。

(2)在租赁情况下,船舶所挂国旗也是一个需认真考虑的问题。许多国家规定,为了鼓励从投资中得益,承租人必须是本国居民,并且船舶必须登记挂本国国旗。这将极大地阻止许多潜在的、希望具有根据他们所选择的船旗来经营船舶的自由的船舶承租人。显然,对于国有的航运公司,被强制性的要求在本国旗下、雇佣本国海员进行营运,这在跨国界的船舶租赁业务中就是不可能的了。

(3) 与其他信贷筹资方式,如用现金购买设备相比较,在一般情况下,租赁费相对较高,因为除贷款利息外,还要支付租赁公司的手续费。而且设备的残值,一般是属于出租人所有,这对承租人来说也是一笔损失。

(4) 租赁契约一般不许中途解除,如果无故毁约或不履行合同规定的有关义务,则需赔偿租赁公司的各项损失,往往罚则较重。

如何克服上述的几点问题,使损失降到最低,一般办法:关于所有权问题,可以在租赁合同中订明租赁到期前的条款,虽说承租人将花费一定的代价,但其仍可获得丰厚的利润。对船舶所挂国旗问题,如日本《海商法》规定,日本公司拥有的船舶必须在日本注册,在营运时悬挂日本国旗并配备高工资的日本船员,日本的船东就采用从其国外子公司回租的方式来规避日本海商法关于船舶登记和船员配备的规定。从总体上来看,融资租赁的这几点问题并不影响其优越性和发展前途。

四、我国融资租赁业的现状及船舶融资租赁的发展前景

(一) 国内船舶融资租赁管理

近年来,我国国民经济快速发展带动了国内航运业的大发展,社会资本投资国内航运业的积极性高涨,投资主体和投资方式更加多元化,船舶融资租赁业应运而生并发展迅速。为了加强对国内船舶融资租赁的管理,规范租赁行为,促进船舶融资租赁业健康发展,在2008年3月18日中华人民共和国交通运输部办公厅就规范国内船舶融资租赁管理作了若干规范,具体如下:

(1) 所称的国内船舶融资租赁活动,是指船舶承租人以融资租赁方式租用船舶从事国内水路运输的行为。

(2) 从事国内船舶融资租赁活动的出租人应依法取得国家有关主管机关批准的融资租赁经营资格;承租人应取得交通主管部门批准的国内水路运输经营资格;出租人和承租人之间应按照国家有关规定签订船舶融资租赁合同。

(3) 按照国家相关法律、法规有关规定,国内船舶融资租赁出租人的企业经济性质属"三资企业"的,其外资比例不得高于50%。承租人以融资租赁方式租用"三资企业"的船舶从事国内水路运输,应事先取得交通运输部的批准。

(4) 以融资租赁方式新建或购置的船舶,其船舶所有人应为该融资租赁船舶的出租人,船舶经营人应为该融资租赁船舶的承租人,出租人与承租人之间按光船租赁关系办理登记手续。

(5) 以融资租赁方式在国内新建船舶或进口船舶投入国内水路运输,应由承租人在建造或进口船舶前按有关规定向相应交通主管部门申请办理新增运力手续(客船、液货危险品船应取得新增运力批准文件,普通货船应取得新增运力登记证书),并在申请时注明拟采用

融资租赁方式，提供与融资租赁公司的相关协议。有关交通主管部门在同意其新增运力的批准文件或登记证书上应注明采用融资租赁方式及其融资租赁出租人。

船舶建造或进口完毕，船舶出租人和承租人凭新增运力批准文件或登记证书、船舶融资租赁合同及其他材料到海事管理机构办理船舶有关登记手续。取得相关证书后，由船舶承租人办理船舶营运手续。

（6）以融资租赁方式（承租人、出租人属"三资企业"的除外）购置具有国内水路运输经营资格的现有船舶投入国内水路运输的，按照我部有关规定不必事先办理新增运力手续。船舶购置完成后，由出租人和承租人凭所购船舶的《船舶营业运输证注销登记证明书》原件、船舶融资租赁合同及其他材料到海事管理机构办理有关登记手续。取得相关证书后，由船舶承租人办理船舶营运手续。

（7）对于国内非运输船舶的融资租赁管理，参照本通知精神办理。

（二）国际船舶融资租赁管理

海运业的融资及贷款回报一向较其他行业为低，而海运高峰期进一步加剧银行同业间的竞争，向船公司及船东提供的低利率贷款涌现，传统及小型的金融机构在经营船舶融资业务方面已日趋困难，传统银行业将面临严峻考验，银团贷款等融资模式将成未来趋势，并令更多船东转向资本市场集资。鉴于船舶融资本身具有投入高、技术性强、回报期长等特点，因此外国的金融机构特别注重以下两点：一是加强自身的专业水平；二是注重与船舶经纪人、船级社等专业机构的紧密合作，以了解船舶在设计、建造、运营、交易各个阶段的价格与技术状况，最大限度地防范船舶融资的技术、市场和财务风险。这些经验值得国内银行借鉴。

从世界范围看，中国的船舶融资租赁行业处于比较落后的地位，远未达到应有的规模，租赁业现状与快速发展的经济水平很不相称，还有很大的发展空间。近年来，由于巨大的商机，国外一些知名租赁企业纷纷进入中国。

同时，租赁业相关的社会环境和政策环境正在逐步改善，使租赁业的快速发展成为可能。我国于1995年1月1日起实施的《中华人民共和国船舶登记条例》也建立了我国的光船租赁登记制度，这无疑为船舶跨国融资租赁开辟了新天地。2006年3月，银监会新修订的《金融租赁公司管理办法》，本着支持租赁公司做大、做强租赁业务的出发点，不再允许金融租赁公司从事贷款、投资、担保等业务，另一方面，允许金融租赁公司吸收非银行股东存款、进入同业拆借市场，发行金融债券，为租赁业发展创造好的政策环境。

复习思考题

1. 什么叫融资租赁？简述其特征、方式及其功能。
2. 简述船舶融资租赁中出租人、承租人及船厂三者关系？
3. 船舶融资租赁中出租人与承租人有哪些职责？
4. 简述船舶融资租赁的特征？
5. 简述船舶融资租赁的融资成本构成。

第二十章 物流金融财务与风险

■ 学习目标 ■

学习完本章,你应该能够
1. 认识物流金融
2. 阐述物流金融各方利益
3. 解析物流金融主要业务模式的财务关系
4. 管理物流金融财务风险

■ 基本概念 ■

物流金融　业务模式　质押货物　监管　信用风险

第一节　物流金融概述

一、物流金融的概念

(一) 定义

物流金融是指在面向物流业的运营过程中,通过应用和开发各种金融产品,有效地组织和调剂物流领域中货币资金的运动。这些资金运动包括发生在物流过程中的各种存款、贷款、投资、信托、租赁、抵押、贴现、保险、有价证券发行与交易,以及金融机构所办理的各类涉及物流业的中间业务等。

(二) 相关方关系与融资功能

物流金融是为物流产业提供资金融通、结算、保险等服务的金融业务,它伴随着物流产业的发展而产生。在物流金融中涉及三方主体:物流企业、客户和金融机构。三方主体相关方关系是:物流企业与金融机构联合起来为资金需求方——企业提供融资。就三方主体来分析物流金融的融资功能,其具体表现为:

(1) 对于企业来说,物流金融业务允许这些企业利用原材料和在市场上经营的商品做质押进行贷款,解决了企业实现规模经营与扩大发展的融资问题,有效地盘活了沉淀的资金,提高了资金的流转效率、降低了结算风险,最终提高了经济运行的质量。同时,由于物流企业有效地融入了生产企业的原材料供应链和产成品的分销供应链中,为其提供了优质的第三方物流服务,金融机构对质押物的占有不仅没有影响借款人正常的产销活动,而且还使其能把有限的资金和精力投向产品的生产和销售上。

(2) 对银行而言,有助于扩大贷款规模、降低信贷风险,并扩展服务:如,处置部分不良资产、有效管理 CRM 客户,提升质押物评估、企业理财等顾问服务项目,扩大和稳固客户群,树立自己的竞争优势,开辟新的利润来源;也有利于吸收由此业务引发的派生存款。银行在质押贷款业务中,物流企业作为第三方可以提供库存商品充分的信息和可靠的物资监管,降低了信息不对称带来的风险,并且帮助质押贷款双方良好地解决了质押物价值的评估、拍卖等难题,降低了质押物评估过程产生的高昂的费用,使银行有可能对中小企业发放频度高、数额小的贷款。

(3) 对于物流企业来讲,通过与银行合作,监管客户在银行质押贷款的商品,一方面增加了配套功能,增加了附加值,提升了企业综合价值和竞争力,稳定和吸引了众多客户;另一方面,物流企业作为银行和客户都相互信任的第三方,可以更好地融入客户的商品产销供应链中去,同时也加强了与银行的同盟关系。

(三) 财务管理特征

物流金融服务不但拓展了银行的贷款业务,增加银行的利息存贷差收入,而且为银行创造更多中间业务。第三方物流公司的参与改善银行与贷款企业之间的信息不对称状况,也增强了银行对贷款的监督力度,帮助银行更有效地监控贷款风险。同时,正是因为物流企业帮助银行有效地监控了贷款风险,这也就为企业尤其是中小企业贷款开辟了一条新的渠道。因此,物流金融是物流与金融相结合的复合业务概念,它不仅能提升第三方物流企业的业务能力及效益,还可为企业融资及提升资本运用的效率。通过物流金融业务的开展使得参与业务的三方都获得切实的利益,真正达到"三赢"的效果。

物流金融服务是伴随着现代第三方物流企业而生,在金融物流服务中,现代第三方物流企业业务模式更加复杂,企业除了要提供现代物流服务外,还要与金融机构合作一起提供部分金融服务,这种由物流金融带来的特殊性与复杂性就构成了作为物流金融业务核心——现代第三方物流企业的财务管理的特殊性与复杂性,其财务管理特征就表现为:通过物流金融的业务模式,表现出参与各方主体在物流金融中的债权债务关系,以及面临的物流金融财务风险,并且实施相应的财务管理。

二、物流金融的发展状况

(一) 发达国家的金融物流业务

国际上,最全面的金融物流规范体系在北美(美国和加拿大)以及菲律宾等地。以美国为例,其金融物流的主要业务模式之一是面向农产品的仓单质押。仓单既可以作为向银行贷款的抵押，也可以在贸易中作为支付手段进行流通。美国的金融物流体系是以政府为基础的。早在 1916 年，美国就颁布了美国仓库存贮法案（US Warehousing Act of 1916），并以此建立起一整套关于仓单质押的系统规则。这一体系的诞生，不仅成为家庭式农场融资的主要手段之一，同时也提高了整个农业营销系统的效率，降低了运作成本。

（二）发展中国家的金融物流服务

相对于发达国家，发展中国家的金融物流业务开始的较晚，业务制度也不够完善。非洲贸易的自由化很早就吸引了众多外国企业作为审查公司进入当地。这些公司以银行、借款人和质押经理为主体，设立三方质押管理协议（CMA），审查公司往往作为仓储运营商兼任质押经理的职位。通过该协议，存货人，即借款人，在银行方面获得一定信用而得到融资机会。此类仓单直接开具给提供资金的银行而非借款人，并且这种仓单不能流通转移。

在非洲各国中较为成功的例子是赞比亚的金融物流体系。赞比亚没有采用北美以政府为基础的体系模式，而是在自然资源协会（Natural Resource Institute）的帮助下，创立了与政府保持一定距离、不受政府监管的自营机构——赞比亚农业产品代理公司（The Zambian Agricultural Commodity Agency Ltd）。该公司参照发达国家的体系担负金融物流系统的开发和管理，同时避免了政府的干预，从而更能适应非洲国家的政治经济环境。

（三）中国金融物流的发展

国外金融服务的推动者更多是金融机构，而国内金融物流服务的推动者主要是第三方物流公司。金融物流服务是伴随着现代第三方物流企业而生，在金融物流服务中，现代第三方物流企业业务更加复杂，除了要提供现代物流服务外，还要跟金融机构合作一起提供部分金融服务。国内学者关于金融物流相关领域的研究主要是物资银行、融通仓等方面的探讨，然而这些研究主要是基于传统金融物流服务展开的，未能从供应链、物流发展的角度探讨相应的金融服务问题。如，罗齐和朱道立等提出物流企业融通仓服务的概念和运作模式探讨；任文超探讨了引用物资银行概念解决企业三角债的问题。在国内实践中，中国储运集团从 1999 年开始从事金融物流部分业务。金融物流给中国储运集团带来了新的发展机遇，该集团公司总结了部分金融物流业务模式，并在集团所有子公司进行推广。

第二节　物流金融主要业务模式财务解析与风险分析

一、资金结算服务模式

资金结算模式中由于没有银行等金融机构的参与，是属于广义的物流金融的范畴，主要意义在于整合物流、资金流、信息流，使物流产生的价值增值，从而提高资金运行效率。具体业务如图 20-1。

图 20-1 资金结算服务模式

(一) 代收货款业务模式解析与风险分析

1. 模式解析

简单地说,这项业务是物流公司为企业提供物流服务的同时,帮助发货方向买方收取现款,然后与发货企业结清货款,同时物流企业可以收取一定的费用。在这种模式中,在发货前,发货人要与第三方物流企业签订《委托配送和委托收款合同》,第三方物流企业每日或定期为消费者送货同时根据合同代收货款,然后每周或者每月或其他固定时间与发货人结清一段时间的货款。以宅急送公司为例,为了加快资金回笼速度,宅急送准备加大开展代收货款服务的力度。物流企业在 COD 业务中收的是现款,而由于时间、空间以及各种技术条件的限制,物流企业不可能及时地向卖方企业付款,真正付款时往往已经是收款后的十天或更长时间后。这样,在物流企业的账户中,由于不断收款付款从而积累下一笔沉淀资金。这笔资金不但能给物流企业带来手续费等收入,而且能给物流企业带来现金流。据预计,如果在全国推行 COD,宅急送每月代收款回笼资金将达到 5 000 多万元。可以发现,资金在交付给发货人前有一个沉淀期,在这期间,第三方物流企业如有需要可以利用这笔不用付利息的资金。在此业务中,提货方与发货方的债权债务关系转移到了物流公司与发货方之间,发货方是债权人,而物流企业在拿到代收款后就变成了债务人。其过程如图 20-2。

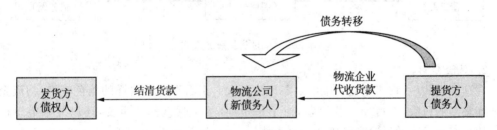

图 20-2 代收货款业务模式

2. 风险分析

物流企业在变成债务人之后,相当于要进行债务管理,而且是现金债务,所以物流企业不适合大规模地进行这项业务,过多的代垫款会给物流企业的现金管理带来很大压力,造成现金流风险;虽然资金在交付给发货人前有一个沉淀期,在这期间第三方物流企业如有需要可以利用这笔不用付利息的资金,面临着还款风险,而且是短期还款风险;此外,物流企业还面临着很大的内部管理风险,比如说货款代收环节经常要携带大额现金往返,既不方便又充满风险,需要时刻保护现金的安全,最典型的例子就是 2005 年发生的"川运逃单事件",曾被称为"成都托运王"的四川省川运运输连锁有限公司老板刘元宝携上千商家的 2 000 万元巨额货款潜逃,旗下遍布四川省的 57 个门店也随之关闭。这些事情的发生,降低了业界对物流公司的信任,更为实施物流金融敲响了警钟:对物流金融业务相关的风险管理和控制不容轻视;最后需要注意的是,我国法律还规定物流企业不能大规模地开展此业务,所以物流企业还面临着法律风险。

(二) 垫付货款业务模式解析与风险分析

1. 模式解析

垫付货款业务是指当物流公司为发货人承运一批货物时,物流公司首先代提货人预付部分或全部货款;当提货人取货时结清全部货款。

垫付货款模式的操作流程是:发货人委托第三方物流企业送货,第三方物流企业垫付部分或者全部货款,在向收货人交货的时候根据发货人的委托以及合同向收货人收取发货人的应收账款,最后在一段时间的固定时间与发货人结清货款,同时物流企业也可以收取一定手续费。这种模式的优点首先也是在收了收货人的货款后有了一笔无需付息的沉淀资金;其次,第三方物流企业将自己的利益与客户联系在了一起,容易赢得信任,有利于扩大业务。缺点就是在垫付收货人的货款时,占用了物流企业的一部分资金。这种模式常见于B2B业务中。

在垫付货款业务中,提货方与发货方的债权债务关系转移到了物流公司与提货方之间,但物流企业成了债权人,而提货方是债务人。如图20-3。

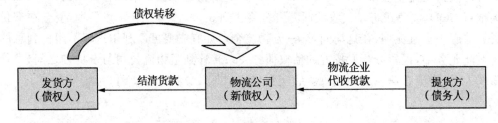

图20-3 垫付货款业务模式

2. 风险分析

在这种模式中,物流企业面临的财务风险最大。正因为有了这样的角色转换,物流企业也要面临新的风险,即短期回款风险,由于是短期,及时收款非常重要,还以北京宅急送为例。快递行业最大的风险就是现金流是否能跟上,就目前来说,国外物流公司一般先交钱再运货,而国内快递业普遍是先送货后付款,这样的话,快递公司越大,代垫款越多,企业的资金压力越大。宅急送一个月的代垫款差不多就有8 000多万元,如果客户公司倒闭了或在运输的过程中货物出现问题,都将影响物流企业的资金回笼,造成现金流风险。所以建议物流企业可以和老客户企业多开展此项业务,而对于新客户,要对客户进行考察,不要为了拉拢客户增加收入而盲目给予其垫付款业务。

提货方作为债务人,在此业务中主要面临着短期的现金还款风险,需要时刻保持现金流的稳定,防止资金链断裂,所以产品的销售赊销、产品成本的变化等容易引起现金短缺的情况需加以防范。

二、物流企业作为融资中介的融资服务模式

目前我国的信用体制还不完善,一般来讲,银行为了降低风险,严格要求贷款企业的申请条件,导致一些企业尤其是中小生产经营企业很难贷到款,融资难问题严重,物流企业为企业提供融资中介的物流服务,架起了银行和贷款企业之间的桥梁,为企业特别是中小企业融资提供了新的渠道。

在这种模式中,物流企业、银行和需要贷款的企业都直接参与到了整个融资过程中,物流企业在其中起到了中介的作用,基本图示如图20-4。

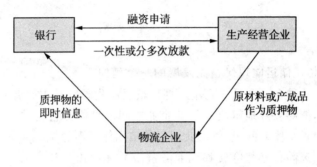

图 20-4 融资中介的融资服务模式

（一）仓单质押业务模式解析与风险分析

1. 模式解析

这种模式可概括为生产经营企业先以其采购的原材料或产成品作为质押物存入融通仓并据此获得合作银行的贷款,然后在其后续生产经营过程中或质押产品销售过程中分阶段还款。其中,银行处于主导地位并提供贷款,生产经营企业获得发展所需要的资金,第三方物流企业受银行委托,提供质押物的验收、价值评估、仓储保管、货款流向监管及质押物的拍卖处理等中介服务并收取中介服务费。具体的流程如下:

（1）三方要协商签订长期合作协议;

（2）生产经营企业采购的原材料或待销售的产成品存入第三方物流企业仓库的同时向银行提出贷款申请;

（3）第三方物流企业负责进行货物验收、价值评估及监管,并据此向银行出具证明文件;

（4）银行根据物流企业出具的评估报告酌情给予生产经营企业发放贷款;

（5）第三方物流企业仓库内的产品可以供生产企业继续销售;

（6）第三方物流企业在确保其客户销售产品的收款账户为生产经营企业在协作银行开设的特殊账户的情况下予以发货;

（7）如果物流企业确定了生产经营企业销售商品的货款是汇入其在贷款银行开设的账户后就可以发货供企业销售;

（8）银行从生产经营企业的账户中扣除相应款项以偿还贷款;

(9) 如果生产经营企业不履行或不能履行贷款债务,银行有权从质押物中优先受偿。流程图如图 20-5。

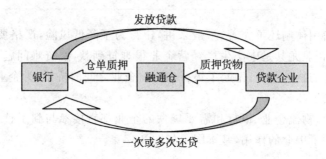

图 20-5　仓单质押业务模式

2. 风险分析

仓单质押作为传统储运向现代物流发展的一个延伸业务得到了越来越多企业的认可。同时,它也被看成是一种金融产品。仓单质押比较适应我国目前物资流通企业融资难、银行放贷难的市场现状,能够较好地解决银行和企业之间的矛盾。它通过仓储企业作为第三方担保人,可以在相当长一段时间里,解决我国目前信用体系不健全的问题。但一旦贷款企业偿还借款出现问题,风险也必然会转移到业务链中的其他相关利益人——银行和物流企业身上。

对于物流企业来说,既是中介人,也是贷款企业质押物的担保人。物流企业现金流入主要来自于业务收入,而现金流出最可能的原因是对质押物监管的失败。在质押物的选择上,质押物最好具备以下的特点:一是价值高、体积小;二是不容易霉变损坏,不具有保质期;三是市价变动小,不是季节性销售商品,不是更新换代快的商品;四是必须要适销对路,不是滞销积压商品;五是容易脱手变现等。满足这些条件对于确保贷款安全是必要的,但也会使存货质押的实际可选择余地非常狭窄,所以,当质押物出现问题时,如价值评估错误、质押物损坏甚至是质押物被调包,物流企业都要做出赔偿,而且会影响物流企业的声誉。最典型的案例就是中储的"调包案"。2006 年,某银行分行因沈阳泰鑫公司拖欠逾期借款,向沈阳市中级人民法院申请,查封了泰鑫公司在中储公司沈阳东站仓库的价值 1 000 多万元的 3 365 件质押物(家电)。但这次查封却意外牵出了令人震惊的案中案,用于质押的这批家电,有相当一部分竟然是用木头、草袋、空壳机等破烂填充的。2007 年,随着某银行分行的一纸诉状,中储公司被推上了被告席。2008 年年初,沈阳中院一审判决东站仓库依据《质押监管协议》,恢复缺失的 1 000 多万元的质押物,如不能恢复,则承担相应的赔偿责任。

对银行来说,这种模式中作为债权人首先面临的是债权风险,即贷款企业是否能及时还款,但是因为有了物流企业的参与,可以对贷款企业的动产进行监管,已经把这种风险降到了最低;其次是动产质押风险。一旦贷款企业无力还款,依然会产生动产质押风险,只不过和一般的动产质押的区别是质押物不再需要银行来监管了,但风险依旧存在,以货物为质押,借款人一旦无法偿还贷款,银行就只能拍卖或以其他方式转售质押货物,以抵偿贷款本息。质押货物能否以市场价格迅速出售,直接决定银行贷款能否顺利得到清偿。银行缺乏动产的管理经验和手段。如果动产质押制度一旦实施,求贷的中小企业数量众多,必然会涉及各行各业,就目前来说,银行缺乏相关的操作技能和实际经验,知识和人才储备不足,对准确鉴别评估动产的价值会有困难,在日常管理上也会力不从心。如果不采取循序渐进的方式逐步摸索积累经验,会产生大量新的信贷风险。动产质押的诉讼案件,各方关系和权益更难确定,债权人难以在债务人违约时便捷地执行担保物,在审理期中,担保物价值会因执行时间拖延而流失,这也会造成未来现金流流入的减少。

对于贷款企业来说,还款的风险也不小。因为需要通过物流金融业务来融资的企业多数是中小企业,并且能够借到款多数是在其商品畅销的时候,如果产品只是一时的流行,或者成本突然上升,将会大大降低企业的收入,进而影响到现金流,所以企业需要密切关注产品的销售情况,控制成本,保证现金流的稳定,及时还款。

(二)海陆仓融资模式解析与风险分析

1. 模式解析

2006年初,海南一家公司将一批天然橡胶通过海运送至天津,想向银行融资。可是仓单质押的条件要求,货物必须要在固定的监管仓库里,而现在货物大部分的时间都在船上,又没有固定的仓库,向银行抵押货物成了问题,货主犯了难,银行也不好不按规矩办事,最终货物到了发运期,钱还是没借到。半年之后,一种叫做"海陆仓"的业务悄悄出现。不少做橡胶生意的公司突然发现,通过海运做仓单质押已经成了再简单不过的事情。

海陆仓融资业务主要应用在进出口业务中,海陆仓业务是指在传统"仓单质押"融资模式基础上,发展成为综合"货物在途运输质押融资监管"模式与"仓单质押"模式为一体的,基于企业商业贸易与供应链条、从货物启运地至目的地,融"仓储质押监管、陆路运输监管、铁路运输监管、沿海运输监管、远洋运输监管"等任意组合的供应链全程质押融资监管模式。简单的图示如图20-6。

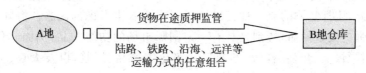

图20-6 海陆仓融资模式

从概念来讲,海陆仓业务的实质是传统"仓单质押"业务的延伸,与仓单质押业务具有共性但又有其明显的特点。从共性来讲,均属于动产质押融资业务范畴,即以动产所有权或权利进行质押作为授信担保条件。同时,海陆仓业务又具有两个明显的不同点:(1)业务背景不同。海陆仓模式主要应用在进出口贸易中,而仓单质押则不限制;(2)海陆仓业务技术含量较高。仓单质押业务是很普遍的,但海陆仓业务一定是基于仓单质押业务上的一种提升。货物买卖过程中的现金流有不同的表现形式,在海陆仓业务模式下,企业货物在物流企业全流程控货的前提下,根据现金流形式,向银行申请针对每个阶段给予不同的融资。以原材料为例,原材料还未被开采是需要有人把钱给开采商(开采前融资),矿开采出来后就要卖,卖的时候要运输(运输过程中的贸易融资),运输要有运输的融资,运输以后要仓储(仓储融资),仓储以后要运到工厂里加工(加工融资),加工后的半成品又要运输和仓储,一直到产品到达最终用户手中。将不同时点发生的货物流、贸易流、现金流和信息流整合在一起,这就是海陆仓相对传统仓单质押业务的技术含量所在。

海陆仓的优点有以下几个方面：对于客户而言，海陆仓业务是其银行信用额度受到规模限制时的又一融资渠道。客户可以通过操作海陆仓贸易融资业务，预先获得出口收入，而不用担心进口方赖账，也不用担心货物的失控，因为在整个过程中有银行和物流公司在他身边与他共担风险。通过海陆仓业务，客户生产贸易流程实现了每一段价值的提升的同时，又能从整体上降低风险。对物流企业来说，通过海陆仓对客户的全程供应链中的货物进行全流程的跟踪、监控，既最大限度地延伸了风险管控的时空范围，同时协助银行、客户规避了可能的货物风险，又较好地支撑了传统物流业务的发展。

2. 风险分析

虽然海陆仓模式有这么多的优点，但也带来很多风险。

对物流企业来说，物流企业在这项业务中起着质押物监管和价值评估的作用，由于涉及进出口业务，而且需要物流企业全程监管，所以物流企业在评估质押物的价值时面临着汇兑风险，汇兑风险和商品的市场风险会对价值产生影响，物流企业要特别注意。除此之外，还需要面临的风险有：产品是否适合质押、市场流通性，因为如果贷款企业未来无法按时还款的话，产品将被拿来拍卖；物流环节是否安全可靠。

对银行而言，外贸海陆仓业务往往与国际结算相连，除融资利息收入外，还可以带来手续费、汇兑差价等丰厚的中间业务收入，同时也可以带来风险，即汇兑损失，所以银行除了有前面提到的收回贷款的风险，还要面对汇兑风险，汇兑风险通过影响银行客户的财务状况而对银行的资产质量和盈利能力带来影响。汇率波动会直接影响外向型企业的整体利益，本币升值会导致出口企业的盈利水平降低、竞争力下降，进而影响企业偿还银行贷款的能力，使银行贷款的风险加剧。借款人一旦无法偿还贷款，银行就只能拍卖或以其他方式转售质押货物，以抵偿贷款本息。质押货物能否以市场价格迅速出售，直接决定银行贷款能否顺利得到清偿。因此，质押货物的流通性是融资银行需要着重考虑的因素。海陆仓贸易融资主要用于流通性强的大宗商品，特别是有一定国际市场的初级产品，例如有色金属及原料、黑色金属及原料、煤炭、焦炭、橡胶、塑料等初级化工产品、纸浆，以及大豆、玉米等农产品。特制商品、专业机械设备、纺织服装、家用电器等商品，由于质押价值不易评估，流通性差，不宜作为海陆仓贸易融资业务的质押对象。

而对于借款企业来说，主要的风险除了还款风险还有人民币升值带来的风险和原材料价格上涨带来的成本上升等。

（三）保兑仓业务模式解析与风险分析

1. 模式解析

保兑仓与仓单质押业务不同点就是仓单质押是先货后票，保兑仓是先票后货，概括来说就是银行在买方客户交纳一定的保证金后开出承兑汇票给生产企业，生产企业在收到银行承兑汇票后把为买方生产的产品发到银行指定的物流企业仓库，货到仓库后转为仓单质押，物流企业根据银行的指令分批放货给买家。具体的业务流程如下：

（1）卖方、买方、第三方物流企业、银行四方签署"保兑仓"业务合作协议书；

（2）买方企业向银行申请承兑汇票并缴纳一定的保证金，所得承兑汇票用来支付给卖方,物流企业提供承兑担保,根据货物的销售情况和库存情况按比例决定承保金额,并收取监管费用,而买方以货物对物流企业提供反担保;

(3) 卖方在收到银行承兑汇票后向物流公司的保兑仓交货,物流公司获得货物的所有权,这时整个业务转变成仓单质押;

(4) 银行在收到仓单后办理质押业务,按质押物价值的一定比例发放贷款到买方的账户;

(5) 在买方向银行一次或分次后,银行可以要求物流企业向买方放货;

(6) 如果买方不能还款,则卖方对货物承担回购义务。

流程图如图 20-7。

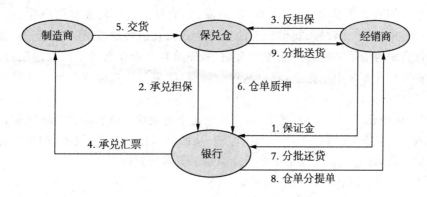

图 20-7 保兑仓模式

2. 风险分析

因为这种业务模式也是对仓单质押模式的延伸和拓展,所以参与各方仍然要面临仓单质押的风险,另外还有一些特殊的风险。

对于物流企业来说,因为要提供承兑担保服务,根据货物的销售情况和库存情况按比例决定承保金额,有必要防范担保风险。在这种模式中,风险主要来自于担保对象,即贷款企业尤其是中小企业。一般而言,中小企业出于多方面的考虑,其财务报表与实际情况会有较大出入,作为担保公司要承认和尊重这个现实。因此,作财务评价前,深入企业作认真细致的调查核实,是非常关键和必要的,只有在分析清楚企业真实的资产、负债、销售、利润流动比率、速动比率以及企业的核心技术的先进性、主要经营者的能力素质、产品市场的成长性、市场的占有份额、管理机制等等后,才能真正总结出企业是否具有偿债能力,才能决定自己的承兑金额,以规避风险。

对银行来说,可以从以上的业务流程分析中看出,银行需要开出承兑汇票,于是承兑汇票风险也随之而来。(1)资金回收风险。银行已承兑、贴现或转贴现的票据,由于买方支付能力不足,到期资金不能或不能按时收回,导致银行因履行无条件付款责任而垫付资金,形成银行自身的不良贷款的风险;(2)国家的货币政策风险。当国家货币政策变化,央行抽紧银根,控制再贴现额的总量或是提高再贴现率时,票据市场资金紧缩,如果此时票据转让,可能导致的利率损失;(3)内部管理风险。银行在办理业务过程中,因管理存在纰漏,工作人员有章不循,或因操作不慎出现失误而导致银行财务损失。对于买方来说,如果不能按时还款,除了损失一定的保证金之外,还会影响自己的信用和声誉,影响和卖方企业以及银行之间的合作。对于卖方来说,如果买方不能还款,则卖方对货物承担回购义务,所以有可能增加不必要的存货。

(四)供应链融资模式解析与风险分析

1. 模式解析

供应链融资是银行以核心企业为中心,通过对于核心企业的资信分析,在风险可控的基础上,为核心企业的上、下游企业提供一种综合性的金融服务。供应链融资的基本模式是"N+1"模式,其中"1"指一个核心企业,"N"指核心企业的上、下游企业。

一般来说,一个特定商品的供应链从原材料采购,到制成中间及最终产品,最后由销售网络把产品送到消费者手中,将供应商、制造商、分销商、零售商、最终用户连成一个整体。在这个供应链中,竞争力较强、规模较大的核心企业因其强势地位,往往在交货、价格、账期等贸易条件方面对上下游配套企业要求苛刻,从而给这些企业造成了巨大的压力。而上下游配套企业恰恰大多是中小企业,难以从银行融资,结果最后造成资金链十分紧张,整个供应链出现失衡。

而在"供应链金融"的融资模式下,处在供应链上的企业一旦获得银行的支持,资金这一"脐血"注入配套企业,也就等于进入了供应链,从而可以激活整个"链条"的运转;而且借助银行信用的支持,还为企业尤其是中小企业赢得了更多的商机。

"N+1"运作模式如图 20-8 所示。

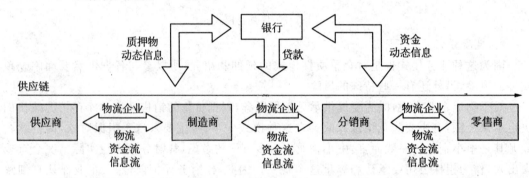

图 20-8 供应链融资模式

根据核心企业又可以把"N+1"模式分成两类:第一类是一条供应链中的供应商、制造商、分销商和零售商四个环节中的一个为核心企业,物流企业在其中只起辅助作用,银行主要考察的是核心企业的资信和能力,需要资金的企业一旦获得银行的贷款,就相当于一笔资金注入整个供应链,是这个供应链的生态变得完善、抵抗风险的能力大大增强;第二类是物流企业为核心企业。此时,物流企业为整条供应链服务,整合物流、资金流和信息流,综合运用仓单质押、海陆仓、保兑仓等各种物流金融模式帮助供应链中的企业融资。在供应链金融的合作中,银行和物流公司形成了一种互惠互利的合作模式,共同搭建质押监管平台和信用保险平台,帮助扩大整个产业链的竞争优势。

在合作过程中,物流公司可以充分发挥在货物运输、仓储、货物监管等方面的长处。银行基于物流企业控制货权、物流与资金流封闭运作,而给予核心企业的上下游授信的支持。

物流公司作为第三方监管人对于质押的货物进行了严格的监管,在一定程度上降低银行可能遇到的风险。大型的物流公司具备了良好规避风险的优势,通过规范的仓储管理和监管可以有效地控制监管风险。而且在企业贷款未能如期返还的情况下,物流企业可以协助银行将质押物变现还贷,最小程度地降低银行提供供应链金融服务可能产生的损失。由于物流企业涉及多行业、多企业,因此对于市场上的价格定位有了一个具体的了解,这就能帮助银行更好地了解市场情况,提供更为安全的融资服务。

2. 风险分析

在供应链融资模式中,参与方众多,一一来分析他们面临的风险。对银行来说,和前面讲的相似,主要还是作为债权人的风险。

对于物流来说,尤其是作为其中的核心企业时,当银行的资金进入到供应链后,物流企业不仅要管理整个供应链的物流、信息流,还要管理现金流,监管银行这笔贷款的流向和用途,要保证这笔资金对供应链的发展是有帮助的,物流企业监管的范围变广了,风险也随之变大。

对于供应商来说,在供应链中的任务主要是为制造商提供原材料,风险主要来自于原材料的市场价格,因为在供应链中的每个环节都是为整体服务的,当原材料的市场价格上升时,供应链上的其他几个环节如果承受不了,供应商就应该做出牺牲,暂时缩减利润;对于制造商来说,主要的风险来自于产品成本管理和产品结构。成本不合理上升就会缩减整个供应链的利润,自己的收入也会受到影响;制造商还要时刻注意产品的销售情况,注意创新和产品结构调整供应链的目的是为了销售产品的;对于分销商来说,风险主要来自于内部管理。首先要防止审货,其次是经销商之间的恶意竞争,随意变动价格,这些都会影响经销商的收入和积极性;对于零售商来说,风险主要来自于现金占用率(即货币现金/流动资产),尤其是国内大型的零售商,中国零售企业的现金占用率均高于20%,其中华联超市、王府井、百联股份等公司的这一指标甚至超过了50%;沃尔玛、家乐福、塔吉特、克劳格等海外零售商的现金占用率均在20%以内。而用西方公认的现金比率和中国合适的流动比率推算的中国企业合理的现金占用率应为12.5%。这说明中国零售商可以随时变现的资产所占的比率远高于海外零售商,所以资金链断裂的风险比较大。

三、物流企业作为资金供应方的融资服务模式

物流企业作为资金供应方的意思就是银行没有直接参与到整个的融资过程中,这其中包括两种具体的形式:一种是银行授信模式,其中银行是间接参与,一种是自营金融模式,其中银行完全没有参与。基本图示如图20-9。

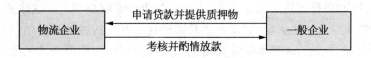

图20-9 资金供应方的融资服务模式

(一) 银行授信模式

1. 模式解析

统一授信就是物流企业按照银行关于信用担保的规定提供信用担保,银行据此把一定的货款额度授给物流企业,物流企业可以利用这些货款向客户提供质押贷款和结算服务,而银行不直接参与贷款和结算项目的具体运作。具体操作流程如下:

(1) 银行根据物流公司的实际情况授予物流公司一定的信贷额度;

(2) 需要贷款的企业可以直接向已取得银行信贷额度的物流企业申请,物流企业根据其自身发展状况以及质押货物的情况发放一定比例的贷款;

(3) 物流企业对贷款企业的质押货物提供仓储管理和监管服务;

(4) 贷款企业一次或分多次向物流企业还款,物流企业则向其分批发货。

图 20-10　银行授信模式

这种模式与以上提到的模式不同的地方在于:第三方物流企业处于核心位置,除了要承担前面所提到的职能外,还要承担发放信用贷款的职能。这样做的优点是:首先是物流企业新的利润来源;其次可以简化质押贷款的程序,提高运作效率;最重要的是使物流企业有了更大的权力,加上物流企业与客户有更直接的接触,可以更好地为需要贷款的企业服务,也有利于合理分配信贷额度。这种模式有利于企业更加便捷地获得融资减少原先质押贷款中一些繁琐的环节;也有利于银行提高对质押贷款全过程的监控能力,更加灵活地开展质押贷款服务,优化其质押贷款的业务流程和工作环节,降低贷款的风险。统一授信这种方式在实践中也已被广大的金融机构所接受。通过与担保公司、保险公司的合作,可以有效减少金融服务风险。

2. 风险分析

由于银行和贷款企业已经没有了直接关系,来自贷款企业的风险全部要由物流企业来承担。其实不难发现,在这个业务中,物流企业既是债权人又是债务人,对银行来说是债务人,相当于接受了银行的投资,并且只能把这笔资金用于物流金融业务,有还本付息的压力和风险;对于贷款企业来说,物流企业又是债权人,所以比前面所讲的模式又增加了一种风险,即贷款企业的还款风险。同时,物流企业作为贷款企业全面与质押企业建立资金链、信息链和物流链关系,某种程度上使物流企业面临风险集中趋势。

在这种模式中,银行授信与物流企业,未来从物流企业收取利息。这个业务的特殊点在于银行授信于物流企业一笔资金,物流企业只能用这笔资金从事物流金融业务,而不能把这笔资金挪为他用,所以银行还要面临着物流企业怎样使用资金所带来的风险。首先,物流企业申请银行授信时可能会不向银行提供真实详细的有关物流金融业务的风险、收益情况的信息,故意夸大未来预期投资效益,掩盖预期风险,由此,有可能使银行做出错误的决策,造成损失;其次,授信合同签订后,物流企业擅自改变合同规定的用途,把资金挪为他用,如进行其他方面的投资,致使银行承担了契约之外的附加风险。如果投资成功,则超额利润为物流企业所有,债权人只能得到规定的利息收入,而没有得到相应的风险报酬补偿;而一旦投资失败,物流企业无力偿还债务,银行也要共同承担由此造成的损失。这种风险与收益的不对称,将使银行的利益受到损害。对于贷款企业来说,同样是还款风险,只不过还款对象从银行变成了物流企业。

(二)物流企业自营金融模式

1. 模式解析

随着物流企业在融资过程中参与程度的不断深入,对于实力雄厚的第三方物流企业,可以集信用贷款的提供者和物流金融服务的提供者于一身,开创物流金融融资的自营模式。它是物流金融高层次的运作模式,其对物流金融提供商有较高要求,例如,物流金融提供商应具有自己全资、控股或参股的金融机构。在第三方物流企业的物流业务流程中,当第三方物流企业为发货人承运一批货物时,第三方物流企业首先代提货人预付一半货款;当提货人取货时则交付给第三方物流企业全部货款。第三方物流企业将另一半货款交付给发货人之前,产生了一个资金运动的时间差,即这部分资金在交付前有一个沉淀期。在资金沉淀期内,第三方物流企业等于获得了一笔不用付息的资金。第三方物流企业用该资金从事贷款,而贷款对象仍为第三方物流企业的客户或者限于与物流业务相关的客户。在这里,这笔资金不仅充当交换的支付功能,而且具有了资本与资本运动的含义,而且这种资本的运动是紧密地服务于物流服务的。这不仅加快了客户的流动资金周转,有助于改善客户的财务状况,而且为客户节约了存货持有成本。

比如说国外很多大型第三方物流企业都开设有提供货款结算服务的银行。这样就可以很方便地拓展其业务,向有贷款要求的客户企业按动产质押物的一定比例发放贷款,并负责质押商品销售过程中的货款结算,收到客户企业的还款后扣除原先的贷款和必要的费用后,其余转回客户企业的账户。

以 UPS 为例,为了推进物流金融服务,该公司于 2001 年 5 月并购了美国第一国际银行(First International),将其改造成 UPS 金融部门(UPS Capital)。人们看到,在 UPS 提供的物流金融服务中,UPS 在收货的同时直接给出口商提供预付货款,货物即是抵押,这样,小型出口商们得到及时的现金流;UPS 再通过 UPS 银行实现与进口商的结算,而货物在 UPS 手中,也不必担心进口商赖账的风险。对于出口企业来说,借用 UPS 的资金流,货物发出之后立刻就能变现,如果把这笔现金再拿去做其他的流动用途,便能增加资金的周转率。但对于国内大型物流企业来说,法律还不允许物流企业拥有这样的可以发放贷款给其他企业的金融机构,也不允许其收购银行,但目前一些大的物流企业集团有自己的财务公司,可以为自己成员企业提供各种金融服务,当然也包括物流金融服务。

2. 风险分析

在这种业务模式中,物流企业完全以自由资金从事物流金融的业务,集银行和物流监管的角色于一身,作为债权人面临的风险这时达到了最大。首先要注意贷款企业的偿债能力指标。资产流动性是衡量企业偿债能力的重要标志。为了保证其投入企业资金的安全性,物流企业应该要规定企业资产流动性指标的数值,如果只是为了追求其特定的利益,拓展业务,而忽视资产的流动性,一旦贷款企业的偿债能力指标达不到债权人的要求时,他们便利用会计信息方面的优势,通过某些会计处理和交易活动来美化企业的财务指标,掩人耳目,使得按会计报表数据计算的各项指标不能真实反映企业的实际偿债能力,物流企业将遇到很大的风险;其次,贷款企业可能未经物流企业的同意举借新债,比如说仍然借助于物流金融业务但是向其他物流企业或银行借款,因为企业举借新债会使其资产负债率提高、财务风险加大,企业发生财务危机的可能性随之加大,这也增加了物流企业风险。企业对物流企业隐瞒其举借新债的行为,使物流企业负担了不应负担的额外风险。

贷款企业同时是面临着贷款的偿还风险。由于贷款企业主要用产品的销售收入来还款,所以那些影响销售收入的因素要特别注意,如由于价格上升或者汇率的不利变动造成零部件和设备的替换成本上升;能源成本的上升;通货膨胀引起的原材料、工资的成本上升;市场需求的变化;竞争的加剧等。

四、各种业务模式财务关系

根据上述各种物流金融业务模式分析,可以列示各种物流金融业务模式财务关系如表 20-1。

表 20-1 各种物流金融业务模式财务关系

参与方 业务模式	银行	物流企业	一般企业
代收货款模式	未参与	债务人	债权人
垫付货款模式	未参与	债权人	债务人
仓单质押模式	债权人	担保人、监管人	债务人
海陆仓模式	债权人	担保人、监管人	债务人
保兑仓模式	债权人	担保人、监管人	债务人
供应链融资模式	债权人	担保人、监管人	债务人
银行授信模式	债权人	债权人、债务人	债务人
自营模式	未参与	债权人	债务人

从表 20-1 可以看出:首先,物流企业其实不仅是物流金融业务中的核心,在物流金融的业务中,物流企业具有债权人、债务人、担保人与监管人多种财务角色;其次,物流企业在物流金融业务中面临的风险是最大的。所以,物流企业在物流金融中的财务活动就是正确合理地处理好债权人、债务人、担保人与监管人的一系列财务活动。

第三节　物理企业开展物流金融服务的风险之对策

一、应对财务风险的对策

对于财务风险,首先,加强业务前的调查和方案的可行性研究。对未来收益情况进行准确地预测;其次,制定完善的风险管理程序。物流企业应加强内部控制,明确规范财务人员的操作额度,克服盲目乐观和冒险主义,完善业务流程各环节的风险管理制度,保证所有环节的各类风险都能得到有效掌控,尽可能避免或降低风险;加强业务开展后的监督管理。物流企业需要重视全程的风险管理过程,利用规模优势节约各项成本费用;推行全面预算管理,加强财务监督;建立健全收入结算管理制度、资金管理及使用制度,确保物流企业资金安全;完善物流管理制度,细化物流成本核算;开展基于核心能力的多元业务。物流业具有较大的风险,基于核心能力的多元业务是物流企业分散经营风险的重要途径。

二、应对内部管理风险的对策

对于内部管理风险,物流企业应完善信息化管理。首先,银行和物流公司应该建立统一并且规范的信息系统,将客户资料、信用情况、产品信息等一系列信息指标纳入计算机管理系统,形成联网操作。物流企业在开展物流金融服务过程中,以内部管理流程的信息化来协调各个部门和环节的工作优化操作流程的服务系统,可以提高工作效率,防范和减少内部操作的失误;而与银行、客户等合作伙伴的协同作业信息化,能使物流企业高效地同他们进行信息的沟通和共享,减少信息不对称所产生的风险,方便银行对业务的监管和客户对服务过程的跟踪,提高物流企业对风险的反应和处理效率,为客户提供更完善更高效的物流及其增值服务。在业务的操作方面,作为银行和借款人都信任的第三方,物流企业要指定专门负责金融物流业务的工作人员,制定规范的金融物流业务操作办法,严格按照管理办法进行操作。例如,基于货物质押的业务中,需要按规定控制质物的质量、数量,与此同时,货物是流动的,因此要求第三方物流企业不但要保证质物的名称、规格型号、材质等属性,还要使质物的库存数量保持在规定的额度,第三方物流企业要对仓储物的存量下限进行严格控制,当仓储物的存量达到规定限度时要有应对措施,如警告、冻结,企业可以通过业务流程优化、岗位职责规划、相关业务制度的完善,货物入库验收、出库检验等方法来控制风险。有条件的第三方物流企业应通过计算机管理信息系统辅助操作人员进行货物的管理,避免操作风险,否则,如果不能控制物品存量,或者物品进出库时没有避免以次充好的现象发生,将给整个业务带来很大风险。

三、应对来自客户企业信用风险的对策

对于客户企业,加强对客户的信用管理。在物流企业金融服务过程中,通过对客户的资

料收集制度、客户资信档案管理制度、客户资信调查管理制度、客户信用分级制度、合同与结算过程中的信用风险防范制度、信用额度稽核制度、财务管理制度等等,对客户进行全方位的信用管理。物流企业需评估合作企业的经营能力和信用状况,可以通过了解存货人的历史业务情况、信用情况,全面了解客户的资信信息,具体包括三个方面:首先,应调查客户偿还债务的历史情况;其次,分析客户在以往的履约中所表现的履约能力;最后,凡有不良信用纪录的客户,应避免与其合作;对于长期合作的客户来说,避免风险的重点在于对货物合法性,如是否为走私物品的鉴别,即融资企业是否具有相应的物权,可以要求融资企业提供与货物相关的单据,例如购销合同、发票、运单等,通过检查相关单据的真实性确认货物的合法性。物流企业应该努力与客户建立长期的合作伙伴关系,因为物流企业为客户提供物流金融服务的基础是对客户有充分的了解,建立长期的合作关系,更有利于提高效率,防范物流金融风险。

(一)应对客户企业质押货物风险的对策

对于质押货物风险来说,质押品种的选取存在市场风险,因此在质押物的选择过程中,所选质押物最好为价值易确定且相对透明稳定,市场需求量大,流动性好,变现性较好,质量稳定,容易储藏保管的大众化物品,可以通过控制贷款期限的长短质押贷款的比例,设立风险保证金制度等方法尽量避免货物的市场价值波动风险。当市场价格下跌到预警线时,按协议规定通知融资企业增加质物和保证金,第三方物流企业可以搜集市场信息,了解市场容量、价格变动趋势、产业产品的升级等情况,通过调查行业内人士,征求专家意见,利用统计资料,参考现行成价和销售价等方法来准确评估质押货物的价值。面对复杂多变的市场、价格波动,需针对不同抵押商品进行细化管理,第三方物流企业掌握着大量行业的交易信息,如该项货物每天的到货数量、库存数量、销售数量等,可以对不同情况的商品进行区别管理。质押物监管风险的大小主要取决于物流公司的管理水平及办理质物出入库时的风险控制手段。为控制该风险,银库管理水平和仓管信息水平较高、资产规模大、具有在全国范围内必须选择仓质物进行严格监管的能力和一定偿付能力的大型专业物流公司合作,并制订完善的质物入库、发货的风险控制方案。有些第三方物流企业的信息化程度很低,还停留在人工作业的阶段,难免出现内部人员的操作失误。作为银行和借款人都信任的第三方,物流企业要指定专门负责金融物流业务的工作人员,制定规范的金融物流业务操作办法,严格按照管理办法进行操作。

(二)应对客户企业仓单风险的对策

对于仓单风险来说,防止虚假仓单造成损失是第三方物流企业控制风险的重点。第三方物流企业要规范空白仓单的领用登记制度,领取数量、仓单编号、密码、领取人、领取时间、批准人、发放人等必须按照规定进行登记,空白仓单和仓单专用印鉴一定要指定专人负责,妥善保管,防止丢失,在办理各种出库业务时要根据预留的印鉴,进行验单、验证、验印,必要时还要与货主联系或者确认提货人身份。在金融物流业务中,还应根据业务要求及时与银行联系,取得银行的确认与许可,同时第三方物流企业还可以利用带密码的提单,在提货时进行密码确认,防止假提单的风险。

四、应对来自银行风险的对策

对于来自银行的风险,物流企业应该建立与金融机构的长期合作关系。通过与银行建立合作关系,取得银行的信用,可以有效地解决在金融服务中的效率问题。

此外,物流企业还应该设计更加丰富的物流金融产品。现在我国进行的物流金融业务大多是仓单质押业务和保兑仓业务,应该适当创新业务,寻求利润增长点。比如,可以把保证金率、抵押率、期限和信用评级相结合,针对不同期限、不同产品和不同公司信用设计多种产品;可以和银行进一步合作拓宽业务对象,只要是有能力的企业和机构都可以参与进来;努力进行业务的创新。在供应链运行之中会产生一定的资金沉淀期,在资金沉淀期如何利用资金是需要探讨的问题之一,其中的风险更是一定要考虑的因素。现在的操作都是将这笔款项贷给资信客户,还可以由银行设计一些信用衍生工具,在套期保值的基础上形成新的利润;适时成立物流金融公司或者物流企业的资本部门,专门从事物流金融业务。因为我国现在的物流金融必须是靠物流企业和银行的合作进行,依靠优势互补来进行操作,但这仍然会因为双方的信息不对称或种种风险存在诸多弊端。再者,我国现阶段的银行间业务以及银行与金融机构之间的业务往来仍然有衔接的诸多不便和漏洞。如果建立物流金融公司将两者合二为一,那么风险必将大大减少,也有助于提高效率,使物流金融业务更加专业化,也给监管带来便利。

复习思考题

1. 什么叫物流金融?物流金融主要业务模式有哪些?
2. 为什么说物流企业是物流金融业务的核心企业?
3. 简述各种业务模式中的债权债务关系。
4. 如何在财务上防范与管理物流金融中物流企业所面临的各种风险?

第二十一章 物流企业资本预算管理

■ **学习目标** ■

学习完本章,你应该能够
1. 讨论并计划投资项目中现金流量
2. 分析及比较各种资本预算决策的评估方法
3. 协助公司处理有关现金流量不确定性

■ **基本概念** ■

资本预算　现金流量　投资评价　投资风险

第一节　资本预算概述

一、资本预算含义

物流企业对长期投资主要包括固定资产投资与资本资产投资等。这些资产是企业进行生产经营活动的基础条件。企业利用这些资产可以增加价值,为股东创造财富。这种长期投资是一种直接投资。

从使用价值上讲,这种投资在企业内部进行,投资后企业并没有失去对资产的控制权,投资行为并不改变资金的控制权归属,只是制定了企业资金的特定用途。从财务管理上讲,就是资本预算,指根据投资项目的现金流量及必要回报率来决定是否进行投资。企业经营的目标是透过集资所得投资在可以产生利润的项目上,为股东创造财富。所以,要评估投资项目,即财务需要清楚了解涉及该投资项目的一切现金流量,并通过各种评估方法,找出最能为企业和股东创造最大财富的投资项目。

二、现金流量估计的原则

资本预算是企业的战略性决策。它不仅关系着企业未来的经营方向、经营目标、生存与竞争能力的强弱,还受国民经济发展战略和行业地区发展规划的制约。项目投资的决策分析,并不是企业,尤其是中小企业日常财务活动最经常的部分,也许在一个会计年度都难得碰上一两次。但是,它却是企业财务活动中最重要的部分。因为项目投资的金额大,影响时间长,风险大,所受的制约条件多,一旦投资就难以改变或补救。因此,资本预算时要使决策更加符合客观实际,减少和避免决策失误,必须对影响决策的重要因素进行系统研究,而影响决策的重要因素为资金的时间价值、投资的风险价值和现金流量。

（一）现金流量的概念

在投资决策中,现金流量是指一个项目引起的企业现金流出和现金流入的增加量。这里的"现金"是广义的现金,它不仅包括各种货币资金,而且还包括项目需要投入企业拥有的非货币资源的变现价值(或重置成本)。

现金流量包括现金流出量、现金流入量和现金净流量。现金流出量是指一个项目引起的企业现金流出的增加额。现金流入量是指一个项目引起的企业现金流入的增加额。现金净流量则是一定期间现金流入量和现金流出量的差额。即

$$现金净流量＝现金流入量－现金流出量$$

（二）现金流量原则

现金流量是指一定时期内,投资项目实际收到或付出的现金数。凡是由于该项投资而增加的现金收入额或现金支出节约额均称为现金流入;凡是由于该项投资引起的现金支出均称为现金流出;一定时期的现金流入减去现金流出的差额称为现金净流量。

任何一个投资项目的现金流量都包含如下三个要素:(1)投资过程的有效期,即指现金流量的时间域;(2)发生在各个时刻的现金流量,即指每一时刻的现金收入或支出额;(3)平衡不同时点现金流量的资本成本(利率、贴现率)。

（三）增量现金流量原则

所谓增量现金流量,是指因接受或拒绝某个投资方案后所发生的企业总现金流量变动。只有那些因采纳某个项目而引起的现金支出增加额,才是该项目的现金流出;只有那些因采纳某个项目而引起的现金流入增加额,才是该项目的现金流入。

为了正确计算投资方案的增量现金流量,需要正确判断哪些支出会引起公司总现金流量的变动,哪些支出不会引起公司总现金流量的变动。为此,必须注意以下四个问题。

1. 附加效应

在估计投资现金流量时,要以投资对企业所有经营活动产生的整体效果为基础进行分析,而不是孤立地考察某一项目。例如,某公司决定开发一种新型计算器,预计该计算器上市后,将冲击原来的普通型计算器。因此,在投资分析时,不应将新型计算器的销售收入作为增量收入,而应扣除普通型计算器因此而减少的销售收入。

2. 区分相关成本与非相关成本

相关成本是指与特定决策有关的、在分析评价时必须加以考虑的成本。例如,差额成本、未来成本、重置成本、机会成本等都属于相关成本;与此相反,与特定决策无关的、在分析评价时不必加以考虑的成本是非相关成本。例如,沉没成本、过去成本、账面成本等往往是

非相关成本。

3. 不要忽视机会成本

机会成本是作出一项决策时所放弃的其他可供选择的最好用途,并不是企业生产经营活动中的实际支出或费用,而是失去的收益。这种收益不是实际发生的而是潜在的。机会成本总是针对具体方案来说的,离开被放弃的方案就无从计量确定。机会成本在决策中的意义,在于它有助于全面考虑可能采取的各种方案,以便使既定资源寻求到最为有利的使用途径。

4. 对净营运资金的影响

一方面,当公司开办一个新业务并使销售额扩大后,对于存货和应收账款等流动资产的需求也会增加,公司必须筹集新的资金,以满足这种额外需求;另一方面,作为公司扩充的结果,应付账款与一些应付费用等流动负债也会增加,从而降低公司流动资金的实际需要。所谓净营运资金的需要,指增加的流动资产与增加的流动负债之间的差额。当投资方案的寿命周期快要结束时,公司将项目有关的存货出售,应收账款变为现金,应付账款和应付费用也随之偿付,净营运资金恢复到原有水平。通常,在投资分析时假定,开始投资时筹措的净营运资金,在项目结束时收回。

5. 要考虑投资方案对公司其他部门的影响

当我们采纳一个新的项目后,该项目可对公司的其他部门造成有利或不利的影响。

(四) 税后原则

如果企业向政府纳税,在评价投资项目时所使用的现金流量应当是税后现金流量,因为只有税后现金流量才与投资者的利益相关。

1. 税后收入和税后成本

凡是可以减免税负的项目,实际支付额并不是真实的成本,而应将因此而减少的所得税考虑进去。扣除了所得税影响以后的费用净额,称为税后成本。其计算公式为

$$税后成本 = 实际支付 \times (1 - 税率)$$

与税后成本相对应的概念是税后收入。由于所得税的作用,企业营业收入的金额有一部分会流出企业,企业实际得到的现金流入是税后收入。其计算公式为

$$税后收入 = 收入金额 \times (1 - 税率)$$

2. 折旧的抵税作用

由于折旧是在税前扣除的,因此折旧可以起到减少税负(折旧×所得税率)的作用。这种作用称之为"折旧抵税"或"税收挡板"。

所以,将税后收入和税后成本折旧的抵税作用一起考虑,税后营业现金流量则可按下面公式计算:

$$营业现金流量 = 税后收入 - 税后成本 + 折旧抵税$$

第二节 现金流量的估计

一般而言,一个投资项目由开始直至完成,一般分为三个类别或三个阶段的现金流量:初始现金流量、营业现金流量和终结现金流量。

一、现金流量的内容

(一) 初始现金流量

初始现金是项目建设工程中发生的现金流量,或项目投资总额,主要包括以下五项。

1. 项目总投资

具体有:(1)形成固定资产的支出,指项目投资时直接形成固定资产的建设投资,如建筑工程费、设备购置费、安装工程费以及建设期利息等;(2)形成无形资产的费用,如技术转让费或技术使用费、商标权和商誉等;(3)形成其他资产的费用,如生产准备费、开办费、培训费、样品样机购置费等。

2. 营运资本

营运资本是指项目投产前,投放于流动资产用于周转使用的资本。其计算公式为

$$本年营运资本增加额 = 本年营运资本需用额 - 上年营运资本总额$$

上式中:本年营运资本需用额 = 本年流动资产需用额 - 本年流动负债筹资额。

3. 原有固定资产的变价收入

这指固定资产重置、旧设备出售时的现金净流量。

4. 所得税效应

所得税效应是指固定资产重置时变价收入的税负损益。按规定,出售资产(如旧设备)时,如果出售价高于原价或账面净值,应缴纳所得税,多缴的所得税构成现金流出量;出售资产时发生的损失(出售价低于账面净值)可以抵减当年所得税支出,少缴的所得税构成现金流入量。诸如此类由投资引起的税赋变化,应在计算项目现金流量时加以考虑。

5. 按重置决策

例如,出售旧机器所涉及的现金流量。

(二) 营业现金流量

营业现金流量是指项目建成后,在该投资项目的生命周期内由于生产经营过程中发生的现金流入与流出量,这种现金流量一般是按年计算的,主要包括:

(1) 在扣除费用成本后所增加的收入;

(2) 因投资项目而增加的间接费用成本,如水费和电费;

(3) 因投资项目而获得的人工和材料的节约;

(4) 因投资项目所引起的折旧费用增加而得到的赋税节约,但不包括因举债集资而产生的利息费用。

(三) 终结现金流量

终结现金流量是指项目经济寿命终了时发生的现金流量,并且在投资项目完结时所产生的现金流量,我们称之为终结现金流量。一般包括以下数项:

(1) 投资项目的残值;

(2) 与投资项目完结有关的现金支出；

(3) 在投资项目开始时并且非费用性的开支(如营运资金)的回收。

注意，以上各种现金流量都需要扫除应交税款，就是说要考虑税后的现金流量。

二、现金流量的计算步骤

初始支出＝新固定资产的投资＋即时的净营运资金投资

每年营业现金流量＝（扣除利息及税项前的收益＋折旧－所得税）

或：收入×(1－所得税率)－实际支付×(1－所得税率)＋折旧×所得税率－净营运资金增加－厂房每年租金(机会成本)

终结现金流量＝该年营业现金流量＋净营运资金减少＋(售出固定资产市价－预设残值)×(1－税率)

三、现金流量的估计举例

[例 21-1] 海大物流公司计划购买一部机器，有关资料如下：

购置成本	2 000 000 元
安装费	300 000 元
运费	100 000 元
增加存货	250 000 元
增加应付账款	50 000 元
预计寿命	4 年
预计 4 年后的残值	0
营业收入	2 000 000/年
营业成本	200 000 元
所得税率	30%
预计四年后该机器的出售价	200 000 元

海大物流公司采用直线折旧为期 4 年，而假设资产的增值是要缴纳税款的。

以下分别计算出初始支出、营运现金流量和终结现金流量：

初始支出＝购置成本＋安装费＋运费＋净营运资金增加
　　　　＝2 000 000＋300 000＋100 000＋(250 000－50 000)
　　　　＝2 600 000

营运现金流量：

营业收入	2 000 000
营业成本	(1 000 000)
折旧	(600 000)*
税前净利	200 000
所得税(30%)	(60 000)
净利	140 000

折旧	
营运现金流量	600 000
终结现金流量:	740 000
机器账面值(4年后)	0
机器的预计售价	200 000
资本利得税(30%)	(60 000)
营运资金回收	200 000
终结现金流量	340 000

* 折旧 = 240 000 000/4

以上的案例是属于购置一部新机器时需考虑的现金流;以下是另一个案例,属于更换旧机器。

[例21-2] 大光物流现在考虑用一部新的机器来替换一部已用了七年的旧机器,有关资料如下:

旧机器:

购置成本(7年前)	100 000元
预计寿命	10年
已使用年数	7年
每年人工支出	10 000元
3年后残值	0
估计旧机器的即时售价	30 000元
旧机器现时的残值	30 000元

新机器:

购置成本	60 000元
预计寿命	3年
每年人工支出	20 000
3年后的残值	0
预计3年后该机器的市场价值	0

假设公司税率为30%,折现率为10%

新旧机器均使用直线折旧法。现在要计算与重置计划有关的现金流量。

这是以新机器代替旧机器的重决策,故需要考虑方案的增额现金流量,即是新机器的现金流量减去旧机器的现金流量。

初始支出:

若买入新机器,旧机器会卖掉。所以

新机器成本	(60 000)
旧机器预计的变现值	30 000
净现金流量	(30 000)

营运现金流量：

新机器减少人工支出为 10 000 元。旧机器每年的折旧额为 10 000 元，而新机器每年的折旧额为 20 000 元。所以，

税后人工支出的减少	10 000（1－0.3）＝7 000
折旧免税额的税收节约	（20 000－10 000）（0.3）＝3 000
净现金流量	10 000

终结现金流量：

因新机器的残值与预计市价等于零，也没有营运资金的回收，所以，终结现金流量等于零。

第三节 投资计划评价

物流企业对各个考虑中的长期投资方案，在收集了有关资料，特别是现金流量信息后，就用方法去评估投资项目，决定这个投资项目是否值得投资。评估的准则在于投资项目是否能够为股东及企业创造财富。投资决策的主要评估方法，包括：(1)投资回收期法；(2)投资收益法；(3)净现值法；(4)获利指数法；(5)内部回报率法。通过对各种方法进行比较，比较各个方法的优点及缺点，找出最佳的评估方法。所谓最佳的方法，即可以通过此评估方法，选择到使股东财富最大化的投资项目。

一、投资回收期法

回收期是指投资项目收回全部投资所需要的时间。为了避免出现意外情况，公司往往乐于选择能在短期内收回全部投资的方案，即回收期越短，方案越佳。这种方法一般适用于项目决策的前期预测。

使下式成立的 n，即为回收期：

$$\sum_{i=1}^{n} CIF_t = \sum_{i=1}^{n} COF_t$$

式中，CIF 是第 t 年的现金流入量；COF 是第 t 年的现金流出量（投资）。

投资回收期法是一种快捷方便的方法，但本身亦有其限制。

其优点：五个评估方法中最简单的一个，所以特别适合规模相当小的投资项目；对管理人的决策能力有较快捷的评估；适合较小型的公司，帮助它们较快回收现金再作投资。

其缺点：没有考虑现金流量的时间价值的重要性；没有考虑在还本期间后产生的现金流量，使管理人只着重短期利益；所确定的分界点缺乏客观的标准，不能有效地比较投资项目的优劣。

二、投资收益法

投资收益法是项目寿命周期内平均的年投资报酬率，又称会计收益率法。主要是因为

它在计算时采用普通会计的收益和成本的观念。这种方法的优缺点同投资回收期法类似，一般适用于项目决策的前期预测。

$$会计收益率 = \frac{年平均净收益}{原始投资额} = \frac{平均现金流量 - 年折旧}{原始投资额}$$

三、净现值法

净现值法即将各年的现金流量按期望的报酬率或资金成本率换算为现值(PV)，以求得投资方案的净现值。其计算公式为

$$NPV = \sum_{t=1}^{n} \frac{CF_t}{(1+t)^t}$$

式中，t 是时间，一般以年为单位；t=0，代表刚投资的时间；n 是开始投资至项目寿命终结时的年数；CF_t 为年现金净流量；i 是贴现率。

计算出的净现值为正，则项目就应接受；若为负，就应舍弃；若决策者需要从一些互斥方案中进行选择，则应选取净现值最高者。

[例 21-3] 计算下列两个投资项目的净现值，哪个净现值大？假设贴现率 10%。甲、乙预计现金流量见表 21-1。

表 21-1 预计现金流量 单位：万元

年份	预计现金流量	
	甲	乙
0	-1 000	-1 000
1	700	100
2	500	600
3	200	800

利用净现值计算公式，得：

$$NPV_甲(10\%) = -1\,000 + \frac{700}{1+10\%} + \frac{500}{(1+10\%)^2} + \frac{200}{(1+10\%)^3} = 199.8$$

$$NPV_乙(10\%) = -1\,000 + \frac{100}{1+10\%} + \frac{600}{(1+10\%)^2} + \frac{800}{(1+10\%)^3} = 187.8$$

由此可见，甲项目的净现值较高。如只能选择其一，就选择甲。如没有资本限制，两个方案都可以给公司带来价值。

净现值法的决策准则是只接受那些净现值大于零的投资项目，而不接纳那些净现值小于零的投资项目。当投资项目的净现值等于零的时候，表示公司若投资那项目，所获得的现金流现值与投资额相等，而回报率等于折现率。在这种情况下，公司的价值或股东的财富并没有增加。若接纳净现值小于零的投资项目，公司或股东的财富却会受到损害，因为这个投资项目所赚取的现金流现值连投资额也不及。所以只有净现值大于零的投资项目，才能为股东创造财富，增加公司的价值，所增加的价值就是净现值量。

特别要注意净现值法的三个特性：使用现金流量；运用到一项方案的所有现金流量；正

确折算现金流量。基于这三个特性,净现值法能够选择出使股东财富最大化的投资项目。

四、获利指数法

获利指数是指未来现金流入现值与现金流出现值的比率。计算公式如下:

$$PI = \frac{\sum_{t=0}^{n} \frac{CIF_t}{(1+i)^t}}{\sum_{t=0}^{n} \frac{COF_t}{(1+i)^t}}$$

获利能力指数大于1,说明项目可以接受,否则应舍弃,获利能力指数越高,项目就越好。

[例21-4] 计算下列两个投资项目的现值指数,哪个现值指数大?假设贴现率10%,甲、乙预计现金流量见表21-1。

利用获利指数计算公式,得:

$$PI_{甲} = \left[\frac{700}{1+10\%} + \frac{500}{(1+10\%)^2} + \frac{200}{(1+10\%)^3}\right]/1\,000 = 1\,199.8/1\,000 = 1.1998$$

$$PI_{乙} = \left[\frac{100}{1+10\%} + \frac{600}{(1+10\%)^2} + \frac{800}{(1+10\%)^3}\right]/1\,000 = 1\,187.8/1\,000 = 1.1878$$

由此可见,甲项目的现值指数较高。如只能选择其一,就选择甲。如没有资本限制,两个方案都可以给公司带来价值。

获利指数的决策准则是只接受那些获利指数大于1的投资项目,而不采纳那些获利指数小于1的投资项目。当投资项目的获利指数大于1的时候,表示该项目的净现值是大于零,所以这个项目是能够增加公司的价值。相反,当投资项目的获利指数是小于1的时候,表示该项目的净现值是小于零,若接纳该投资项目便会损害公司的价值和股东的财富。此外,若投资项目的获利指数等于1的时候表示公司能赚取必要回报率。因此,得到以下的结论,就是在一般情况下,利用获利指数法和净现值法所作的决策是相同的。

五、内含报酬率法

内含报酬率是指能够使未来现金流入量现值等于未来现金流出量现值的贴现率,或者说是使投资方案净现值为零的贴现率。

使以下公式成立的 i 为内含报酬率:

$$\sum_{t=0}^{n} \frac{CF_t}{(1+i)^t} = 0$$

因为上述公式是一个 n 次的多项式,较难直接求出答案,通常需要用"逐步测试法"。首先应凭经验估计一个贴现率,用来计算方案的净现值。如果净现值为正数,说明方案本身的报酬率高于负值的贴现率,应提高贴现率后进一步测试;如果净现值为负数,说明方案本身的报酬率低于估算的贴现率,应降低贴现率后进一步测试。这样反复进行,一直到找出使净现值等于零的贴现率,即为方案本身的内含报酬率。

[例21-5] 计算下列两个投资项目的内含报酬率,哪个内含报酬率大?假设贴现率10%。甲、乙预计现金流量见表21-1。

利用计算公式,得:

$$IRR_{甲}:-1\,000+\frac{700}{1+10\%}+\frac{500}{(1+10\%)^2}+\frac{200}{(1+10\%)^3}=0 \Rightarrow IRR=23.8\%$$

$$IRR_{乙}:-1\,000+\frac{100}{1+10\%}+\frac{600}{(1+10\%)^2}+\frac{800}{(1+10\%)^3}=0 \Rightarrow IRR=18.1\%$$

由此可见,甲项目的内含报酬率较高。如只能选择其一,就选择甲。如没有资本限制,两个方案都可以给公司带来价值。

内部回报率的决策准则是只接受那些内部回报率大于必要回报率1的投资项目,而不接纳那些内部回报率小于必要回报率的投资项目。净现值和折现率(必要回报率)是存在着相反的关系。当内部回报率大于必要回报率的时候,投资项目的净现值是大于零,反之亦然。所以当公司接受内部回报率大于必要回报率的投资项目时,就是增加公司的价值和股东的财富。相反,若公司接受内部回报率小于必要回报率的投资项目,就会减少公司的价值和股东的财富。因此,一般情况下,采用内部回报率法和净现值法都能得到相同的结论。

最后,对投资决策评价各种方法的决策准则作总结,如表21-2。

表21-2 投资决策评价各种方法的决策准则

评估方法	接纳准则	不接纳准则
投资回收期法	还本期＜特定限期	还本期＞特定限期
投资收益法	会计收益率大	会计收益率小
净现值	净现值≥0	净现值≤0
现值指数法	现值指数≥1	现值指数≤1
内含报酬率法	内含报酬率≥必要报酬率	内含报酬率≤必要报酬率

附:物流企业资本预算案例分析

CM航运集团公司是一家以煤炭运输为主的国内沿海航运公司,与天津港友好合作已十年,又与南方多家电厂建立战略联盟,拥有良好的海上电煤运输合作关系,具有足够的货源等待运输。与公司拥有的货源相比,公司拥有的船舶已不成比例,急需增加运力,购置船舶,扩大船舶规模。因此,CM航运集团公司在充分市场调研基础上,对投资购船作了充分的必要性和可行性分析,决定购买投资需1.3亿元人民币二手散货船,主要投入北方至广州航线的货物运输以及北方到长江港口的货物运输。

一、经营效益预测

1. 该船舶运输收入分析

航线:天津、秦皇岛等北方各港口至广东。目前该航线运价在50元/吨以上,CM航运集团公司从稳健性原则出发,提高测算的可靠性,分别以运价50元/吨和45元/吨来计算。船舶承运量是:65 000吨。(扣除油、水等常数)

(1)当运价为50元/吨时

航次收入:50 元/吨×65 000 吨=325 万元

天津至广东 1 500 海里,平均航速 13 节,航行天数往返约需 10 天,加上两港装卸时间及其他因素,每月可航行 1.8 航次。则:

月营运收入:325 万元/航次×1.8 航次=585 万元

年营运收入:考虑船舶正常的维修保养及天气影响等因素,每三年维修保养一个月,年平均运营 11.7 个月,则年收入为 585 万元/月×11.7 月=6 844.5 万元。

(2) 当运价为 45 元/吨时

航次收入:45 元/吨×65 000 吨=292.5 万元

月运营收入:292.5 万元/航次×1.8 航次=526.5 万元

年营运收入:526.5 万元/月×11.7 月=6 160.1 万元

2. 该船舶运输成本分析

(1) 折旧费:年折旧=[原始价值－(残值－清理费)]÷折旧年限

则这艘 6.9 万吨船年折旧费:(13 000 万元－1 300 万元)÷15 年=780 万元。以船舶废钢价格计算,残值－清理费=1 300 万元。这艘船折旧年限以 15 年计算。

(2) 贷款利息:按月利率 0.6% 计算则每季度利息率为 1.8%,根据 CM 公司还款计划则每年利息列表如表 12-3。

表 21-3 年利息计算表　　　　　　　　　　　　　　　　单位:万元

计息时间	第一季度利息金额	第二季度利息金额	第三季度利息金额	第四季度利息金额	年利息总额
第一年	180	166.5	153	139.5	639
第二年	126	112.5	99	85.5	423
第三年	72	54	36	18	180
合　计					1 242

(3) 燃油成本。

① 6.9 万吨这艘船舶主机航行日耗重油 23 吨,月航行 16 天(扣除两港装卸时间等因素),年营运时间以 11.7 月计算(考虑船舶正常的维修保养及天气影响等因素),油价按目前市场价格 3 200 元/吨计算,主机年耗油费为 23 吨/天×16 天/月×11.7 月×3 200 元/吨=1 377.8 万元。

② 6.9 万吨这艘船舶副机年耗油费为 1.5 吨/天×30 天/月×12 月×5 200 元/吨=280.8 万元。

船舶合计耗油费每年为 1 377.8+280.8=1 658.6 万元。

(4) 港口费用。

6.9 万吨船舶港口费用每月 20 万元,年营运 12 月,则这艘船舶年港口使费为 20 万元/月×12 月=240 万元。

(5) 船员工资伙食费:船舶每月 26 万元,年营运 12 月,则这艘船舶年船员费用为 26 万元/月×12 月=312 万元。

(6) 船舶保险费:每月10万元,则年保险费为10万元/月×12月=120万元。
(7) 年维修费用计提:15万元/月×12月=180万元。
(8) 营业税:年应缴营业税=年营业收入×3%。
(但CM航运集团公司享受优惠政策,前三年营业税全免,后续年度减免营业税80%。)
企业其他附加税费预计2万元/月,年应交税金为2万元/月×12月=24万元
第四年以后营业税额=6 844.5万元×0.03×0.8=164.3万元
(9) 成本费用合计:折旧+贷款利息+油水消耗+港口使费+工资伙食费+保险+维修费+企业所得税+营业税及附加。现列表如表21-4。

表21-4 船舶成本测算 单位:万元

序号	项目(年)	运价50元/吨				运价45元/吨			
		第一年	第二年	第三年	第四年	第一年	第二年	第三年	第四年
1	折旧	780	780	780	780	780	780	780	780
2	贷款利息	639	423	180	0	639	423	180	0
3	油耗费	1 658.6	1 658.6	1 658.6	1 658.6	1 658.6	1 658.6	1 658.6	1 658.6
4	港口使费	240	240	240	240	240	240	240	240
5	工资伙食费	312	312	312	312	312	312	312	312
6	保险费	120	120	120	120	120	120	120	120
7	维修费用	180	180	180	180	180	180	180	180
8	营业税	0	0	0	164.3	0	0	0	147.8
9	其他附加税费	24	24	24	24	24	24	24	24
10	成本费用合计	3 953.6	3 737.6	3 494.6	3 478.9	3 953.6	3 737.6	3 494.6	3 478.9

二、盈亏平衡测算分析

对于船舶投资项目来说,抗风险能力优劣除了看它在运价可能变化的情况是否有能力抵抗,还要看它在成本可能变化时有无能力抗拒。而营运成本变化主要是燃油价格的变化。从上表的计算可以看出,在不同的运价水平下,即使油价再涨10%,则最差的结果购买该艘船投入营运第一年的税后利润率仍有29.8%。利润空间之大,足见它抗风险能力之强。更详细的情况见表21-6和表21-7。

再从该船营运盈亏平衡点的计算也可看出该投资不同的抗风险能力。对于船舶来说,盈亏平衡点就是营运收入等于营运成本。以现在的油价,年营运成本为3 953.6万元,即年营运收入达到3 953.6万元就实现盈亏平衡。而这个平衡点只是以50元/吨运价计算年营运收入的57.8%。现用运价和航次来表示盈亏平衡点直观说明如下:

航次营运收入=运价×运量,则3 953.6万元=运价×6.5(万吨)×航次
盈亏平衡点运价=3 953.6万元÷6.5(万吨)÷22(年航次)=27.6元/吨
盈亏平衡点航次=3 953.6万元÷325万元(航次收入)=12.2航次

物流企业会计与财务管理

通过上面的计算可以看出,盈亏平衡点的运价是27.6元/吨,盈亏平衡点的年航次是12.2航次。而现在保守运价是45元/吨,保守估计年航次为20航次。也就是说,在成本不变的情况下目前50元/吨运价再降44.8%,该轮营运仍不亏本,或者说年营运12.2航次即可达到盈亏平衡。

根据表21-6可见成本费用在逐年减少,从第四年开始保持不变,则从第四年开始,盈亏平衡点说明如下:

盈亏平衡点运价＝3 478.9万元÷6.5(万吨)÷22(年航次)＝24.3元/吨

盈亏平衡点航次＝3 478.9万元÷325万元(航次收入)＝10.7航次

可以看出,第四年之后的盈亏平衡点的运价是24.3元/吨,盈亏平衡点的年航次是10.7航次。那么该公司所能承受的运价最大降幅将达到51.4%,或者该船舶每月完成一个航次即可保证盈利。

三、投资收益分析

（一）从投资利润率和投资回收期看该项目的投资优势

购买船舶是一个长期的投资经营项目,需要研究长期利润和投资额的分摊关系,故针对投资经营十年的利润与投资额进行分析如表21-5。

表21-5　年投资额计算表　　　　　　　　　单位:万元

年　份	年折旧额	投资余额	年投资额	年平均投资额
0		13 000		
1	780	12 220	12 610	
2	780	11 440	11 830	
3	780	10 660	11 050	
4	780	9 880	10 270	
5	780	9 100	9 490	9 100
6	780	8 320	8 710	
7	780	7 540	7 930	
8	780	6 760	7 150	
9	780	5 980	6 370	
10	780	5 200	5 590	

根据表21-6购买船舶投资现金流量,前十年的平均年净利润最差的(运价45元/吨时)也为2 356万元。投资净利润率＝年平均净利润÷年平均投资额＝2 356÷9 100＝35.9%（基准情况）。不同运价水平下的投资回收期见表21-6和表21-7。

表 21-6　投资项目的营业现金流量计算表

（天津至广东航线，运价 50 元/吨计算）　　　　　　　　　　　　单位：万元

时间 项目	第1年	第2年	第3年	第4年	第5年	第6年
营运收入①	6 844.5	6 844.5	6 844.5	6 844.5	6 844.5	6 844.5
成本②（因利息变动而不同）	3 953.6	3 737.6	3 494.6	3 478.9	3 478.9	3 478.9
折旧③	780	780	780	780	780	780
营运利润④	2 890.9	3 106.9	3 349.9	3 365.6	3 365.6	3 365.6
所得税⑤＝④×10%	289.1	310.7	335	336.6	336.6	336.6
税后利润⑥＝④－⑤	2 601.8	2 796.2	3 014.9	3 029	3 029	3 029
现金流量⑦＝③＋⑥	3 381.8	3 576.2	3 794.9	3 809	3 809	3 809
累计现金流量	3 381.8	6 958	10 752.9	14 561.9	18 370.9	22 179.9

成本之利息变动是以第一年至第二年每年每季度还贷 750 万元、第三年每季度还贷 1 000 万元计算。

表 21-7　投资项目的营业现金流量计算表

（天津至广东航线，运价 45 元/吨计算）　　　　　　　　　　　　单位：万元

时间 项目	第1年	第2年	第3年	第4年	第5年	第6年
营运收入①	6 160.1	6 160.1	6 160.1	6 160.1	6 160.1	6 160.1
成本②（因利息变动而不同）	3 953.6	3 737.6	3 494.6	3 478.9	3 478.9	3 478.9
折旧③	780	780	780	780	780	780
营运利润④	2 206.5	2 422.5	2 665.5	2 697.7	2 697.7	2 697.7
所得税⑤＝④×10%	220.7	242.3	266.6	269.8	269.8	269.8
税后利润⑥＝④－⑤	1 985.9	2 180.2	2 398.9	2 427.9	2 427.9	2 427.9
现金流量⑦＝③＋⑥	2 765.9	2 960.2	3 178.9	3207.9	3 207.9	3 207.9
累计现金流量	2 765.9	5 726.1	8 905	12 112.9	15 320.8	18 528.7

成本之利息变动是以第一年至第二年每年每季度还贷 750 万元、第三年每季度还贷 1 000 万元计算的。

运价 50 元 1.3 亿静态回收投资期＝3 年＋(13 000－10 752.9)÷3 809＝3.59 年

运价 45 元 1.3 亿静态回收投资期＝4 年＋(13 000－12 112.9)÷3 207.9＝4.28 年

（二）从净现值看该项目的投资优势。

1. 估算必要收益率贴现率

根据市场同业收益调查，并参照当年同期国库券利率，估计该船投资必要收益率

无风险收益率：4.16%（根据 2008 年记账二期国库券利率）

风险报酬率：以同业类比法估计，查询的两家同业上市公司的净利润与净资产数据（2008 年 12 月 31 日报表数据）为依据。

表 21-8 查询的两家同业上市公司的净利润与净资产统计表

	净利润(人民币:元)	净资产(人民币:元)	净资产收益率
**海运甲	303 838 378	1 970 616 184	15.42%
**海运乙	135 821 344	1 439 056 484	9.44%

根据利润与资产规模加权平均：

市场报酬率：1 970 616 184÷(1 970 616 184＋1 439 056 484)×15.42%＋1 439 056 484÷(1 970 616 184＋1 439 056 484)×9.44%＝12.9%

风险报酬率：1.2×(12.9%－4.16%)＝10.488%

企业投资必要收益率＝无风险收益率＋风险收益率
$$=4.16\%+1.2\times(12.9\%-4.16\%)=15\%$$

2. 计算净现值

表 21-9 净现值计算表　　　　　　　　　　　　　　单位：万元

年度	各年的 NCF	现值系数 PVIF15%,n	现值
1	2 765.9	0.870	2 406.3
2	5 726.1	0.756	4 328.9
3	8 905	0.658	5 859.5
4	12 112.9	0.572	6 928.6
5	15 320.8	0.497	7 614.4
6	18 528.7	0.432	8 004.4
未来报酬的总现值			35 142.1
减：初始投资			13 000
净现值(NPV)			22 142.1

净现值 NPV>0，故从净现值来看，此投资可取。

3. 购船投资收益情况分析结论

(1) 上述以天津—广东航线 50 元/吨运价，并按现在油价计算的利润结果，则购买这艘船舶 1.3 亿总投资回收期为 3.59 年；

(2) 上述以天津—广东航线 45 元/吨运价，并按现在油价计算的利润结果，则购买这艘船舶 1.3 亿总投资回收期为 4.28 年；

(3) 按照以上测算，在运价很低的情况下，4—4.5 年就能收回全部投资成本，故该投资收益很可观。

(4) 考虑市场竞争因素测算净现值，在运价很低的情况下，投资收益更是可观。

第四节 资本预算风险管理

一、资本预算风险界定

（一）风险含义

所谓投资风险是指在一定期限内投资的期望收益率偏离加权平均期望收益率的幅度。

物流企业在购置时投资决策时，预测未来并据此选择现期行动方案，一般决策通常是在三种情况下作出的：确定、风险和不确定。所谓确定情况是指可以获得有关未来时期的完全信息，未来是一个定数过程。在这种状态下，投资方案所需的资金及投资收益均为确定的单一数值。但是，现实生活中未来往往并非是一个定数过程，而是一个随机过程，存在着固有的不可预测的成分，决策者无法取得关于未来的完全信息。所谓风险和不确定性指的就是有关未来信息不完全的情况。依据信息不完全的程度，凯恩斯和奈特在他们的经济学著作中对风险和不确定性进行了严格区分并赋予不同的内涵：风险指事物的发展在未来可能有若干不同的结果，但可以确定每种特定结果发生的概率。因此，风险是可以运用概率方法定量计算的。不确定性则不同。它是指事物的发展在未来可能有若干不同的结果，而且每种特定结果发生的概率也不能确定。严格地说，它是不能准确计量的。在投资决策中，要对不确定性进行分析，只能对其可能结果发生的概率给予主观的规定。在规定主观概率之后，不确定性分析就近似于风险分析了。

（二）影响投资决策结果偏差的不确定因素分析

所谓不确定因素，就是对投资项目评价时进行预期收益计算中所依据的那些决策参数，如价格、投资费用、经营成本、建设进度、项目经济寿命期、利率、汇率等，这些参数在实际中都有可能发生变动，并对项目产生不同的影响。

在实际经济活动中，这些参数产生不确定性的原因是复杂的，主要包括以下几种类型。

1. 经济景气风险

经济的景气与否是投资者决策的大前提。如果经济处于持续发展时期，投资者投资将会十分踊跃。这个时期，生产稳定增长，交易活跃，市场呈现繁荣景象；投资者的高投资与高盈利交替增长。相反，如果经济处于停滞状态或者负增长，市场萧条，就无法刺激投资欲望。而且，投资的动向还是经济景气即将到来的指示器：为摆脱困境，投资者通过大量购买新设备、研究开发新技术新产品，以提高生产率，增加产品的竞争能力，赢得市场，这些努力最终带动市场，经济又慢慢地复苏。

2. 市场风险

广义的市场风险，包括资金市场、劳动力市场和商品市场的变动。影响这三大市场供求变动的因素多种多样，政治的、经济的、社会的，甚至心理的因素，不一而足。利率的变动、价格的波动，往往是多种因素综合作用的结果。投资者对项目进行不确定性分析时，要统观全局,尽可能地搜集信息,以科学的方法进行预测。

3. 自然因素

自然因素包括地理条件、自然资源、气候变化、自然灾害等,为人力所不可控制的因素。在投资活动的全过程中,它自始至终起着作用。

4. 技术因素

在科学技术突飞猛进的今天,技术因素变动的不确定性对企业影响越来越大。尤其是在新兴工业部门,主导技术更新换代很快,产业生产率提高迅速,十几年甚至几年就有大的飞跃,这对投资者的长期投资来讲,是一个不利因素。项目建成投产不久,技术就变得落后,产品失去了竞争力,更谈不到投资收益了。因此,投资决策前,对行业的技术发展趋势要有准确的预测,眼光要放得长远一些。

5. 其他

其他因素还有政治风险、社会风险等,使项目建成后生产经营环境面临时时变动的威胁之中。

(三) 投资风险与收益

在投资活动中,人们主观上总是期望回避风险,或者承受最小的风险,或者能将风险转移出去;另一方面则希望获取最大的投资收益。投资行为目标的双重性体现在决策中有两条原则:或者在某一预期风险水平上,去挑选预期收益最大的投资方案;或者在某一预期收益水准上,挑选风险最小的方案。但是,在客观现实中选择风险小而收益高的投资方案往往是困难的,因为既然风险低的投资领域大家都愿意去,该领域的投资收益就可能低;相反,风险高的领域大家都不愿意投资,该领域的投资收益就可能高。收益和风险之间存在一种同向递增关系,较高的收益一般也伴随着较大的风险。这种因承受较高风险所获得的额外收益成为风险收益。投资风险的分析,就是要依据以往时期的经验数据和现期的资料,通过科学的管理方法,估计未来时期风险因素对投资方案的影响,考虑不同风险条件下投资收益的变异性,从而作出有关风险和收益组合的正确选择。在实际工作中,通常我们把投资风险的分析称为对资本预算的不确定性进行调整的管理。

二、资本预算不确定性的调整方法

(一) 敏感性分析

1. 概念

敏感性分析是分析销售、成本、管理、政策和市场变化等因素是怎样影响投资收益的,并在此基础上找出不利于投资效益增加的因素。同时采取有效措施对不利于投资效益增加的因素予以纠正。如果无法纠正则终止投资,以控制、减少投资风险。

敏感性分析是传统风险分析的重要方法。这是通过分析项目经济效果的主要指标(如净现值、内部收益率等)对主要变动因素变化的敏感程度,来确定项目抗御风险的程度,并寻找回避和减少风险损失的措施。在风险条件下,各种估计因素的变化对项目预期效益的影响是不同的,不同的投资方案受同一因素的影响也可能是不同的。如果某变动因素变动幅度小,但对项目经济效益指标的影响大,则认为该项目对该变量的不确定性敏感。如果某一因素的变化会使该项目由盈转亏,则需要修正原来拟订的方案。

2. 敏感性分析的基本方法

(1) 单变量敏感分析。单变量敏感分析就是假设各变量之间相互独立,每次只考察一项可变参数,其他参数保持不变。单变量敏感分析的优点是计算比较简便,但是因为各变量之间是相互联系、相互影响的,所以无法将单个变量对投资收益率的影响分离出来单独考虑。

(2) "三项预测值"敏感性分析。在一般情况下,多变量同时发生变化所造成的评价结果失真比单变量大,因此,对一些主要的、投资额大的项目除进行单变量敏感性分析外,还应进行多变量敏感性分析。"三项预测值"分析法就是多变量敏感性分析方法中的一种。其基本思路是,对投资决策中的关键评估变量,分别给出三个预测值:最乐观预测值、最可能预测值和最悲观预测值。根据各评估变量三个预测值的相互作用来分析、判断投资收益受影响的情况。当涉及的评估变量较多时,如果用人工分别计算每一种组合情况的结果是相当复杂的,为了简化,可以将所有变量全部按最乐观情况考虑,或者全部按最可能情况和最悲观情况考虑。

3. 敏感性分析的步骤

(1) 确定分析对象。
(2) 列出可能影响投资效益的主要因素。
(3) 设定不确定因素的取值范围。
(4) 确定敏感性因素。
(5) 提出规避或减少风险损失的措施。

(二) 概率分析

1. 概念

投资风险的概率分析,是要计算投资项目期望值,并确定各随机变量的概率分布集中与分散的程度。概率分析法就是以有明确定义的随机变量的概率分布表示经济行为者行动的可能结果。它不仅可以揭示投资活动中所涉及的风险因素和不确定因素在未来时期的多种不同情况,还可以考虑这些不同情况出现的可能性。这无疑比敏感性分析前进了一步。

2. 分析的指标
(1) 期望值。
(2) 方差。
(3) 变异系数。

(三) 决策树分析

1. 概念

决策树分析法是利用一种树枝状的图形,列出各种可供选择的方案、能出现的状态、各种可能状态出现的概率及其损益值;然后计算在不同状态下的期望值,比较期望值的大小,进而做出抉择。决策树图形,由决策点、方案点、方案枝、概率枝和结果点等组成。按决策的次数和阶段多少的不同,可将决策树分析分为单阶段决策和多阶段决策。

2. 单阶段决策树分析举例

如图 21-1,方块代表决策点,圆圈代表可能出现的结果,括号里的 30%、40%、30%分别是出现 45 万元、40 万元、10 万元净现金流的概率。

从图 21-1 中可以分析出,在投资额为 200 万元,第 1 至第 10 年中每年可能出现的净现金流量分别为 45 万元、40 万元、10 万元以及相应的概率为 30%、40%、30%的情况下,投资收益的净现值为 $45\times6.14\times30\%+40\times6.14\times40\%+10\times6.14\times30\%-200=-0.459$ 万元。其中,6.14 是期限为 10 年、折现率为 10%的年金折现因子。由于收益净现值为负值,只有放弃投资才能避免亏损。

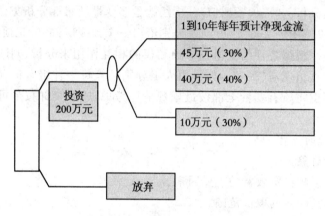

图 21-1　单阶段决策树分析

3. 多阶段决策树分析举例

如图 21-2,投资决策分三个阶段进行。

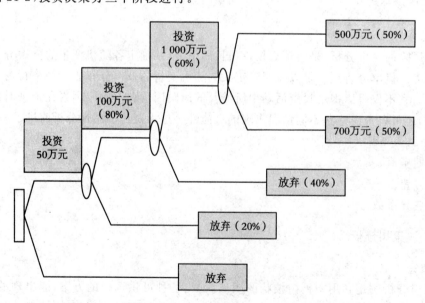

图 21-2　多阶段决策树分析

第一阶段,花 1 年时间、耗资 50 万元进行产品的试制和市场调查。

第二阶段,如果试制成功、市场需求大,于第一年结束时追加投资 100 万元,主要进行产品的设计和试生产。

第三阶段,如果设计和试制成功,于第二年结束时追加 1 000 万元投资,主要进行厂房的建造、设备的购置和产品的批量生产。此后 5 年内,每年可能出现的净现金流量为 500 万元或 700 万元。

从图 21-2 中分析出,第三阶段,即第二阶段结束,投资的收益净现值为($500 \times 3.79 \times 50\% + 700 \times 3.79 \times 50\%$)$-1\,000 = 1\,274$ 万元。其中,3.79 是期限为 5 年、折现率为 10% 的年金折现因子。

第二阶段,即第一年结束时,投资收益净现值为 $1\,274 \times 0.909 \times 60\% + 0 \times 0.909 \times 60\% - 100 = 595$ 万元。其中,0.909 是期限为 1 年、折现率为 10% 的折现因子。

第一阶段,即现在。投资的收益净现值为 $595 \times 0.909 \times 80\% + 0 \times 0.909 \times 20\% - 50 = 382.6$ 万元。其中,0.909 是期限为 1 年、折现率为 10% 的折现因子。

由于收益净现值为正值,所以该项目是好的投资项目。但是如果市场等因素的变化使投资收益净现值变为负值,如果采取措施后仍不能扭转这种不利变化,就应终止投资项目,以此控制投资风险。

4. 评价

在现实生活中,投资决策受多种因素的影响,这些因素错综复杂,相互关联。而且,大多数投资计划并不是在某一时刻作出决策,而是分阶段逐步决定的。换言之,并不是在某一时点从一组可行的方案中挑选其中之一,而是视各阶段的进展完成一系列的决策。目前的投资决策和未来的投资决策是紧密联系的,在进行投资决策时,必须充分考虑未来可能会影响目前决策的事件,以减少风险的程度。决策树分析法将因果分析、时序分析、层次分析和概率分析融为一体,可以为决策者提供思考不确定因素的结构形式,便于决策者理清各种方案、各种状态及其结果之间的因果、时序和层次关系;同时又可以将这些关系形象地表达出来,使人一目了然。这样就为我们解决一些复杂的多极决策问题提供了有效的工具。

(四)实物期权分析

1. 概念

实物期权分析是将投资者拥有的投资机会即在未来某一时刻购买某种资产的权利视为一种类似于金融看涨期权的选择权,然后引入金融期权思想和分析方法进行不确定条件下的产业投资决策。因为分析的对象是实物,而方法是期权的方法,所以称之为实物期权方法。

当我们将投资者拥有的投资机会视为一种看涨期权时,投资者做出不可逆的投资支出,意味着他执行了投资的期权,放弃了等待以获得可能会影响支持意愿或时机的新信息的可能。一旦市场条件逆转,它不能停止投资。失去的期权价值是一种机会成本,必须包括在投资成本当中。这样,投资决策的标准就不能仅仅是净现值大于零,而应该是该单位的资本价值必须超过购买和安装成本,其差额至少应等于或大于保持投资期权存在的价值。

2. 实物期权的基本要素与价值

金融期权包括五个要素:标的资产、执行价格、行权日、期权合约金额、期权费。金融期权的内在价值是期权标的资产的市场价格和执行价格两者之间的差额。

实物期权是投资者因为拥有货币资金而拥有的一种在未来某个特定的时间购入某种实物资产的权利。在这里,拟投资的项目可以看作标的资产,投资成本支出可以看作执行价格,实际投资的时间可以看作行权日,拟投资的总额可以看作期权合约金额。这样,实物期权的价值就是拥有在未来时期投资权利的价值,可以用在未来某一时期进行投资可能获取的收益扣除投资成本后的净现值来衡量。

3. 实物期权价值的决定因素

(1) 产品价格。产业投资的收益来自于产品或服务的经营收入。在生产规模和销售量一定的条件下,产品的价格高低就成为决定投资收益的基本因素。就一般竞争性领域而言,产品价格可能因供给的增加而下降,但是石油、房地产等产业的产品价格则可能因为资源的有限性和需求的扩大而上升。

(2) 成本。成本包括购置和安装实物资产和无形资产等的成本和生产经营成本。这些成本受到建筑材料、设备和劳动力等的价格因素影响。在投资和生产中采用新技术新设备,通常成本较高。但是使用成熟技术和批量生产的设备及原材料,通常成本可以较大幅度下降。

(3) 利率。利率的变动影响到融资的成本以及投资的机会成本。利率受到多种因素的影响。在市场化国家,利率的变动通常较为频繁,方向难以确定。利率的影响程度与投资的规模相关。在其他条件不变的情况下,投资规模越大,利率变动的影响越大。

(4) 投资规模。产业投资必须考虑规模经济的实现。在特定条件下,投资者只能选择一次性建成投产;但是在多数情况下,投资者可以有一次性建成投产和分期建设的选择。选择一次性建成投产还是分期建设以及如何分期建设,都会对实物期权的价值产生不同的影响。

4. 实物期权定价模型

假定投资者的投资固定为 I,每年将永远生产 1 单位的某个产品,运营成本为零,目前的价格为 P_0,下一年的产品价格变动只有两种可能:从 P_0 上升到原来的 u 倍,即达到 $P_0 u$;下降到原来的 d 倍,即降到 $P_0 d$。其中,u>1,d<1,价格上升和下降的概率分别为 p 和 1-p,投资实物期权的价值为 C,则

$$C = \text{MAX}\left[0, p\left(\frac{-I}{1+r} + \sum_{t=0}^{\infty} \frac{P_0 u}{(1+r)^t}\right)\right]$$

复习思考题

1. 简述资本预算含义,如何正确识别与计算资本资产投资的有关现金流量?
2. 怎样评估和比较各种投资计划评价的方法,并找出最能为企业和股东创造最大财富的投资项目?
3. 什么是敏感性分析法、概率分析法、决策树法分析与实物期权分析法? 应用这些方法如何调整资本预算中现金流量的不确定性?

第二十二章 物流企业收益与分配管理

■ **学习目标** ■

学习完本章,你应该能够
1. 预测公司的盈利
2. 对不同体制企业怎样分配盈余
3. 学会股利分配学说
4. 认识股票增长机会价值

■ **基本概念** ■

收入　利润　股利　增长机会价值(PVGO)

第一节　收入管理

一、物流企业收入

(一) 物流收入的定义

收入应当是企业在日常活动中形成的。日常活动是指企业为了完成其经营目标所从事的经常性活动以及与之相关的活动。对于一般企业,营业活动很容易界定。而物流企业为社会提供运输、储存、装卸、搬运、包装、流通加工、配送、信息处理和其他相关劳务,其营业活动相对多样化,但这些活动都是直接与企业的经营目标相关联的,都属于物流企业的日常活动,故源于这些活动的经济利益的流入都应确认为企业的营业收入,而其他非营业活动所产生的利得则不能确认为收入。所以物流营业收入就是指企业通过物流业务活动所取得的收入,包括运输、储存、装卸、搬运、包装、流通加工、配送等业务取得的收入总额。

收入应当是最终导致企业所有者权益增加的经济利益的流入。该经济利益流入必须是企业自身经济利益的流入,不含代第三方收取的款项。根据物流的流转环节多、协作群体多的特点,企业会将物流服务的一部分业务分包给其他物流服务供应商,同时支付相应的物流劳务费用。因此,物流劳务能够给企业带来的经济利益的流入只能是企业收到的所有劳务款项在扣除支付给其他合作群体的分包业务费之后的金额,即收入应确认的金额。

(二) 物流企业收入构成

主营业务收入是指企业持续的、主要的经营活动所取得的收入。主营业务收入在企业收入中所占的比重较大,它对企业的经济效益有着举足轻重的影响。

1. 物流企业的主营业务收入

物流企业主营业务收入是从事运输、装卸、仓储和管理等业务活动所取得的收入。同其他行业的企业一样,物流企业营业收入的记录也是按照权责发生制来确认的。

(1) 运输企业收入。运输收入是物流企业提供运输服务时所获得的营业收入。主要有货物与旅客的运输业务,如:货物运输收入,包括由航空运输、长途汽车运输、火车运输、管道运输等多种货物运输方式获得的收入等。

(2) 港口企业收入。装卸收入是指企业在提供装卸、堆存与管理服务时收取的主营业务收入。主要有装卸业务收入、堆存业务收入和港务管理收入等,如:企业向托运人按货物重量收取的装卸费用,联运过程中换装、倒装收入,出租装卸搬运设备时获得的租金收入等。

(3) 仓储企业收入。仓储企业业务收入是指企业在提供装卸服务时收取的主营业务收入,具体有仓储保管收入、进出库装卸搬运收入、运输配送收入、加工收入与现货市场收入等。

这里要说明的是,融运输、装卸与仓储等一起的综合性物流企业的主要业务收入就包括以上各类收入。

2. 其他业务收入

除以上各类主营收入以外的其他各种业务取得的收入即为物流企业的其他业务收入。其他业务收入是指企业在主要经营活动以外从事其他业务活动而取得的收入,它在企业收入中所占的比重较小。主要包括:

(1) 车辆保养维修收入。物流企业的辅助生产部门可能也能够对外提供一定的服务。当物流企业为企业外部提供车辆及相关设备的维修、保养服务时也可获得一定的收入。

(2) 材料销售收入。物流企业向外单位销售一定的库存材料、辅助材料和燃料获得的收入。

(3) 固定资产出租收入。物流企业向外单位提供车辆、仓库和装卸搬运设备的租借服务时获得的服务。

(4) 无形资产转让收入。物流企业向外单位转让某种专利技术、商标或其他无形资产时获得的收入。

3. 物流企业收入的计量条件

对于综合合同劳务,企业可以参照《企业会计准则——建造合同》进行计量,如果满足以下条件,企业可以把一项综合合同劳务分立成多个单一合同劳务进行计量:

(1) 每项单一劳务均有独立的劳务提供计划;

(2) 每项劳务的收入和成本能够单独确认;

(3) 与客户就某项单独劳务进行谈判时双方均能够接受相应的条款。

如果不符合上述条件而无法分离,则视同为劳务交易的结果无法估计而采用补偿劳务成本法计量，按照已完成某一单一劳务的实耗成本计量收入。

二、物流企业收入的预测

（一）营业收入预测的程序

营业收入预测的程序包括以下内容：
（1）确定预测对象，制定预测规划。
（2）搜集整理有关数据、资料，并进行分析比较。这是营业收入预测的开始，通过掌握大量数据，预测才能可靠。这些数据信息包括影响营业收入的各种外部和内部因素。例如根据物流行业预测显示，2006年我国物流行业运输能力过剩已成必然。这就是一个会影响企业营业收入的外部因素。
（3）根据预测对象，选择适当的方法，建立一定的模型，对营业收入进行定性分析和定量预测。
（4）分析预测误差。基于经营活动中存在许多不确定性因素的考虑，预测可能会出现一定偏差。因此在预测时要计算分析可能出现的各种情况，估计预测的误差范围。
（5）评价预测结果。这种评价是事后进行的，将预测的结果同实际发生的结果对比，分析出现差异的原因，以便进行修正，为以后的预测提供更加可靠的信息。

（二）收入预测的方法

1. 判断分析法

判断分析法是定性分析法，是通过有丰富经验的管理人员、有经验的业务人员或者有关专家对市场未来变化进行分析，以判断物流企业在一定时期内营业收入的变化趋势。这种方法的优点是预测耗费时间短，费用低，但是由于它凭主观判断，因而准确性相对较差。

2. 调查分析法

这种方法要通过对某项业务活动在市场上的供求关系和消费者消费趋势的调查，预测本企业营业收入的变动趋势。通常调查的内容有：业务活动、客户、经济和行业发展趋势等。

3. 趋势分析法

趋势分析法是企业根据营业收入的历史资料，用一定的计算方法预测出未来营业收入的变化趋势。这种方法可以用于对某一项营业收入做预测或者对整个企业的营业收入总额做预测。

趋势分析法主要有以下四种方法。
（1）简单平均法。

简单平均法是采用过去几个经营期营业收入的算术平均值来做为未来某期营业收入的预测数的方法。

计算公式：

$$S = \sum X_i / n$$

式中，S 为某期预测的营业收入；x_i 为第 i 期的营业收入；n 为期数。

[例 22-1] 某小型货运公司专门为某商业企业提供货物运输服务,该小型货运公司 2009 年下半年各月运输收入如表 22-1,请利用简单平均法预测,该公司 2010 年 1 月份的运输收入为多少?

S=(8+5+5+6+6+6)/6=6(万元)

表 22-1　某小型货运公司 2009 年 7—12 月份运输收入　　　单位:万元

月　份	7	8	9	10	11	12
运输收入	8	5	5	6	6	6

(2) 移动平均法。

选择最近几期数据。如预测 7 月份营业收入额用 1—6 月的数据,以此类推,滚动的测算以后几个月的营业收入额。这种方法适用于营业收入略有一定变动的产品。计算公式同简单平均法。

(3) 指数平滑法。

在预测时引入一个指数平滑系数 α。计算公式:

$$S_t = \alpha D_{t-1} + (1-\alpha) S_{t-1}$$

式中,S_t 为第 t 期的预测营业收入;D_{t-1} 为第 t−1 期的实际营业收入;S_{t-1} 为第 t−1 期的预测业务量;α 为指数平滑系数,取值范围在 $0<\alpha<1$ 的常数。

α 越大,则近期实际营业收入情况所占的权数越大,对预测影响也越大,α 越小,近期实际业务收入情况对预测影响也较小。

[例 22-2] 已知某物流企业采用 0.3 作为平滑系数,该企业本年 4 月份的实际营业收入为 10 万元,预计营业收入为 9.6 万元。求:该企业 5 月份的营业收入。

$$S_t = \alpha D_{t-1} + (1-\alpha) S_{t-1}$$
$$= 0.3 \times 10 + (1-0.3) \times 9.6 = 9.7 (万元)$$

(4) 因果分析法。

在影响营业收入的各种因素中,有相当部分的因素与营业收入存在因果关系。通过寻找它们与营业收入的因果关系建立一定的函数式可以进行营业收入的预测。这种方法往往要建立预测的数学模型,称为回归分析法,常用的有简单回归分析法和多元回归分析法等。

简单回归分析法的公式为

$$y = a + bx$$

式中,y 为预测销售量;a 为固定销售量,是一特定常数;b 为自变量 x 的系数,代表自变量 x 对销售量影响的程度;x 为相关因素值。

这一公式是一个经验公式,它适用于销售量主要受某一重要因素影响的产品。可以根据历史统计数据,利用最小二乘法来确定一条反映 x、y 之间的误差最小的直线。可以通过下列公式计算:

$$a = \left(\sum y - b \sum x \right) / n$$
$$b = \left[\sum xy - \left(\sum x \cdot \sum y \right)/n \right] / \left[\sum x^2 - \left(\sum x \right)^2 / n \right]$$

[**例 22-3**] 某货物运输企业在本年 1—4 月份实现的业务量如表 22-2 所示,要求用简单回归法来预测本年 5 月份燃料消耗量为 200 万升时的运输业务收入。如表 22-3。

表 22-2　1—4 月份实现的业务量

月份	1	2	3	4
燃料消耗量(x)万升	120	160	140	180
运输业务收入(y)万元	725	915	840	990

表 22-3　预测本年 5 月份燃料消耗量

月份	燃料消耗量(x)万升	运输业务收入(y)万元	xy	x^2
1	120	725	87 000	14 400
2	160	915	146 400	25 600
3	140	840	117 600	19 600
4	180	990	178 200	32 400
n=4	$\sum x$=600	$\sum y$=3 470	$\sum xy$=529 200	$\sum x^2$=92 000

根据公式则有解:

A＝215

B＝4.35

当该公司预计 5 月份燃料消耗量为 200 万升时:

运输业务收入 Y＝215＋4.35×200＝1 085(万元)

三、物流企业收入计划和控制

(一) 营业收入计划

营业收入计划是对经济决策的具体化,使决策的目标具体、系统地反映出来,以便在工作中实施。在以销定产的思想指导下,销售计划是企业整体经营计划的基础,企业的其他生产经营计划要以销售计划为起点来编制。具体步骤是:

(1) 以明确的经营目标为前提。企业的经营目标是通过预测决定的,营业收入计划将这个目标具体化。

(2) 全面、完整地编制计划。凡是对企业经营目标有影响的事项,都应该以货币或者其他计量形式来反映。

(3) 在充分估计到企业经营目标实现的可能性并留有余地的情况下编制计划,也就是说,一个切实可行的计划是需要经过一段努力之后实现的。

营业收入计划的编制主要是通过汇总各项营业收入的预测值得到。

(二) 营业收入控制

营业收入控制是按照营业收入计划的要求对经营活动的过程与结果进行监督处理,以达到实现预定的经营目标、提高经济效益的目的。营业收入的控制主要是对主营业务收入的控制。

(1) 调整经营手段,认真执行业务合同,完成计划。
(2) 提高服务质量,做好售后服务工作。
(3) 及时办理结算,加快货款回收。
(4) 在提供服务的过程中,要做好信息反馈工作。

第二节 收益分配

一、物流企业收益分配概念

(一) 定义

收益分配是物流企业资本的提供者对收益总额进行的分割,它主要是以企业的息税前利润(即利息、所得税和净利润)为对象在各利益主体间进行的分割。具体就是企业将净利润在投资者、经营者以及其他有特殊贡献的职工与企业留存之间进行的合理有效的分配。

(二) 构成

$$息税前利润=利息+所得税+净利润$$

其中:
(1) 利息:物流企业向债权人支付的记入当期损益的债务利息。
(2) 所得税:物流企业应纳所得税额是根据应纳税所得额与规定的税率计算的,所得税的比率依据国家的规定执行。

其计算公式为

$$应纳税所得额=应纳税所得额×税率$$

所得税计算的关键在于应纳税所得额的确定。应纳税所得额是纳税人每一纳税年度的收入总额减去准予扣除项目后的余额。目前,企业的所得税率为25%;有时候,部分地区和保税区内会给企业所得税的优惠。

其计算公式为

$$纳税所得额=收入总额-准予扣除项目金额$$

(3) 净利润:净利润是指物流企业在本会计期实现的利润总额扣减所得税后的金额,也称税后利润或股东所得额。

二、物流企业利润预测与方法

(一) 利润预测的方法

对物流企业来说,其当期可能发生的利润必须要在本会计期间之前做出预测,企业所预测出的利润在经过适当调整以后,可以被作为本期的目标利润,企业的各项业务活动要以实现目标利润为核心。

利润预测要在营业收入预测的基础上,进一步预测出企业未来一定时期的利润水平。利润预测的方法主要有:本量利分析法、相关比例预测法和经营杠杆预测法等。

(二)本量利分析法

本量利分析法中的本、量、利是指成本、业务量和利润。该方法主要根据成本、业务量和利润三者之间的变化关系,分析某一因素的变化对其他因素的影响。将本量利分析法放在利润预测中,主要是通过各种影响利润变化的因素来推断利润数额。

1. 本量利分析法的基本公式

$$利润=主营业务收入-变动成本-固定成本$$

当预知主营业务收入、变动成本和固定成本时,就可以轻松预测目标利润。

2. 保本、保利业务量的确定

确定方法为

$$利润=主营业务收入-变动成本-固定成本$$
$$=(单位业务量营业收入-单位变动成本)\times 业务量-固定成本$$

当企业保本时,企业的保本业务量的公式为:

$$保本业务量=固定成本\div(单位业务量营业收入-单位变动成本)$$

当企业保利时,企业保利的业务量公式为

$$保利业务量=(固定成本+目标利润)/(单位业务量营业收入-单位变动成本)$$

[例22-4] 某物流公司开展24小时应急送货服务项目,每次提供该服务收费为75元,且每次提供应急服务发生的单位变动成本为35元,该服务项目导致物流公司的固定成本5 000元,求保本送货服务次数应为多少?保证实现15 000元目标利润的该服务提供次数为多少?

解:(1)保本送货服务次数=固定成本÷(单位业务量营业收入-单位变动成本)
$$=5\,000\div(75-35)=125(次)$$

(2)保利业务量=(固定成本+目标利润)÷(单位业务量营业收入-单位变动成本)
$$=(5\,000+15\,000)\div(75-35)=500(次)$$

(三)相关比例预测法

在相关比例预测法中,需要通过如下步骤来实现对目标利润的预测。

1. 选择确定特定的利润率标准

在实施相关比例预测法预测目标利润时,首先要选定合适本企业的一个利润率,例如:资本利润率、产值利润率等;其次,要确定这个利润率的一个合适数额。例如:选取行业平均数额、企业历史最高水平数额、企业前一个会计期的实际数额等。

2. 计算目标利润基数

在选定的利润率的基础上,根据利润率对应的"分母预测值"来预测目标利润基准数。这里所指的"分母预测值"是指计算利润率时作为分母的指标的预测数额。例如:资金利润率的分母是资金平均占用额,则其"分母预测值"为资金平均占用额的预测值,即预计资金平均占用额。资金平均占用额通常采用资金的期初占用额加期末占用额的一半来表示,即(期初+期末)/2。

常见的表示方式有:

$$目标利润基准数=预定的主营业务利润率\times预计主营业务收入$$

$$目标利润基准数=预定的产值利润率\times预计总产值$$

$$目标利润基准数=预定的资金利润率\times预计资金平均占用额$$

$$目标利润基准数=预定的资本利润率\times预计资本金$$

3. 修正目标利润基准数,确定目标利润值

在前一步中,已经确定好的目标利润基准数,并不完全适合企业本期的实际情况,因此需要根据本期的情况进行适当的调整。

4. 确定最终目标利润并分解落实

确定好的目标利润需要通过各部门来配合实施,根据目标利润对各相关部门提出要求,共同实现目标利润。

[例 22-5] 某物流企业流动资金平均占用额 200 万元,固定资产平均占用额 1 000 万元,全部行业的资金利润率为 5%,预测其利润并按该利润预测值的 90% 予以调整作为目标利润。

解:预测利润=(200+1 000)×5%=60(万元)

目标利润=60×90%=54(万元)

[例 22-6] 某物流公司 2009 年主营业务利润为 200 万元,计划其主营业务收入增长 5%,预测 2010 年主营业务利润为多少?

解:2010 年主营业务利润预测值=200×(1+5%)=210(万元)

(四) 经营杠杆预测法

经营杠杆系数的计算公式如下:

$$经营杠杆系数=利润变动率\div业务量变动率$$

$$经营杠杆系数=基期边际贡献\div基期利润$$

通过对上述公式的变形,在预知业务量变动率(基期边际贡献)以及企业选定的经营杠杆系数的情况下,就可以预测利润。

[例 22-7] A 物流公司的经营杠杆系数 1.25,该公司去年实现的利润为 20 万元。今年预计业务将会增加 25%。求:A 物流公司今年的预计利润为多少?

解:利润变动率=业务量变动率×经营杠杆系数

=25%×1.25

=31.25%

今年利润预测值=20×(1+31.25%)=26.25(万元)

三、国有企业的收益分配

收益分配是指企业根据国家有关规定和投资者的决议,对企业净利润所进行的支配。

物流企业计算确定当期实现的息税前利润,应当按照规定的程序进行分配,最后,将未分配利润结转下一会计期间。

(一) 分配管理原则

1. 合法性原则

国家有关法律对社会成员之间的分配关系作出了基本的规定,2006年《财务通则》和相关政策、制度对企业收益分配的内容、顺序等进一步作出了具体规定,物流企业必须严格遵照执行。

2. 利益相关原则

对这些分配主体、分配对象以及这些要素相互关系的调整办法,应当以企业章程、内部管理制度、股东大会决议等形式进行规定。

3. 效率优先,兼顾公平原则

企业在制定收益分配方案和处理收益分配事项时,应当充分考虑眼前利益和长远利益的关系、局部利益和全局利益的关系、投资者利益和职工利益的关系以及企业资本积累与投资回报的关系。

(二) 分配的程序

收益分配就是对企业所实现的经营成果在各个方面之间进行分配。作为分配基础的企业利润可能是指所得税前利润,也可能指所得税后的净利润。物流企业在支付债权人利息、确定了所得税前的利润总额后,首先要弥补未超过5年的以前年度的亏损,再将这部分剩余的利润总额按国家有关规定进行调整并缴纳所得税。缴纳所得税后的利润即为企业的净利润。

分配程序如下:

(1) 用于抵补被没收的财物损失,支付违反税法规定的各项滞纳金和罚款;

(2) 弥补超过用所得税前利润弥补期限、按规定可用税后利润弥补的亏损;

(3) 按税后净利润扣除前两项以后的10%计提法定盈余公积金;

(4) 向投资者分配利润。向投资者分配的利润是投资者从企业获取的投资收益。企业应当在弥补亏损、提取公积金之后才能向投资者分配利润。如果企业当年无利润一般不得向投资者分配利润。企业以前年度未分配的利润,可以并入本年度向投资者分配。企业以前年度亏损未弥补完,不得提取盈余公积金,在提取盈余公积金以前,不得向投资者分配利润。不同形式和经营方式的企业,都必须遵循上述利润分配顺序,但对于股份制企业,在提取公积金之后,应先支付优先股股利,然后再提取任意盈余公积金,最后支付普通股股利。

四、股份制企业的收益分配

(一) 股利政策基本理论

股利分配要考虑到其对公司价值的影响,在这个层面上存在两大观点。

1. 股利无关论

股利无关论认为股利分配对公司的市场价值不会产生影响。这一理论建立在这些假设之上：(1)不存在个人或公司所得税；(2)不存在股票的发行和交易费用；(3)公司的投资决策与股利决策彼此独立；(4)公司的投资者和管理者可同时获得关于未来投资机会的信息。股利无关论认为：

(1) 投资者并不关心企业股利的分配。若公司留存较多的利润用于再投资，会导致公司股票价格上升；此时尽管股利较低，但需用现金的投资者可以出售股票换取现金。若公司发放较多的股利，投资者又可以用现金再买入一些股票扩大投资。也就是说，投资者对股利和资本利得并无偏好。

(2) 股利的支付比率不影响公司的价值。既然投资者不关心股利的分配，公司的价值就完全由其投资的获利能力所决定，公司的盈余在股利和保留盈余之间的分配并不影响公司的价值。

2. 股利相关论

股利相关论认为公司的股利分配对公司市场的价值有影响，股利相关论认为影响股利分配的主要因素有：

(1) 法律限制因素。其中包括：①资本保全，即公司不能用资本发放股利；②企业积累，规定公司必须按照净利润的一定比例提取法定盈余公积金；③净利润，规定公司年度累计净利润必须为正数时才可发放股利，以前年度亏损必须足额弥补；④超额累计利润，由于股东接受股利缴纳的所得税高于其进行股票交易的资本利得税，于是国家规定公司不得超额累积利润，一旦公司的保留额超过法律认可的水平，将被加收额外税额。我国法律对公司累积利润尚未做出限制性规定。

(2) 经济限制因素。

① 稳定的收入和避税。一些依靠股利维持生活的股东，往往要求公司支付稳定的股利，若公司留存较多的利润，将受到这部分股东的反对。另外，一些高股利收入的股东又处于避税的考虑，往往反对公司放较多的股利。

② 控制权的稀释。公司支付较多的股利，就会导致留存盈余的减少，这又将意味着将来发行新股的可能性加大，而发行新股必然稀释公司的控制权，这是公司原有的控制权的股东们所不愿意看到的局面。因此，若他们拿不出更多资金购买新股以满足公司的需要，宁肯不分配股利而反对募集新股。

(3) 财务限制因素。

① 盈余的稳定性。公司是否能获得长期稳定的盈余，是其股利决策的重要基础。因而相对稳定的公司能够较好地把握自己，有可能支付比盈余不稳定的公司较高的股利；而盈余不稳定的公司一般采取低股利政策。对于盈余不稳定的公司来讲，低股利政策可以减少因盈余下降而造成的股利无法支付、股价急剧下降的风险，还可将更多的盈余再投资，以提高公司权益资本比重，减少财务风险。

② 资产的流动性。较多地支付现金股利，会减少公司的现金持有量，使资产的流动性降低，而保持一定的资产流动性，是公司经营所必须的。

③ 举债能力。具有较强的举债能力的公司因为能够及时地筹措到所需的现金，有可能

采取较宽松的股利政策;而举债能力弱的公司则不得不多滞留盈余,因而往往采取较紧缩的股利政策。

④ 投资机会。有着良好投资机会的公司,需要有强大的资金支持,因而往往少发放股利,将大部分盈余用于投资;缺乏良好投资机会的公司,保留大量现金会造成资金的闲置,于是倾向于支付较高的股利。正因为如此,处于成长中的公司多采取低股利政策;处于经营收缩的公司多采取高股利政策。

⑤ 资金成本。与发行新股相比,保留盈余不需花费筹资费用,是一种比较经济的筹资渠道。所以,从资本成本考虑,如果公司有扩大资金的需要,也应当采取低股利政策。

⑥ 债务需要。具有较高债务偿还需要的公司,可以通过举借新债、发行新股筹集资金偿还债务,也可以直接用经营积累偿还债务。如果公司认为后者适当的话,将会减少股利的支付。

(二) 股利政策

1. 影响股利政策因素分析

股利政策是股份有限公司财务管理的一项重要内容,它不仅仅是对投资收益的分配,而且关系到公司的投资、融资以及股票价格等各个方面。因此,测定一个正确、稳定的股利政策是非常重要的。一般来说,在制定股利政策时,应当考虑到以下因素的影响。

(1) 法律因素。

为了保护投资者的利益,各国法律如《公司法》、《证券法》等都对公司的股利分配有一定的限制。影响公司股利政策的主要法律因素有:

① 资本保全的约束。资本保全是为了保护投资者的利益而作出的法律限制。股份公司只能用当期利润或留存利润来分配股利,不能用公司出售股票而募集的资本发放股利。这是为了保全公司的股东权益资本,以维护债权人的利益。

② 企业积累的约束。这一规定要求股份公司在分配股利之前,应当按法定的程序先提取各种公积金。这也是为了增强企业抵御风险的能力,维护投资者的利益。我国有关法律法规明确规定,股份公司应按税后利润作出规定的扣除之后的10%提取法定盈余公积金,并且鼓励企业在分配普通股股利之前提取任意盈余公积金。只有当公积金累计数额已达到注册资本50%时,才可不再提取。

③ 企业利润的约束。这是规定只有在企业以前年度的亏损全部弥补完之后,若还有剩余利润,才能用于分配股利,否则不能分配股利。

④ 偿债能力的约束。这是规定企业在分配股利时,必须保持充分的偿债能力。企业分配股利不能只看利润表上的净利润的数额,还必须考虑到企业的现金是否充足,如果因企业分配现金股利而影响了企业的偿债能力或正常的经营活动,则股利分配就要受到限制。

(2) 债务契约因素。

债务契约是指债权人为了防止企业过多地发放股利,影响其偿债能力,增加债务风险,而以契约的形式限制企业现金股利的分配。这种限制通常包括:

① 规定每股股利的最高限额;
② 规定未来股息只能用贷款协议签订以后的新增收益来支付,而不能动用签订协议之

前的留存利润；

③ 规定企业的流动比率和利息保障倍数低于一定标准时，不得分配现金股利，等等。

(3) 公司自身因素。

公司自身因素的影响是指股份公司内部的各种因素及其面临的各种环境、机会而对其股利政策产生的影响。主要包括现金流量、举债能力、投资机会、资金成本等。

① 现金流量。企业在经营活动中，必须有充足的现金，否则就会发生支付困难。公司在分配现金股利时，必须考虑现金流量以及资产的流动性，过多地分配现金股利会减少公司的现金持有量，影响未来的支付能力，甚至可能会出现财务困难。

② 举债能力。举债能力是企业筹资能力的一个重要方面，不同的企业在资本市场上的举债能力会有一定的差异。公司在分配现金股利时，应当考虑到自身的举债能力如何，如果举债能力较强，在企业缺乏资金时，能够较容易地在资本市场上筹集到资金，则可采取比较宽松的股利政策；如果举债能力较差，就应当采取比较紧缩的股利政策，少发放现金股利，留有较多的公积金。

③ 投资机会。企业的投资机会也是影响股利政策的一个非常重要的因素。当企业有良好的投资机会时，就应当考虑少发放现金股利，增加留存利润，用于再投资，这样可以加速企业的发展，增加企业未来的收益，这种股利政策往往也易于为股东所接受。在企业没有良好的投资机会时，往往倾向于多发放现金股利。

④ 资金成本。资金成本是企业选择筹资方式的基本依据。留存利润是企业内部筹资的一种重要方式，它同发行新股或举借债务相比，具有成本低、隐蔽性好的优点。合理的股利政策实际上是要解决分配与留存的比例关系以及如何合理、有效地利用留存利润的问题。如果企业一方面大量发放现金股利；另一方面又要通过资本市场筹集较高成本的资金，这无疑有悖于财务管理的基本原则。因此，在制定股利政策时，应当充分考虑到企业对资金的需求以及企业的资本成本等问题。

(4) 股东因素。

股利政策必须经股东大会决议通过才能实施，股东对公司股利政策具有举足轻重的影响。一般来说，影响股利政策的股东因素主要有以下三方面。

① 追求稳定的收入，规避风险。有的股东依赖于公司发放的现金维持生活。如一些退休者，他们往往要求公司能够定期支付稳定的现金股利，反对公司留利过多。还有些股东是"一鸟在手论"的支持者，他们认为留用利润可能导致股票价格上升，所带来的收益具有较大的不确定性，还是取得现实的股利比较稳妥，可以规避风险，因此，这些股东也倾向于多分配股利。

② 担心控制权的稀释。有的大股东持股比例较高，对公司拥有一定的控制权，他们出于对公司控制权可能被稀释的担心，往往倾向于公司少分配现金股利，多留存利润。如果公司发放了大量的现金股利，就可能会造成未来经营资金的紧缺。这样就不得不通过资本市场来筹集资金，如果通过举借新的债务筹集资金，就会增加企业的财务风险；如果通过发行新股筹集资金，虽然公司的老股东有优先认股权，但必须拿得出一笔数额可观的资金，否则其持股比例就会降低，其对公司的控制权就有被稀释的危险。因此，他们宁愿少分现金股利，也不愿看到自己的控制权被稀释，当他们拿不出足够的现金认购新股时，就会对分配现

金股利的方案投反对票。

③ 规避所得税。按照税法的规定,政府对企业征收企业所得税以后,还要对股东分得的股息、红利征收个人所得税。各国的税率有所不同,有的国家个人所得税采用累进税率,边际税率很高。因此,高收入阶层的股东为了避税往往反对公司发放过多的现金股利,而低收入阶层的股东因个人税负较轻,可能会欢迎公司多分红利。按照我国税法规定,股东从公司分得的股息和红利应按20%的比例税率缴纳个人所得税,而对股票交易所得目前还没有开征个人所得税,因此,对股东来说,股票价格上涨获得的收益比分得股息、红利更具吸引力。

2. 股利政策种类

股份公司要制定一个正确合理的股利政策,股利政策制定的核心问题是股利支付比率问题。常见的股利政策有以下四种。

(1) 剩余股利政策。就是企业在最佳资本结构下,净利润先用于满足投资的需求,若有剩余才可用于分配股利。这是一种优先考虑企业投资和发展的股利政策。采用剩余股利政策的企业,通常有良好的投资机会,投资者也会对公司未来的获利能力有较好的预期。采用剩余股利政策可以降低企业的资金成本。

(2) 稳定增长股利政策。这种政策是指企业在较长时间内支付固定的股利额。这种政策通常用于当企业对未来利润增长有把握时,才增加每股股利额。这种政策的优点是当公司的股利稳定时,即说明该公司经营成绩比较稳定,经营风险小。此外,这种政策有利于投资者有计划地安排收入和支出。但是,也可能会给公司带来较大的财务压力。

(3) 固定股利支付率股利政策。这是变动的股利政策,公司每年都从净利润中按固定的股利支付率发放股利。这一股利政策使企业的股利政策和企业的盈利状况密切相关。这种股利政策不会给公司带来较大的财务负担,但是其股利可能变化忽高忽低,传递给投资者公司经营不稳定的信息,容易使公司股票价格发生较大波动,不利于树立良好的企业形象。

(4) 低正常股利加额外股利政策。这种政策介于稳定股利政策与变动及股利政策之间。这种股利政策每期都支付稳定的较低的股利额,当企业盈利较多时,再根据实际情况发放额外股利。这种股利政策有较大的灵活性,既不会给公司带来较大的财务压力,又保证股东定期得到一笔固定的股利收入。

3. 股利种类

(1) 现金股利。以现金形式向公司股东分派的股利。

(2) 财产股利。以非现金资产向公司股东分派的股利,主要是公司持有的其他公司的有价证券等。财产股利应当按照所支付的财产的公允市价计价,并确认所发生的损益。

(3) 股票股利。以公司的股票向股东分派的股利,即按比例向股东派发公司的股票。对于股东而言,股票股利有下列不足:①无法获得公司的资产;②股权比例不变;③理论上讲,投资的市场价值不会增加,增加的股份数量会被每股市价所抵消;④因股票股利减少留存利润而便利将来的现金股利受到限制。尽管如此,股票股利仍是受欢迎的,其原因是:①股东把股票股利视为公司成长的标志;②股东把股票股利视为健康财务政策的标志;③其他投资者对此有同感,通过股票交易使得市场价格不至于按比例下降;④如果公司有支付固定现金股利的历史,股票股利便利每个股东觉得他们将在未来获得更高的现金股利;⑤股东认为市价下降使得公司股票能够吸引更多的投资者。

（4）负债股利。也称票据股利,当公司由于某种原因无法发放股利时,可发行一种票据（scrip）,要求公司于未来某个时刻支付股利。发放负债股利时,公司应于宣派日和支付日编制正式的会计记录,确认负债,减少留存利润。由此而产生的利息费用不作为股利,而作为当期费用。

（5）清算股利。清算股利是减少实收资本的一种特殊的分派,其本质上并不是分配利润,而是返还资本,多见于准备停止经营或缩小经营规模的企业,采矿企业、油田所发放的股利也常包括清算的股利的成本。分配清算股利时,应当冲减资本,而不是留存利润。

4. 股利发放形式

（1）现金股利形式。现金股利是企业以现金的形式发放给股东的股利。这是最常见的股利分派方式。现金股利发放的多少主要取决于公司的股利政策和经营业绩。

（2）股票股利形式。股票股利是企业将应分配给股东的股利以股票的形式发放。可以用于发放股票股利的,除当年的可供分配利润外,还有企业的盈余公积金和资本公积金。

（3）财产股利形式。财产股利是以现金以外的资产支付的股利,主要是以公司所拥有的其他企业的有价证券。

（4）负债股利形式。负债股利是公司以负债支付的股利,通常以公司的应付票据支付给股东,在不得已的情况下也有发行公司债券抵付股利的。

股票股利没有改变企业账面的股东权益总额,同时也没有改变股东的持股结构,但是会增加市场上流通股票的数量,因此发放股票股利可能会使价格下降。

分配股票股利,一方面扩张了股本;另一方面起到股票分割的作用。高速成长的企业可以利用分配股票股利的办法来进行股票分割,以使股价稳定在一个合理的水平上,避免股价过高而使投资者减少。

五、PVGO 与企业成长

（一）股利分配率与股票的成长性

股利分配率是指普通股每股现金股利与普通股每股收益额的比值,它反映了在所有的收益中分配给股东收益的大小,其公式为

$$股利分配率 = (普通股每股现金股利 / 普通股每股收益额) \times 100\%$$

成长型股票的基本特性为:（1）公司通常宣称有好的投资机会,处于大规模投资扩张阶段。税后利润要用于再投资,并且需要较大规模的外部融资;（2）公司销售收入持续高增长;（3）红利政策以股票股利为主,很少甚至不分配现金红利;（4）长期负债率比较低。收益型股票则往往没有大规模的扩张性资本支出,成长速度较低,往往不超过 10%;内部产生的经营现金流可以满足日常维护性投资支出的需要,财务杠杆比例较高;现金流入和现金红利支付水平比较稳定,且现金红利支付率高。

（二）PVGO 模型与股票价值

超出零增长价值部分就是未来投资机会的价值,称为增长机会价值(Present Value of

Growth Opportunity,PVGO),这个基本指标直观反映了投资人对于上市公司的未来预期。借用这样的指标,我们不仅希望为上市公司测量其在投资者心中的未来成长潜力,更重要的是,通过长期的排名式研究,将为我们提供分析市场趋势的连续数据,预测更为重要的大势。可以通过以下方法计算:

$$PVGO = P - EPS/r$$

其中:P 为公司股票的市价;EPS 为每股收益;r 为股权资本成本。

在上面的公式中,EPS/r 为估计的公司现有资产未来产生现金流的贴现值,假定公司这部分业务不再增长,也就不需要增加营运资本,假设其资本支出等于折旧和摊销,因此经营现金流与净利润相同。取值方法 r 为股权资本成本,根据资本资产定价模型(CAPM)求得。

上市公司股票的价值可以分为两部分,一部分来自于现有资产未来产生现金流的现值,另一部分来自于未来投资的价值,即增长机会价值。显然,增长机会价值占股票价值的比重越高,其成长性就越好。也就是说,公司的价值由现有价值与未来投资机会的价值的净现值之和构成,即有:股票价格=零增长情况下的价值+增长机会现值。或者,再投资利润率决定了 PVGO 的大小,再投资利润率越大,则 PVGO 亦越大。另外,PVGO 越大,市盈率越高。

复习思考题

1. 简述物流企业利润的概念与构成。
2. 如何用本量利分析法与相关比例预测法预算公司的盈利?
3. 简述股利无关论与股利相关论理论,两理论对公司盈余分配政策会产生何种影响?
4. 简述各股利政策内容、股利种类与股利发放形式。
5. 什么增长机会价值(PVGO)?它如何影响公司股票价值的高低?

第二十三章 物流企业风险分析与防范

■ 学习目标 ■

学习完本章,你应该能够
1. 概述物流企业财务风险与收益关系
2. 设计管理资金回收风险内部制度
3. 认识与防范利率风险
4. 认识与防范汇率风险

■ 基本概念 ■

风险　收账管理制度　利率互换　福费廷业务

第一节　物流企业财务风险概述

一、物流企业财务风险定义

　　物流企业财务风险是指在各项财务活动过程中,由于内外部环境及各种难以预料或控制的不确定因素的作用,财务状况具有不确定性,使企业在一定时期内所获取的财务收益与预期收益发生偏离的可能性。在市场经济条件下,财务风险是客观存在的,它贯穿于企业各个财务环节,是各种风险因素在企业财务上的集中表现。要完全消除风险及其影响是不现实的。企业财务风险管理的目标在于:了解风险的来源和特征,正确预测、衡量财务风险,进行适当的控制和防范,健全风险管理机制,将损失降至最低程度,为企业创造最大的收益。

二、物流企业财务风险来源与分类

根据物流企业财务风险来源的不同,物流企业财务风险包括:筹资风险、投资风险、资金回收风险、利率风险、汇率风险。

(一) 筹资风险

筹资风险,是企业在筹资活动中,由于资金供需市场、宏观经济环境的变化或筹资来源结构、币种结构、期限结构等因素而给企业财务成果带来的不确定性。由于主业经营的特点,物流企业普遍存在着资产负债率高的问题,主要原因是规模扩张所需要的巨额资金难以由企业自供。作为物流业的主要生产工具,物流运输和装卸搬运设备具有价值高、使用寿命长的特点。因此,这些核心经营资产的筹资方案将直接关系到物流企业的经营成本,并使物流企业不得不在极大程度上依赖于设备融资、银行贷款或发行股票。如此,物流企业高负债经营势必存在遭受损失乃至到期不能偿还债务的可能。

(二) 投资风险

投资风险是企业在投资活动中,由于各种难以预计或无法控制的因素使投资收益率达不到预期目标而产生的风险。不同的投资项目,对企业价值和财务风险的影响程度也不同。企业投资项目一般可分为对内投资和对外投资两大类。企业的对内投资项目包括固定资产、流动资产等有形资产的投资以及高新技术、人力资本等无形资产的投资。如果投资决策不科学、投资所形成的资产结构不合理,那么投资项目往往不能达到预期效益,影响企业盈利水平和偿债能力,从而产生财务风险。其中,巨额固定资产和无形资产投资带来的风险尤其突出。

近年来,为了扩大市场份额,物流企业一直在购买各种运输、装卸搬运等设备,企业规模扩张速度较快,经营性现金流量越来越不能满足资本性支出的需求。因此,物流企业就要依靠银行借款、发行股票等手段缓解因规模扩张而带来的资金压力,再加上设备维护维修费、人工服务费、业务代理费、各种管理费用、借款利息等成本费用居高不下,必然会为经营带来更大的财务风险。物流企业在现金流相对充足的情况下,也可能参与金融市场投资,由于风险因素的存在及不确定性,因而需要承担整个市场的系统性风险。并且,由于物流企业金融分析手段无法同专业金融机构相提并论,从而导致其理财业务的不确定性,最终势必对其财务经营产生重大的影响。

(三) 资金回收风险

企业产品销售的实现与否,要依靠资金的两个转化过程,一个是从成品资金转化为结算资金的过程,另一个是由结算资金转化为货币资金的过程。这两个转化过程的时间和金额的不确定性,就是资金回收风险。

企业资金回收风险的产生受内因和外因的影响。外因表现为企业所处的大环境,即国家宏观经济政策和财政金融政策的影响。在财政金融双紧缩时期,整个市场疲软,产品销售困难,企业间三角债严重,资金回收困难。

企业资金回收风险产生的内因取决于企业决策和管理水平高低。这种风险是企业可以调整控制的因素,只要企业制定相应的控制管理对策,就能在扩大销售的同时,降低回收风险。当企业现金净流量出现问题,无法满足正常生产经营、投资活动的需要,或者无法及时偿还到期债务时,可能会导致企业生产经营陷入困境,也可能给企业带来信用危机,使企业的商誉遭受严重损害,致使本来可以长期持续经营下去的企业在短期内被吞并或者倒闭,所以企业一定要高度重视资金回收风险。

物流企业为客户提供劳务,取得货币收入,体现全部价值的同时不得不面对此种风险,其主要原因是应收账款的大量存在。出于扩大物流规模、延长运输路线、占领物流市场的需要,物流企业增加对营运资金的需求,特别是大量应收账款或其他应收款,便会导致资金周转不灵、现金流量分布与债务到期结构分布不均衡等,这样势必加大物流企业的资金回收风险。

(四) 利率风险

利率风险,是指在一定时期内由于利率水平的变动而导致经济损失的可能性。利率是资金的价格,受到央行的宏观调控管理、货币政策、社会平均利润率水平、通货膨胀率、投资者预期以及其他国家或地区的利率水平等诸多因素的影响,利率经常会发生变动,导致企业的筹资成本和资产收益不确定。例如利率的上升会使企业的筹资成本上升,企业持有的证券投资价格下降。利率风险是利率变化对企业盈利能力或资产价值造成不利影响的概率。利率风险会影响很多企业,包括借款人和投资者。它对资本密集型行业或部门的影响尤其明显。物流企业利率风险主要表现为利率变化对存贷款、长期投资回报率、加权平均资本成本的影响。

(五) 汇率风险

汇率风险,是在一定时期内由于汇率变动而引起企业外汇业务成果的不确定性。企业的汇率风险一般包括交易风险、折算风险和经济风险。交易风险是企业在以外币计价的交易活动中,如商品进出口信用交易、外汇借贷交易、外汇投资等,由于交易发生日和结算日汇率不一致,使折算为本币的数额增加或减少的风险。折算风险是企业将以外币表示的会计报表折算为本币表示的会计报表时,由于汇率的变动,报表的不同项目采用不同汇率折算而产生的风险。经济风险是由于汇率变动对企业产销数量、价格、成本等经济指标产生影响,致使企业未来一定时期的利润或现金流量减少或增加,从而引起企业价值变化的风险。

三、物流企业财务风险管理目标与原则

(一) 企业财务风险管理目标

筹资风险管理目标:将企业的资产负债率、自有资金收益率以及综合资金成本、现金负

债比率指标保持在一个合理的变动范围内,在保证企业能够偿还到期债务的基础上,合理使用财务杠杆为企业创造较大的风险收益。

投资风险管理目标:确保企业的投资活动能够保持较高的成功率,获得较高投资收益率或净现值,同时通过改善经营管理、实施投资组合等方法尽可能减少投资风险损失。

资金回收风险管理目标:保持企业的应收账款周转次数、应收账款的收现率等指标在合理的变动范围内,制定合理的信用政策,确保企业获得较高的资金回收风险利益。

利率风险管理目标:将可能的利率波幅内的利率风险,限制在其自行设计的范围内。

汇率风险管理目标:如何防范和减少汇率变动产生的损失。

（二）企业财务风险管理原则

物流企业在进行财务风险管理时必须遵循一定的原则,均衡原则、稳健原则、独立性原则、适时性原则是物流企业财务风险管理主要遵循的原则。

均衡原则是指当投资者面临风险项目时,要在风险和收益之间做出权衡,当风险程度提高时,要使收益提高到足以使预期效用与原效用相等的均衡水平。均衡原则是管理者处理风险与收益的基本原则,是风险管理的总规则。

稳健性原则是会计核算所遵循的基本原则,对财务风险管理同样具有指导意义。财务风险管理的稳健性原则是由财务管理环境的不确定性和财务决策科学性的内在要求所决定的。

独立性原则就是要有独立的机构、人员,对企业发展中存在的风险进行客观识别、度量和控制。独立性是财务风险管理权威性的根本保证,是财务风险管理制约性的关键。

适时性原则是指企业财务风险管理应具有前瞻性,财务风险管理政策要随着企业内、外部环境的变化及时进行相应的修改和完善。

四、财务风险管理的流程

财务风险管理流程,是指企业进行财务风险管理的程序、步骤及其具体内容。巴塞尔委员会于2001年将财务风险管理定义为以下四个过程:(1)将事件的风险识别并确定分到市场风险、经营风险和其他风险项目下,并将其确定到特定的子项目下;(2)利用数据和风险模型评估风险;(3)基于及时性原则对风险评估进行监督和报告;(4)高级管理人员对这些风险进行控制。《企业财务通则》(2006)将风险管理的基本步骤分为:风险识别、风险评估、风险决策、风险控制与风险管理效果评价五个步骤。一般来说,企业通过以下四个基本步骤来进行财务风险管理,并且这是一个不断循环的过程。具体如图23-1。

筹资风险与投资风险已分别在前面章节中阐述,在此不再赘述。资金回收风险、利率风险与汇率风险在本章以下各节阐述。

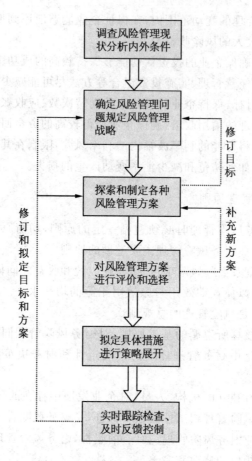

图 23-1　风险管理决策基本流程图

第二节　资金回收风险管理

随着我国市场经济的逐步发展,市场竞争日益激烈,物流企业为保持或扩大市场占有率,大量运用商业信用提供物流服务,造成应收账款日益膨胀,财务风险也随之上升,严重影响企业资金运转和经营业务的开展。

一、物流企业应收账款膨胀的原因分析

近年来,物流企业应收账款日益膨胀,尤其是挂账问题日益严重,使得企业普遍感到流动资金紧缺,究其原因,主要表现在以下四个方面。

(一) 物流企业缺乏风险意识

由于大量的物流企业的客户呈微量递增的趋势。为了扩大或保持原有的市场占有率,部分物流企业财务风险意识淡薄,盲目采取赊销的策略去抢占市场,只注重营业收入、高利

润,忽略了大量被客户拖欠占用的流动资金能否及时收回的问题。会计核算实行的是权责发生制,无论是否收到现款都应该作为营业收入入账。赊销增加了企业的收入,实现了账面利润,但并未让企业的现金增加,这样就可能导致收入或利润的虚增,物流企业按照账面收入核算经济效益,发放职工的工资,并且缴纳各种税,就会造成物流企业占用其他流动资金,无形中造成了企业资金困难。

(二)物流企业内部管理不完善

部分物流企业实行销售部门员工工资总额与销售额挂钩,销售部门为了完成销售任务,往往采取赊销方式,并且很少签订还款合同,使得应收账款大幅上升,对于这部分存在坏账风险的应收账款,即使要求相关部门全权负责催收,但由于没有提前防范,大量款项仍无法及时、全额收回,造成了账面资金来源充足,实际可供调配的资金却极其有限的虚盈实亏现象。

(三)物流企业间的竞争加剧

物流企业发展异常迅猛,必然会加剧同业间的竞争,有些企业为了扩大自己的市场占有率,除了压价外,还采取赊销的手段来吸引客户,使得物流企业的应收账款增加。再加上物流企业提供的服务属于同质的产品,客户选择的余地比较大,因此大量客户采用压低价格、欠款及拖延付款的方式,使物流企业应收账款增加。

(四)信用制度不完善

目前,物流企业通常都是首先对赊销企业进行信用调查。然后决定是否给予赊销或给予多大的赊销额度,然而当赊销产生后,一些债务人总是想方设法钻信用制度的空隙获取私利,例如,甲企业欠乙企业 100 万元的货款。乙给甲的信用条件是 10 天给予 2% 的现金折扣,如果 20 天付清,给予 1% 的现金折扣,超过 20 天,不给折扣。假如此时甲企业正好有一个机会进行投资,而投资的利率高于 2%,此时,甲企业可能会拿这笔钱去投资,而不是去还货款,致使乙企业的应收账款增大。

二、规范物流企业应收账款管理的对策

(一)建立应收账款的风险防范体系

1. 建立完备的客户资料档案

应收账款的收回,主要是监测对方单位的付款能力,因此需要对同意发生应收账款的单位进行信用调查,建立必备档案,加强对客户的管理,减少应收账款的坏账和呆账风险,同时给信用好的、还款状况好的企业予以政策倾斜,适当放宽信用限制,加大信用额度,有利于物流企业建立强大营销网络,增加企业的销售量。

2. 选择合理的信用政策

物流企业应根据自身承受风险的能力,选择最有利的信用条件,衡量坏账损失和收账费

用的大小。确定采取怎样的收账政策。在正确评估赊购单位的信用时,主要应该考虑三个方面的因素:首先,物流企业应该向赊购企业的开户银行了解赊购企业的信用状况,看赊购企业是否存在还款不及时的现象;其次,物流企业应该向税务机关询问赊购企业是否存在偷逃税的行为;最后,物流企业应该对赊购企业的经营状况进行分析,这里主要包括赊购企业的流动比率、速动比率、资产负债率、应收账款周转率等一些财务指标。

3. 利用现金折扣促使客户早日还款

可在签订协议时在协议t注明20/1、10/2、n/0等优惠条件,允许客户如果在10天内付款,可享受2.5折扣,20天内付款,可享受1%的折扣,0天全部付清。这样做的目的是通过让度部分毛利,减少坏账损失的风险。

4. 建立分级审批制度

在物流企业内应分别规定业务员、部门经理可批准的赊销业务限额,限额以上需要报总经理审批的分级管理制,各级全权负责自己管辖的范围。此外,实施营销策略时应该结合市场的供需状况。当市场上对物流企业的需求较大时应采取现销的办法,反之,则采取赊销的办法。

(二) 强化应收账款的内部管理

1. 赊销额度的控制

物流企业由于其提供产品的特殊性,一般是先提供服务后收款,虽然赊销难以避免,但企业内部对此应该把握一个"度","度"具有双重意义;一是赊销累计数额不能影响到资金营运;二是应收账款不能超过临界线,一旦接近这个线,则应该立即停止赊销。这里存在着临界线的问题,从理论上讲,根据成本效益的原则,当实现的销售收益等待有应收账款所发生的成本时,可以认为企业现有的应收账款达到了最大,这个最大值就是应收账款的临界点。在实际工作中,应该小于这个额度,制定严密的内部赊销管理制度。

2. 提取坏账准备金

提取坏账准备金是物流企业防范赊销账款风险、估计坏账损失的一项安全措施,我国的企业会计准则规定企业可根据自身的情况提取坏账准备金,企业如果能够充分利用这一规定,预计风险,就能够使坏账实际发生时企业的经营资金不受过大的影响。

3. 落实经营责任制

对形成赊销的业务部门和个人制定回收赊销账款有关财务指标,这些指标与有关人员工资挂钩、"谁销谁负责"的经济责任制。对能够及时收回款项的人员应给予额外的奖励,对不能及时收回款项的相关责任人员要给予处罚并进行批评教育,做到奖惩分明。

4. 制定严密的内部赊销管理制度

首先,明确企业内部分工及职责,规定赊销的审批程序及审批期限,如规定商品赊销必须有经手人、负责人签名,数额大的应由企业负责人批准,并且规定在赊销合同中,经纪人、部门负责人、企业负责人应负的责任也应该明确,其已签订赊销合同,建立和健全合同的管理制度。注重应收账款的监控和回收。具体做好如下工作:

(1) 赊销发生后,不能坐等赊购方送款上门,在赊销期限到期之前,财务部门会同赊销经办人主动提醒赊购方准备还款,让赊购方准备第二个筹措资金的时间。

(2) 对赊销的客户和经办部门的欠款及回收情况进行日常分析,以供应管理部门考核本企业应收账款的回收情况,作为放账政策的信息资料,对迟迟不肯付款者应及时注销信用关系,保证赊销收入的收回率。

(3) 详细注明各项应收账款的单位、金额、有关协定、付款期限,除与客户核对外,还应该分别进行单个客户管理、总额管理及部门管理,以便及时发现问题,采取措施。

(4) 指派熟悉业务的财会人员负责分析应收账款的周转率和平均账期,以判断流动资金是否处于正常水平。

5. 注重应收账款的保值增值

规避坏账风险利用债转股降低企业的风险,加强应收账款的保值增值。

(1) 物流企业通过债转股,能够减少资金的不合理占用,转让债权的同时也减轻了企业发生坏账的风险,同时,物流企业成为赊购企业的合法管理者,有利于对赊购企业实施财务监督,并可以按投入资本分享利益,增加了企业的获利能力。

(2) 利用融通的方式促进应收账款的保值增值。做法主要有两种:①应收账款抵借。应收账款抵借,即应收账款所有者以应收账款为抵押,向融通公司贷入资金。通常,双方应签订具有法律效应的协议,规定贷款的最高比例,在这种方式下,融通公司不仅有应收账款的债权,并且在该账款的债务企业不付款时仍享有对申请企业的追索权,申请企业必须承担其损失;②应收账款出售。同样,融通双方应在事前签订法律协议。通常,企业应先申请,融通公司则对购货方的信用由所委托的专门信用公司判断,以决定是否接受申请,融通公司同意后,申请企业方能发货,并通知购货方,直接付款给融通公司,而其中的坏账风险根据协议由融通公司来承担(即无追索权的出售)或由申请企业承担(即有追索权的出售)。

(三) 应收账款管理制度设计

根据某一物流企业应收账款的内部管理内容,制定应收账款内部管理制度是控制应收账款风险的有效手段。以下以万利物流公司为例说明。

案例:万利物流公司应收账款管理制度

背景介绍:万利物流公司目前正处于快速发展期,企业各项经营管理制度正逐步完善与建立,企业的发展不仅依赖于市场,更取决于公司内部的管理。作为公司资金源的应收账款,一方面,其发生额大小可以说明公司业务量的高低,体现业务部门的贡献大小;另一方面,应收账款是否及时收回,也影响着公司"资金链"的顺畅与否。如何在既保证尽最大可能巩固与发展业务总量,同时又能保证公司资金运用的顺畅,业务部门与财务部门就有必要共同联手,建立一套既职责分明,又保持相互沟通的应收账款内部控制制度。

一、应收账款管理的职责

应收账款的职责是指应收账款发生到现金收回过程中相关职能部门及经手人应尽的职责。根据公司应收账款业务发生、财务核算及催讨实际;相关职能部门应是业务部门与财务部门,收账职责范围应划分为到期前提示、逾期1周内催讨、逾期2周内催讨及逾期2周以上追讨四个阶段,各阶段分别由财务与业务部相关人员负责。为做到既能保证每笔应收账款信息及时传递,又能保证各部门各司其职,职责分明,以便保证应收账款的及时催讨,也为各部门考核提供依据。

(一)业务部门:

业务部门是应收账款发生的落实部门,具体负责对客户的事前的咨询以及事中的业务催收与沟通。

具体职责如下:

1. 产生业务之后务必将相应的赊销凭证传递到财务部门。

2. 业务员根据"逾期未达账清单"(表23-2)负责逾期1周应收款催收,业务部门主管根据财务部门的"逾期未达账清单"(表23-2)、"应收账款控制表"(表23-3),监督业务员催收逾期欠款,并将催收结果反馈财务部门。

3. 业务员主管负责根据追踪拖欠款逾期15天未收回应收账款,以及业务部门催收未果的原因,报业务主管经理处理,并将处理结果反馈财务部门。

(二)财务部门

财务部门是应收账款金额信息记录、核实和监督部门,具体负责及时记录反馈应收账款的发生、催账、收账等信息,并及时将信息反馈给业务部门,同时,有责任向公司主管及时反馈应收账款资金可融通信息。

具体职责如下:

1. 为保证收款及时,明确应收账款拖欠发生呆账、滞账法律责任,建立应收账款客户拖欠收款追加欠款利息额与滞账罚款细则,将细则附于商业发票。相关细则建议在逾期几天内以比照同期银行贷款利息率按日计欠款追加利息,在逾期几天后再追加滞纳金细则。

2. 根据赊销业务及时入账,并且将发票寄送到相应客户。

3. 赊销业务入账的同时,根据赊销发票填制"应收账款收款计划日程表"(表23-1),此表按时间顺序反映客户应收账发生额与逾期催交详细记录。负责应收账款财务人员据此履行日常应收账款的函讯,并将催收动态信息记录此表。应收账款的函讯,具体如下:

(1)根据"应收账款收款计划日程表"(表23-1),对每一客户在到期之前一周提示客户付款,并记录于"应收账款收款计划日程表"(表23-1)中的"情况说明"一栏。

(2)正式到期之时,对债务进行催讨,并记录于"应收账款收款计划日程表"(表23-1)中的"情况说明"一栏。

(3)正式到期之后一周,再对债务进行催讨,如没有收回债务,应在"应收账款收款计划日程表"(表23-1)中的"情况说明"一栏,详细列明未收回的原因。

4. 定期(每周)根据"应收账款收款计划日程表"(表23-1)列示"逾期未达账清单"(表23-2),注明客户名称、发票号码及发生日期、应到期日期、金额(币种)以及未达原因,每隔1周报送业务部,为业务部各业务员逾期催收提供详情资料。

5. 定期(每15天)根据"应收账款收款计划日程表"(表23-1)按业务员编制"应收账款收款控制表"(表23-3),该表定期反馈各业务员所属应收账款收款情况,以备部门主管监督。该表也每隔15天分别报送业务部主管(或公司分管业务经理)与财务主管。此表信息与应收账款明细账金额相符。此表月末本月应收账款发生额、已回收金额、正常未收回金额与逾期未收回金额合计数均应与应收账款总分类账本月发生额与期末余额相符。

6. 根据应收账款明细账按客户名称编制"应收账款周转分析表"(表23-4)。反映每一客户收账状况,为编制"应收账款资金营运分析表"、"应收账款客户账龄分析表"(表23-6)提供依据。

7. 每月末由财务部相关会计人员填制"应收账款资金营运分析表"(表23-6)以反映公司应收应付款周转使用情况。万利公司目前正处于发展期,资金的需求量较大,利用应收账款收账与应付账款付账期的合理安排,融通资金,必须及时反馈应收账款融通状况。

8. 每月末编制"应收账款客户账龄分析表",以反映公司拥有客户的信用历史信息,以及客户信用排队状况,为业务部选择客户提供参考,为公司管理层拓展市场进行决策分析提供依据。

9. 每年年末统计长期未收回的应收账款,确实无法收回的应收账款,根据清查原因做相应"待处理"处理,以免虚增资产。

二、财务部门应收账款收款系列表填制细则

由于万利公司的管理者有着业务员和管理者的双重职责。自业务发生之后,应收账款收账信息主要由财务部门掌握,因此,财务部门就更加应该加强对应收账款的管理和控制。加强对应收账款的收账监管和应收账款资金运用管理。财务部门定期或者不定期地向管理人员传递一系列应收账款管理收账及资金运用信息,所有信息主要依靠"应收账款收款计划日程表"(表23-1)、"逾期未达账清单"(表23-2)、"应收账款收款控制汇总表"(表23-3)、"应收账款资金营运表"(表23-5)、"应收账款客户账龄分析表"(表23-6)等一系列表格列示,这些表可以简化工作,同时也有利于部门之间的沟通并明确责任。

具体执行细则如下:

1. 填写"应收账款收款计划日程表"(表23-1)。

该表由应收账款负责人填写,财务主管稽核交由业务部门。该表给出了具体的收款日程安排,具体的日程安排根据发票收款条件制定,应收账款财务人员进行催收,根据应收账款安排日程到期前5天由应收账款负责人电话通知对方客户提醒客户账款将到期,并在到期时核实,如果账项未达,立即催收,一周后第二次催收,实在催收未果,整理编制"逾期未达账清单"(表23-2),但此时,应收账款负责人仍旧关注该应收账款收回情况。

2. 填写"应收账款控制表"(表23-3)。

该表按业务员由负责应收账款财会人员填写,由财务主管核实。一式三份,除留底备查保存一份外,其余两份分别报送财务主管与业务主管或分管经理。

3. 填写"应收账款周转分析表"(表23-4)。

该表由负责应收账款财会人员填写,根据应收账款发生情况,每月的变化情况和周转情况填列。对于周转率有异样变动的客户,财务主管应注明变动原因。每月由财务主管核实签字之后进行简要的分析附于"应收应付账款资金营运分析表"(表23-5)报送公司业务经理管理者分析。此表也作为对客户账款分析和信用排队,填制年末"应收账款账龄分析表"(表23-6)的依据。

4. 填写"应收应付账款资金营运分析表"(表23-5)。

由财务经理分析填写该表,每月末交经理查看。

5. 填写"应收账款账龄分析表"(表23-6)。

由负责应收账款财会人员填写,财务经理审核,每年交经理查看。

三、客户资信管理记录

公司的客户比较稳定,可以进行简要的备案记录。主要由财务主管登记后由业务管理者加以相应的评价。

四、应收账款管理控制考核评价

为了使公司应收账款管理责任落实,根据万利公司应收账款管理部门责任细则,对业务部门和财务部门分别进行考核评价,具体执行情况如下:

业务部门:

考核指标:1.业务量(赊账额) 2.收账率

考核人:业务经理

监督人:总经理

附:业务部门应收账款收账年终考核表(表23-7)

财务部门:

考核指标:1.应收账款收账期 2.应收账款执行状况

考核人:财务经理

监督人:总经理

附:财务部门应收账款收账年终考核表(表23-8)

以上考核表均由部门经理填写,由总经理复核。建议汇利公司管理层设定相关具体奖惩办法。(略)

附表:(注:报告及表内设计收款期可以根据公司需要调整。)

1. 应收账款收款计划日程表(表23-1)
2. 逾期未达账清单(表23-2)
3. 应收账款控制表(表23-3)
4. 应收账款周转分析表(表23-4)
5. 应收应付账款资金营运分析表(表23-5)
6. 应收账款账龄分析表(表23-6)
7. 业务部应收账款收账年终考核表(表23-7)
8. 财务部应收账款收账年终考核表(表23-8)
9. 应收账款管理流程控制表(表23-9)

表 23-1 应收账款收款计划日程表

年　　月　　日

编号　　　　　　　　　　　　　　　　　　　　　　　　　　　　　　　　　单位：万元

业务项次	业务员代码	客户名称	摘要	金额	明细表编号	应收款日期	收款情况记录		
							到期前提醒	到期时催收	到期后催收
						月　日			
						月　日			
						月　日			
						月　日			
						月　日			

主管：　　　　　　会计：　　　　　　制表：

表 23-2 逾期未达账清单

年　　月　　日　　　　　　　　　　　　　　　　　　　　　　　　　　　单位：万元

业务员代码	客户名称	发票号码	发生日期	应到日期	币种	逾期未达					
						逾期7天内未达		逾期7天至15天未达		逾期15天以上未达	
						金额	原因	金额	原因	金额	原因
合计											

主管：　　　　　　会计：　　　　　　制表：

注：表内设计的天数可根据公司实情调整。

表 23-3 应收账款控制表

年　　月　　日　　　　　　　　　　　　　　　　　　　　　　　　　　　单位：万元

业务员代码	客户名称与发票代码	上月期末余额	本月发生额	本月收款分析				本月期末发生额	
				收回应收账款	折让	退款	其他	正常应收额	逾期未收额
1号业务员									
	合计								

续表

业务员代码	客户名称与发票代码	上月期末余额	本月发生额	本月收款分析				本月期末发生额	
				收回应收账款	折让	退款	其他	正常应收额	逾期未收额
2号业务员									
	合计								
3号业务员									
	合计								
上月累计									
本期累计									

主管：　　　　　会计：　　　　　制表：

表 23-4　应收账款周转分析表

年　　月　　日　　　　　　　　　　　　　　　　　　　　　　单位：万元

客户名称	月初余额 1	本期发生 2	本期收回 3	月末余额 4=1+2-3	平均应收 5=(3+4)/2	本期销售额 6	本期应收周转率 7=5/6	上期周转率	备注
国内客户									
合计									
国内客户									
合计									
总计									

主管：　　　　　会计：　　　　　制表：

表23-5 应收应付账款资金营运分析表

年　月　　　　　　　　　　　　　　　　　　　　　　　　单位：万元

客户名称	应收账款		应付账款		达账期
	应收未收额	收账期	应付未付额	付账期	
合计					

主管：　　　会计：　　　制表：

表23-6 应收账款账龄分析表

年　月　日　　　　　　　　　　　　　　　　　　　　　　　　单位：

客户名称	期末余额	账龄分析(100分计)							账龄排队
		年平均收账期(50%)				收账及时与否(40%)		其他(10%)	
		30天(50%)	30天—45天(30%)	45天—60天(10%)	60天以上(0%)	及时(40%)	不及时(0%)		
合计									

主管：　　　会计：　　　制表：

表23-7 业务部应收账款收账年终考核表

年　月　　　　　　　　　　　　　　　　　　　　　　　　单位：

业务员代码	业务完成情况			收账完成情况			平均单位业务量收账及时比率(%)
	计划	实际	完成率(%)	及时收回	逾期	完成率(%)	

主管：　　　会计：　　　制表：

第二十三章　物流企业风险分析与防范

表 23-8　财务部应收账款收账年终考核表

年　　月　　　　　　　　　　　　　　　　　　　单位：

应收账款控制表	应收账款日程安排表	应收账款周转分析表	应收账款账龄分析表	收账汇总分析（应收账款周转天数）			
				本月执行情况	上月执行情况	增减变动情况	原因分析
合计							

主管：　　　　　　会计：　　　　　　制表：

表 23-9　应收账款管理流程表

执行部门	流程	相关文件及表格
业务部门 业务主管	填写销售单和出货单审批核准	客户订货单明细表（电话或信函）
仓储部门	领取出货单并签收发运	出货单 发运单
财务部门	入账开票	销售发票
业务主管	核准信用期和金额	缴款单
财务部门	登记应收账款明细账总账等 计算应收账款周期和其他控制分析表 根据先后和信用周期催收应收账款 电话催收应收账款，填写应收账款分析表 预期未收回的款项催收和坏账呆账审批 根据审批核准表销账处理	应收账款收款计划日程表（表 23-1） 逾期未达账清单（表 23-2） 应收账款控制表（表 23-3） 应收账款周转分析表（表 23-4） 应收应付款资金营运分析表（表 23-5） 应收账款账龄分析表（表 23-6）
业务部门	根据已经催收过的应收账款控制分析表进行再次催收	

第三节　利率风险及防范

一、利率风险的含义

利率风险是利率变化对企业盈利能力或资产价值造成不利影响的概率。利率风险会影响很多企业，包括借款人和投资者。它对资本密集型行业或部门的影响尤其明显。物流企业利率风险主要表现为利率变化对存贷款、长期投资回报率、加权平均资本成本的影响,以及从事国际物流必然要发生的资金流动,因而产生的汇率风险。

二、物流企业利率风险防范措施

（一）远期利率协议

远期利率协议(Forward Rate Agreement,简称 FRA),是指在当前签订一项协议,约定在将来的某一特定日期,按照规定的货币、金额、期限和利率进行交割的一种约定。远期利率协议是一种资产负债平衡表外的工具,不涉及实质性的本金交收,是不管未来市场利率是多少都要支付或收取约定利率的承诺。远期利率协议可用来对未来的利率变动进行防范。借款人买入 FRA,从而将他在未来某一时间的借款利率预先固定下来以防范未来利率上升的风险；投资人卖出 FRA,从而将他在未来某一时间的投资利率预先确定下来以防范未来利率下降的风险。

远期利率协议的有效期间内只包含一个计息期间,涉及的最长期限(从成交到到期的可能最长时间)是两年,不论市场利率如何变化,它所提供的保值的结果是十分明确的。远期利率协议的金额、币种、到期日等合约条件可由双方协商而定,可以充分满足客户的特别需要。需要注意的是,对利率的预测准确率要求比较高,否则如果利率反方向变化,那就会造成损失了。

（二）利率期货

利率期货是指在将来特定的时间内,以事先商定好的价格购买或销售规定数量的有价证券的一种标准化合同。利率期货一般可分为短期利率期货和长期利率期货,前者大多以银行同业拆借三个月期利率为标的物,后者大多以五年期以上长期债券为标的物。利率波动使得金融市场上的借贷双方均面临利率风险,特别是越来越多持有国家债券的投资者,急需能回避风险和套期保值的工具,利率期货应运而生。

利率期货价格与实际利率成反方向变动,即利率越高,债券期货价格越低；利率越低,债券期货价格越高。利率期货的交割主要采取现金交割方式,有时也有现券交割。现金交割是以银行现有利率为转换系数来确定期货合约的交割价格。

（三）利率互换

1. 利率互换概述

利率互换是交易双方同意在规定时间内,按照一个名义上的本金额相互支付以两个不同基础计算(相同币种)的利息的协议。其中一方在整段协议期间内皆以同一个固定利率支付利息,而另一方则在整段协议期间支付浮动利率利息。浮动利率在每个计息期间开始前均根据参考利率重新调整一次,每个利息期均根据新确定的利率计算利息。借款公司可以通过与银行签订互换协议,将借款利率由浮动利率转变为固定利率或者反之,以有效控制债务的成本。

利率互换的形式是多种多样的。一般地说,当利率看涨时,将浮动利率债务转换成固定利率较为理想;同理,当看跌时,固定利率转换为浮动利率较好。利率互换形式十分灵活,可以适用于已有债务,也可以用于新借债务,还可以做成远期起息。债务人可以根据各自的资金安排选择适宜的形式,调节利率结构,设法筹集相对便宜的资金。

2．利率互换的优点

（1）风险较小。因为利率互换不涉及本金,双方仅是互换利率,风险也只限于应付利息这一部分,所以风险相对较小;

（2）影响较小。这是因为利率互换对双方财务报表没有什么影响,现行的会计准则也未要求把利率互换列在报表的附注中,故可对外保密;

（3）成本较低。双方通过互换,都实现了自己的愿望,同时也降低了筹资成本;

（4）手续较简,交易迅速达成。利率互换的缺点就是该互换不像期货交易那样有标准化的合约,有时也可能找不到互换的另一方。

3．利率互换的交易机制

利率互换是受合同约束的双方在一定时间内按一定金额的本金彼此交换现金流量的协议。在利率互换中,若现有头寸为负债,则互换的第一步是与债务利息相配对的利息收入;通过与现有受险部位配对后,借款人通过互换交易的第二步创造所需头寸。利率互换可以改变利率风险。

4．固定利率支付者

在利率互换交易中支付固定利率,在利率互换交易中接受浮动利率,买进互换,是互换交易多头,称为支付方,是债券市场空头,对长期固定利率负债与浮动利率资产价格敏感。浮动利率支付者,在利率互换交易中支付浮动利率,在利率互换交易中接受固定利率,出售互换,是互换交易空头,称为接受方,是债券市场多头,对长期浮动利率负债与固定利率资产价格敏感。

5．利率互换的报价方式

利率互换交易价格的报价。在标准化的互换市场上,固定利率往往以一定年限国库券收益率加上一个利差作为报价。例如,一个十年期的国库券收益率为6.2%,利差是68个基本点,那么这个十年期利率互换的价格就是6.88%,按市场惯例,如果这是利率互换的卖价,那么按此价格报价人愿意出售一个固定利率为6.88%,而承担浮动利率的风险。如果是买价,就是一个固定收益率6.2%加上63个基本点,即为6.83%,按此价格报价人愿意购买一个固定利率而不愿意承担浮动利率的风险。由于债券的二级市场上有不同年限的国库券买卖,故它的收益率适于充当不同年限的利率互换交易定价参数。国库券的收益率组成利率互换交易价格的最基本组成部分,而利差的大小主要取决于互换市场的供需状况和竞争程度,利率互换交易中的价格利差是支付浮动利率的交易方需要用来抵补风险的一种费用。

6．利率互换实例

长和公司与明利公司签订一份为期三年的利率掉期合约,协议中的名目本金为 1 000 万元,在合约规定中,明利公司承诺每六个月以固定利率(年息10%)支付50万元利息给长和公司,而长和公司承诺每次按六个月伦敦银行同业拆息支付浮动利息给明利公司。

$$\text{明利公司} \underset{\text{LIBOR} \leftarrow}{\overset{10\% \rightarrow}{\longleftrightarrow}} \text{长和公司}$$

(名目本金1 000万元,每6个月支付)

表23-10 明利公司的现金流量表

年度	LIBOR(%)	浮动现金流量(万元)	固定现金流量(万元)	净现金流量(万元)
0	9.50			
0.5	10.50	+47.5	-50	-2.5
1.0	10.50	+52.5	-50	+2.5
1.5	10.50	+52.5	-50	+2.5
2.0	9.50	+50.0	-50	0
2.5	10.00	47.5	-50	-2.5
3.0	11.00	50.0	-50	0

从表23-10可以看到,将浮动利息收入和固定利息支出并在一起,明利公司只需在0.5年及2.5年支付2.5万元给长和公司,在1.0年及1.5年从长和公司得到2.5万元利息收入,在2.0年及3.0年却不需要支付任何利息。请注意,这是因为在3.0年并不需要支付本金。

(四) 利率期权

利率期权是交易双方同意期权购买者拥有权利在未来特定时间,按照事先买卖双方同意的利率,借入一笔名义贷款或存入一笔名义存款的协议。利率期权的购买者在买到这种权利的同时并不承担将来一定行使的义务,权利的使用与否完全由购买者根据是否对自己有利而决定。利率期权为企业利率风险管理提供了新的方法,通过利率期权,企业不仅能规避利率不利变动所致的损失,而且保留了从利率有利变动中获利的机会。利率期权有多种形式,常见的主要有利率上限、利率下限、利率上下限、利率互换期权等。

1. 利率上限

利率上限是买卖双方达成一项协议,确定一个利率上限水平,在此基础上,利率上限的卖方向买方承诺:在规定的期限内,如果市场参考利率高于协定的利率上限,则卖方向买方支付市场利率高于协定利率上限的差额部分;如果市场利率低于或等于协定的利率上限,卖方无任何支付义务。买方由于获得了上述权利,必须向卖方支付一定数额的期权手续费。企业通过买入利率上限可以在市场利率超过协定利率时,可将借款成本锁定在协定利率上,而当市场利率低于协定利率时,又可以不执行合同。

2. 利率下限

利率下限是买卖双方达成一个协议,规定一个利率下限,卖方向买方承诺:在规定的有效期内,如果市场参考利率低于协定的利率下限,则卖方向买方支付市场参考利率低于协定的利率下限的差额部分;若市场参考利率大于或等于协定的利率下限,则卖方没有任何支付义务。作为补偿,卖方向买方收取一定数额的手续费。利率上限是用来防止利率上升,而利率下限则用来防止利率下跌。利率下限的主要用途是为浮动资产的利息收入保底,但同时也是一种有限规避利率下跌风险的管理工具。对于主要以不可赎回的固定利率工具筹集长期资金的企业来说,如果市场利率上升,企业可以获得因节约利息所带来的收益。但是如果市场利率下降,企业就要承担利息成本过高的压力,从而面临市场利率下跌的风险。在这种情况下,企业通过买入利率下限,就可以得到利率下跌的好处,从而降低定息债券的利息负担。

3. 利率上下限

所谓利率上下限,是由利率上限多头和利率下限空头组合而成的。具体地说,购买一个利率上下限,是指在买进一个利率上限的同时,卖出一个利率下限,用出售利率下限的收益来全部或部分冲销利率上限的成本,从而达到既防范利率风险又降低费用成本的目的。利率上下限为防止利率上升所导致的损失提供了保证,同时也把利率持有者因利率下降而可能获得的最大收益固定在下限的水平上。

4. 利率互换期权

利率互换期权是基于利率互换合约的期权,它给予持有者在未来某个时间,按特定的期限和利率,进行某个利率互换的权利。

在实际中会选择哪一种工具来防止利率风险,取决于企业所面临的实际情况、对未来市场利率走势的判断和所要求的保值目标以及对某种金融衍生工具的偏好。一般说来,在选择利率风险防范手段时需要考虑到所涉及的期限和风险防范的结果。如果企业想规避短期的利率风险,那么可以选择远期利率协议和利率期货合约。如果想规避2—10年的利率风险可以选择利率互换或者是利率期权。利率期权可以防止利率向另一边倒的风险,即利率期权可以使投资者防止市场利率走势对自己不利的风险,又能利用市场利率走势对自己有利的机会。而其他工具只能防止利率市场走势对自己不利的风险,只有在利率市场走势不利时,才能取得最大的效用。

第四节 汇率风险及防范

一、汇率风险的含义

在20世纪70年代布雷顿森林体系崩溃以后,主要国际货币间的汇率时常大幅度波动甚至引发金融危机,这是浮动汇率时代无法避免的重要风险特征。当汇率波动时,可能会给国际贸易所带来的债权债务、预期的货币收付及资产负债表中的外汇头寸造成损失,这就是汇率风险,又称为外汇风险。根据所有权的不同,可将外汇风险分为国家外汇(国家持有的外汇储备)和市场外汇。因此,汇率风险具有微观和宏观上两个层次的含义。这里所讲的汇率风险主要是作为微观市场主体——物流企业所面临的汇率风险。

汇率就是用一个国家的货币折算成另一个国家货币的比率或比价,它是连接国与国之间的贸易、金融活动的桥梁。在经营活动中,从事国际业务往来的物流企业需要在国际范围内收付或交易大量外币,或持有以外币计价的债权债务,或需要以外币表示其资产负债的市场价值。然而,由于各国使用的货币不同且在当前国际货币体系下汇率时常发生变化,因此在上述往来结算中就可能产生损失。随着经济金融全球化程度的逐步提高,从事涉外业务的大型物流企业越来越多,涉及企业汇率风险的物流公司正逐年增加。

二、汇率风险在物流企业中的表现

汇率风险在不同业务范围的物流企业中表现有所差异,而这所有物流企业中以远洋运输企业为代表的跨国物流企业面临的汇率风险具有代表性。一方面,远洋运输市场与国际贸易市场密不可分,其业务遍及全球,收支涉及多种货币,不同货币之间的汇兑业务交易频繁。汇率的波动不但直接影响远洋运输企业的收入、支出,而且因汇率的波动导致世界贸易格局的变化,进而影响远洋运输市场的货源及货物流向,对远洋运输市场造成影响。另一方面,自2005年7月21日起,我国开始实行以市场供求为基础、参考一篮子货币进行调节、有管理的浮动汇率制度。从汇率改革以来,人民币持续升值,对远洋运输企业的效益产生了直接的、巨大的影响。

外贸物流企业面临的汇率风险因素主要有三类。

(一) 经济风险

因汇率波动,导致外贸物流企业,特别是远洋运输企业的经济风险主要表现在两方面。

1. 国际货币间汇率波动导致的经济风险

众所周知,若一国的汇率升值,则使得出口价格相对提高,进口价格相对降低,从而引起出口量下降,进口量上升,反之,则使得出口价格相对降低,进口价格相对提高,从而引起出口量上升,进口量下降。因此,国际货币间汇率波动对国家间的贸易格局形成较大的影响,进而影响到我外贸物流企业的货源和货物流向。近年来,随着美元的持续贬值和日元、人民币的持续升值,促进了美国的出口,增加了大西洋流域的东行货源,相反,该流域西行货源降低;因欧元升值导致欧元区出口产品价格上涨,影响了产品销售,于是欧洲公司不断扩大其在中国的生产业务,并从中国采购更多零部件,推动了远东至欧洲航线持续了多年的高速发展,使亚欧航线取代跨太平洋流域,成为全球第一大主干航线。

2. 人民币升值导致的经济风险

2005年人民币汇率改革以来,人民币对美元持续升值,对中国进出口贸易产生了一定的影响。根据商务部《2006年中国对外贸易发展状况》、《2007年中国对外贸易发展状况》及《中国对外贸易形势报告(2008年春季)》报告,我国对外贸易已经开始呈现出口增速放缓、进口增速加快的趋势,尤其对美国出口明显回落,汇率影响已初步显现。从航运市场来看,在中国进出口比重较大的对外贸易产品中,人民币升值对中国纺织、服装和鞋类等的出口形成一定的抑制作用,进而影响中国出口集装箱运输市场;因机电类产品在国际市场上竞争力较强,需求弹性相对较小,出口受升值的影响较小,相应对从事机电产品运输的集装箱运输及特种杂货出口运输货源的影响甚微。相反,中国进口商品以能源(石油)、原材料(铁矿石、钢材)、粮食、加工贸易的零部件和高新技术设备为主,人民币升值对从事散货运输、油轮运输市场的远洋运输企业具有一定的促进作用。

（二）结算风险

结算风险也称交易结算风险，是指在不同国家货币之间进行兑换交易，由于进行交易时所适用汇率的不确定性导致的风险。按国际惯例，远洋运输企业的运费一般按美元计价结算，而我国远洋运输企业的支出结构复杂，涉及多种货币，需要进行大量的国际货币兑换交易，因此存在大量的结算风险。我国远洋运输企业的结算风险主要体现为经营性结算风险和资本性结算风险。

1. 经营性结算风险

在我国远洋运输企业的经营性支出中，船舶燃油费、港口使费、船舶维护保养费用、船员费用、税金是主要的经营性支出，其中：船舶燃油费除在日本加油通常要求以日元结算外，主要以美元结算；港口使费、船舶维护保养费一般按船舶抵达港口所在国结算，相对来讲，船舶维护保养业务多在国内发生，船员费用（工资为主）基本以人民币支付，税金则全部以人民币支付。为满足各项经营性支出业务，我国远洋运输企业将会发生大量的结汇、购汇业务，在各种货币汇率波动的情况下，产生结算风险。近年来，美元对欧元、日元、人民币等货币持续贬值，对我国远洋运输企业造成汇兑损失，尤其因美元收入与人民币支出结构的不平衡性更显著，导致各远洋运输企业结汇额极大，在人民币汇率自"8时代"步入"6时代"以来，我国远洋运输企业因人民币升值造成的汇兑损失更大。

2. 资本性结算风险

远洋运输业属于资本密集型企业，船舶投资额大，经营期长，贷款买船是我国远洋运输企业主要的船舶融资方式之一，企业在进行船舶贷款融资安排上，存在巨大的结算风险。在2005年底以前，世界造船企业手持的订单十强一直被韩国和日本占据，我国远洋运输企业也拥有相当部分的日本造船舶。近年来，随着我国造船工业的飞速发展，韩国、中国、日本在全球造船行业中呈现三足鼎立的局面，我国远洋运输企业在国内的造船订单迅猛增长。一般来讲，在日本造船需要以日元结算，近年来，因人民币持续升值，国内造船企业也纷纷要求以人民币结算，对于日本和国内造船，各远洋运输企业在对订造船舶时相应地将会安排日元和人民币贷款融资，贷款期限一般也在十年以上。我国远洋运输企业的绝大多数运输收入为美元，在安排日元和人民币船舶贷款融资后，因未来相当长时期内，需以美元购汇、结汇去偿还贷款，因美元与日元、人民币汇率的波动，必将形成巨大的汇率风险，尤其在美元对日元、人民币持续贬值的当今，将造成巨大的汇兑损失。

（三）折算风险

汇率折算风险是指我国远洋运输企业在资产负债表日，对以外币计价的资产、负债项目折算为人民币本位币时产生的汇率风险，以及在合并报表时，对外币报表进行折算产生的汇率风险。我国远洋运输企业的资产、负债项目中，存在大量的外汇资产和外汇负债，如货币资金、应收账款、预付账款、银行借款、应付账款、预收账款等项目，因资产负债表日，企业须按本位币对外币资产、负债项目进行折算而导致的折算损益。另外，我国远洋运输企业在合并境外子公司财务报表时，也会产生折算损益。

三、物流企业汇率风险防范措施

（一）物流企业汇率风险防范的内部应对措施

1. 改善收支货币结构

如果一个企业在收入、支出的货币上能维持平衡的状态就不存在结算风险。一直以来，远洋运输企业运费结算沿袭着以美元计价结算的惯例，对于远洋运输企业规避结算风险十分不利。近年来，随着美元对欧元、日元以及人民币汇率的大幅贬值，远洋运输企业的结算风险越来越大，为规避风险，必须重点研究多币种结算制度，逐步改变美元作为远洋运输运费第一货币的历史。如 A. P. 莫勒-马士基航运曾宣布的在部分航线向客户以欧元定价收取运费，原因就是美元长期疲弱，令不少公司在汇率上蒙受损失；我国部分远洋运输企业也一直在积极探讨并实施利用欧元、人民币进行运费结算。反之，远洋运输企业为规避结算风险，在签订采购、支付协议时应竭力采用软货币来计价结算，使各种货币软硬搭配，以保持收入、支出货币结构的总体稳定。

2. 加强运费回收管理

远洋运输企业应加快回收运费，缩短运费回收期，尽早收回资金，迅速结汇，规避未来交易日汇率波动导致的结算风险。

3. 合理安排债务融资及融资结构

不论是长期债务融资（如船舶融资），还是短期债务融资，远洋运输企业应尽量使债务货币结构与偿还债务的资金来源货币结构保持平衡，并尽量使用软货币债务融资，以规避未来偿还债务期间因汇率波动导致的结算风险。

（二）物流企业汇率风险防范的外部应对措施

1. 货币互换应用

货币互换是指两种货币资金持有者根据各自比较优势按一定条件进行使用权的交换。其操作原理与利率互换类似，不同之处只是互换的币种不同。当跨国企业在许多国家都设有分支机构时，比较适宜选择货币互换：先把两种货币相交换，一定时期后再以同样汇率（或是双方都可以接受的约定汇率）换回，而不考虑在此期间的汇率变动，它完全消除了汇率风险且成本较低。

2. 外汇交易工具

（1）外币出口信贷。

出口信贷分为卖方信贷和买方信贷，卖方信贷相当于延期付款方式，它由出口商的开户银行为出口商垫付出口货款，允许进口商在一定的时期内分期偿还给出口商银行。出口商在向银行取得外汇资金后，将该外汇款项在外汇市场上即期卖出，换成本币，以补充和加速本币资金的周转和流通，出口商的外汇借款，用进口商所欠外汇货款陆续偿还给银行。这样，出口商的外汇债务（即从其开户银行得到的外币贷款）为其外汇债权（即应向进口商收取的货款）所扯平，出口商在得到出口信贷以后，不论汇率怎样变动，出口商也不会受到损失。

买方信贷是由出口商的开户银行直接向进口商或其银行提供贷款。在进口商得到买方信贷后,可以支付进口货款,但外币借款的风险依旧存在,需要用其他方式弥补外汇风险。

(2)"福费廷"业务。

"福费廷"是从外语音译过来的名称。"福费廷"是指在延期付款的大型技术设备交易中,出口商把经过进口商承兑的、期限在半年以上至五六年的远期汇票无追索权地向出口商所在地的银行或大金融公司贴现,以便提前获得资金的一种贸易融资方式。"福费廷"交易与一般贴现业务的最大区别是办理"福费廷"所贴现的票据不对出票人行使追索权,出口商在贴现这种票据时,实际上是一种卖断行为,倘若以后发生票据遭到拒付的事情,与出口商无关,出口商将票据拒付的风险完全转嫁给办理"福费廷"业务的银行。这样,出口商办理"福费廷"业务,把外币贷款换为本币现金,把外币风险转移给了办理"福费廷"业务的银行,避免了外汇风险。但是,由于办理"福费廷"业务的银行或大金融公司承担了各种风险,其费用也必然比较高,"福费廷"的贴现率会远远高于一般贴现业务,此外还要向出口商收取一笔很高的手续费。

国际信贷适用于有远期外汇收入的出口企业,在买方信贷的情况下,出口企业可以向银行借入外币款项,换为本国货币,而银行贷款又由进口商支付货款时偿还,出口企业避免了外汇风险。在"福费廷"情况下,出口企业将远期汇票的贷款买断贴现,也避免了外汇风险,但弥补风险的成本较高。

(3)保理业务。

保理业务是指当出口商争取不到信用证,收汇确切期限又无把握时,可与保理商签订保付代理协议。该业务最常见的结算方式是贴现,即出口商将应收货款的全部单据证明贴现给代理商,然后立即得到发票应收款项的80%—90%,其余部分则按一定比例贴现后届期收足。由于出口商能及时收到大部分货款,不仅规避了信用风险,还可以减小汇率风险。

(4)投保货币风险保险。

货币风险保险是保险公司的业务,有些国家的保险公司为了使进出口商能够防范因汇率变动而遭受的损失,提供货币贬值或汇率波动保险。一般做法是,投保者应向保险公司提供有关的单据和证明,缴纳一定比例的保险费,保险公司对投保货币汇率的波动幅度加以规定。如果汇率波动在保险公司的规定幅度之内,保险公司对投保者遭受的损失负责赔偿;对于超过规定幅度的损失,保险公司不负责赔偿。因汇率变动在规定幅度内所产生的外汇收益,则归保险公司所有。有些保险公司也规定了赔偿损失的最低汇率波动幅度,汇率损失低于这个幅度的保险公司也不赔偿;对于缴纳给保险公司的汇差收益也规定了最低汇率波动幅度,汇差收益低于这个幅度的投保者也不缴纳汇差收益。

通过投保货币风险保险,即使出口商用"软货币"或进口商用"硬货币"成交,在一定幅度内的汇率升降损失也可以得到理赔弥补,把进出口的外汇风险转移给了保险公司,有利于出口商集中力量办理进出口业务,保险公司也可以得到保险收益。但是也应看到,这种投保货币风险的方法也有不足,因为保险费要用现汇支付,且保险费较高,进出口企业弥补风险的成本相应较高,加之,如果出现了汇率变动收益必须归保险公司所有。因此,进出口商采用这种办法时,一定要事前加强成本核算,并预测可能遭受的损失,进行综合比较。

复习思考题

1. 什么叫财务风险？如何来把握财务风险与收益的辩证关系？
2. 简述物流企业财务风险来源与分类。
3. 简述物流企业财务风险管理的流程。
4. 怎样建立物流企业应收账款的内部管理与评价制度？
5. 物流企业利率风险防范措施有哪些？如何操作？
6. 物流企业汇率风险防范措施有哪些？如何操作？

参考文献

1. 艾伦·C·夏皮罗.跨国公司财务管理基础.中国人民大学出版社,2006
2. 安红平.风险企业与融资技巧.中国金融出版社,2000
3. 鲍新中.物流成本管理与控制.电子工业出版社,2006
4. 财政部.水运企业会计核算规程.2005
5. 财政部会计司编写组.企业会计准则讲解.人民出版社,2007
6. 常莉.物流企业成本核算.高等教育出版社,2006
7. 陈雪松.商品融资与物流监管实务.中国经济出版社,2008
8. 陈亚民.战略财务管理.中国财政经济出版社,2008
9. 陈振婷.管理会计.清华大学出版社,2005
10. 储雪俭、梁虹龙.对发展物流金融中信贷风险防范的思考.物流技术,2005(2)
11. 邓海涛、黄慧.物流成本管理.湖南人民出版社,2007
12. 丁元霖.物流企业会计.立信会计出版社,2006
13. 冯耕中等.企业物流成本计算与评价.机械工业出版社,2007
14. 冯巧根.成本会计.北京师范大学出版社,2007
15. 傅桂林.物流成本管理.中国物资出版社,2007
16. 高捷、高志鹏.银行介入现代物流的机遇与挑战.金融理论与实践,2003(5)
17. 郭晓梅.管理会计.北京师范大学出版社,2007
18. 国家标准化管理委员会.国家质检总局.国家标准《企业物流成本构成与计算》,2007
19. 国家发改委经济运行局.社会物流统计手册.中国物质出版社,2007
20. 国家质量技术监督局.中华人民共和国国家标准物流术语.2007
21. 何文炯.风险管理.东北财经大学出版社,1999
22. 何旭.第三方物流的金融服务模式研究.江西金融职工大学学报,2006(5)
23. 胡萍珊.轻松做物流企业会计.广东经济出版社,2006
24. 胡奕明.外汇风险管理.东北财经大学出版社,1998
25. 纪红任、游战清等人.物流经济学.机械工业出版社,2007
26. 蒋屏.公司理财.清华大学出版社,2006
27. 荆新、王化成、刘俊彦.财务管理学.中国人民大学出版社,2006
28. 乐艳芬.成本管理会计.复旦大学出版社,2007
29. 雷建、温亚丽.2007新会计准则实务操作指南.企业管理出版社,2007
30. 李建丽.物流成本管理.人民交通出版社,2005

31. 李莉.中国物流产业统计核算与物流产业归集竞争力评价研究.天津社会科学院出版社,2007
32. 李敏.管理会计学.复旦大学出版社,2006
33. 李伊松、易华.物流成本管理.机械工业出版社,2005
34. 刘爱东.公司理财.复旦大学出版社,2006
35. 刘东明.物流企业财务管理.高等教育出版社,2005
36. 刘红霞、韩源.对企业财务风险评价方法的再探讨.华东经济管理,2005(2)
37. 刘利人、毕为民、张晓平等.企业财务管理创新.广东经济出版社,1998
38. 刘曼红.风险投资:创新与金融.中国人民大学出版社,1998
39. 刘秋平、刘敏.物流管理基础.北京大学出版社,2007
40. 吕靖、张明、李玖晖.海运金融.人民交通出版社,2001
41. 罗伯特·S·卡普兰、吕长江译.高级管理会计.东北财经大学出版社,2007
42. 罗齐、陈伯铭.融通仓及其运作模式初探.国通经济,2002(2)
43. 美国管理会计协会.IMA的管理会计指南.白桃书房,1995
44. 欧阳卫民.中国非银行金融业研究.中国金融出版社,2001
45. 潘飞.管理会计.清华大学出版社,2007
46. 彭韶兵.财务风险机理与控制分析.上海立信会计出版社,2000
47. 钱芝网.物流管理实务.中国时代经济出版社,2007年
48. 曲建科、杨明、王海蛟.现代物流企业管理.中国经济出版社,2005
49. 任杰、汤齐、杨宇.物流金融服务对中小企业融资的现实意义.物流业研究,2007(8)
50. 邵瑞庆.财务管理导论.上海三联出版社,2003
51. 邵瑞庆.水运企业财务会计学.人民交通出版社,1998
52. 施国洪、钱芝网.仓储管理实务.中国时代经济出版社,2007
53. 石本仁.高级财务会计.中国人民大学出版社,2007
54. 石伟生.物流成本管理.机械工业出版社,2004
55. 宋国良.投资管理.清华大学出版社,2007
56. 宋华、苟彦忠.现代物流管理.中国人民大学出版社,2008
57. 宋建波.企业内部控制.中国人民大学出版社,2004
58. 宋献中.管理会计——战略与价值链分析.暨南大学,北京大学出版社,2006
59. 宋效中.现代管理会计.机械工业出版社,2007
60. 汤浅和夫著.张鸿译.物流管理.文汇出版社,2002
61. 王镜.物流企业核算凭单设计与管理浅议.物流技术,2001(4)
62. 王霄涵.物流仓储业务管理模板与岗位操作流程.中国经济出版社,2005
63. 吴应宇、陈良华.公司财务管理.石油工业出版社,2003
64. 西泽修.物流活动的会计与管理.白桃书房,2003
65. 夏露、李年锋.物流金融.科学出版社,2008
66. 现代物流管理课题组.物流成本管理.广东经济出版社,2002
67. 徐明.物流企业开展物流金融的博弈分析.商业时代,2006(35)

68. 严玉康、沈涛.物流企业会计.立信会计出版社,2005
69. 杨长春、宋玉.仓储实务.对外经济贸易大学出版社,2004
70. 杨如彦.中国金融工具创新报告.中国人民大学出版社,2004
71. 姚梅炎.现代财会业务全书(2卷).中国言实出版社,1998
72. 于小镭、徐兴恩.新企业会计准则实务指南(中小企业类).机械工业出版社,2007
73. 俞建国.中国中小企业融资.中国计划出版社,2002
74. 俞小贤.物流运输管理.高等教育出版社,2005
75. 曾文琦.关于仓单质押贷款业务现状及其市场货运配置要点的探讨.金融经济,2004(5)
76. 张庆、蔡启明、楚岩枫、刘斌.物流管理.科学出版社,2006
77. 张树山.物流企业管理学.中国铁道出版社,2007
78. 张跃月、艾比江、陈金君.物流管理与案例.清华大学出版社,2008
79. 张忠寿.现代企业财务管理学.立信会计出版社,2008
80. 赵涛.物流企业规范化管理全书.电子工业出版社,2008
81. 赵玉章.有关股利政策问题的研究.金融经济(理论版),2008(3)
82. 赵忠玲、冯夕文.物流成本管理.经济科学出版社、中国铁道出版社,2007
83. 真虹、张婕妹.物流企业仓储管理与实务.中国物资出版社,2007
84. 郑绍庆.融通仓——第三方物流架设银企桥梁.财经理论与实践,2004(12)
85. 郑卫茂.管理会计.大连海事大学出版社,2002
86. 郑阴样.金融机构发展物流金融的思路和对策.经济与管理,2006(9)
87. 支燕.物流财务管理.北京电子工业出版社,2006
88. 中国注册会计师协会.会计.中国财政经济出版社,2009
89. 中国注册会计师协会.税法.中国财政经济出版社,2009
90. 中华人民共和国财政部.企业会计准则.经济科学出版社,2006
91. 中华人民共和国财政部.企业会计准则——应用指南.中国财政经济出版社,2006
92. 周航、王玉翠.管理会计.科学出版社,2007
93. 周建亚.物流基础.中国物资出版社,2007
94. 周万森.仓储配送管理.北京大学出版社,2005
95. 朱伟生.物流成本管理.机械工业出版社,2004
96. 邹小亢、陈万翔、夏峻峰.国内物流金融研究综述.商业经济,2006(36)

图书在版编目(CIP)数据

物流企业会计与财务管理/张川、肖康元、金丽玉编著.—上海：
复旦大学出版社,2010.8(2016.7 重印)
(复旦卓越·21 世纪物流管理系列教材)
ISBN 978-7-309-07391-1

Ⅰ.物… Ⅱ.①张…②肖…③金… Ⅲ.①物资企业-会计
②物资企业-企业管理:财务管理 Ⅳ.F253.7

中国版本图书馆 CIP 数据核字(2010)第 122327 号

物流企业会计与财务管理
张　川　肖康元　金丽玉　编著
责任编辑/鲍雯妍

复旦大学出版社有限公司出版发行
上海市国权路 579 号　邮编:200433
网址:fupnet@fudanpress.com　http://www.fudanpress.com
门市零售:86-21-65642857　团体订购:86-21-65118853
外埠邮购:86-21-65109143
浙江省临安市曙光印务有限公司

开本 787×1092　1/16　印张 27.75　字数 625 千
2016 年 7 月第 1 版第 3 次印刷
印数 5 201—7 300

ISBN 978-7-309-07391-1/F·1609
定价:48.00 元

如有印装质量问题,请向复旦大学出版社有限公司发行部调换。
版权所有　侵权必究